秘书实务

杨树森　编著

北京师范大学出版集团
BEIJING NORMAL UNIVERSITY PUBLISHING GROUP
安徽大学出版社

图书在版编目(CIP)数据

秘书实务/杨树森编著.—2版.—合肥:安徽大学出版社,
2012.8(2015.11重印)
ISBN 978-7-5664-0550-0

Ⅰ.①秘… Ⅱ.①杨… Ⅲ.①秘书学 Ⅳ.①C931.46

中国版本图书馆 CIP 数据核字(2012)第 184371 号

秘书实务

杨树森 编著

出版发行:	北京师范大学出版集团 安徽大学出版社 (安徽省合肥市肥西路3号 邮编230039) www.bnupg.com.cn www.ahupress.com.cn
印　刷:	安徽省人民印刷有限公司
经　销:	全国新华书店
开　本:	148mm×210mm
印　张:	14.625
字　数:	375千字
版　次:	2012年8月第2版
印　次:	2015年11月第3次印刷
定　价:	26.00元

ISBN 978-7-5664-0550-0

责任编辑:姜　萍	装帧设计:孟献辉　李　军
责任印制:陈　如	

版权所有　侵权必究

反盗版、侵权举报电话:0551—65106311
外埠邮购电话:0551—65107716
本书如有印装质量问题,请与印制管理部联系调换。
印制管理部电话:0551—65106311

序

《秘书实务》是杨树森教授继前版（1997）《秘书实务》、《中国秘书史》（与张树文合著，2003年版）、《秘书学概论》（2005）之后在秘书科学研究领域的又一本力作。

本书有以下主要特点值得借鉴：

第一，内容与时俱进。

书稿中秘书工作的内容由前版的18项扩展为现在的22项。新增了"参谋咨询"、"议案、建议和提案工作"、"文字工作"、"网站管理"、"随从工作"5章，原有的各章节在内容上作了许多增删。这些更新和调整，及时反映了秘书工作内容随着社会发展而变化的客观规律，突出体现了某些秘书工作在新的条件下被加强的特点，适时提出了某些秘书工作在新形势下应有的新要求，比近几年出版的一些同类教材更贴近秘书工作实际。

本书在内容上与时俱进的特点可试举以下诸例：有些工作，是秘书部门近几年才有的，如网站管理，本书为此新增了这一章，在近几年出版的一些同类教材中还未见到有此举措。

有些工作,其法律或政策依据有所修订,如2005年5月1日起已施行国务院新颁发的《信访条例》,本书为此在"信访工作"一章中作了新的阐述。有些工作,在近几年中遇到了一些新情况、新问题、新事件,如在一些机关、企业、学校和农村的值班工作中遇到以往少有的群体性事件、重大安全事故等突发事件,对此该如何处理,这些内容在前版中是没有的。

本书不仅在各章节中增加了很多全新的内容,而且在案例分析中精选了不少新鲜材料。全书有24则案例分析,其材料来源于新世纪秘书工作实际的占一半以上,其中有一些还是来自于2005年和今年最新的报刊和网络资源。

这些与时俱进的新内容,既显示了本书的活力,又有助于学生读者了解近几年来秘书工作的一些新情况。

第二,贴近实际工作。

本书定位于讲授秘书实务,并与《秘书学概论》相配套,其立足点在于让学生读者了解秘书工作的实际情况和操作要点,其侧重点在于对他们进行秘书工作能力的培养和训练,从这一要求来看,本书还是比较到位的。全书传授理论知识的内容相当简略,讲解实际操作的内容则比较详尽、规范。每一章中,各项秘书工作基本知识的概述只占一节篇幅,其任务、范围、程序、方法等内容的讲解要占到二节至三节的篇幅。

本书提供了来自于秘书工作实践和社会实际中的一些示例,增强了可读性。有些示例可帮助学生读者获得一些感性认识,如有信息简报的例式,月、周、日工作日程表例式等单个示例,有"会议预案"、"日程表"、"会务工作程序表"的配套示例。有些示例可帮助学生读者提高思考和分析实际问题的能力,如各章之后"案例分析"中的示例;在"参谋咨询"一章中,有通过调查研究建议修改一项具体政策措施的实例。

本书在贴近实际工作方面作出的这些努力,既增强了秘书实务类教材的"本色",又有利于培养和训练学生读者今后从事秘书工作和处理实际问题的能力。

第三,逻辑思路清晰。

本书在整体结构的安排上有着比较清晰的逻辑思路,给人棋高一着之感。因为,以往的一些同类教材在这方面似乎比较随意,或者欠下工夫,各项秘书工作的排列无规律可循,而本书却全然不同。

本书的主体结构分为"政务性工作"、"业务性工作"、"事务性工作"三大板块。① 这三大板块的顺序,按秘书工作发挥参谋和助手作用的大小排列。

领导决策服务的七章内容,是按照领导决策程序各阶段秘书工作的主要着力点为依据排列的。其间,以文稿撰拟为重点的文字工作伴随这个过程的始终,被列在上编的最后。这样的安排比较恰当。业务性工作的九章内容和事务性工作的六章内容,大体上也有着各自的逻辑思路。

整体结构安排上比较清晰的逻辑思路,既提升了本书的质量和品位,又有助于教师科学和合理地安排教学计划,并在总体上把握教学重点;也便于学生读者理解在为领导工作服务过程中各项秘书工作之间的内在联系,并在理解的基础上记住秘书工作的各项内容。

第四,体例敢于创新。

本书首创了以"政务性工作"、"业务性工作"、"事务性工作"为三大板块建构秘书实务知识体系的新体例。以往的同类教材在体例上大同小异,大多以各项秘书工作为单元来建构全书,很少见到把各项秘书工作予以整合的。本书根据各项秘书工作的主要特点,把秘书实务分为三大类,分别以上、中、下三编构成全书的主体部分,这样做就显得合理和科学一些,使本书在整体上区别于以往的同类教材。

本书在体例上敢于创新的另一表现是,每章之后附有案例

---

① 在本次再版中,这"三大板块"的名称已改为:领导决策服务、秘书常规业务、机关日常事务,名称改动原因见2012年再版说明。

分析，并注明材料来源，使其和与之配套的《秘书学概论》在体例上保持了和谐一致。

新体例的尝试是本书的一大亮点，既对新世纪秘书专业教材的编写进行了新的探索，又有益于秘书工作内容分类理论研究的深入。

杨树森教授对秘书工作有着深厚情结。年轻时他在农村、部队、工厂干过 8 年秘书工作。从事秘书学专业教学工作以来，他与一些长期从事秘书工作的同窗和历届学生保持经常联系，了解秘书工作的最新动态。从本书的内容中，尤其是所提供的实例中，可以看出他平时十分注意收集来自于秘书工作实践和社会实际的各方面资料，这些资料来自于多种媒体，其中有书籍、报纸、期刊，还有很多网络资源。他在撰写《秘书实务》前版和本版之前，于 1996 年下半年和 2004 年下半年，两次和教研室同事们一道对安徽省省直机关和合肥、芜湖、马鞍山三市共 130 多家机关、公司、学校、医院的秘书工作现状进行调查，获得第一手资料。本书把当前秘书工作的内容扩展至二十多项，正是 2004 年下半年那次调查之后经过研究所取得的结果。在我们的秘书学专业教师队伍中，多么需要像他那样的教师，在从事教学工作的同时，重视秘书工作实际，了解秘书工作动态，收集秘书工作资料，调查秘书工作现状，进而研究秘书科学理论。他这种把教学工作真正作为一项事业来对待的精神值得学习。

因为本书有上述主要特点可值得借鉴，所以我乐意通过这篇序言把它推荐给广大读者。

刘耀国

2006 年 3 月 8 日于上海

目　次

序 …………………………………………………… 刘耀国

绪　论　秘书实务概述 ………………………………… 1
　第一节　秘书实务的界定 …………………………… 1
　第二节　秘书实务课程的性质、任务和地位 ……… 4
　第三节　秘书工作的性质和作用 …………………… 7
　第四节　秘书工作的宗旨、原则和基本要求 ……… 11
　复习思考题 …………………………………………… 16

上编　领导决策服务

第一章　调查研究 ……………………………………… 17
　第一节　调查研究概述 ……………………………… 17
　第二节　调查研究的一般程序 ……………………… 24
　第三节　常用的调查方法 …………………………… 30
　第四节　常用的研究方法 …………………………… 45
　复习思考题 …………………………………………… 52
　案例分析 ……………………………………………… 53

第二章　信息工作 ……………………………………… 55
　第一节　信息的基本知识 …………………………… 55

第二节　信息工作的作用和要求 …… 59
　　第三节　信息工作的一般程序 …… 62
　　复习思考题 …… 73
　　案例分析 …… 74

第三章　参谋咨询 …… 78
　　第一节　秘书参谋咨询工作概述 …… 78
　　第二节　领导决策过程中的参谋咨询 …… 82
　　第三节　日常工作中的参谋咨询 …… 86
　　复习思考题 …… 93
　　案例分析 …… 93

第四章　协调工作 …… 95
　　第一节　协调工作概述 …… 95
　　第二节　协调工作的内容和程序 …… 101
　　第三节　协调工作的方法和艺术 …… 106
　　复习思考题 …… 110
　　案例分析 …… 110

第五章　督查工作 …… 112
　　第一节　督查工作概述 …… 112
　　第二节　督查工作的内容 …… 117
　　第三节　督查工作的程序和方法 …… 120
　　复习思考题 …… 125
　　案例分析 …… 125

第六章　议案、建议和提案工作 …… 128
　　第一节　议案、建议和提案工作概述 …… 128
　　第二节　议案、建议和提案的产生 …… 133
　　第三节　议案、建议和提案的办理 …… 139

复习思考题 …………………………………………… 143
  案例分析 ……………………………………………… 143

第七章　文字工作 ……………………………………… 147
  第一节　文字工作概述 ………………………………… 147
  第二节　文稿撰拟 ……………………………………… 152
  第三节　文字记录 ……………………………………… 161
  复习思考题 …………………………………………… 165
  案例分析 ……………………………………………… 165

中编　秘书常规业务

第八章　文书工作 ……………………………………… 169
  第一节　文书工作概述 ………………………………… 169
  第二节　公文处理程序 ………………………………… 173
  第三节　文书的保管、立卷、归档和销毁 …………… 180
  复习思考题 …………………………………………… 184
  案例分析 ……………………………………………… 184

第九章　档案工作 ……………………………………… 186
  第一节　档案和档案工作概述 ………………………… 186
  第二节　机关档案管理工作程序 ……………………… 188
  第三节　电子文档的处理 ……………………………… 196
  复习思考题 …………………………………………… 200
  案例分析 ……………………………………………… 201

第十章　资料工作 ……………………………………… 202
  第一节　资料工作概述 ………………………………… 202
  第二节　资料的收集、管理和利用 …………………… 205
  第三节　秘书个人资料的积累 ………………………… 209

复习思考题 ·· 212
案例分析 ·· 212

第十一章 会务工作 ·· 214
第一节 会务工作概述 ·· 214
第二节 会前准备 ·· 221
第三节 会间服务 ·· 229
第四节 会后处理 ·· 231
复习思考题 ·· 233
案例分析 ·· 234

第十二章 信访工作 ·· 238
第一节 信访工作概述 ·· 238
第二节 信访工作的一般程序 ·································· 242
第三节 信访信息的综合利用 ·································· 253
复习思考题 ·· 256
案例分析 ·· 256

第十三章 保密工作 ·· 259
第一节 保密工作概述 ·· 259
第二节 保密范围和保密工作的重点环节 ························ 263
第三节 保密工作实务 ·· 266
复习思考题 ·· 269
案例分析 ·· 269

第十四章 网站管理 ·· 271
第一节 网站基本知识 ·· 271
第二节 网站的建立 ·· 274
第三节 网站的日常管理 ······································ 280
复习思考题 ·· 285

案例分析 ………………………………………………… 285

第十五章 谈判事务 ……………………………………… 287
第一节 谈判概述 ………………………………………… 287
第二节 谈判的一般程序 ………………………………… 290
第三节 谈判文书 ………………………………………… 297
复习思考题 ……………………………………………… 302
案例分析 ………………………………………………… 302

第十六章 公关工作 ……………………………………… 304
第一节 公共关系概述 …………………………………… 304
第二节 公共关系工作程序 ……………………………… 307
第三节 秘书公共关系实务 ……………………………… 311
第四节 秘书的公关意识和职业形象 …………………… 316
复习思考题 ……………………………………………… 320
案例分析 ………………………………………………… 320

下编 机关日常事务

第十七章 日程安排和时间管理 ………………………… 322
第一节 日程安排和时间管理概述 ……………………… 322
第二节 领导工作日程表的编制 ………………………… 326
第三节 时间管理 ………………………………………… 331
复习思考题 ……………………………………………… 335
案例分析 ………………………………………………… 336

第十八章 随从工作 ……………………………………… 338
第一节 随从工作概述 …………………………………… 338
第二节 公务旅行前的准备 ……………………………… 342
第三节 公务旅行期间和返回后的服务 ………………… 344

复习思考题 …………………………………………… 346
　　案例分析 ……………………………………………… 347

第十九章　通信联络 ………………………………………… 348
　第一节　公务电话 …………………………………………… 348
　第二节　邮件收发 …………………………………………… 354
　第三节　公务信函的写作 …………………………………… 355
　　复习思考题 …………………………………………… 359
　　案例分析 ……………………………………………… 359

第二十章　接待和礼仪 ……………………………………… 362
　第一节　接待工作概述 ……………………………………… 362
　第二节　接待的程序和礼仪 ………………………………… 366
　第三节　其他礼仪活动 ……………………………………… 371
　　复习思考题 …………………………………………… 375
　　案例分析 ……………………………………………… 375

第二十一章　值班和突发事件处理 ………………………… 377
　第一节　值班的类型和任务 ………………………………… 377
　第二节　值班制度和要求 …………………………………… 379
　第三节　突发事件的处理 …………………………………… 381
　　复习思考题 …………………………………………… 389
　　案例分析 ……………………………………………… 389

第二十二章　其他日常事务 ………………………………… 391
　第一节　印章管理 …………………………………………… 391
　第二节　信证管理 …………………………………………… 395
　第三节　机关后勤保障 ……………………………………… 397
　　复习思考题 …………………………………………… 403
　　案例分析 ……………………………………………… 403

附　录 ·· 406
　一、国家行政机关公文处理办法 ················ 406
　二、中华人民共和国档案法 ························ 415
　三、信访条例 ·· 420
　四、中华人民共和国保守国家秘密法 ········ 432
　五、常用校对符号一览表 ···························· 442

主要参考文献 ·· 444

2006 年版后记 ·· 446

2012 年再版说明 ·· 450

绪　论　秘书实务概述

第一节　秘书实务的界定

秘书实务就是为实现秘书职务和秘书部门的基本职能而必须处理的实际事务。

一、秘书和秘书部门

(一)秘书的定义和范围

秘书就是直接为领导、主管或雇主①提供辅助管理、综合服务并以脑力劳动为主的工作人员。

对"秘书"的范围有三种不同层次的理解。

"狭义的秘书"指有秘书头衔的职务秘书。在国家机关或国有单位中,指列入正规人员编制、由组织人事部门正式下达文件任命的秘书。民营企业、会计师事务所一类非国有单位或个人通过聘用合同录用的秘书,也属于狭义的秘书。

"一般意义上的秘书"还包括那些虽无秘书头衔但实际上从事秘书工作的人。例如办公厅(室)、调研室、信访办、综合部等秘书机构中以脑力劳动为主的工作人员(档案管理员、信访接待员、调研员、公关联络员、综合部经理、办公室主任等等),

---

① 领导、主管或雇主都是秘书服务的对象。为行文简洁,本书下文有时将他们统称为"领导"。

各职能部门中虽然没有秘书职衔但分工办理文书、会务、接待、通讯等事务的工作人员。

"广义的秘书"除包括上述人员外,还包括一般人不称其为秘书,但从事的工作类似于秘书工作的人。主要有:国家机关或事业单位中不担任领导职务、又不承担专项业务(如财会、统计、质检等)的一般办事员,通称"机关职员";企业管理层中有别于专业技术人员的一般文职人员,简称"公司文员";商业性信息、调查、咨询、策划公司的从业人员;提供打字、复印、文档制作等项服务的个体劳动者。

在秘书学教学体系(包括秘书实务课程)中,"秘书"一词指的是"一般意义上的秘书",它当然包含"狭义的秘书"。

(二)秘书部门

秘书部门又叫做秘书机构,就是秘书工作人员集中办公的部门。在我国,中央和省部级领导机关的办公厅,地市级以下领导机关和企事业单位的办公室,是最主要、最典型的秘书部门,因此秘书部门又可以叫做办公部门。办公厅(室)是国家机关、社会团体、企事业单位设置的综合办事机构,承担办文办会、信息调研、综合协调、督促检查、通信联络、事务管理等项工作。

除办公厅(室)外,领导机关和少数国有单位所设置的独立于办公厅(室)的政策研究室、信访办公室、机关事务管理局,以及近年来某些社会组织或公司出现的取代办公室的综合部等,也属于秘书机构。

二、秘书部门的基本职能和具体职责

一个组织往往有多名秘书人员,各人有明确的分工,每个秘书职位的职责不一样,但各种不同组织的秘书部门的基本职能则大致相同。

那么秘书部门的基本职能是什么呢?

在1990年1月全国党委秘书长、办公厅主任座谈会上,当时的中央主要领导人强调,办公厅要发挥好三个方面作用:"一是参谋助手作用,二是督促检查作用,三是协调综合作用"。①这里所说的办公厅应发挥的"三个作用",就是秘书部门的基本职能,因为所谓职能,就是指"人、事物、机构应有的作用"(《现代汉语词典》)。

在参谋助手、督促检查、协调综合三项职能中,参谋助手是最基本的职能。作为领导的参谋和助手,秘书部门必须为领导的决策和管理活动提供全方位的服务。

办公厅(室)的具体职责就是"三办",即办文、办会、办事。办公室的重要作用,特别是参谋助手作用,是通过办文、办会、办事来实现的。"三办"是各级办公室最基本、最大量的工作,也是秘书工作者的重要基本功。

三、秘书实务的内容

根据我们对所在省直机关和三个省辖市共 130 多家机关、公司、学校、医院的秘书部门所作的调查,当前秘书实务包括二十多项具体工作,可以分为"领导决策服务"、"秘书常规业务"、"机关日常事务"②三大类。

(一)领导决策服务

领导决策服务指直接为领导决策服务的综合性工作,共有七项:调查研究,信息工作,参谋咨询,协调工作,督查工作,议案、建议和提案工作,文字工作。其中调查研究、信息工作主要是决策制定前的准备工作;而协调工作、督查工作则主要是决策实施过程中的辅助工作;参谋咨询和文字工作渗透于领导决策从制定到实施完善的全过程,议案、建议和提案工作则是人大、政协、政府办公厅(室)特有的一项服务工作。

---

① 《中央领导同志关于秘书长和办公厅工作的重要讲话》,载《秘书工作》1990 年第 2 期。

② 本书中"机关"一词,其外延包括一切企业、事业单位的上层管理机构,而不仅仅指各级国家机关。

(二)秘书常规业务

秘书常规业务是指带有较强的专业性的常规工作,共有九项:文书工作、档案工作、资料工作、会务工作、信访工作、保密工作、网站管理、谈判事务、公关工作。其中有一些是传统的秘书业务,如文书档案工作;有一些是市场经济下和信息社会中才出现的秘书新业务,如公关工作、网站管理等。

(三)机关日常事务

机关日常事务是指一些专业性不强、主要依靠经验和责任心就能办好的具体事务,有以下诸项:领导日程安排、随从工作、通信联络、接待和礼仪、值班和突发事件处理、印信管理和后勤保障,等等。

我们把二十多项秘书业务分为领导决策服务、秘书常规业务、机关日常事务三大类,只是根据每项工作的主要特点而作的大体划分,实际上大多数工作都兼有其他类的某些特点。例如,调查研究固然是一项综合性很强的领导决策服务工作,但调查过程中必然要处理许多具体事务,如开调查会就有会务工作,而会务是一项秘书常规业务。再如信访工作属秘书常规业务,但信访中得到的重要信息可能成为领导形成重要决策的依据,因此信访工作又带有领导决策服务工作的某些特点。

第二节 秘书实务课程的性质、任务和地位

一、秘书实务课程的性质

秘书实务是一门全面介绍秘书业务活动及其规律的课程,它的主要性质有二:应用性和综合性。

(一)秘书实务课程的应用性

秘书学是研究秘书工作规律及其应用的学科,是一门应用性很强的综合性学科。秘书专业是适应我国经济和社会发展

的需要而开设的应用性很强的新专业。秘书专业的主要专业课包括秘书学概论、秘书实务、秘书写作、办公自动化原理及应用、文书档案管理学、秘书史等。在这些课程中,除了秘书学概论、秘书史偏重于理论阐述外,其他课程都是典型的应用性课程,它们要解决的是"秘书或秘书部门应该做哪些工作"、"怎样才能做好这些秘书工作"等实际问题。

虽然秘书实务课程的应用性很明显,但应用性课程不同于纯粹的操作技术训练,秘书工作作为一种复杂的脑力劳动,许多业务都需要以相关的理论为指导,例如调查研究需要社会调查理论的指导,信息工作需要信息科学的指导,会务工作、信访工作、谈判工作等,均必须以相关理论作为指导。

(二)秘书实务课程的综合性

秘书部门常规业务达二十多项,每一项工作都需要一定的理论指导和业务训练,有的工作还有很强的专业性。但是,不可能(也不必要)给每一项工作单独设立一门课程,其中有一些业务性很强而内容又十分丰富的工作,可以单独开设课程,如秘书写作、文书学、档案管理学、公共关系学等。在本科秘书专业,有条件的可以设立这些专门课程,而秘书专科教育由于受课时限制就难以将课程分得这么细;至于在职秘书短期培训和平时自我进修,或高校管理、中文等专业开设的秘书学课程,就更不可能将秘书业务分成许多专门课程来介绍了。秘书实务正是一门介绍各项秘书业务的综合性课程。

二、秘书实务课程的任务

秘书实务是秘书专业最重要的主干基础课程之一。它的基本任务是:通过本课程的教学,使学员掌握各项秘书业务的主要内容、基本要求、工作规范、操作程序以及注意事项等,以培养学生从事秘书工作的实际能力,适应现代秘书工作的需要。

为达到以上目的,本课程课堂讲授和实践活动应各占一半课时。教师应精心安排并指导学生的实践活动,课堂教学中也必须坚持理论联系实际的原则,启发并要求学生动脑思考问题,动笔撰写文章,动口发表演讲,动手处理事务,切切实实提高学生从事各项秘书业务活动的能力。

在职秘书结合工作实际自学秘书实务课程,可以扩展自己的业务能力和专业知识。

三、秘书实务与秘书专业其他课程的关系

(一)秘书实务与秘书学概论的关系

在秘书专业的课程体系中,秘书学概论和秘书实务是两门最重要的主干课程。它们的共同点是都具有明显的综合性,而差别则在于,"概论"侧重于对秘书工作规律的理论阐述,而"实务"侧重于各项具体秘书业务的能力培养。董继超先生曾这样概括二者之间的关系:"秘书学概论和秘书实务是纲与目、总与分、虚与实的关系。秘书学概论对秘书实务起着主导和领衔的作用。"[①]

(二)秘书实务与秘书写作的关系

秘书写作是秘书学与写作两门学科的交叉。应用性文体写作能力是秘书最重要的基本能力,俗称"秘书的看家本领"。较强的写作能力是秘书干好其他工作(例如调查研究、信息工作等)的前提条件,而为机关或领导人起草文件和文稿本身又是秘书部门的常规业务。鉴于秘书写作的特殊地位,秘书专业本科和专科一般都单独开设秘书写作(或应用写作)课程。在秘书实务课程中,为了保持秘书工作内容的完整性,也列有"文字工作"一章。凡是单独开设秘书写作(或应用写作)课程的,可以对这一章内容只作简单的提要式勾勒。但如果没有单独开设秘书写作课程的,毫无疑问应将文字工作一章作为重点加以讲授和训练。

---

① 董继超:《秘书实务》,北京:线装书局,2000年,第8页。

(三)秘书实务与文书学、档案管理学的关系

文书、档案的管理历来是秘书工作的重要内容。对文书工作和档案管理的研究形成了文书学和档案学,它们甚至早于秘书学而成为专门学问。其中文书学以公务文书和文书工作为研究对象,档案管理学的研究对象则包括档案馆档案管理和机关档案室档案管理两个部分,后者是机关秘书部门的重要业务之一。

文书处理和机关档案管理是秘书工作的重要内容,当然应在秘书实务课程中占有一席之位。但是如果单独开设了文书学、档案管理学课程,这两章也可不列为课堂讲授内容。

与此类似的还有公共关系学,凡是单独开设公共关系学课程的,秘书实务"公关工作"一章,可不列入讲授内容。

(四)秘书实务与办公自动化原理及应用

办公自动化作为一门多学科的综合应用技术,首先在秘书工作中得到广泛应用。秘书工作中如何充分应用办公自动化技术,是秘书学需要解决的重要课题。高校"办公自动化原理及应用"课程的主要目的是:提高学生应用计算机技术处理秘书业务的能力,使学生学会熟练应用计算机处理各种信息。

办公自动化是一种手段,而不是一项具体业务,因此把"办公自动化"与"调查研究"、"会务工作"、"接待工作"等并列是不妥的。但是当今秘书业务中一项重要内容"网站管理",会较多地运用到办公自动化技术。秘书实务课程中的这一章,不具体介绍网站(网页)建立和维护的纯技术问题,而主要阐述网站的内容应该如何管理。

第三节 秘书工作的性质和作用

一、秘书工作的性质

(一)辅助性

在任何单位中,领导总是处于主导地位,秘书或秘书部门

总是处于从属地位。秘书部门的职能是给领导当助手和参谋，提供辅助，秘书部门没有独立于领导工作需要以外的工作任务。秘书人员必须摆正秘书和领导的关系，任何情况下都不能越权行事，不能代替领导决断和指挥。当秘书与领导在某些问题上有不同看法时，秘书不能自行其是，只能按照领导的授权和旨意去办文、办会、办事。秘书无论是办理常规业务，还是完成领导直接交办的事项，都必须准确领会领导的意图，遇事多请示，多汇报，这样才能当好领导的参谋和助手。

（二）综合性

秘书工作直接服务于领导工作，而领导工作都是综合性的，这就决定了秘书工作也是一项综合性工作。秘书部门虽然并不分管某项具体业务，却要和各职能部门发生经常的联系；它要综合处理来自各部门、各方面的信息，要了解各部门、各方面的工作情况，要综合协调各部门、各方面的关系，还要处理组织的许多行政杂务。秘书工作的综合性要求秘书人员应善于从领导的角度去观察问题、考虑问题，心中要有全局，要对整个组织总体情况做到心中有数，熟悉各职能部门的工作内容和特点。

（三）政策性

秘书工作大多关系到国家的方针政策。例如，秘书为组织或领导起草的文件必须符合国家的方针政策；秘书搞调查研究的目的主要是为制定政策做准备，或者为贯彻执行政策收集反馈信息；信访工作必须严格按政策办事；信息、督查、协调、会务等项工作也都是为了辅助领导制定政策和贯彻执行政策。

秘书工作具有政策性是没有例外的。企事业单位包括三资企业、民营企业的秘书工作也都具有很强的政策性，因为企业行为必须符合政府制定的政策，企业秘书为领导出谋献策就必须熟悉国家的相关政策，如金融政策、拆迁征地政策。另外，企业内部的管理措施（例如奖惩制度）也是一种微观"政策"。

(四)机要性

秘书工作是一项机要性工作。秘书能够看到机密文件,而且负责保管这些文件,能够从文件中了解到许多机密;秘书经常作为记录人或随员参加领导的会议,而许多会议讨论的事项必须作为秘密加以保守;秘书经常在领导身边工作,对领导的思想意图、决策趋向、指挥决心以及领导人之间的意见分歧等了解较多,这些东西当然也属于秘密的范围;秘书部门是领导机关的信息中心,负责综合处理来自各方的信息,其中会有一些信息暂时不能扩大传播范围。秘书人员在公务活动和日常生活中,要警惕泄密的可能性,保守机密,慎之又慎。

(五)事务性

秘书部门每天都要处理大量繁重而又琐碎的事务。除了随从、接待、通信、值班等项明显属于事务性工作外,领导决策服务和秘书常规业务的诸项工作实际上也包含有大量的具体事务,例如文书处理程序中的缮印、校对、用印、分发、签收、登记、保管等,都是一些琐碎的事务。

秘书工作的事务性是由秘书工作的辅助性和秘书部门的从属地位决定的。因为领导决策管理活动中必然有大量事务性工作,这些事务必须由秘书来处理,才能让领导集中精力考虑决策和指挥大事。秘书的助手作用主要是通过办理大量具体事务来实现的。

二、秘书工作的作用

(一)助手作用

助手作用是秘书工作最基本的作用。秘书部门是领导机关的办事机构,为领导的工作服务。秘书部门办文、办会、办事,承担领导决策和管理中绝大多数具体事务,节省了领导的时间和精力,使领导能够集中精力思考大政方针和全局性问题。

秘书工作的助手作用不是一时一事的,而是"全天候"、全方位的。凡是领导管辖范围内的工作,秘书都应当起到助手作用;领导走到哪里,秘书也就跟随到哪里。

(二)参谋作用

秘书的参谋作用主要体现在为领导决策提供准确完整的高质量信息和决策事项的备选方案上。

领导的主要职能是决策。现代社会重大决策必须经过调查研究、信息分析、科学论证等前期准备。秘书人员应经常向领导提供可靠而适用的信息、资料、文件等决策依据,并积极向领导提出工作建议和决策预案,辅助领导进行决策。在决策实施过程中,秘书部门通过督促检查,也可以发现许多新情况、新问题,并进一步向领导提出参谋意见,使决策更加完善,更加符合实际。

秘书工作具有参谋作用,不等于每个秘书人员都要争当领导的"高参",但政策研究室的调研员和办公厅(室)主任等高级秘书,必须为领导提供智力服务,成为领导的"外脑"。

(三)协调作用

决策实施过程中,领导者必然要对整个组织进行协调。而领导又不可能事必躬亲,每遇问题都亲自出面协调,这就需要秘书部门协助领导,或在领导授权下进行协调。在机关的日常事务中,秘书部门也可起到协调作用,如领导和员工之间的关系、各职能部门之间的关系、组织与外界的关系,都经常有问题需要协调。

(四)督查作用

督促检查是保证领导机关的决策目标得以顺利实现的必要措施。这是秘书部门的一项重要职责。无论是国家机关、事业单位,还是公司企业,领导决定的事项都需要秘书部门督查工作的跟进。对国家机关而言,督查的事项相当广泛,包括重大方针、政策,领导重要的工作部署,以及领导批示和交办事项的贯彻落实情况。

(五)信息作用

秘书部门在机关管理系统中处于中心位置,这里所说的

"中心",当然不是指权力中心,而是指信息中心。它不但要为领导决策活动提供准确而全面的信息,而且在组织系统中起着信息交换站的作用。在国家机关信息网络中,秘书部门还承担着向上级领导机关及时反馈信息的作用。

(六)窗口作用

秘书部门在工作中的表现直接关系到组织和领导的形象。有人说,一个单位的作风如何,只需要看看它办公室的工作作风就行了。所谓"员工看干部,干部看秘书"。老百姓反映的某些机关"门难进、脸难看、话难听、事难办"的不良工作作风,在某些秘书部门也很严重。

(七)保障作用

秘书部门要为机关工作正常运转提供后勤保障服务。在一个组织的上层管理机构中,从办公用房的分配到办公用品的发放,从小汽车的使用到电话机的更新,从会议室的卫生到庭院的绿化,等等,都是办公室管辖的事务。

(八)桥梁作用

秘书部门处于领导与职能部门、下级单位之间的枢纽位置,起着下情上达、上情下传、沟通左右、联系内外的桥梁作用。无论内部职工向组织领导反映情况,还是外单位来宾找领导联系工作,一般都要先通过秘书部门来安排。

第四节 秘书工作的宗旨、原则和基本要求

一、秘书工作的宗旨

"宗旨"是人们行为的"主要目的和意图"。秘书工作的宗旨是"三服务":为领导工作服务,为各部门和所辖地区或下级单位服务,为人民群众服务。

(一)为领导工作服务

"领导"主要指本级领导(包括本部门主管、私人秘书的雇

主,即"顶头上司"),这是秘书服务的主要对象。其次指上级领导机关,秘书部门在信息反馈、文件来往、对上级来员的接待等方面,要给上级领导机关的工作提供服务。当然后者在服务项目和服务工作量上都远远小于为本级领导的服务。

(二)为各部门和所辖地区或下级单位服务

"部门"指本级机关各职能部门。秘书部门在信息、资料、文书、档案、会务、后勤保障等项工作中应该为整个机关提供服务。这是秘书部门的分内之事,因为为各部门服务也就是为整个机关服务,也是间接地为领导工作服务。

"所辖地区"是对各级国家机关秘书部门而言的。国务院办公厅要为省、自治区、直辖市服务,省政府办公厅要为各市、县服务。在信息、文书、接待以及对下级秘书机构的业务指导等方面,这种对下服务的工作占有一定的比例。

"下级单位"主要指企事业单位。企业集团公司秘书部门要为各子公司服务;高等院校的校长办公室要为各院系工作服务。

(三)为人民群众服务

为人民服务是我们一切工作的根本宗旨,因此为领导服务、为各部门和下级单位服务等,从根本上来说也是为人民服务。这里之所以要把"为人民群众服务"单列出来,是强调直接为作为个体的民众服务。在基层组织或企事业单位,秘书部门经常要直接为公民或员工个人提供具体服务;在上层机关,秘书部门可能在信访接待、投诉受理等项工作中直接面对群众。因此,秘书人员只有对人民群众满腔热情,想群众所想,急群众所急,高效率地解决他们的问题,才能得到人民群众的信任和支持。

二、秘书工作的原则

(一)守法遵纪

这不是指秘书在个人行为上要遵纪守法,而是指秘书在工作上必须合乎法律规范、纪律规范、政策规范。

秘书部门起草文件或对领导决策提出意见、建议乃至决策方案,必须注意其内容的合法性,必须符合国家的政策规定。因此秘书应该牢固树立法制观念、纪律观念和政策观念,避免工作中违规现象的出现。守法遵纪原则还体现在:遵守工作纪律绝不越权行事,遵守保密纪律绝不泄露机密,在信访、接待、处理突发事件等工作中严格按有关政策规定办事等。

(二)求真务实

求真,就是秘书工作必须贯彻实事求是的思想路线,坚决反对弄虚作假行为。秘书在调查研究、信息工作、文稿撰拟、处理信访案件等涉及具体材料的工作中,特别要注意尊重事实,既不可故意隐瞒真相,弄虚作假,也不能想当然地虚构"事实"和数据。

务实,就是秘书工作要讲求实效,反对形式主义的工作作风。不要专做表面文章,无实事求是之意,有哗众取宠之心。秘书不但要说实话,更要为领导、为机关、为群众多做实事。

(三)超前服务

秘书不仅在常规工作方面要提前做好准备,而且在辅助决策诸项工作中要做到超前服务。

秘书部门不能等领导布置了任务才去收集有关信息,平时就应注意收集对本组织发展有重要影响的信息,及时向领导提供,并提出信息分析的结论,必要时提出富有创意而又切实可行的建议。秘书部门不能在领导要制定某项政策时再去搞调研,政策的制定或调整是在秘书部门调查研究的基础上才作出的,即先有秘书部门的调查研究和参谋建议,后才有政策的出台或调整。协调工作的超前性是指要把重点放在防止出现不协调现象上,或把不协调现象消灭在萌芽状态,不要等到矛盾尖锐化、表面化才开始协调,这就要求秘书部门要有预见性。

(四)服从大局

秘书部门对组织发展和机关工作正常运转具有特别重要

的作用,秘书人员应站在系统整体利益的角度来处理局部与全局的关系。当秘书部门的自身利益与组织全局利益相冲突的时候,应当毫不犹豫地牺牲局部利益,而维护组织的整体利益。在协调局部利益的过程中,任何部门都要服从全局利益,如果直接为领导服务的办公室不能自觉地做到以大局为重,领导怎么能要求其他职能部门作出局部利益的牺牲呢?从这个角度看,秘书部门为机关各部门作出服从大局的表率,就是对领导工作最好的辅助。

(五)团结协作

团结就是力量,协作才有效率。秘书工作的团结协作原则体现在三个层面上:第一,秘书部门与各职能部门要建立良好的协作关系,在工作上互相配合,互相支持,形成系统的合力。第二,秘书部门还需要同其他单位(包括上级、下级、不相隶属的机关)秘书部门建立良好的协作关系。第三,秘书部门内部工作人员之间要团结协作,秘书工作的综合性决定了秘书部门内部分工不可能太细,办公室秘书之间的团结协作就显得尤为重要。

(六)联系群众

秘书部门的许多具体工作直接为群众(包括老百姓个体和基层单位)提供具体服务,树立为民服务的意识是做好秘书工作的条件之一。联系群众的原则主要表现在两个方面:一是秘书部门是领导联系群众的桥梁,秘书人员要自觉地意识到秘书部门的这一特殊地位,承担起密切领导机关与人民群众关系的重大责任;秘书工作者必须相信群众,把人民群众作为依靠对象,而不能作为防范对象。二是秘书部门的许多工作必须依靠群众的支持和配合,才能取得良好效果,如调查研究必须深入到底层群众之中才能了解到真实情况,信息工作也要依靠基层单位和人民群众提供有价值的信息或信息线索。

三、秘书工作的基本要求

每一项具体业务都有一些不同的具体要求，主动、高效、准确、保密是对秘书工作总的要求，它普遍适用于秘书部门各项具体工作。

（一）主动

秘书工作是为领导活动服务的，这种服务不能是被动的，而应是主动的。秘书在自己的职权范围内应该敢于负责，充分发挥主观能动性和聪明才智，进行富有成效的创造性工作。无论是直接为领导决策服务的工作还是琐碎的管理事务，无论是常规性工作还是临时性任务，秘书都要以积极主动的态度和强烈的责任感去完成。

秘书要做到工作主动，就必须多从领导的角度来考虑问题，要能够预见到领导将要进行哪些活动，将会需要哪些方面信息资料，哪些工作需要提前做准备。这样在领导一旦需要时，秘书就不会措手不及，被动应付。

（二）高效

高效是指花尽量少的时间、精力和物力取得最好的效果。秘书部门的工作效率，主要体现在办文、办会、办事的速度上，即要求秘书无论做什么工作，都要讲究一个"快"字：凡是应该办的事，就要迅速办理；今天应该处理的事，绝不拖延到明天。

强调秘书工作要讲究一个"快"字，并不是说可以忽视工作质量，因为效率必须以保证质量为前提。那种以牺牲工作质量为代价而片面追求速度，乃至草率从事、马虎敷衍的，绝对不是我们所讲的"高效"。

（三）准确

秘书部门许多工作跟领导决策指挥直接相关，任何差错都有可能造成严重后果。秘书起草或校对文件时，如果有一个提法不准确，或者有一个数据、一个字甚至一个标点符号出现错误，都会影响对文件精神的理解，文件一旦发出就可能造成重大政策性事故。秘书做会议记录,如果听错、记错一句关键的话,就会留下错误的原始记录。秘书在传达领导指示时,必须准确无误,不得走样,不得加进有违领导本意的个人意见,否则也可能造成严重后果。

(四)保密

秘书工作是机要性极强的工作,对秘书人员的保密要求比对其他管理人员的要求要高,因为秘书了解的机密范围广,级别高,如果泄密,对国家或组织造成的损失将特别严重。秘书人员必须牢记并严格遵守以下十条保密纪律:

1. 不该说的机密,绝对不说。
2. 不该问的机密,绝对不问。
3. 不该看的机密,绝对不看。
4. 不该记录的机密,绝对不记录。
5. 不在非保密本上记录机密。
6. 不在私人通信中涉及机密。
7. 不在公共场所和家属、子女、亲友面前谈论机密。
8. 不在不利于保密的地方存放机密文件、资料。
9. 不在普通电话、明码电报、普通邮局、普通信息网上传达机密事项。
10. 不携带机密材料游览、参观、探亲、访友和出入公共场所。

复习思考题

1. 我国秘书部门的基本职能是什么?
2. 什么是秘书实务?它包括哪些具体事务?
3. 秘书工作有哪些重要性质?这些性质对秘书提出了怎样的要求?
4. 秘书工作的基本要求是什么?怎样才能达到这些要求?

上编 领导决策服务

第一章 调查研究

第一节 调查研究概述

一、什么是调查研究

调查研究是一种科学的认识方法和工作方法。秘书部门的调查研究主要指对社会现象的调查研究。

调查研究包括调查和研究两个方面。调查是指通过各种途径，运用各种方式方法，有计划、有目的地了解事物真实情况。研究则是指对调查材料进行去粗取精、去伪存真、由此及彼、由表及里的思维加工，以获得对客观事物本质和规律的认识。这两个方面既有明显的区别又有紧密的联系，调查是研究的前提和基础，研究是调查的发展和深化。

调查研究是唯物主义认识论"实践第一"的观点在工作方法上的具体运用,是做好领导工作和进行科学决策的基本前提。从国家最高领导人到基层组织、企事业单位的负责人,每年都要用大量时间搞调查研究。

秘书和秘书部门的调查研究工作包括两个方面:一是参加领导人的调研活动,为领导人的调查研究提供全方位的辅助性服务;二是按照领导的要求或根据工作需要独立自主地进行调查研究。为了做好这两种类型的调研工作,秘书必须了解调查研究的有关知识,掌握调查和研究的基本方法,锻炼、提升自己调查研究的能力。

二、调查研究的分类

根据不同标准,对调查研究可以进行不同的分类。

(一)根据调查研究的目的进行的分类

1. **基础性调查研究**。为领导机关了解本地区、本系统、本单位的基本情况,掌握全面而系统的数据资料而进行的调查研究,如全国人口普查、一所高校对本校师资状况的调查分析、一家公司对下属生产企业所在地附近居民情况的调查了解,等等。

2. **政策性调查研究**。为领导机关制定政策和调整政策而进行的调查研究,包括政策出台前对相关情况的调查研究,政策出台后对各地、各单位贯彻执行情况的调查研究。

3. **经验性调查研究**。为总结、推广先进经验或吸取工作失误教训而进行的调查研究。

4. **专案性调查研究**。为搞清具体事件的真实情况以便对特定的人或事作定性结论而进行的调查研究。

5. **经营性调查研究**。为指导经营活动取得良好的经济效益而进行的调查研究,如市场调查等。

6. **素材性调查研究**。为收集新闻写作或文学艺术创作的素材而进行的调查研究,即通常所说的"采访"。

7. 科研性调查研究。为取得对某些社会现象的规律性认识、发展社会科学理论而进行的调查研究。

在以上各类调查研究中,秘书人员和秘书部门经常进行的是前四类调查研究,后三类调研主要不是秘书部门的职责,如经营性调研通常由企业产品开发和市场营销部门完成,素材性调研是新闻记者或文学艺术工作者的创作准备,而科研性调研则是社会科学研究人员的主要工作内容。

(二) 根据调查研究涉及对象的范围进行的分类

1. 普查。对一定范围内所有对象逐一进行调查,又叫全面调查。例如全国范围的人口普查、国有企业资产普查等,在一个公司内对所有员工或所有部门进行的调查也属于普查。

2. 抽样调查。按照随机原则在需要调查的范围内抽取一部分对象(样本)加以调查。

3. 典型调查。选择一类对象中少数有代表性的典型单位或个人进行调查,调查目的是为了了解此类对象的总体情况。例如,为了了解官员腐败的一般规律,可选择几名典型的贪官进行重点调查。

4. 个案调查。对特定单位、个人或事件进行调查,调查目的是了解特定对象本身的具体情况。例如对某官员违纪情况的调查,对某一重大责任事故真相的调查,等等。

(三) 根据调查研究的内容项目进行的分类

1. 专项调查。专门对某一事项进行的调查,其调查内容单一集中,例如关于高校毕业生就业情况的调查、关于农民工子女上学难问题的调查、关于企业文化建设情况的调查等。

2. 综合调查。通过一次调查全面了解调查对象各方面情况,以获得对调查对象的总体认识。综合调查不仅仅调查的内容项目较多,还常常要求同时运用各种不同的调查方法。

3. 多项调查。介于专项调查和综合调查之间的一种调查,即一次调查了解对象若干方面情况。

三、调查研究的基本原则

实事求是是调查研究的基本原则。"实事"就是客观存在的事物,"是"就是客观事物的规律性,"求"就是要我们去研究。调查研究就是为了了解事物的真实情况,掌握大量第一手材料,并通过分析研究得到对事物本质和规律的认识,从而进一步指导实践。如果在调查研究中不尊重事实、弄虚作假,就根本达不到调查研究的目的,甚至给工作造成极大的干扰和损失。

调查研究要做到实事求是,必须做到不唯上,不唯书,不唯众,不唯己,要唯实。

(一)不唯上

在调查研究中,不能为了迎合上级意见而歪曲客观事实。秘书部门的调查研究主要是为领导决策和管理服务,常常要按照领导出的题目去搞调研,或者按照领导工作的需要选择调查题目,这很容易使调查者把领导意见当作框框。事实上,一切正确的结论只能在调查研究后才能作出,领导在调查之前的意见只是一些初步想法,有待于通过调查来检验和研究。如果把调查研究当作领导的某些现成观点去找几个例子,那就把调查研究庸俗化了。有些人搞调查不把心思用在对客观情况的了解分析上,而是琢磨领导人喜欢听什么,不喜欢听什么,只报喜不报忧,明知调查结果证明领导原来的意见不正确,也不指出,这种调查研究对领导没有帮助,反而会帮倒忙,促使领导作出错误决策。

(二)不唯书

调研者不能被书本或过去文件上已有的观点和结论所束缚,而不敢面对活生生的现实。书本上的东西即使曾经是真理,也不一定能解释和解决当今社会出现的问题,因为社会在不断发展,真理也应该不断发展。"社会主义经济只能是计划经济"曾经被当作真理坚持了几十年,但今天已经被市场经济理论所取代。

(三)不唯己

"不唯己"有两层含义:首先要求调查者不能从主观愿望和个人好恶出发。在调查研究中,尤其是在一些处理具体人员、具体事件的调查中,往往会遇到各种各样的干扰,秘书调查时,必须将个人利益和个人好恶置之度外,排除成见,才能做到秉公办事,客观公正,是非分明。其次是要敢于否定自己原来的不符合实际的观点。在调查研究开始前,无论是领导自己还是秘书人员,凭自己的经验和认识,对被调查的问题可能会有些初步的看法。如果让自己原来的看法左右调查研究,甚至为了维护个人的"面子"或局部利益,把调查研究的过程变成为坚持个人意见而搜集、寻找"事实根据"的过程,就会对违背自己观点的事实视而不见,听而不闻,也就不可能得出科学的结论。

(四)不唯众

调研者不能被暂时的多数人的观点所左右。多数人的观点当然应该重视,但不可否认,有些情况下多数人也可能被事物的表面现象所迷惑。历史上真理掌握在少数人手中的情况并不少见,尤其是一种新生事物刚刚诞生的时候,以及在一些专业性很强的问题上。调查研究不能简单地搞少数服从多数,如果发现多数人的意见不符合客观实际,就要敢于支持少数人的意见。当然,领导机关在调查研究的基础上作出不符合多数人意见的决策或结论的时候,应该进行充分的论证宣传和深入细致的思想工作,从而使多数人放弃错误意见。

(五)要唯实

在调查研究全过程中,必须一切从实际出发,不可为任何既定观点和结论去按图索骥,寻找所谓的"论据";也不可先入为主、偏听偏信。调查研究者不得以任何理由夸大、缩小或隐瞒、歪曲事实。在调查研究中,如果发现与领导意见、上级文件、过去政策以及书本知识不相符的新情况、新问题,就应该将这些新东西向领导反映,并在认真研究的基础上大胆提出新见解、新建议,供领导决策时参考。

四、调查研究的意义

(一)调查研究对做好领导工作的意义

1. 调查研究是领导机关进行科学决策的前提。决策就是人们对未来的实践活动作出的寻求最理想预定目标的决定。一项决策是否科学,主要取决于它是否符合客观实际,是否合乎事物本身的发展规律,而调查研究正是了解客观实际、把握事物发展客观规律的主要方法。因此,领导机关在作出任何重要决策之前都必须对决策事项进行充分的调查研究。

2. 调查研究是贯彻执行国家方针政策的必要步骤。领导机关只有对本地区、本单位的具体情况进行深入的调查研究,切实了解本地区、本单位的特殊情况,才能使国家的方针政策同本地区、本单位的具体情况结合起来。另一方面,只有通过调查研究,了解干部群众的思想情绪、要求和愿望,才能从干部群众的觉悟水平出发,做好思想发动和政策宣传工作,使他们真正理解和执行国家的方针政策。

3. 调查研究是解决具体问题的重要方法。在领导工作中,不可避免地会遇到各种各样的具体问题,其中一些比较复杂的问题必须通过调查研究才能得到妥善解决。领导在处理任何复杂问题时,都不能仅凭个人的主观臆断办事,而必须把调查放在第一位,否则就会犯错误。

以上阐述的调查研究对领导工作的意义,绝不仅限于国家机关和事业单位的领导工作。在各种类型的企业(包括民营公司)中,公司领导层的决策、管理、经营活动,也同样离不开调查研究。《现代社会的第361行——秘书》一书在介绍英国"饭店经理的秘书的一天"时有如下一段文字:

下午,经理要外出,临走前给秘书玛丽交代了四项工作:

(1)了解一下电子计算机在饭店管理中的作用、价钱等情况,找一些有关这方面的书。

(2)给韦恩夫人写一个备忘录,告诉她可以考虑换用新型被褥,因为许多家庭已在使用了。要求韦恩夫人准备一个有关材料。

(3)专门为旅馆的会议设施写一个广告。

(4)贝克小姐代表三个电话接线员提出工作时间太长的书面抗议。要玛丽与她们谈一下,准备一个劳资关系的报告,看看是否要加人,到哪里才能找到合适的人选。

经理走后,玛丽就专注于这些调查报告,显然,它们都是要耗相当多的时间和精力才可能完成的。[1]

在饭店经理交代秘书的四项工作中,(1)、(4)两项就明显属于调查研究。

(二)调查研究在秘书工作中的重要地位

1.调查研究是秘书部门发挥参谋助手作用的重要途径。做好领导工作离不开调查研究,各级领导每年都要用相当多的时间进行调查研究。秘书作为领导的助手和参谋,要参加领导的调查研究活动,不但要承担领导调查研究中大量的文字工作和事务性工作,而且要在选择调研课题、确定调查范围、选用调查方法、制定调研方案等方面向领导提供参考意见,为领导出谋划策。

另一方面,由于时间、精力等条件的限制,领导不可能每件事都亲自调查,必须依靠秘书和秘书部门(以及其他职能部门)。领导在作出决策前常常向秘书或秘书部门下达具体的调研任务;在平时分析情况和处理问题时,领导也常常要秘书部门提供可靠情况和参考意见,而这些情况和意见,必须建立在扎扎实实的调查研究的基础之上。假如没有调查研究,秘书只能凭大体的印象向领导提供情况,这样的情况信息也只能罗列

---

[1] 光积昌、汲典编译:《现代社会的第361行——秘书》,北京:机械工业出版社,1986年,第22页。

现象,把握不住事物的本质,也达不到信息必须完整、准确的一般要求。

2.调查研究是秘书部门获取可靠信息的主要渠道。现代社会是信息社会,信息在社会生活中的作用越来越重要。为领导的决策、管理以及各职能部门提供大量准确的信息是秘书和秘书部门的主要任务之一。尽管收集信息的渠道很多,但是获取第一手可靠信息的主要途径就是调查研究。一方面,秘书部门通过调查研究可以得到大量可靠的直接信息,另一方面,通过其他渠道获得的信息,也必须通过调查研究加以核实。离开调查研究,秘书和秘书部门就不可能向领导和上司提供大容量、高质量的信息服务,搞好调查研究是做好信息工作的必要前提。

3.调查研究是秘书部门做好其他工作的前提条件。秘书工作是综合性的,内容非常多,其中大多数工作是建立在调查研究基础之上的。例如,拟文撰稿是秘书部门的主要工作之一,秘书只有占有大量可靠材料,才能写出高质量的文稿,而文稿的主要内容材料只有通过调查研究才能获得;在信访工作中,要恰当地处理信访反映的各种各样复杂问题,首先要搞清事实,这就必须进行周密的调查研究;在协调工作中,必须通过调查研究,搞清楚被协调各方的具体情况,把握问题的症结所在,才能有的放矢地解决问题,达到整个系统的同步一致。总之,调查研究是做好各项秘书业务工作的必要条件,秘书在完成许多具体工作时都要注重调查研究。

第二节　调查研究的一般程序

调查研究的课题千差万别,规模大小悬殊。全国人口普查仅专业调查人员就有几十万,准备工作要从若干年前开始进行;而一个矿难事故的真相调查,从组织调查组到奔赴事故现场,往往不到一天时间。但不管调查研究规模多大,一次正规的调查研究总可以分为四个阶段：准备阶段、调查阶段、研究阶段、总结阶段。有的调查研究成果具有较高的价值，在调研结束后还要通过适当的方式扩大影响，使该成果在更广的范围得到利用，这就是调查成果的转化和利用。本节我们将介绍正规调研活动的基本程序，以及在各个阶段中都有哪些具体的工作要做。

基层组织和企事业单位的秘书和秘书部门就一些具体问题进行的调查研究，可以称为"微观调研"。微观调研并不需要明确地分为四个阶段，但大体的程序仍然是相似的。如果一个秘书熟悉了比较正规的调查研究的基本程序和各阶段的主要工作，掌握了调查和研究的基本方法，他就一定能够完成微观的调研任务。

一、准备阶段

(一)确定调查研究的课题和具体目的

秘书部门调查研究都是为了了解情况，掌握可靠信息，为领导的决策和管理服务。但每一次调查研究活动又有各自不同的具体目的。秘书部门调查研究课题和具体目的，一般有以下几种情况：

第一种情况是领导布置秘书部门完成的调查研究课题，这要根据领导意图来确定调查研究的具体目的。秘书在接受调查研究任务时应该把握领导意图，如果有不明白的地方，应该向领导询问清楚。

第二种情况是根据领导决策的需要，秘书部门为发挥参谋作用主动提出的调查课题，这种调查研究的目的要围绕领导决策的具体需要来确定。秘书在调查前要向领导汇报调查计划，与领导共同确定调查研究的具体目的。

第三种情况是为收集政策和决策执行情况的反馈信息而进行的调查，是秘书部门的常规工作，不需要每次调查前都向领导汇报，调查研究的目的可根据需要哪一方面信息来确定。

第四种情况是秘书部门为了解决自身工作中发现或遇到的问题而提出的调查研究的课题,调查研究的目的要根据解决问题需要哪些方面材料来确定。

(二)确定调查对象和范围

调查对象与范围的选择和确定,直接关系到能否得到准确可靠的材料,这是调查能否取得预期成果的关键。

调查对象必须根据调查目的来确定,调查对象包括参加调查会的人员、个别访谈对象、专家咨询的对象和专家论证会的参加者、问卷调查中问卷发放的对象范围、统计数据的提供者、现场观察的线路和范围等。对调查对象的选择要有一个明确的标准,即使是抽样调查,随机抽样的方法也要事先确定。

(三)组织、思想和技术上的准备

一次正规的调查研究活动往往需要若干人共同参加才能完成,这就需要在调查开始前组成调查组。调查组人数要根据调查任务和范围来确定,调查组应设组长,负责整个调查工作,成员应该有明确的分工。

调查组成员在调查正式开始前要学习掌握党和国家有关方针政策,收集有关文献资料,了解有关方面对同一问题已有的研究成果。了解掌握原来的政策规定,不是要以此为框框束缚思想,而是要做到心中有数,调查中如发现文件规定与实际情况不相符,可以作为重要内容加以研究,提出新的意见。了解原有研究成果,可以作为本次调查的参考,以避免无效劳动,并在原有成果基础上把调查研究引向深入。

有些专业性较强和技术要求较高的调查研究,调查开始前要对参加调查的人员进行知识和技术方面的培训。

(四)拟定调查提纲

调查研究是一项复杂的工作,需要有计划地进行。在调查研究开始前要拟定详细的调查提纲。调查提纲应包括以下内容:

1. 调查的指导思想和目的、要求。

2.调查的各项具体内容(即调查的项目)。
3.调查的地点、单位和对象。
4.调查的方法。
5.调查的步骤和进度。
6.调查人员的具体分工。
7.调查中可能遇到的问题和对策。

拟定调查提纲是调查研究中一个重要环节,必须认真对待,尽量把提纲拟定得完整、周密、细致。调查过程中如发现原调查计划有不完备、不妥当之处,可以随时予以修改调整。

(五)设计、印制调查表格、问卷等

在调查过程中可能会用到各种调查表、登记表、统计表、调查问卷等,这些表格问卷必须精心设计,并在调查正式开始前印制完毕。

二、调查阶段

在做好调查前的各种准备后就可以按照拟定的调查提纲进行正式调查、调查研究实施阶段的主要工作有:

(一)调查点的联络

无论是领导还是秘书人员,除非"微服私访",到某一地区或单位调查,都应该事先联络,约定时间,让对方做一些必要的思想准备。如果不是下属单位,还必须征得对方同意,才能前去调查。秘书到调查点联络时要注意以下几点:

一是联络人应带机关介绍信前往;如系本机关下属单位,也可通过电话联络。

二是要直接向调查单位领导或有关部门说明调查的目的、意义和内容,以便取得他们的配合。

三是要与对方共同商定调查的日程、方式,如果调查时间较长,地点较远,就要安排好调查人员的交通和食宿。

四是要请对方协助通知调查对象,让他们了解调查的内容,有所准备。

(二)进行正式调查,做好调查材料的收集、整理工作

调查活动原则上按照调查计划进行,要注意根据调查目的综合运用各种调查方法(见本章下一节),特别是开调查会、个别访谈和现场观察这几种方法,经常是结合在一起运用的。

收集和整理调查材料是秘书在调查期间的主要工作,需要及时收集的调查材料主要有观察记录、调查会记录、访谈记录,下级单位和群众提供的材料,问卷调查答卷,各种登记表、统计表,录音录像的数字资料和图片资料等。

调查材料是下一步研究的基础,材料翔实丰富,研究才有坚实的基础。在调查过程中,对于收集到的调查材料,要及时进行初步整理,检查材料是否完整,有无前后矛盾,数据和计量单位是否有误,有无模棱两可不明确的地方。对有疑问的地方要及时核对,予以校正,必要时就地进行补充调查,务使调查材料做到完整、准确、可靠,避免将来返工。

三、研究阶段

对调查材料的初步研究贯穿调查全过程,边调查边研究,从得到最初的调查材料起,就要对它们进行去粗取精、去伪存真的鉴别、核实、筛选、分类等"粗加工",初步的研究有利于调查深入开展。

这里所说的"研究阶段"指的是在调查活动基本结束后对调查材料进行综合研究。这时调查材料比较丰富,通常要运用归纳和演绎、分类和比较、分析与综合等各种方法,从质和量两个方面对调查材料进行思维加工。综合研究的目的是揭示事物的本质和规律,了解事物之间的因果关系,预测事物的发展趋势,并在此基础上对领导的决策和管理工作提出具体建议。综合研究是一种创造性思维活动,往往需要发挥集体的智慧。

四、总结阶段

调查研究总结阶段的主要工作有撰写调查研究报告、输出

调研信息、对本次调查研究进行总结。

(一)撰写调查研究报告

调查研究报告简称调查报告,是调查研究成果的书面形式。撰写调查报告是秘书部门在调查研究活动基本完成后的一项重要工作。调查研究搞得好是写好调查报告的前提,但撰写者的思想理论水平和文字表达能力对调查报告的质量也起重要作用。不同类型的调查研究,调查报告的侧重点和写法不同,这是秘书写作课程重点解决的问题。

(二)输出调研信息

一次调查研究活动得到的有用材料是非常丰富的,研究成果也不是单一的,而正式的调查报告通常只选择其中某一方面来写,因此调查报告不能反映一次调查研究活动的全部有用材料和全部研究成果。再说,不是所有的调查活动都是需要撰写正式的调查报告。对于调查研究过程中得到的有用材料和研究成果除了写成调查报告外,还要作为重要信息用各种方式及时向领导和有关方面输出,这些具体工作已属于信息工作的范畴。

(三)调研活动总结

每次正规的调查研究活动结束后,都要进行总结,包括整个调查研究工作的总结和参加者个人的总结。总结中既要充分肯定成绩,积累成功的经验,又要认真找出不足之处,吸取失误中的教训。认真总结可以帮助秘书部门和秘书人员不断提高调查研究的水平,为今后搞好调查研究打好基础。

(四)调研成果的转化

一般来说,"总结"是调查研究活动的最后一环。但如果一次调查研究取得了重要成果,那就有必要在调研活动结束后用适当的途径将调研成果转化为其他形态,以提供给更多的人利用。调研成果转化主要有以下几种途径:

一是通过制发文件将调研中发现的带有普遍意义的问题、经验、典型案例等向更多的地区和单位通报。

二是通过调研成果报告会或现场经验介绍会等会议形式将调研成果推广到更大范围。

三是写成通讯报道通过公开媒体或内部信息简报让更多的对象享用调研取得的成果。

四是将经过整理的调查材料及其数据信息用适当的方式贮存到资料库中,以便领导、职能部门以及秘书部门今后加以利用。

第三节 常用的调查方法[①]

一、现场观察

现场观察是指调查者深入事件现场进行有计划、周密细致的考察,以便获得对事物直观而具体的印象,并据此得出可靠的结论。现场观察可以获得第一手材料,可以检验通过其他方法得到的间接材料的可靠性,可以扩大调查线索,是一种得到广泛应用的传统调查方法。

(一)现场观察的方法

1. 直接观察和间接观察。直接观察指观察者是通过眼、耳等器官直接感知被观察对象的情况。例如某工厂附近的村民反映该工厂生产过程中产生的污水、废气对周围环境造成污染,调查人员可以到现场察看附近水域和空气的情况,并采集样本进行化验得出可靠数据,以确定居民反映的情况是否属实。大多数现场观察采用这种方法。

间接观察指通过对 A 事物的观察来了解 B 事物的情况。例如,人们可以通过对一个城市市容卫生情况的观察来了解该

---

① 与本书配套的教材《秘书学概论》的"秘书工作方法"一章中,调查方法和研究方法曾作为"秘书一般工作方法"做过简单介绍,本节和下一节内容与它基本一致,但本书的介绍比《秘书学概论》中的内容详细。

市市民的精神风貌，通过对公共图书馆大门口地砖的磨损程度来大致了解该地居民来馆借书者人数的多少，甚至可以通过观察当地政府办公大楼与中小学校教学楼的建筑外观来了解地方官员对教育的重视程度。根据间接观察的资料推断出的结论不一定可靠，但可以作为进一步调查的参考。

2. 参与式观察和非参与式观察。参与式观察是观察者直接加入到某一人群中去，以该群体成员的身份参加活动并对有关的社会现象进行观察。例如，某大城市公共汽车的拥挤、误时问题长期得不到有效解决，新上任的市长以普通乘客的身份坚持乘坐一个多月的公共汽车，掌握了许多第一手资料，搞清了问题的症结，并很快彻底解决了问题。我国民间流传的一些古代明君、清官微服私访的故事，虽然情节不一定属实（如康熙微服私访在《清圣祖实录》中没有任何记载），但故事中的做法也可算是参与式观察。进行参与式观察时因为被调查者不知道有人在进行有意识的观察调查，因而一般能够观察到真实的情况。

非参与式观察是指观察者以旁观人的身份对有关的社会现象进行观察。在秘书部门的调研活动中，无论是跟随领导人到基层去视察工作了解民情，还是秘书自己为核实信息掌握实情而到现场直接观察，主要是非参与式观察。

3. 规定项目的观察和综合性随机观察。规定项目的观察是指调查前确定一个或少数几个项目作为观察内容，并制定规范化的观察程序和线路，在观察过程中一般不对原计划作临时变动，即使观察过程中发现了值得研究的新问题，也暂不列入此次观察的对象。例如，某教育局组织的一次调查确定的观察项目是校舍的建筑安全（抗震性）和卫生配套设施两项，观察者发现某校在教学管理上也存在严重问题，但也只向有关部门提供信息，并不因此改变原来的观察计划。

综合性随机观察是指只确定观察范围（地域、单位或人群）不规定具体项目的观察，观察的目的是了解对象的一般情况，如果在观察中发现值得进一步关注的问题,再作重点观察或其他方式的调研。领导到基层视察工作大多属于综合性随机观察。

(二)现场观察时要注意的问题

1. 要观察真实的现场,防止有人制造假象。近年来的新闻报道中,经常披露制造假象欺骗调查人的现象,不但有矿难事故后伪造现场的案例,还出现过弄虚作假欺骗总书记、国务院总理现场考察的案例。

2. 观察要客观不能带个人偏见。"不唯上"、"不唯己"原则要求调查者不能从领导人的主观愿望和个人好恶出发。既要看到正面情况,也要注意反面情况。有时对同一件事、同一个现场,不同调查人现场观察后会得出截然相反的"事实",这是值得深思的。

3. 要注意略看与细察相结合。略看不是说粗枝大叶地看,而是指从大的方面着眼,通过粗略观看,获得对事物的总体印象。细察指在略看基础之上,对事物的重点部位、关键环节细致的考察。二者结合才能对调查对象得出接近真实的印象。

4. 要注意留下原始的观察记录。观察是一种常用的调查方法,是获取第一手信息资料的手段。为了保证调查材料的完整性和可靠性,调查者应该将观察结果即时地记录下来。除了传统的文字记录外,还可以辅之以照相、录影、录音等手段。

二、个别访谈

个别访谈是指调查者通过对单个对象访问,并与之直接进行言语交流以了解情况的调查方法。个别访谈的优点是能够听到一些人不愿在公开场合发表的意见和情况,便于边谈边提出新问题,以扩大调查线索。

(一)个别访谈的方法

1. 选择性访谈和逐一访谈。选择性访谈是指选择一个或数个有代表性的重点对象进行访问交谈,被选择的访谈对象应该是所调查事件的知情者或相关人。调查者可以根据事先掌握的初步信息或其他调查手段(例如座谈会)中了解的情况来选择访谈对象。大多数访谈都是选择性访谈,但也有一些问题可以对某一群体内的所有对象进行逐一的访谈,例如,某县拟从一所中心学校的现有干部中任命一位校长,可以对该校百余位教职员工逐一进行访谈,了解每个人对新校长人选的建议。因为与每个对象访谈的时间不可能很长,故逐一访谈只适用于内容比较单一的调查。

2. 引导式访谈和非引导式访谈。引导式访谈指根据所掌握的有关访谈对象的情况确定访谈的重点,并按照由简单到复杂、由现象到本质的顺序将访谈内容逐步引向深入,不断扩大线索,以获得更多的有用信息。这种访谈往往一开始提出一个简单的容易回答的问题,根据回答的内容自然地引出一个新的问题,被访者如何回答虽然是自由的,但谈话内容的指向是由调查者控制的。

非引导式访谈指在访谈前将所需要了解的问题一次性地告知访谈对象(可提前用书面方式提供),由访谈对象把自己了解的情况或自己的观点客观地陈述出来。例如,在调查某厂家连续发生的员工自杀现象的原因时,可以提出以下问题:你认为引起自杀连续发生的主要原因是什么?能提供一些具体材料说明你的观点吗?

3. 直接访谈和间接访谈。直接访谈是指调查者采取登门拜访或约请会见的方式进行面对面的访谈,其优点是可以显示调查者的诚意和对调查对象的尊重,同时可以通过被访对象的表情和语气了解访谈对象的态度倾向,这种情感信息对鉴别谈话内容的真实性、可靠性具有一定的参考价值。

间接访谈指通过电话、互联网和书信的方式进行的访谈。电话访谈的优点是便捷,可以随时进行,但一般只能调查比较简单的问题。通过电子信箱和其他书面形式进行访谈可以提前给对方一个访问提纲,使被访者有较充裕的准备时间,给出的书面回复通常文字比较简洁,但因为缺少当面交流,得到的回复往往缺少具体的细节。一般来说,如调查的目的是了解事件真相,就不宜采用书面访谈的形式;而如果调查的目的是了解对方的观点和态度,书面访谈就能得到完整而准确的信息。

(二)个别访谈需要注意的问题

1.要选择合适的调查对象。在秘书经常进行的调查活动中,个别访谈对象主要有三种人:领导人、当事人、知情人。领导人指调查事项的涉事单位或地区的领导,他们不仅能提供情况,而且能谈出自己的看法和态度;当事人和知情人是弄清事情真相的主要对象。

在选择访谈对象时,要注意调查对象与调查可能产生的结论是否有利害关系,特别要注意听取与其无明显利害关系的人反映的事实。

2.访谈前要做好充分准备。访谈前要从侧面了解访谈对象的年龄、性别、职业、性格、文化程度、谈吐习惯、可能存在的顾虑、在调查问题中所处地位等。对需要了解的问题要列出一个初步的提问提纲,对提问的内容和程序、提问的方式和语气等也都要做到心中有数。

3.要讲究谈话的艺术。首先要给被访谈人以信任感,善于创造良好的气氛,解除被访者的戒备心理和紧张情绪。个别访谈一般情况下不要使用录音机,因为许多人不习惯面对录音机自然地讲话。除了作为案件的证据材料外,一般访谈调查轻易地不要让对方签名。

三、开调查会

开调查会就是把若干人召集到一起,就所调查的问题进行座谈,从而了解有关情况的调查方法。开调查会是一种传统调查方法。

(一)调查会的种类和一般程序

1.调查会的种类。虽然调查会通常用座谈的方式进行,但调查会不等于座谈会。有一些纪念性质或礼仪性质的座谈会

（例如抗战胜利纪念日召集的抗战老兵座谈会、教师节举行的教师代表座谈会,等等),并没有明确的调查目的,即使从某些代表的发言中得到一些有价值的信息,也不能算是调查会。

调查会必须有明确而具体的调查目的。根据调查会的具体目的,调查会主要有以下几种:

决策建议调查会——领导机关或领导人就地区或单位的重大事项征询群众或有识之士的决策建议而召开的调查会。例如,某市就城市规划总体方案曾通过媒体广泛征求市民的意见,在此基础上召集一些曾经发表重要意见的人士召开座谈会。

事件真相调查会——为了解某事件的原因、过程、后果等召开的调查会。例如,为了解某次矿难事故的真相,调查组召集事故幸存者和少数当时在事故现场的人开调查会了解情况。

典型经验调查会——为推广先进经验、表彰先进典型而召集的旨在总结经验和挖掘先进事迹的调查会。例如,某公司在企业文化建设方面做了不少工作,上级有关部门前来调查该公司的企业文化建设的经验而召集部分职工举行的座谈会。

民意倾向调查会——为了解公众或员工的意见、要求而举行的座谈会。例如,上级机关为考察一个单位领导班子而到该单位举行各类人员代表座谈会,专门听取对上届班子的评价和具体意见。

2. 开调查会的一般程序。虽然调查会的参加者人数很少,但也有会前准备、会议进行和会后处理三个阶段的工作。

调查会前的准备工作中最为关键的一项是参会人员的选定。参加调查会的人首先应是了解情况的人,其次应具有较好的表达能力并敢于当众说真话,还要避免把互相戒备的人请到一起来开会,也不要请与调查问题无关的人参会,被调查对象所在单位的领导也不宜参加调查会。必要时可以分别召开座谈会,听取不同群体的意见。确定人选以后,还要把座谈会所要调查的内容用书面文本的方式提前发给拟请到会的人员。

调查会进行阶段的主要任务是主持会议和记录发言。如果是跟随领导搞调查，则应由领导来主持，而秘书的主要任务就是做好会议记录。主持者既要调动大家发言的积极性，使每个到会者畅所欲言；也要引导他们围绕所调查的关键问题来谈，避免海阔天空、不着边际的乱扯；还要善于从发言中发现新问题、新线索。

调查会散会后，应及时地对记录的内容进行整理，提取最有价值的信息。如果某些人发言中提供的信息不够完整，秘书要及时通过个别访谈（包括电话）等方式加以补充调查。

(二)开调查会必须注意的事项

1.调查会的人数要适宜。一般以5人至8人为宜。人多了，有的人就没有足够时间发表见解，甚至得不到发言机会；人数过少，会就可能开得冷清，不利于到会者互相启发，共同提供全面情况。

2.调查会的时间要适宜。调查会要控制在一个半小时到两个小时左右，时间太短难以得到足够的材料；时间太长，参加者容易疲劳，也难以取得好的效果。过多占用调查对象时间还会引起到会者的不满甚至抵触情绪。

3.不宜请与调查课题有关的权威人士参加调查会。这是因为权威人士一旦发言，就会左右其他到会人员的意向，或者使其他人员不敢发言。权威人士的意见虽然很重要，但应该通过个别访谈的方法去了解，而不宜让他们在座谈会上左右大家的意见。

4.要与个别访谈结合运用。要善于将两种方法结合起来运用，在调查会上侧重了解面上的基本情况、事情的大致经过和一些重要的信息线索，具体数据和细节等则可通过会下与知情人个别谈话来补充。

四、问卷调查

问卷调查就是根据调查内容设计出相应的便于回答的调

查表,交给调查者填写然后集中统计、分析,以获得所需要的数据和情况。

(一)问卷的基本结构

1.卷首信(封面信)。卷首信是调查者写给被调查者的短信,它的作用是说明调查者的身份、调查的内容、调查的目的和意义,对被调查者的希望和要求,填写问卷的说明,回复问卷的方式和时间,调查的匿名和保密原则。为了能引起被调查者的重视和兴趣,争取他们的合作和支持,卷首语的语气要谦虚、诚恳,文字要简明、通俗。下面是一份实际调查问卷的卷首信。

亲爱的同学:

我们是校学生处和团委、学生会联合成立的一个专项调查组,正在进行一项有关大学生就业意向的调查,旨在了解我校学生对就业的想法。请您填答本问卷,提供相应的个人基本资料和真实想法。我们将对调查数据进行研究分析,并将研究成果提供给有关部门作为就业指导的依据,并提供给同学们参考。

本调查问卷是无记名的,回答没有对错之分,学校及他人将无从知悉您个人的身份,请放心填写。

填写本问卷所需时间约 10 分钟。谢谢您的支持和合作!

大学生就业意向调查组

卷首语一般放在问卷第一页的上面。如果因调查的内容多而需要多页装订成册,卷首语也可单独作为一封信放在问卷的封面,因此卷首信又叫做"封面信"。

2.指导语(答卷说明)。指导语是用来帮助被调查者正确填写答卷的简短说明,其作用类似于产品说明书,通常列在卷首信之后。下面是一个例子:

本问卷必做部分包括 15 道选择题,如无特别说明,请只选一个答案。您只要在选择的选项序号后的括号中画钩即可。

选择题后有一道主观性简答题,欢迎感兴趣的同学为我们提供宝贵的意见和建议。如果您对此问题不感兴趣或没有时间,也可以不做。

填写问卷时,请不要与他人商量。

如果问卷中某些问题比较复杂或有歧义,应在该题后用括号内的文字加以说明,如:(此题可选择多项答案),(本题所问"每天平均上网时间"不包括计算机课在实验室的上网时间),等等。问卷中每一处有可能让被调查者感到不明确的地方,都应该有简短的说明,以消除歧义。

3. 问题和回答方式(主体部分)。这是问卷的主体部分。问题和答案的设计是否合理,是问卷调查能否获取高质量信息的关键。本节下文将进行详细阐述。

4. 编码和其他资料。在较大规模的调查中,为了将问卷答案转换成数字,以便输入计算机进行处理,要把问卷中询问的每一个问题和被调查者的每一种回答全部转变成为1,2,3……或a,b,c……数字和代号。这种编码如果直接出现在问卷中,就成为问卷的一个组成部分。

有些调查问卷还需要在首页上印上调查员姓名、调查开始时间和结束时间、进行调查的地点和单位等资料。

(二)问卷的设计

1. 问卷设计的原则。问卷设计必须遵循三个原则,即必要性原则、可行性原则和自愿性原则。

所谓必要性原则,主要是指问卷的题量必须根据本次调查的主要目的来确定。调查的目的是获取可靠的信息数据,而不是为调查而调查。除了国家进行的如人口普查等大型综合性调查外,一般的调查都有明确而具体的目的,问卷的数量与类型应以满足对信息的需要为准,不要指望用一次调查获取的数据供以后长期使用。违反必要性原则的一个表现就是题量太大,有的问卷长达十数页,不仅给被调查者答题造成很大的困难,也增加了处理信息的难度,降低信息的准确性和可靠性。

所谓可行性原则,主要是指问题的难度必须符合被调查者回答问题的能力。如果所提出的问题需要被调查者进行艰难的思考和复杂的计算才能填写,就不能保证调查正常进行,也不能保证调查数据的质量,因为总有相当比例的调查对象会对这样的问卷产生反感,他们就有可能拒绝交回答卷,或随意填上答案敷衍过去。问卷的设计者必须多为被调查者着想,尽量为他们的答卷提供方便,降低问题的难度,减少占用他们的时间,只有这样才能得到被调查者的配合。

所谓自愿性原则,主要是指问题的内容和问卷的形式应尽可能做到让被调查者乐于配合。除了问题过难、过多会引起被调查者的反感外,可能引起被调查者心理上和思想上不良反应的情况主要有两种:一是问题中涉及个人隐私等敏感内容,回答者会产生种种顾虑,担心如实填写会给自己带来不利影响,损害自己的切身利益;一般来说,问卷中应尽量不涉及个人隐私或敏感内容的问题,如确实需要了解有关信息,则应该在卷首信中(以及在进行调查时当面口头表达)充分说明调查问卷将会得到很好的保密,让他们打消顾虑如实填写答案。二是问卷的格式呆板、文字拥挤、问卷语言不够简洁等因素也会造成被调查者心理上的反感,从而对调查采取排斥的态度,这就要求问卷的设计者注意版面格式的设计和语言的推敲。

2.问题的类型和形式。调查问卷的问题从内容上看可分为三类:

第一类是有关被调查者个人基本情况的背景性问题,例如年龄、性别、文化程度、职业、婚姻状况、家庭收入等。

第二类是有关已经发生和正在发生的各种事实和行为的客观性问题,如:每天上网的时间是多少,用在子女教育方面的开支占家庭总开支的比例多大,在大学读书期间是否参加过学生社团的活动,等等。

第三类是有关态度、情感、愿望、评价等方面的主观性问题,如:关于衡量一个人成功的主要标志的观点,对当前房价居高不下的最主要原因的看法,对某一职位现任领导的工作是否满意,等等。

调查问卷的问题从形式上看有开放式和封闭式两种:

开放式问题是指不提供任何具体的备选答案,而由被调查者自由填写答案的问题。例如:"您认为目前我国大学毕业生就业难最主要的原因是什么?""您认为目前国际上流行的低碳化生活趋势对本企业的发展前景会产生何种影响?"开放式问题的优点是答题者可自由地发表各种观点,收集的信息比较丰富、生动,缺点是要求回答者有较高的思想水平和较强的文字表达能力,且答卷花费的时间较多,而且主观性答案难以进行定量分析。因此,一份调查问卷中开放式问题不宜过多。

封闭式问题就是在提出问题的同时还给出几种主要答案、甚至一切可能的答案,要求被调查者从中选取一种或几种答案。例如:对"您对所在小区的物业管理是否满意"的问题可提供"满意、基本满意、不太满意、很不满意"四项备选答案,答卷人只需要在相应的备选答案上画钩就可以了。封闭式问题答题方便,问卷回收率高,数据容易进行量化处理,但是难以得到丰富、生动的建设性意见。

开放式问题和封闭式问题获取的信息资料各有特点,在探索性调研中多用开放式问题,而统计性调研(通常调查对象基数非常大)中多用封闭式问题。一般领导机关和秘书部门进行的调研,常常在一份问卷中既有封闭式问题,也有开放式问题,其中以收集建设性意见为目的的开放式问题不宜太多,一般以2个为限,且应注明为"选做",即不要求所有被调查者都给出答案。

3.问卷答案的形式。开放式问题不需要列出答案,只需要在问卷上留下一块空白即可,设计时需要考虑的是所留空白的大小要合适。

对封闭式问题,问卷要给出供选择的答案,回答的具体方式主要有：

(1)填空式，即在问题后面的横线上或括号内填写答案，适用于回答比较简单的问题，通常只需要给出一个很小的数字。如：

您有（　　）个孩子。

您来本公司工作已经（　　）年（　　）个月。

(2)是否式，即只有两种答案可供选择的回答方式，适用于互相排斥的两者择一的问题。如：

您有属于自己的产权房吗？（请在□内打√）

　　有□　　无□

您的户籍所在地是本市吗？（请在□内打√）

　　是□　　不是□

(3)选择式，即列出多种答案，由被调查者自由选择一项或多项的回答方式，适用于有三种以上可能答案的问题。如：

您认为您所在专业培养方案中课程设置是否合理？（单选）

A.合理　B.基本合理　C.不太合理　D.很不合理

您认为下列哪些方式能够更好地提高您的积极性和创造性？（限选三项）

A.收入提高（　　）　　B.福利改善（　　）

C.职位晋升（　　）　　D.领导认可（　　）

E.培训机会（　　）　　F.挑战性的工作（　　）

G.其他（请写出）

(4)排序式，即列出若干种答案，请被调查者给各种答案排列先后顺序。如：

假设现在让您重新选择工作，您认为下面哪五个因素比较重要？（只选五个，按重要程度由强到弱在括号内填写1、2、3、4、5）

A.（　）领导个人魅力
B.（　）工作挑战性
C.（　）职业稳定性
D.（　）公司名气
E.（　）民主气氛
F.（　）充分发挥自己才能
G.（　）收入水平
H.（　）晋升机会
I.（　）公司发展前途

(5)表格式，将同一类型的若干问题集中在一道题中，让被调查者在相应的表格中给出答案，实际上是多道选择题的浓缩。例如：

您认为下列公职人员的腐败表现在本地（县或市）是否严重？（请在每一行相应的格中打√）

腐败表现	严重	比较严重	不严重	基本没有	不清楚
拉帮结派					
买官卖官					
贪污受贿					
公款吃喝					
公款旅游					
包养二奶					

(三)问卷调查的特点

问卷调查是现代调查方法中普遍采用的一种，它有几个明显优点：一是节省时间、经费和人力成本，可以同时向许多人调查同一方面问题，而且所需人力物力较少，调查周期短；二是问卷得到的资料标准化程度高，便于进行统计和定量分析，可以借助电脑来处理数据；三是有利于得到真实材料，因为问卷调查一般不是面对面进行的，也不要求在答卷上署上自己的单位姓名，被调查者可以在没有任何顾虑的情况下提供意见和情况。

问卷法也有它的局限性,主要表现在两个方面:一是问卷的设计有一定的难度,问卷调查能否取得高质量信息,关键在于问卷设计是否合理,而问题的设计涉及一些专门化的知识,比较复杂的调查问卷通常由受过专门训练的专业人士来设计才能保证质量;二是问卷调查的被调查者也要具备一定的文化水准,如果一次调查的对象文化水平比较整齐(例如都是大学生),问卷的回收率就比较高,且信息比较可靠,如果调查对象文化水平较低或差别较大,就难以保证必要的回收率,这时调查者可以采用与被调查者逐项提问代为填写答案的方法来完成答卷。

(四)民意测验

民意测验是专门为了解民众对某些特定人物或特定事物的评价或态度所作的问卷调查,例如某些城市推出的市民对各系统"行风"的评价就属于这种调查。民意测验通常也要通过问卷的方式进行,它和一般的问卷调查的差别在于其内容的单一性。例如为了了解一个单位的员工对领导班子成员工作的满意程度,可以召集该单位全体员工集中填写下面的"考评问卷":

	满意	基本满意	不太满意	很不满意
领导甲				
领导乙				
领导丙				
领导丁				

近年来流行的网络调查一般都是就某一个问题(例如"您是否赞成实施手机实名制")进行的民意测验,虽然网络调查没有纸质问卷,但也应归于问卷调查的一种。

五、统计调查

统计调查就是按照一定的目的和要求有组织、有计划地收集统计数据,然后通过对统计数据的分析研究来取得对事物情况的认识。统计调查的原始资料通常来源于其他调查方法,如问卷调查等。

正规的全面的统计工作主要由国家专门统计部门来进行。秘书部门的统计调查有两种类型：

一是常规性的统计调查，即在机关工作中建立统计报表制度，各单位、各部门定期将各项工作开展情况的有关统计数据制成表格上报办公室，办公室再对这些统计数据进行汇总分析。

二是临时性的统计调查，即为了某项工作的需要临时组织的专项统计调查。

不管是常规性的统计调查还是临时性的统计调查，都必须保证数据真实、准确、完整，反对虚报、瞒报等弄虚作假行为。

统计调查是一种以数据为中心的调查，它的优点是使调查材料数量化，便于进行定量分析；它的局限性也就在于偏重定量分析，缺乏定性分析。统计调查常常和其他调查方法（例如专家论证）结合在一起运用。

六、专家论证

专家论证就是召集有关方面专家学者对重大决策问题或专门的技术性问题进行分析、讨论和论证。现代科学决策的科技含量越来越高，许多问题征求专家意见比征求多数群众的意见更加重要，更加可靠。

专家论证会是一种特殊的调查座谈会，须有畅所欲言、自由争论的气氛和比较充分的时间。参加论证的专家应力求多样化，既要有科学技术专家，也要有管理专家和人文社会科学专家。秘书部门应该在会前较长时间将需要讨论的问题发给与会专家，让它们有充分的时间查找资料、思考研究。

专家咨询论证会的开法有两种：一种方法叫做"单向充分发表意见法"，会议主持人只说明总的意图，不表态，让专家学者自由畅谈，发言者只能发表自己的看法，不得批评他人意见；这种讨论方法发言随便，气氛自由，有利于新观点和创造性建议的形成。另一种方法叫做"反向充分发表意见法",会议主持人先发表自己的初步意见,然后要求与会者充分发表不同意见,每位发言者除阐述自己意见外,还要对主持人和其他专家的意见开展批评;这种方法能把会议引向深刻、透彻的讨论,避免片面性。

除了请专家开会进行集体咨询和论证外,领导和秘书部门还可以就某些重大决策问题和专业技术性问题,个别征求权威专家的意见(包括约见、拜访和通过网络电信进行咨询),这是一种特殊的个别访谈。

专家咨询论证的一个重要环节是专家的选择。一般机关或企事业单位应该建有专家库名单,以备在遇到相关问题时及时确定咨询对象。

第四节　常用的研究方法

不管何种意义上的研究,都是人们用大脑对已有信息进行分析加工的过程,因而所谓研究的方法实际上都是思维的方法。作为调查研究后期阶段的"研究",不是一般的科学研究,也不是一般的工作研究,而是特指对调查材料的研究。这种研究虽然也是一种复杂的思维过程,但它不仅指个人的思考过程,更主要的是指在个人思考基础上进行的集体研究,即通常所说的"集体的智慧"。

一、归纳和演绎

归纳和演绎是两种基本的逻辑推理。

(一)归纳法

归纳是从同类中若干个别或特殊对象推出有关该类事物的一般性结论的推理方法。有完全归纳法和不完全归纳法之分。

完全归纳法就是根据某类中每一对象具有(或不具有)某

一属性,概括出该类事物全部具有(或不具有)某一属性的推理;完全归纳法得出的结论是必然可靠的。

不完全归纳法是根据某类中部分对象具有(或不具有)某一属性,推断该类事物全部具有(或不具有)某一属性的推理。其中又有简单枚举法和典型归纳法两种。简单枚举法是指根据一类事物随机出现的个别对象的情况,推断该类事物总体情况,它的结论不太可靠,但可作为初步认识供人们继续研究或通过实践加以检验。典型归纳法是根据挑选的一类事物中少数有代表性的对象,推出该类事物的总体情况,它的可靠性主要取决于典型的选择是否准确。

在运用归纳法的时候,要注意避免犯"以偏概全"的错误。以偏概全是指把个别现象当成普遍现象,把并不具有代表性的个案当作典型的有代表性的事例并据以得出有关全体或整体的结论。例如某些人根据江苏省华西村村民的收入水平,就断言"现在我国农民的富裕程度已经超过城市居民的平均水平"的结论。

(二)演绎法

演绎是以一般性原理为前提,推出有关特殊的个别事物的结论的推理过程。在研究工作中,人们往往根据一些已知的规律性知识(一般原理),结合调查对象的具体事实,从而得出有关调查对象的特殊的认识。例如,当我们通过调查发现一个单位领导班子存在严重不团结现象,再根据"如果一个单位领导不团结,则该单位工作是不可能做好的"这一常识,就可得出该单位领导必须进行整顿的结论。再如,根据国际上经济学家的研究,一套家庭住宅的价格应该是个人年收入的6倍左右,如果明显超过这个倍数则属于房价偏高或畸高,根据这一被普遍认可的观点,再加上一座城市一套90平方米住房的实际房价和普通员工平均年收入的数据,就不难判定本地住房的价格是适中、偏高还是畸高。

运用演绎法经常出现的偏差有两种:一种偏差是据以得出

结论的大前提(一般性原理)是不是真实反映客观规律的正确判断,几十年前曾经根据"社会主义经济只能是计划经济"的大前提,将民间出现的自由交换的市场行为定性为走资本主义道路,现在看来这种推论是十分荒唐可笑的。另一种偏差则是运用的推理形式违反有关的推理规则,演绎推理只有在形式正确的情况下才能保证从真实的前提推出真实的结论,否则即使大前提正确也不能保证结论可靠,因此研究者需要具备一些基本的逻辑知识,这也是高水平的秘书工作者必须具备的基本素质之一。

人们在对调查材料进行理论分析和深入思考的时候,常常将归纳和演绎两种逻辑推理结合在一起运用。

二、比较和分类

(一)比较法

比较法是一种传统的研究方法,指的是将一个事物和其他事物进行对比研究,或将事物不同阶段的情况进行对比研究,找出它们的相同点和不同点,从而对事物的性质和发展规律作出科学结论。

比较有横向比较和纵向比较两种基本类型。

横向比较就是将某一调查对象的情况与其他同类对象的情况进行比较。例如,将一家国有企业的经营状况与同类民营企业的经营状况进行比较,或与某一先进的国有企业的水平进行比较,或与国际先进水平进行比较,等等,都属于横向比较。

纵向比较是将调查对象的现在情况同它过去的情况进行比较。例如,将某城市居民当前生活水平同十年前生活水平进行比较,或同改革开放前的生活水平进行比较等。

无论是横向比较还是纵向比较,都要注意避免片面性。例如有人对两家性质相近的公司的员工待遇进行比较,只看到甲公司的工资是乙公司的1.2倍,就得出甲公司员工待遇好于乙公司的结论,而实际上甲公司员工的平均工作时间比乙公司要多很多,加上乙公司给员工提供条件比较好的住宿条件和营养合理的工作餐,实际上乙公司员工的待遇可能好于甲公司。再比如,有人将本科院校毕业生中素质较差的少数人与专科毕业生中素质较好的少数人进行比较,得出"现在本科毕业生的素质不如专科毕业生"的结论。

(二)分类法

分类是根据对象的相同点和不同点,将调查对象区分为不同种类的逻辑方法。合理的分类可以把复杂的事物条理化、系统化,可以揭示事物的内部结构和比例关系,还可以为进一步的研究打下基础。

分类必须根据一定的标准进行,根据事物的外部标志或外部联系进行的分类叫做现象分类法,根据事物的本质特征或内部联系进行的分类叫做本质分类法。在对调查材料进行研究时,这两种分类都得到广泛的运用,在研究的初期常常运用现象分类法,在研究的后期作出结论的时候,一般运用本质分类法。

分类法和比较法是密切联系的,用比较法得到的事物之间的相同点和不同点,可以作为分类的根据;而对事物进行分类后,又便于对不同类事物进行更深入的比较研究,从而找出本质上的差别。

三、分析和综合

(一)分析法

分析是把事物的整体分解为各个部分、各个方面、各个要素,再分别加以研究考察的方法。分析过程是思维活动从整体到部分、从复杂到简单的过程。例如,我们为了了解一家国有企业效益不好的原因,就有必要对这家企业的领导作风、职工素质、设备情况、技术力量、管理水平、销售渠道等分别加以考察,才能找到真正的原因。

分析法是人类最基本的思维方法之一,也是对调查材料进行研究时经常使用的方法,运用分析法可以使人们对错综复杂的事物的认识条理化、明晰化,透过现象认识其本质和规律,从而找到解决问题的正确方法。例如,南方某大型企业在2010年上半年连续发生员工跳楼自杀的事件,引起全社会的关注,这当然是一桩十分复杂的事件,有关部门对该企业进行了全面调查,分析了引起连环自杀事件的各种原因,得出"企业员工业余生活缺少自由支配的时间和空间、精神文化生活单调也是事故的重要原因之一"的结论,避免了将事故单纯归结为劳动报酬过低的简单认识,这一结论对其他企业的内部员工管理和企业文化建设具有重要的参考价值。

(二)综合法

综合是在分析的基础上,把对事物各个部分、各个方面的认识又组合为一个整体认识的方法。例如,我们考察一所高校,在分别得到该校师资水平、教学管理、科研实力、硬件设施、校园文化等方面的一些具体材料后,就会形成对每个方面的具体认知,但研究者还要进一步把各方面的认知加以综合,了解各因素之间的相互关系,并把这所高校的各方面情况与其他高校的有关材料进行比较,以形成对该所大学的总体认识。

综合过程是思维活动从部分到整体、从简单到复杂的过程。综合不是简单的概括,而是要找出事物的主要矛盾和矛盾的主要方面,揭示事物各组成部分之间复杂的内在联系,从而得出对事物本质和规律的认识。

分析和综合是对立统一的关系。在实际研究过程中分析和综合是彼此衔接和相互渗透的,分析的终点往往是综合的起点,综合的终点往往又是进一步分析的起点;分析中有综合,综合中又有分析,分析和综合的反复运用,可以使研究不断深入。

四、定量研究和定性研究

(一)定量研究

定量研究是指通过对事物各种数量关系的研究来认识事物的方法。对调查材料进行定量研究,就是通过统计和概率计算,得出可靠的数据,从而揭示事物各个方面的数量关系和变化趋势。定量研究具有逻辑的严密性和可靠性,它得出的结论往往具有较强的说服力。例如,一段时期以来人们对我国社会的贫富差距有颇多的议论和猜测,这个问题是否真的严重以及严重到什么程度,没有一个量化的标准就很难描述清楚。人们从国际学术界引进一个叫做"基尼指数"的量化概念,根据国家权威部门发布的大量调查统计数据进行定量分析,得出我国基尼系数已跨过0.4接近0.5,社会贫富差距已经突破合理的限度,总人口中收入最低的20%人口占国民总收入的份额仅为4.7%,而总人口中收入最高的20%人口占国民总收入的份额高达50%。

在进行定量研究时,要避免孤立地、片面地看待数据。例如,如果只看到现在的物价水平比20年前增长了许多倍,可能会感到吃惊,但是如果同时看到居民平均货币收入比20年前增长的幅度更大,就会得出人民物质生活总体水平有所改善的客观结论。再如,某市根据全市住宅总建筑面积和该市常住人口计算出该市居民人均居住面积已达35平方米,并断言该市居民住房问题已达小康标准,这一结论遭到强烈质疑,因为可能有十分之一的富人人均占有150平方米住宅,而十分之二的中产阶层人均占有50平方米住宅,而其余十分之七的下层居民人均只占有15平方米的住宅。如果实际情况是后者,则该市大多数居民的住宅面积还没有达到温饱水平。

(二)定性研究

定性研究是指通过对事物质的规定性的研究来认识事物的方法。对调查材料进行定性研究,就是在对大量材料进行去粗取精、去伪存真、由此及彼、由表及里的分析综合的基础上,对调查对象作出性质上的判断。例如,一家企业管理水平是否处于同类企业的先进行列;一个干部所犯错误是属于一般工作作风问题,还是属于违纪、违法甚至犯罪行为;对农民一项收费是属于合理收费还是属于乱摊派;小岗村农民包产到户行为是小农意识导致的资本主义苗头,还是新形势下农村经济体制改革的大胆尝试,等等。

原始的定性研究往往只重视经验或少数典型事例,没有或缺乏数量分析作为基础,例如根据一段时间某大学连续发生学生自杀的报道,就得出现在"大学生群体心理素质差"的一般性结论,但是根据教育部公布的大学生自杀事件的统计数据,与卫生部公布的全国年平均自杀死亡率(约万分之二点二)相比,大学生群体的自杀死亡率实际上远远低于全国平均数,因此仅根据自杀人数并不能得出大学生心理素质差的定性结论。虽然缺乏量化分析的定性研究不太可靠,但有的事物的某些属性很难量化(例如"改版后中学语文教材与改版前的相比是否更为科学合理"),这种情况下偏重于思辨的定性研究仍然有其独立运用的价值。

比较可靠的定性研究应该建立在定量分析的基础上。由于任何事物都存在着质和量两个方面的规定性,而量的变化发展到一定程度必然引起质的变化,而性质的差别也总是表现为一定数量关系的不同,因此定量研究和定性研究总是结合在一起进行的。在进行定量研究之前,研究者须借助定性研究确定所要研究的现象的性质;在进行定量研究过程中,研究者又须借助定性研究确定现象发生质变的数量界限和引起质变的原因。在时间允许的条件下,任何定性研究都要以定量研究为基础,没有可靠数据分析支持的"定性"往往是主观的,不可靠的。

五、系统研究方法

系统论是20世纪80年代才传入我国的新理论。系统即相互作用和相互依赖的若干组成部分结合成的具有特定功能的有机整体,而且这个系统本身又是它所从属的一个更大系统的组成部分。系统论认为世界上任何事物总是存在于一定的系统中,而它们本身也无不是其中的一个子系统。

系统研究方法就是按系统论的原则来对调查材料进行研究。第一,要坚持集合性原则,把调查材料当作反映客观情况的集合来研究,要求占有的材料全面,否则就要进一步调查充实。第二,要坚持整体性原则,从系统的整体功能着眼去分析材料,不能把系统的内部联系割裂开来孤立地强调某一方面而忽视互相联系的另一方面。第三,要坚持相关性原则,不但要研究调查材料之间的内部联系,还要从整体与外部环境之间的相互联系、相互作用、相互制约方面去综合地考察调查对象。第四,要坚持有序性原则,即在研究调查材料时要注意时间、空间、功能、逻辑等各方面的有序性,因为系统的稳定联系使系统本身呈现出有序的结构。

本节介绍的各种研究方法,都是比较复杂的思维方法。与上一节介绍的调查方法相比,研究方法显得抽象,不具有明显的可操作性。实际上每一种研究方法都有专门的学问,都可以写成一本书,这里只能做一些大体的简单的介绍,期望能给读者提供一些思考问题的角度和研究调查材料的思路。而一个人研究能力的形成,不仅需要掌握有关研究(思维)的基本知识,还需要实际工作的锻炼和调研经验的积累。

复习思考题

1. 调查研究对于领导工作和秘书工作有何重要意义?
2. 为什么调查研究要坚持实事求是原则?怎样才能做到实事求是?
3. 调查研究一般分几个阶段?各阶段有哪些主要工作?
4. 常用调查方法有哪些?如何正确运用这些调查方法?
5. 对调查材料进行研究常用哪些方法?试述各种方法的作用和特点。
6. 请选择一个有意义的调研课题,运用本章提供的有关知识,在老师指导下进行一次调研实践(组成调研小组,集体完成调研任务)。

案 例 分 析

1. 2009年9月4日上午,在第25个教师节到来前夕,温家宝来到北京市第三十五中学,在初二(五)班和学生坐在一起连上5节课,对当前中学教育进行调查研究。中午,他在学生餐厅和同学共进午餐。下午,温家宝在学校主持召开座谈会,听取北京市部分教师代表对教育发展和教学改革的意见和建议,并和教师一起讨论。

请上网查阅对温总理这次调研的相关报道,并回答后面的问题。

(链接:①温家宝总理在北京市第三十五中学听课
http://pic.people.com.cn/GB/42589/9996069.html;
②北京三十五中:温总理听课背后的故事
http://edu.people.com.cn/GB/10016396.html;
③温家宝谈在中学听课感受 强调树立先进教育理念
http://www.chinadaily.com.cn/zgzx/2009-10/12/content_8777537_2.htm)

(1)温家宝总理的这次调研活动,运用了哪些调查方法?

(2)总理的这次调研活动获得了哪些重要的信息?

(3)相关报道中没有直接提到秘书部门的作用,你能想到在这次调研活动的前后国务院办公厅为总理的调研活动做了哪些具体的工作吗?

(4)作为中央政府最高领导人的这种调研活动,有何可圈可点的地方?

2.某校拟对5年前某届毕业学生现在的就业情况展开一次问卷调查。下面是调查问卷正文(问题和答案)中的部分题目,你能看出这些问题和答案设计存在什么不妥当的地方吗?

① 您目前工作单位所在地属于(　　)
　　a.一线城市　　　　　b.省会城市
　　c.中小城市　　　　　d.县城或乡镇

② 您目前就业的单位是（   ）
   a. 外企　　　　　　　b. 国企
   c. 民营企业　　　　　d. 事业单位
③ 您上一年的全年收入是（   ）
   a. 不足 5 万元　　　　b. 5 万～10 万元
   c. 10 万～15 万元　　 d. 15 万元以上
④ 您目前的住房情况是（   ）
   a. 已买产权房　　　　b. 租房居住
   c. 蚁居　　　　　　　d. 住父母亲戚的房子
⑤ 您目前的恋爱婚姻状况是（   ）
   a. 已经结婚　　　　　b. 准备结婚
   c. 正在恋爱　　　　　d. 不打算成家
⑥ 您对自己目前的状况满意吗（   ）
   a. 十分满意　　　　　b. 比较满意
   c. 不太满意　　　　　d. 很不满意
⑦（主观题）有权威的教育专家说目前高校开设的公共课程过多而专业课程偏少，理论课程太多而实训课程太少。根据您自己毕业后的实际经验，请您对自己本科所在专业的课程设置和教学方式提供一些意见和建议。（选答，可另附纸）

第二章 信息工作

第一节 信息的基本知识

一、什么是信息

信息有广义和狭义之分,不同的场合对信息应作不同的理解。

广义的信息指能为人们感知的事物的状态、特征、联系和变化,以及直接或间接反映、描述它们的符号和信号。广义的信息普遍存在于自然界、人类社会和人们思维的过程。例如,浓云密布是大雨即将来临的信息,公鸡打鸣是天快亮的信息;记载人类对自然和社会认识成果的知识,报道最新政治经济动态的消息,人们思维过程中运用的概念、判断以及表达它们的语言符号词语、句子等,都属于广义信息的范畴。

狭义的信息指接受者原先不知道的、有用的消息。人们通常所说的"信息量",指的就是这种新而有用的消息含量。狭义的信息是一个相对概念,因为接受者情况不同,对一位接受者来说是新的有用的消息,对另一位接受者来说可能是早已知道的或毫无价值的。例如,一条西方哲学史学术讨论会的消息,对于大学哲学系教师来说是极为重要的信息,而对于一位儿童玩具厂的经理来说,则没有什么价值,因而也算不上信息;一本《平面几何》教材,对于初中学生来说,包含有许多新知识,无疑有极为丰富的信息量,而对于一位数学家来说,其信息量近于零。

秘书部门信息工作对象,主要是指狭义的信息,即对领导和机关工作来说有用的新的信息。但是,由于狭义信息的相对性,对一位领导或部门没有用的信息,对另一领导或部门可能是有用的;暂时没有价值的信息,将来可能有价值,因此,不能把秘书部门信息工作的对象范围限制得太窄。

二、信息的特征

(一)可增长性

这是信息与物质和能量的一个本质差别。物理学中有物质不灭定律和能量守恒定律,宇宙中一种物质可以转化成另一种物质,而物质总量不变;能量也可以由一种形态转化成另一种形态,而能量总量不变。信息与它们不同,随着人们认识能力的提高和记录、传输信息手段的进步,整个社会所拥有的信息总量在不断增长。对个人而言,当一个人将自己得到的信息转告他人时,他自己掌握的信息并未减少。

(二)可传递性

信息可借助于各种手段由一个人传递给另一个人,由一个地方传递到另一个地方。在传递过程中,信息的发出者叫做信源,信息的接受者叫做信宿,信息的传递通道叫做信道。传递信息的手段主要有视觉信号传递、听觉信号传递。视觉信号主要有文字、图像、表情、动作等,听觉信号主要有语言、音乐等。现代借助电子技术完成的数字信号传递是一种远距离快速传递信息的手段,它将信源发出视觉或听觉信号转化为数字信号输入信道,传输到信宿后,再将数字信号转化为可感知的视觉信号或听觉信号,让接受者感知。

(三)可分享性

信息一经传播,所有接受信息的人都可以利用它,这就是信息的可分享性。因此,对于那些涉及国家、组织或个人利益的不宜公开的信息,必须控制传播,注意保密;而对于那些传播出去有利于国家、有利于社会、有利于工作的信息,则要疏通传播的渠道,加快信息的扩散,以促进社会经济的发展,提高工作效率。

(四)时效性

任何信息对于整个人类社会来说都是有用的,否则它就不会存在。但是,某一具体信息对于信息接受者来说,其价值的高低主要取决于信息的时效性。一般来说,超前信息和及时信息具有很高的价值,而滞后信息则价值很小甚至完全失去价值。

(五)可贮存性

人们所获取的信息可以用一定的方式加以贮存,以便将来提取供自己或他人使用。贮存的方式有两种:通过人的大脑的记忆功能加以贮存;借助于纸张、胶片、磁盘、光盘等物质载体加以贮存。正因为信息可以贮存,人类社会所拥有的信息总量才会不断增长。

三、信息的种类

(一)直接信息和间接信息

这是根据获取信息的方式进行的分类。直接信息是人们在社会实践活动中通过直接观察得到的信息。间接信息是人们通过传播渠道和信息载体获得的信息,它通常经过了他人的加工制作。一般来说,直接信息比较可靠但数量有限;间接信息数量较大,但可靠性程度较低,必须加以认真鉴别。

(二)动态信息和静态信息

这是根据信息是否具有明显的时效性进行的分类。动态信息是关于正在进行中的事物的信息,它通常具有极强的时效性,新闻媒介每天发布的新闻、某项工作的进展状况、某种商品的销售情况、股市指数的涨落等,都属于动态信息。静态信息是记载过去的事物情况的信息,它一般不具有明显的时效性,图书资料、文献档案中所记载的信息是静态信息。动态信息通过记载和贮存可以转化为静态信息。

(三)无记录信息和有记录信息

这是根据信息的存在方式进行的分类。无记录信息是没有物质载体转瞬即逝的信息,如人们的口头语言、动作、表情,人们对事物表象的感知,以及凭大脑记忆的信息等。有记录信息又叫物化信息,是指记载在纸张、胶片、磁盘、光盘等材料中的信息。无记录信息被记载下来,就成了有记录信息。

(四)政治信息、经济信息、文化信息、科技信息等

这是根据信息的具体内容进行的分类。这种分类是简单的,但也是重要的,因为相对于一个具体组织或部门而言,人们往往只对某一方面的信息感兴趣。对秘书部门来说,要将不同内容的信息输出给不同的对象(例如分管领导、职能部门、上级机关),因此必须充分重视根据内容对信息进行分类处理。

四、现代社会是信息社会

人类社会在20世纪后半叶进入到信息时代。现代信息社会和以往的社会相比,有以下主要特征:

(一)社会信息总量迅速增长

19世纪,人类知识总量每50年增长一倍;20世纪前期,每15年左右增长一倍;而到了20世纪80年代后,知识总量每3到5年就增长一倍。美国著名未来学家托夫勒在《第三次浪潮》一书中称这种现象为"信息爆炸",它急剧地改变着人类的生活方式。

(二)信息载体多样化

在相当长的历史时期内,纸张几乎是唯一的信息载体,而现代社会出现了胶片、磁带、磁盘、激光材料等多种信息载体,使人类贮存信息的能力越来越强。例如,一片电脑光盘,可贮存上亿字的信息。藏书100万册的图书馆的全部文字信息,可以储存在几十张光盘上。这在50年以前是难以想象的。

(三)信息传递迅速化

随着现代通讯技术的发展,传递信息的手段也越来越方便,越来越迅速。程控电话、移动电话、传真设备、多媒体信息网络等,已经进入办公室和普通家庭,人们相互之间的信息交流已经突破时空距离的限制。

(四)信息成为一种宝贵的社会财富

信息在当代对社会生活的影响越来越大,它已经和物质、能量平列,成为社会发展所必需的三大资源之一。充分地开发并有效地利用信息资源,已经成为一个国家、一个地区、一个单位发达程度和发展水平的决定因素。

第二节 信息工作的作用和要求

信息工作是指信息的收集整理、加工研究、输出反馈、开发利用等一系列活动的总和。在《秘书学概论》中,我们曾经指出秘书部门在整个机关处于信息中心地位,现代科学决策必须建立在准确而全面的信息基础之上,因此信息工作是秘书工作的重中之重。从广义上看,也可将调查研究归入信息工作范畴,因为调查就是获取第一手可靠信息的方法。

一、秘书部门信息工作的作用

(一)为领导决策提供可靠的信息根据

决策是领导机关最基本的职能。当代社会任何正确决策都不能仅凭领导者的主观意愿和经验而作出,必须建立在充分而准确的信息基础之上。20世纪90年代初,我国钢材市场价格上扬,某钢铁公司没有掌握国际市场钢材供大于求和国内电价将要大幅上调的有关信息,而仅仅根据暂时的市场行情,决定从国外引进一套能够在短期内装备投产的电炉炼钢设备,结果电炉尚未装配完毕,国内钢材价格在进口钢材的冲击下已开始回落,而电价则由于煤炭价格的影响而大幅上涨。经核算,电炉如果投产，每炼出 1 吨钢就要亏损几百元，几千万元的设备只好被闲置，给国家造成了极大的损失，也给企业的经营带来了极大的困难。

一项决策作出后，在贯彻执行的过程中还要接受实践的检验，正确的当然要坚持，不完善的部分要修改补充，错误的内容则要废除。决策的修改完善或废除，也必须以大量准确及时的反馈信息为依据。

领导决策活动所需要的信息主要依赖秘书部门提供。

(二) 为科学管理提供良好的条件

现代管理应是科学管理，科学管理与经验管理的重要区别在于是否充分重视信息在管理过程中的作用。现代管理本身就是一个信息不断流动的过程，领导机关或领导人必须通过信息的传输来控制整个系统的运作，协调系统内部各组成部分之间的关系，使整个系统处于最佳运行状态。管理工作的效率取决于对信息掌握和利用的程度。因此，高效的信息工作是组织实行科学管理的必要条件。秘书部门是组织的信息中心，它必须通过自己良好的信息服务为领导机关的科学管理提供良好的条件。

(三) 信息工作是秘书部门做好其他工作的重要保证

秘书部门的信息工作除了直接为领导的决策和管理服务外，还是做好秘书部门其他工作的重要保证。举例来说，秘书经常要为领导或组织起草各种文件和材料，其内容必须依赖于平时的信息积累，而写作过程实际上就是信息的处理加工过程；秘书部门要做好协调工作，必须了解熟悉协调对象的具体情况，才能做到有的放矢，这显然也离不开信息。可以说，秘书部门任何具体工作都离不开信息，信息工作既是秘书部门的一项独立工作，也贯穿于秘书其他工作过程之中。

二、秘书部门信息工作的基本要求

（一）准确完整

准确，就是要求提供的信息能真实地反映客观事物的本来情况。真实性是信息的生命，因为科学决策和有效管理必须建立在真实准确的信息基础之上。因此，在信息工作中秘书人员要以高度负责的精神，坚持实事求是的科学态度，尊重客观事实，如实提供准确的信息。如果是间接得到的信息，则应进行严格的鉴别和核实，绝不能将虚假的不准确的信息提供给领导，更不能为了投个别领导所好，人为地夸大、隐瞒、歪曲甚至杜撰信息。许多事实一再证明，虚假信息只会给领导帮倒忙，造成领导决策的失误。

完整，就是要求提供的信息能够全面、系统、完整地反映事物各方面的情况。为了保证提供信息的完整性，秘书人员必须以系统的辩证的方法去观察事物，收集信息，既要注意正面信息，也要注意负面信息；既要注意上层信息，也要注意基层信息。如果只注意收集或提供某一方面信息，即使信息本身是真实的，也不能全面反映事物的真实面貌。

（二）及时高效

及时，是指在信息工作中秘书人员应有强烈的时间观念，以最快的速度收集新的动态信息，并且及时将其中有价值的信息提供给领导和有关部门。

高效，主要指信息的加工、整理、传输等环节要讲求效率，要做到用最少的时间、花最少的精力、通过最快的途径传递出高质量、大容量的信息。

对信息工作及时高效的要求，是由信息本身的时效性决定的。领导工作固然需要利用一些过去的信息资料，但主要的和大量需要的则是关于正在进行中的工作和正在变化中的事物的动态信息，这种信息的价值建立在及时利用的前提之下，因此秘书部门信息工作要突出一个"快"字，收集要快，整理要快，传输要快,反馈要快,使信息在领导和机关工作中获得最高的效益。

（三）适用适量

适用,就是信息工作要有针对性、选择性,要符合领导工作和机关工作的实际需要。不同性质的单位需要不同的信息,不同层次和不同分工的领导,对信息的需求也不一样,同一单位、同一领导在不同时间对信息的需求又可能有很大差别,这就要求秘书部门根据不同情况,收集并提供对当前工作有较大参考价值的信息,避免盲目性。

适量,就是秘书部门提供的信息量既要满足领导工作和机关工作的需要,又不宜过多过滥。信息不足固然会使领导耳目闭塞,信息过量也会分散领导精力,给领导工作造成干扰。

适量和适用是相互关联的,信息过量往往是由于提供许多不适用的信息造成的。对信息缺乏必要的加工,也是造成信息过量的一个原因,许多原始信息虽然及时适用,但如果条目过多,文字量过大,也不利于领导利用,这时就有必要进行归纳、综合,或摘要、提炼,再将经过浓缩的信息提供给领导。

第三节 信息工作的一般程序

一、信息的收集

信息的收集是有意识、有目的地获取各类信息的过程,它是信息处理程序的第一步,也是整个信息工作的基础。

（一）信息收集的范围

秘书部门收集信息的主要目的是为领导工作服务,它决定了秘书部门收集信息的范围十分广泛。不同性质的单位,收集信息的范围应有所区别,但一般情况下应包括以下几方面信息：

1.各级政府颁布的方针、政策、法规等,特别要注意新发布和作了补充、改动的内容。这些信息是机关单位办事的依据。

2. 上级领导机关或主管部门发布的与本机关、本组织有关的指挥性、指导性或参考性意见。

3. 本机关所辖地区、本组织下属单位的基本情况，包括：对上级或本级机关重要决策或重要工作部署的贯彻执行情况；正常工作和经营情况；工作中存在的主要问题；典型经验和先进人物；干部和群众的思想动态等。这些信息是领导制定和调整决策和政策、进行有效管理的主要依据，是秘书部门信息工作的重点。

4. 对本机关、本组织工作或产品的反馈信息，如群众或用户的评价、意见、要求、建议等。

5. 相邻或相似地区、性质相同的组织以及国外相同行业的新进展、新做法、新经验、新产品、新技术等，这些信息可与本组织的情况进行比较，具有重要的参考价值。

(二)信息收集的渠道

1. 信息网络。信息网络是为了收集和传递信息而专门建立的信息组织机构，由信息中心、分中心和基层信息联系点构成，信息中心、分中心和信息联系点通常就设在各级机关的秘书部门。各联系点将收集到的信息及时向分中心和中心输送，信息中心又将其中有价值的信息向分中心和联系点输送。这样，不但中心能及时收集到基层的最新信息，各基层信息联系点还可通过中心及时收集到其他地区、其他单位的有用信息。

2. 文件资料。文件包括上级下发的文件、下级上报的文件以及平级组织抄送的文件，这些文件中通常都包含有比较重要的信息。除正式公文外，各种内刊、简报、统计报表等资料也是重要的信息来源。

3. 大众传媒。通过报纸杂志、电视广播、互联网等能得到国际国内大量的政治、经济、文化、科技的动态信息。党报、党刊的重要文章，通常反映领导机关的意志，应予特别注意。

4.会议。各种会议是重要的信息集散场所,参加会议往往能获得大量的重要信息。

5.调查研究。这是有目的、有重点地收集第一手可靠信息的方法。由于它在领导工作中的特殊作用,本书单列一章阐述。

6.人民群众来信、来访、来电。信访是一个非常重要的信息来源,能够提供大量而直接的民情、民意和其他社会信息。

(三)信息收集的方法

1.阅读法。从报纸、杂志、文件、资料中收集信息主要靠阅读法。不同的材料要采用不同的阅读方法,对文件要精读,有的甚至要反复阅读,务必领会文件的实质,以提取重要信息。对报刊资料则必须采用速读法。秘书每天接触的文字材料非常多,以报纸为例,一份32版的大报约20万字,如以每秒10个字的速度来阅读,全部读完须6个小时,以这种速度每天的工作时间只能看完一份报纸。因此,对大多数文字资料,秘书可采用标题扫描和正文浏览的方法,发现其中有价值的信息,再仔细阅读。如何从大量文字材料中迅速抓取有价值的信息,是阅读能力问题,需要经过较长时间的训练,秘书要在工作实践中努力提高自己的阅读能力。

2.观察法。观察法是直接用感官来认识客观事物的方法,在调查研究以及日常工作实践中,观察法是收集直接信息的主要方法。用观察法收集信息,需要有敏锐的观察力,有的人到一个单位走一趟,可能什么有价值的信息也得不到,另一个人到相同的单位去走一趟,却能得到许多重要信息,这就是由观察能力的差异造成的。观察事物要全面、细致、深入,要善于透过现象看到本质,要把眼前观察到的现象与过去的或其他单位的情况加以比较,才能发现事物的特征和变化。

3.听记法。这是通过声音信号(主要是语言)收集信息的方法,在调查访问、接待来访、参加会议、日常交谈、电话来往以及收听广播时,秘书要善于当一个好的听众,要集中注意力,以防止曲解原意。秘书要养成随身携带笔记本的习惯,随时记录,将声音信号转换成文字信号,以便保存利用。在电话和当面交谈时,如有没听明白的地方,应及时请对方补充说明。

4.交换法。用自己收集到的或加工整理过的信息同其他地区、其他组织、其他部门进行交换。交换可以在一个信息系统内各分中心或信息联系点之间进行,也可以与信息系统外的某些组织建立经常的信息交换关系。交换信息要本着互利互惠的原则,处理好给与取的关系。

5.索取法。当领导工作或秘书本身的工作需要某一方面信息资料时,可用文件、信函或电话要求有关单位提供相关信息,所索取的信息在内容上一般是单一的。索取信息的对象可以是上级机关信息部门,也可以是下级机关、基层单位的有关人员,还可以是不相隶属的其他单位。

6.购买法。随着市场经济的发展,社会上已经出现了许多商业性信息服务公司,有偿为需要者提供信息服务。企业、事业单位以及政府机关在必要的情况下,可以向他们购买所需要的信息,或付给佣金委托他们收集某一方面信息。

二、信息的筛选

秘书部门通过各种渠道利用各种方法收集来的信息数量巨大,由于信息来源不同,收集者水平不同,这些信息中必然包括许多对本机关工作没有价值或价值不大的信息。信息数量太大,有用信息就会被大量无用信息淹没、冲淡,必须通过筛选将原始信息中无价值或低价值的成分剔除掉,只保留其中价值较高的部分,才能使有用信息的价值得到充分利用。信息筛选的一般步骤是:

(一)信息真伪的鉴别

这是一项比较复杂的工作,可从以下几个方面入手:

1.信息内容与已经掌握的可靠数据资料是否有明显冲突,如果有,对该信息就要加以进一步调查核实。

2. 一条信息内容中是否有自相矛盾的地方,若干条信息之间有无互相矛盾的地方,如果存在矛盾,则其中必有不真实的内容,必须加以调查核实。

3. 信息来源是否可靠。一般来说,通过正式文件、党报党刊、亲自调查观察得到的信息比较可靠,而道听途说、口头汇报以及一些非正式的书面材料得到的信息则应慎重对待。

4. 信息传输方式是否可靠。信息源直接输送到信息中心的信息一般比较可靠,而经过多次中转的信息可靠程度就要打折扣。

对内容比较重要而真实性有疑问的信息,秘书部门要抓紧时间调查核实,然后才可向领导和其他部门输送。只有那些内容非常重要、时效性很强但真实性又不能很快核实的信息,秘书部门才可先向领导汇报,但必须说明"此条信息尚待核实,仅供参考"。

(二)信息价值的鉴定

信息价值的鉴定首先是确定有没有价值,其次是评估信息价值的大小。

完全无价值的信息主要是以下几种:一是已经失去时效的陈旧信息;二是虽然不陈旧但此前已经掌握的信息;三是同时收集到的内容相同的信息中的重复信息;四是与本地区、本组织工作没有关系的信息。

信息价值大小的评估没有固定标准,因为不同性质的单位对信息的需求有很大差别。企业单位与事业单位有别,企事业单位与党政机关更有明显不同的标准。就政府机关而言,下列几种信息属于价值较高的信息:

1. 对制定政策和调整政策有较大参考作用的信息。包括政策出台前收集的作为制定政策依据的信息,政策执行过程中各方面的反馈信息。

2. 对本地区的现实工作有指导意义的信息。包括当前中心工作开展情况的信息,对当前工作有重要见解的新建议、新观点,在工作中出现的带有普遍意义的新问题、新经验。

3.可能给社会生活造成重大影响或使人民生命财产受到重大损失、已经发生或可能发生的灾害事故的信息。例如洪涝、台风、地震、重大交通事故和安全事故等,如能在事前得到预报信息或发现事故隐患,就能采取措施减少或避免损失。

4.带有倾向性、苗头性的信息。例如,有一段时间,农村少数地方出现了封建宗法势力抬头的现象,如不及时采取有效措施加以制止、引导,就可能蔓延开来,这种信息对于政府机关来说,当然是非常重要的。

三、信息的分类

经过筛选的信息有必要进行分类,以便对不同类信息作不同的处理。信息分类主要有两种方法,每种方法各有其特定的作用。

(一)根据信息的时效性进行分类

对收集到的并经过初步筛选的信息,首先要根据是否具有很强的时效性,分为需要立即处理输出的信息和暂时不需要紧急处理的信息。这种分类并不复杂,但是非常必要。因为有些时效性极强的信息,如果不及时输送给有关领导和部门,就有可能失去它的价值。而那些时效性不太强的信息,则必须由秘书部门作进一步加工,才能充分挖掘其中隐含的价值。这两类信息必须分别处理。

(二)根据信息的内容进行分类

根据内容对信息进行分类(参见本书第58页),有以下几个作用:

1.便于把不同内容的信息分别输送给不同的对象。秘书信息工作的主要服务对象是领导,而领导一般有明确分工,正职领导负责全面工作,其余领导每人主要分管某一方面工作,他们对各类信息的需要不同。例如,分管文教的领导与分管农业的领导,就需要不同内容的信息。秘书只有在对信息进行合理分类的基础上,才能有针对性地向领导输送他们所需要的信息。同理,这种分类也有利于将不同内容的信息输送给不同部门、不同单位。

2.便于对信息作进一步加工整理。例如,把许多有关基本建设方面的信息集中在一起加以比较、分析、研究,就可能发现基本建设方面某些倾向性问题,而如果把这些信息和工业方面的信息、农业方面的信息、文化教育方面的信息等夹杂在一起,研究起来就非常困难。

3.便于分门别类地贮存信息。贮存信息必须有条理,否则不便于将来查找利用。

四、信息的加工

信息的加工是对信息进行去伪存真、去粗取精、由此及彼、由表及里的改造制作,使信息的质量得到进一步提高的过程。信息的加工主要包括以下内容:

(一)信息的校正补充

有些信息内容基本真实而又有一定价值,但其中某些具体数据或细节有疏漏不准确之处。对某些明显的笔误或计算错误,可以直接进行校正;而对那些怀疑有错误、有遗漏的地方,则应向信息提供者进行查询,再予以校正。经过加工输出的信息不允许存在任何明显的错误和疑问。

秘书在处理信息时,有时会发现某些信息不够完整,这时就必须加以补充。补充的材料可以是以前已经掌握的,也可以进行定向收集,如向信息的提供者索要、进行临时调查等。例如,某县在遭受特大洪水袭击后,秘书部门很快收到全县 25 个乡镇中 23 个乡镇送来的有关生命财产和工农业生产损失情况的数据信息,这是领导和上级机关急需的重要信息,为了准确反映全县的损失情况,就必须将所缺 2 个乡镇的数据信息补充完全。

(二)信息的浓缩提炼

经过初步筛选保留下来的信息材料,有的篇幅冗长,有的菁芜夹杂,有的过于零碎肤浅,不能反映事物的本质。对这些质量不高的信息材料,有必要进行浓缩和提炼。

浓缩是在不损失有用信息的前提下把篇幅过长的信息压缩成简短的信息。这需要信息处理人员具备较强的概括能力。

提炼是通过对许多零碎、肤浅、杂乱信息的分析,运用逻辑推理得出高质量的二次信息。例如,2010年入冬后,媒体不断报道美国、加拿大和欧洲普遍出现低温冷冻气候异常和严重雪灾,结合历史上类似气候异常后总是出现国际粮价大幅上涨现象的资料,推算出来年春夏之际国际粮食市场的价格走势。这就从天气信息推出了重要的经济趋势的信息。

(三)信息的文字处理

信息的文字处理主要是指信息的编写,因为无论是输出信息还是贮存信息,一般都采用书面形式。信息的编写包括:

1. 单条信息的编写。就是将每一条信息写成一篇信息稿,信息稿由标题和正文两部分组成,标题应能准确概括信息的主要内容,正文要求篇幅短小,每条两三百字为宜,重要信息一般也要控制在五百字左右,内容应开门见山,简明扼要。

2. 信息综述的编写。即将许多内容上有联系的零星分散的信息,加工编写成一篇综合性的信息材料。综述性信息材料能够反映事物的全貌和发展过程,大大减少信息的文字量,为信息接收者和使用者节约了许多时间和精力,因而受到普遍欢迎。编写信息综述材料是一项复杂的脑力劳动,但为了方便领导的工作,仍然需要大力提倡。

(四)信息的综合研究

信息的综合研究就是通过对大量信息进行分析、归纳、比较、综合,揭示事物的本质特征和内在联系,得出某些规律性的结论。这些结论对领导机关制定或调整政策、作出决策和指导工作有重要的参考价值。

信息研究是秘书部门发挥参谋作用的一个重要方面,其基本做法就是通过研究将大量原始信息转变成高层次信息。所谓高层次信息,是指全面反映事物全貌、揭示事物本质和规律并能预测事物发展趋势的信息,它应具备三个要素:一是全面典型、明确简洁的情况概括;二是有理有据、细致深刻的因果分析;三是切实可行、富有创见的对策建议。以上三个要素简称"三有"——有情况、有分析、有建议。

　　信息的综合研究是一项复杂的创造性工作,在高层机关,它是政策研究室的主要工作内容之一。一般单位的秘书部门如要提高信息工作质量,也应该注意对高层次信息的开发利用,领导应该有意识地交给秘书人员信息综合研究的任务。

五、信息的输出和反馈

(一)信息输出的对象

　　信息输出就是将加工过的信息传输给需要者。秘书部门信息输出的主要对象有:

　　1. 本级机关的领导。这是秘书部门信息输出的主要对象。

　　2. 本级机关的职能部门。秘书部门收集到的信息,如果对某职能部门工作有较大的参考价值,应主动提供。职能部门如果工作中需要某一方面信息,也可要求秘书部门提供。

　　3. 上级领导机关的信息部门。上级机关的信息部门是信息网络的中心(或分中心),作为信息网络的信息联系点(或分中心),有向信息中心输送信息的任务。

　　4. 下级机关或所管辖单位信息部门。凡对下级的工作有参考价值的信息,都应及时输送给下级或基层的信息部门。

　　5. 新闻媒介。适宜向全社会公开的有关本单位的重要信息,可作为新闻线索向报社、电台、电视台、公共网站提供,也可直接写成新闻稿投寄。

　　信息输出要注意合理分流,即根据输出对象的不同需要,输出不同的信息。

(二)信息输出的方式

信息输出的方式有三种：

1. 口头传递。具有简单、快捷的优点，是秘书向领导人或机关其他部门输出信息的常用方式。对于时效性很强的重要信息，秘书可随时采用这种方式向领导或职能部门及时输送。

2. 书面传送。在目前仍是信息传递的主要方式。经过加工的信息，一般已经形成书面材料，包括信息稿、信息综述、专题信息研究报告等，这些材料经过印刷处理，就可向不同方面输出。编印定期或不定期的信息简报，是向多方面输出信息的好形式，目前各县级以上领导机关、较大的企事业单位的办公部门大多编印这种信息简报。书面信息材料可采用邮寄、专程送达、会议散发、定点交换等途径输送。

3. 电讯网络传递。借助于现代化通讯手段，可将语言信息和文字、图像信息以极快的速度传送到很远的地方。目前办公室常用的电讯传递手段有电话、电传、互联网等。随着社会的发展，计算机和现代化通讯设备已大量进入普通单位的办公室和居民家庭，电讯网络将会成为信息传递的主要手段。

(三)信息的反馈

信息论中所说的信息反馈，指的是信源输出的信息作用于被控制对象(信宿)所产生的结果又作为新的信息被输送回来。在管理系统中，信息反馈主要指下级单位将贯彻执行上级机关决策方针的情况及时向上级机关反映。信息反馈对于上级决策机关来说，是一种信息的收集，对于下级执行机关来说，则是一种信息的输出。信息反馈的内容是单一的，而输出形式可以是上面介绍的任何一种。

(四)信息简报

除了提供给领导作为决策参考外，有的信息还要向较大范围发布，以便使信息得到更充分的利用。内部交流信息的主要方式是信息简报。

信息简报(有的叫做"××情况"、"××信息"、"××情况反映"等)是我国各级机关、团体、企事业单位用来反映和交流信息的内部刊物,又称"工作动态"、"信息快报"、"内部参考"、"信息交流"等。简报由秘书部门负责编辑,定期或不定期印发。简报的作用是交流信息,报告情况。编辑信息简报、向上级机关的信息简报投稿,是信息输出的重要形式,也是检验秘书部门信息工作成果的主要依据之一。

简报登载的信息要求新、准、快、短。"新"就是要反映新情况、新经验和新动向;"准"就是材料准确可靠、语言准确无误;"快"就是要强调时效性,不但发现情况要快,撰写速度和编辑印发速度也要快;"短"就是文字要简短,一条消息只写一件事,内容力求精简,文字平实,不搞艺术描写、理论阐述、感情抒发,只将"怎么回事"写清即可。每条二三百字为宜,重要信息一般也不宜超过一千字。

信息简报是一种非正式文件,其首页格式如下页的图。

六、信息的贮存

信息的贮存就是将有价值的信息(包括已输出信息和暂未输出但将来可能有用的信息)用一定的方式加以保存,以备将来使用。

信息的贮存不是一个孤立环节,而是贯穿于信息工作全过程。例如,在收集和筛选信息时,就要注意收集和保留那些暂时价值不大,但从长远看有潜在价值值得保存的信息;在对信息进行加工时,也要考虑到便于储存这个因素;在输出信息的同时,就要留下复本予以保存。

贮存信息的目的是为了将来利用,因此要对所贮存的信息进行分类、登记、编号,并有序地加以保存,以便将来查找。

信息被贮存,就转化为资料。

内部资料
注意保存

依法治市简报
2010 年第 12 期

××市依法治市领导小组办公室编　　　　　2010 年 6 月 20 日

本期要目

○ ×××:着力营造法治环境加快构建和谐社会
○ 市文化局(市文化局)大力推进行政法治工作
○ ××区对新提任领导干部进行法律知识考试
○ 我市环保专项行动向街巷延伸
○ ××区多样化开展有特色的社区普法工作
○ 市民政系统切实采取措施推进政务公开
○ 简讯二则

-1-

复习思考题

1. 秘书部门信息工作有何重要作用?对秘书部门信息工作有哪些基本要求?
2. 秘书部门信息工作的一般程序如何?
3. 试述秘书部门收集信息的范围、渠道和方法。
4. 为什么要对信息进行筛选?简述信息筛选的步骤。

5. 秘书部门对信息进行分类主要有哪两种方法？它们各有什么作用？

6. 信息加工主要包括哪些内容？高层次信息有何特征？

7. 秘书部门信息输出的主要对象有哪些？信息输出方式有哪几种？

8. 结合分组进行的调研活动，试编辑一份"调研活动情况简报"，以交流、通报各调研小组调研活动开展情况。

案 例 分 析

1. 下面是信息部门对科研机构一份长篇调查研究报告进行浓缩后形成的文字材料，文后附有信息部门的信息分析。请根据材料谈谈信息工作对领导机关制定重大政策和采取重大决策的作用。

社科院一份报告结论惊人：
中国城乡收入差距世界最高

当前，收入差距急剧扩大已成为一个社会热点问题。在普遍的收入差距中，城乡差距更为严重。近年来，全国农民人均纯收入连续增长缓慢，城乡居民收入差距不断扩大。最近，由社会科学院经济研究所收入分配课题组经过数年长期跟踪，分别于1988年、1995年、2002年展开三次全国范围的住户调查完成的一份调查报告，得出中国城乡收入差距世界最高的结论。

报告显示，中国城乡之间的人均收入比率由1995年的2.8提高到2002年的3.1。然而，调查人员认为这还不能真实地反映出城乡之间实际收入的差距。报告指出，城镇居民的可支配收入没有涵盖城市居民所享有的各种实物补贴，比如城镇居民很多享受公费医疗，而农村居民却没有这种待遇。城镇的中小学能够获得国家大量财政补贴，而农村学校得到的补贴非常少，农民还要集资办学。

城镇居民享受养老金保障、失业保险、最低生活救济,这些对于农村居民来说却可望而不可即。

调查负责人之一、社科院经济研究所研究员李实认为,如果把这些因素都考虑进去,估计城乡收入差距可能要达到4倍、5倍,甚至是6倍。如果仅仅看货币收入差距,或者说名义收入的差距,非洲津巴布韦的城乡收入差距比中国稍高一点,但是如果把公费医疗、失业保险等非货币因素考虑进去,中国的城乡收入差距是世界上最高的。

报告就如何缩小城乡收入差距提出了建议,认为必须形成一体化的劳动力市场,使农民有更多的进城机会,享有平等就业和公平的收入待遇;建议在农村实行更大幅度的税费减免,甚至完全免除农村税费;建议由中央财政担负农村教育和医疗,通过建立覆盖面广的社会保障体系,促进城乡收入差距缩小。

我国城乡之间的分割问题是有历史原因的,但是从改革开放以来,我们没有出台一些真正有利于缩小城乡之间收入差别的政策或者制度,城乡二元结构的壁垒还在加剧着城乡分割,亟待打破。由此,缩小城乡收入差距应成为当前政策重点。

【信息分析员】社科院的这份报告为我们敲响了警钟:城乡收入差距过大已经成为社会与经济发展中一个亟待解决的公共课题。过大的收入差距不仅影响经济效益,更重要的是,还会影响到整个社会的稳定。大量发展中国家的例子都表明,收入差距的扩大是导致社会和政治不稳定的一个重要因素,这种不稳定反过来又影响到整个经济的可持续发展。从这个意义上来说,关键就是要以科学发展观正视和解决城乡收入差距过大问题。在具体工作中,要以促进农民增收为主线,深入贯彻落实中央"一号文件",切实抓好农民脱贫这条主线,统筹运用提高劳动生产率、加速转移农村剩余劳动力、推进农村税费改革、调整收入再分配等多种手段,来缩小城乡间的收入差距。

(材料来源:中国领导决策信息系统网 http://ccgov.org.cn/cidms/2005/httpwww.microsoft.comchinatechnetsecuritybulletinmshttpsearch.ccw.com.cnsearch2themethemeFmore.aspThemeID%3D313804-dec.mspx/jchyw/htm/zzhcy2004/03/shengcy030203.htm)

2. 仔细阅读下列案例材料,回答后面的问题。

淘　金

小张是刚从大学毕业生中分配来的某厂办公室秘书。虽然他早就听人说过信息是资源,是财富,但究竟它的价值有多大,对领导决策起多大作用,总感到说不清。在一次领导办公会上,办公室卢主任让小张做记录,他才对信息工作有了较深的理解。

会上,分管设备的副厂长提出技术改造方案,为了提高企业的竞争力,要求把刚刚收回的一大笔资金,重点投放到购买机械设备上。管财务、管生产的副厂长都表示支持。当厂长正要拍板决断时,卢主任说他有点不同看法。领导们的目光一起转向了他。

"我先说几条信息请领导思考:一是我国粮食经营市场化以后,粮价上调趋势十分明显;二是国际上几个主要粮食进口国和粮食进口量大的国家今年均遭自然灾害,国际性粮食歉收趋势已定;三是供应我厂工业粮食原料的产粮区今年都遭到严重的水灾;四是今年又是乡镇企业发展很快的一年,这些乡镇企业不少是利用其资源优势从事投资少、见效快的食品和酿酒业,都将以粮食为原料。根据以上情况,我预计近期粮价必上涨,而且上涨幅度较大,可能每公斤上涨 0.2~0.5 元;我厂每年工业原料用粮 10 万吨,按每公斤原料用粮上涨 0.3 元计算,每吨将上涨 300 元,10 吨就是 3000 元,全年就是三千万! 因此,我建议当务之急是在粮食涨价前购进原料,这样可以降低成本,提高竞争力,获得可观的经济效益。然后再把获得的盈利投入技术改造。由于经济实力强,我们技术改造的起点可以更高,做得好能达到国际先进水平。这样,就为我们的产品参与国际市场竞争打下了坚实的基础……"

卢主任的发言结束后,会场一片寂静。领导们有的拿出计算器,仔细地算着;有的掏出钢笔,在本子上写着;还有的在沉思之中……

过了一会儿,厂长发话了:"老卢提出了一个值得我们深思的问题。我同意他对粮食价格变化所作的分析和预测。摆在我们面前的问题,是先搞基本建设和技术改造,还是先购进即将涨价的原料,取得经济效益后再以更大的投入进行高起点的技术改造。请大家对这两个方案议一议。"

经过反复比较、分析,厂领导最后采纳了卢主任的意见。后来的事实证明,卢主任的预测是正确的,他的方案使企业获得了巨大的利润。小张敬佩地对卢主任说:"看来信息就是金钱的说法一点不假!您是怎样获得这些信息的呢?"卢主任说:"信息变化极快,信息工作无止境。这次我们虽然从大量信息中淘出了一些金沙,但不知还有多少金矿等待我们去开掘,去淘洗,去利用。稍一马虎,它就会从我们眼皮底下溜走。"

"淘金",把小张引入到对信息工作的深层思索……

(材料来源:董继超主编:《秘书实务》,北京:线装书局,2000年)

(1)信息对领导决策有何重要作用?

(2)"高层次信息"有何特征?怎样才能开发出高层次信息?

第三章 参谋咨询

第一节 秘书参谋咨询工作概述

一、参谋咨询的含义

"参谋"一词的字面意义是"参与谋划",是动词。《辞海》将它解释为古代一种官名,指唐宋节度使及各路统帅所属的幕僚之一,其职责是"参议谋划"。现代军队团以上指挥机关中的司令部(解放军总部叫总参谋部)中参与军事谋划、办理具体业务的工作人员,都叫做参谋。可见"参谋"本来是一种军职。现代汉语中参谋一词在动词和名词两种意义上都有泛化趋势,《现代汉语词典》给出了两种更一般的含义:"代人出主意"(动词)和"代出主意的人"(名词)。在"参谋咨询"这一固定词组中,"参谋"是动词;而"秘书是领导的参谋和助手"这句话中,"参谋"则是名词。

"咨询"是现代汉语中才出现的新词,其意义为"征求意见",在"咨询业"、"咨询机关"、"咨询服务"等术语中,"咨询"是"备咨询"的意思,即向他人提供意见,实际上就是提供智力服务。秘书部门"参谋咨询工作"中的咨询,也就是秘书要向领导以及组织的其他职能部门提供咨询服务。

从字面看,参谋与咨询的差别在于主动和被动,主动出主意就叫做"参谋";在领导询问时提供意见就叫做"(备)咨询"。

二者是一个整体,不能人为分开。下面阐述的内容以参谋为主。

二、参谋咨询是秘书工作的重要内容

自古以来,参谋咨询就是秘书官员的职责。夏代末年太史终古哭谏夏桀的故事,是古代最早的秘书官参谋进谏的记载;战国时期的"士"无论是充当国君的秘书还是做贵族的门客,主要职责也是参谋咨询;秦汉开始各代朝廷设置了许多专职参谋顾问官职,如给事中、谏议大夫、左右补阙、左右拾遗等。古代还出现了冯谖、魏徵这样以参谋言谏著称的秘书人才。

建国初期,中央人民政府政务院于1951年4月召开了全国秘书长会议,不久中央人民政府政务院根据会议讨论结果,作出了《政务院关于各级政府机关秘书长和不设秘书长办公厅主任工作任务和秘书工作机构决定》。文件规定秘书长、办公厅主任七项工作任务(实际上就是秘书工作基本任务)第一项就是"协助首长综合情况,研究政策,推行工作",说明自建国初起参谋咨询就是秘书工作的重要内容。但是,由于种种原因,一般民众、各级领导以及广大秘书工作者对秘书部门"参谋咨询工作"很长时间没有形成明晰的概念。

1985年1月14日,当时的中央主要领导人到全国党委秘书长办公厅主任座谈会上作了重要指示:秘书部门要充分发挥参谋助手作用,遇事要为领导想办法、出主意、提建议、提方案。领导还没有想到的事,秘书人员想到了,想得很周到,还提出了新的建议,这就是个好秘书。秘书部门不仅在具体问题上能辅助领导,而且在大政方针决策中,也要能提供相关信息,诸如历史情况、有关文献、数据资料、权威观点、国内外各方面的看法等,乃至提供领导选择的建议或方案,便于领导作出正确的决定。

这次会议着重研究了新形势下如何发挥秘书部门的参谋助手作用问题,正式把"参谋作用"提到"助手作用"之前,对秘书工作提出了新要求。并从强化秘书部门参谋职能出发,明确提出了新时期秘书工作必须实现"四个转变":从偏重办文办事转变为既办文办事又出谋献策;从收发传递信息转变为综合处理信息;从单凭老经验办事转变为实行科学化管理;从被动服务转变为力争主动服务。自此以后,参谋咨询就成为秘书部门的一项常规工作。

参谋咨询可能渗透在调查研究、信息工作、信访工作等其他工作之中,也可能渗透在平时随时提出建议或谏诤之中。为领导的决策事项提供可行性备选方案是最典型的参谋工作。作为常规业务的参谋咨询,在上层机关中主要是由政策研究室来承担的。

三、正确认识秘书的参谋咨询职能

(一)要认识秘书参谋咨询的特点

现代社会领导的重大决策一般都离不开组织内外的专家和参谋咨询机构(通常所说的智囊团)的智力支持。在西方发达国家,自20世纪上半叶起就出现了专门为各级各类领导提供智力服务的专门的商业性咨询公司,最著名的有美国的兰德公司、日本的野村研究所等,而为企业提供信息调查等智力服务的信息公司、点子公司更是比比皆是。在我国,国家和省市社科研究机构也承担有为领导机关重大决策提供智力服务的职责,市场经济体制建立以后,商业性咨询公司也始大量涌现。

与社科研究机构、商业性点子公司相比,秘书部门参谋咨询具有主动性、综合性、从属性、直接性、随机性等特点。

所谓主动性,是指秘书部门不能等领导提出研究任务再开始收集信息、分析情况,而应该积极主动地为领导工作提供智力服务。

所谓综合性,是指秘书部门参谋咨询是全方位的,不是仅限于某一专门领域。

所谓从属性,是指秘书部门必须根据领导工作的需要进行研究,不能像专业研究机关或咨询公司那样完全自主地进行独立的科学研究。

所谓直接性,是指秘书提供的建议、方案等不需要经过任何中介环节,而是直接提供给领导。

所谓随机性,是指秘书除了通过会议、文稿等正规形式外,还可以在出差途中、午餐桌上等非正式场合向领导提供参考意见。

(二)不可夸大秘书参谋咨询的作用

有人为了强调秘书部门参谋咨询工作的重要性,引用1951年全国秘书长办公厅主任会议提出的"秘书长和办公厅主任既要参与政务又要掌管事务"的说法,认为秘书部门是"参与决策"的,这就不适当地夸大了秘书部门参谋咨询的作用。秘书长、办公厅(室)主任一般都是党委常委或是政府领导成员,他们本身就是决策层成员,因此"秘书长参与决策"不能被偷换为"秘书部门应参与决策"或"秘书要参与决策"。准确的理解应该是"为领导决策提供智力服务"。

过分夸大秘书部门参谋咨询作用,可能会导致秘书人员扩权擅权。"文革"时期有个"中央文革小组",开始也是党中央的一个参谋性秘书班子,可是后来它的主要成员却"参与决策",凌驾于中央政治局之上。20世纪90年代,河北省主要领导的秘书李真,自认为秘书的"实权"大于副省长,并利用这种违规的"实权"谋取私利,迅速走上了腐败之路,最后落得被判死刑的下场。

(三)不能要求每个秘书都"争当领导的参谋"

参谋咨询是秘书部门的常规工作,秘书既要当好领导的助手也要当好领导的参谋,这些说法都是针对整个秘书工作和秘书队伍而言的,不可以理解为每个秘书工作者都要当领导的高参。在一般机关中,在大政方针和重大决策上的参谋咨询任务,主要是由政策研究室的研究人员和办公厅(室)主任等高级秘书承担的,领导信任的有经验的秘书也能提供一定有价值的建议,而一般的秘书工作人员则主要通过自己分工的具体工作为领导服务。当然,这不排除秘书人员在恰当的时机或平时与领导交往时,对某些问题提出自己的建议和意见。

四、注意参谋咨询工作的方法

任何工作都要有一个好的方法。由于参谋咨询工作主要是为领导出主意,这里就有一个如何让领导心情舒畅地接受建议和意见的问题。关于参谋咨询的具体方法,请读者参阅本书配套教材《秘书学概论》第八章第三节中"建言和进谏的方法"。①

第二节 领导决策过程中的参谋咨询

科学决策通常分为发现存在问题、确定决策目标、拟定备选方案、选择确定方案、实施完善方案五个程序。在每个程序中秘书部门都应该为领导提供参谋咨询服务。

一、发现存在问题中的参谋咨询

"问题"指的是应有状况和实际状况之间的差距。例如,学龄儿童应该都能接受九年义务教育,而实际上某些地区农村儿童却因为经济贫困等原因不能享受义务教育,于是出现了学龄儿童辍学问题;城市居民自有房屋被征地拆迁,应该得到相应补偿,而实际上却出现了房屋被强迫拆迁而不能得到应有的经济补偿,于是引出了拆迁征地矛盾激化的问题。

领导机关一般通过常规统计数据、调查研究、人民来信来访、媒体报道、学者建议、下级报告等途径发现需要解决的问

---

① 1993年笔者曾就此问题专门撰写了《忠言顺耳更利行——谈秘书向领导谏诤的艺术》一文,发表在《企业秘书》杂志上。该文作为"案例分析"的材料,收录在《秘书学概论》第八章后,可供读者参考。

题。秘书部门在这些环节中都能起到相当重要的作用。如果从参谋咨询角度看,在信息工作、信访工作中,秘书部门的参谋作用更为明显。例如,2003年3月,武汉科技学院毕业生孙志刚在广州应聘工作时,因上街未带身份证和暂住证,被派出所和广州市收容遣送中转站当作流浪乞讨人员强行收容,后在广州收容人员救治站被毒打致死。这一恶性事件被媒体曝光后舆论大哗,该事件暴露了此前的收容遣送制度存在诸多弊端,引起公众和学术界的广泛关注,秘书部门及时收集整理并认真研究各种信息,向领导机关作了全面汇报,引起领导机关的高度重视,最后国务院废止了有违宪法规定的《城市流浪乞讨人员收容遣送办法》,代之以富有人文关怀的《城市生活无着的流浪乞讨人员救助管理办法》。①

二、确定决策目标中的参谋咨询

决策目标就是解决问题所要达到的结果。决策目标要实事求是,必须是经过努力能够达到的,不能把目标定得太高。领导机关在确定决策目标时应该进行深入的调查研究,并广泛征求各方面尤其是相关专家的意见,在这过程中秘书部门除了需要承担许多具体事务外,还可以直接向领导提供参考意见。

例如,20世纪90年代,某经济不发达地区一个县领导班子,在参观了江苏省张家港市后,深受鼓舞和启发,回来后主要领导人提出了"张家港人能办到的事,我们也能办得到"的响亮口号。在制定经济发展规划时,也提出要按照张家港市GDP在近五年翻两番的速度定指标,秘书部门负责人感觉指标不切合实际,就整理了一份张家港市改革开放以来历年经济增长表

---

① 参见《瞭望》2003年第23期牛龙云文章《从孙志刚事件透视违宪审查制》;《中国青年报》2003年6月23日报道《专家点评城市救助办法 剖析其中五项重大变化》;2003年6月6日人民网转载央视《经济半小时》的采访实录《关注孙志刚案,维护公民权利》。

和本省几个经济相对发达的县级市的发展速度情况资料,并找来一份著名经济学家分析经济发展过快可能引起严重后患的理论文章,一并提供给几位主要领导。领导人在看了相关材料后,才意识到"五年翻两番"的速度只能是个别地区在特定机遇下的发展速度,不是凭主观愿望就能达到的,而且即使暂时达到这个速度也未必是好事。在这个事例中,秘书部门实际上是通过资料工作发挥参谋咨询作用的。

三、拟定备选方案中的参谋咨询

备选方案是准备提供给领导者最终抉择的,一般决策要设计3个至5个方案。拟定方案是一个复杂的创造性思维过程,秘书部门(在上层机关主要是政策研究室)在拟定方案过程中要广泛征求各方意见,尤其是征求专家的意见。

拟定备选方案不同于单纯的起草文件。秘书将领导已经作出的决定形成文件是文字工作,而拟定备选方案是在领导决定之前的工作;虽然方案也要形成文字,但方案的关键是内容,而不是文本。涉及某一方面具体内容的方案,一般由秘书部门和相关职能部门共同完成,涉及机关全面工作的决策方案则主要由秘书部门完成。由于拟定方案是在领导决策之前,是给领导提供决策参考,秘书人员就有更大的发挥聪明才智的空间。当然,任何方案都必须实事求是,切实可行,符合国家政策和人民群众的意愿。

四、选择确定方案中的参谋咨询

领导者最终要在各种方案中选择最为合理的方案作为最后决策。这个过程不是简单的举手表决,领导者必须认真研读方案文本外,必要时还可以听取方案起草人的详细汇报,或者请有关专家一起进行讨论咨询,还可以对拟定的方案进行补充修改。

在这一环节,秘书的智力服务更多地体现为"备顾问",即领导人在研读备选方案过程中可能有一些具体问题要向秘书咨询,从查对理论根据到核实具体数据。如果秘书有一定政策水平,领导就会经常征求秘书意见,此时秘书应该对各种方案的优劣坦率地发表自己的看法。

五、实施完善方案中的参谋咨询

领导决策要付诸实施,变成组织的行动。决策实施过程中的参谋咨询主要渗透在协调工作和督查工作之中。具体内容可以参见本书第四、五两章。

涉及重大方针政策的决策往往不是一次完成的,因为最初的决策在实施过程中可能会暴露出一些原先无法预料的问题,需要在适当的时候对其进行调整,纠正决策偏差,必要时作出新的决策。在这个过程中,秘书部门的参谋咨询作用主要通过调查研究、信息工作、信访工作等来实现。

六、秘书在领导决策过程中参谋咨询实例分析

下面我们以一项重要政策的制定、实施和完善的过程为例,说明秘书部门在领导决策过程中如何发挥参谋咨询作用。这个例子在《秘书学概论》中曾经作为"案例分析"材料让读者讨论过。

20世纪90年代初,信访部门从大量人民来信来访中发现一些地区存在着"乱摊派"导致农民负担过重的现象。经过进一步调查,确认这是一种全国性现象,为了保护农民利益,国家有关部门根据秘书部门的建议,制定了"将农民负担控制在上年以乡为单位农民人均收入5%以内"的政策规定。规定颁布后,一定程度上制止了乱摊派现象的发展。

随后两年,秘书部门通过调查发现,这一规定在实际执行过程中存在着不完善的地方:一个乡范围内农民人均收入差距很大,有的达到20~100倍,山西省某镇78户富裕户1994年人均收入5万元,其余5322户人均收入仅528元,而负担却按全镇"上年人均收入"平摊到人,每人65元,这65元占一般农户人均收入的12.3%,只占富裕户人均收入的0.13%。秘书部门的调查报告指出:在农民人均收入存在较大差距的情况下,上述政策规定存在着一定的弊端,它掩盖了农村的贫富差距,在一定程度上起了"劫贫济富"的负效应,特别是加重了低收入农户的负担,不符合公平赋税、合理负担的原则,实际上是穷村帮了富村,穷户帮了富户,与党的走共同富裕道路是背道而驰的。

国家有关部门根据秘书部门的建议,后来对上述政策规定作必要的修改。近年来又取消了农业税,进一步减轻了农民负担。①

从材料看,高层机关制定减轻农民负担政策的每个环节都有秘书部门在发挥参谋咨询作用。首先是秘书部门通过信访获得部分地区农民负担过重致使社会矛盾激化的重要信息,并及时提供给领导机关;接着秘书部门通过大范围的调查研究,确定农民负担过重不是局部的而是全国普遍存在的现象,因此向领导机关提出制定减轻农民负担政策的建议并被领导机关采纳。在政策制定并普遍施行的过程中,又是秘书部门通过调查研究发现了政策不够完善的地方,并写成调查报告分析了问题所在,提出了修改政策规定的建议。可以设想,如果没有秘书部门提供一系列有价值的信息、建议,有关该项政策的制定和完善就不可能这样顺利。

第三节 日常工作中的参谋咨询

秘书参谋咨询除了比较集中地体现在领导进行科学决策

---

① 参见王郁昭:《应当正视"农民负担控制规定"所存在的弊病》,载《瞭望》1997年第7期。

的过程中外,在日常其他工作中也有许多体现。下面择其要者概述之。

一、其他"领导决策服务"工作中的参谋咨询

除参谋咨询外,秘书部门直接为领导决策服务的工作还有调研、信息、协调、督查、提案议案、文字工作等项。每项工作中秘书部门都可以发挥参谋咨询作用。

(一)调查研究中的参谋咨询

调查研究本身就是一项最典型的决策服务工作,调查研究的目的就是为领导决策提供第一手可靠信息。因此从某种意义上说,秘书部门的调查研究都是为了向领导提供决策参考。

这里说的调查研究中的参谋咨询,特指为领导者本人的调查研究活动提出一些参谋建议。在领导人的调查研究中,秘书人员的参谋咨询主要体现在以下几个环节上:

一是在领导确定调查对象和范围时,秘书部门要为领导提供初步信息,并提出具体建议。

二是为领导拟定调查提纲之前,向领导提出关于调查计划的初步建议,供领导参考。

三是在领导调查的过程中,协助领导对调查材料进行初步分析,向领导提供新的调查线索。

四是在领导调查基本完成后,协助领导对调查材料进行系统的整理分析,并帮助领导整理调查报告的初步提纲。

(二)信息工作中的参谋咨询

信息工作中的参谋咨询主要体现在信息价值的鉴定和信息的综合研究两个环节上。

秘书部门每天都能收集到大量信息,但不可能也没有必要全部提供给领导。提供给领导的是经过筛选的信息,筛选的关键环节就是信息价值的鉴定。显然,提供什么样的信息与领导人将会关注什么样的问题是直接相关的。除了领导规定的或制度规定的信息必须及时提供外,秘书部门实际上存在着相当

大的选择空间,可见秘书鉴定信息的水平对领导工作有相当大的影响。

信息的综合研究就是秘书部门通过研究将大量原始信息转变成高层次信息,而高层次信息必须具备三个要素:有情况、有分析、有建议。所以信息的综合研究就是信息工作和参谋咨询工作的交叉(参见第二章"信息工作"中的有关内容)。

(三)协调和督查工作中的参谋咨询

协调和督查工作总体上看是在领导决策实施过程中的服务工作。这两项既是领导需要亲自参与的工作,也是秘书部门的常规工作。这里主要介绍秘书部门在协助领导进行协调和督查时的参谋咨询。

领导的协调一般都是宏观协调。无论是利益协调、关系协调还是行动协调,协调工作的直接目的都一样:防止不协调现象发生,消除已经出现的不协调现象或者防止它继续发展。领导在分析不协调现象产生的原因、矛盾的性质和严重程度、解决矛盾的方式方法,以及哪些对象之间在何种问题上可能发生不协调现象从而需要做好防止矛盾产生的前期工作等方面,往往要征询秘书部门的意见。熟悉情况而又有一定政策水平的秘书在这时就能给领导提供有价值的意见。

督查工作不是一般的行为监督和工作检查,而是指对重要路线、方针、政策的贯彻落实情况,各项重大工作部署的执行情况,以及各级领导批示、交办事项的办理情况进行督促检查。秘书部门在领导督查中的参谋咨询作用主要体现在两个环节:确定主要督查对象和督查事项;根据领导督查的结果撰写有情况、有分析、有建议的督查报告。

(四)议案、建议和提案工作中的参谋咨询

议案、建议和提案工作包括人大、政协等提出方秘书部门和政府、法院、检察院及其职能机构等承办方秘书部门两方面的工作。由于人大等提出方秘书部门主要是整理、分发由代表、委员提出的议案、建议和提案,参谋咨询作用并不明显。这里简单介绍的是承办方秘书部门在落实办理议案、建议和提案过程中的参谋咨询。

议案、建议和提案承办过程中的参谋咨询主要体现在两个环节上：在接到议案、建议和提案后，提出初步处理意见（即"拟办意见"）供领导参考；在有关事项办毕后将处理结果形成书面答复，对于何时答复、如何答复、答复的具体内容等，秘书部门都可以向主管领导提出具体建议。

（五）文字工作中的参谋咨询

虽然秘书的文字工作是奉命写作，但是这绝不意味着秘书可以当一个机械的记录仪。秘书文字工作是一项艰苦而复杂的脑力劳动，秘书写出的文本必然包含有秘书的劳动成果。一般而言，领导交代撰文任务时，应该给出明确的意图或主题，秘书在准确领会领导意图、尊重领导主导意见的前提下，加进自己的构思和设计，并一遍又一遍地仔细推敲、反复修改，然后才能定稿。写作过程中秘书发挥了自己的聪明才智，加进了自己的意见。领导人接受了起草的文本，实际上也就接受了秘书的一些建议和意见，秘书在起草文稿的过程中就发挥了参谋作用。至于领导亲自主持起草的重要文件，常常在正式起草前要召开会议讨论，在这种非表决性质的会议上，秘书是有发言权的，领导也往往很重视秘书的意见。此时秘书可以畅所欲言，提出自己的建议供领导参考。

二、秘书常规业务中的参谋咨询

（一）文书工作中的参谋咨询

文书工作中的参谋咨询除了已于上面陈述过的"草拟"环节外，主要体现在发文办理中的"审核"和收文办理中的"拟办"上。

《国家行政机关公文处理办法》第二十七条规定："公文送负责人签发前，应当由办公厅（室）进行审核。审核的重点是：是否确需行文，行文方式是否妥当，是否符合行文规则和拟制公文的有关要求,公文格式是否符合本办法的规定等。"在审核过程中,秘书对文稿内容是否符合现行法律和政策,具体办法是否切实可行等,都可提出修改意见。

《国家行政机关公文处理办法》第三十二条规定:"对符合本办法规定的公文,文秘部门应当及时提出拟办意见送负责人批示或者交有关部门办理。"拟办意见就是对文件涉及的事项如何处理提出的建议,如果拟办意见正确而具体,就为领导人节约了大量时间和精力。拟办是收文处理阶段秘书部门发挥参谋咨询作用的主要环节,一般由办公室主任或指定的有经验的秘书承担。

(二)会务工作中的参谋咨询

会务工作中秘书部门可以在以下几个环节上充分发挥参谋咨询作用。

一是会议议题的安排,要事先把意见拿出来供领导参考。特别是机关例行的办公会议,常常会出现这种情况:各位领导和相关人员按时来参加会议了,结果发现还没有议题,因此秘书部门应在会前向领导提出建议,确定每次例行会议的议题。

二是会议参加人员的确定,每次会议讨论的问题不同,参加会议的人员也不同,秘书应该就此向领导提出建议。如果应当参加会议的人没通知他参加,会影响会议的效果,还可能引起误会。

三是关于会议的次数、规模、时间长短,以及会议是否一定要开、是否可以将几个会议合并为一个会议来开,等等,秘书部门都可以向领导提出自己的建议。

四是正规的大中型会议如何开,要通过书面的会议预案向领导提出建议,会议预案是整个会议如何开的计划,其具体写法见"会务工作"一章。

至于对会议决策事项的建议、会议文件的撰写等方面的参谋咨询,前面已经在"决策过程中的参谋咨询"和"文字工作中的参谋咨询"中阐述过,此处不再重述。

(三)信访工作中的参谋咨询

信访工作中秘书部门可以在以下环节上提供参谋咨询服务：

一是对于领导人如何开展信访接待工作，以及哪些重要来访者应由领导接见、哪些重要的人民来信应该由领导亲自处理等，提出自己的意见供领导参考。

二是对于群众来信来访中所反映的重大问题，以"专报"形式向领导报告，专报除了真实地反映信访主要内容外，还应该有秘书部门对相关事项处理办法的建议。

三是对信访信息进行综合研究，并从中发现带有普遍性、典型性、苗头性的重要信息，并将信访信息的研究成果（包括这些信息的价值分析和处理建议等）提供给领导参考。这种综合研究一般应是定期的，如每个月进行一次，在信访者对某一方面问题反映比较集中的情况下，应该随时进行综合研究。

三、机关日常事务中的参谋咨询

(一)领导日程安排中的参谋咨询

领导日程安排是秘书部门一项重要的事务性工作，通常由秘书部门负责人或有经验的秘书来承担。不同单位中秘书在这一工作中所起作用是不完全相同的。有的领导的活动日程完全由自己来安排，秘书只要将领导安排好的日程制成表格就行了；有的领导的工作日程安排是在与秘书共同商量的过程中完成的；还有的领导只对自己的重要活动作出时间安排，而一般性活动则由秘书决定。在后两种情况下，秘书部门都能充分发挥参谋咨询作用。秘书应通盘考虑哪些工作必须领导亲自做，哪些工作领导可以不必做或安排其他人员去处理；哪些事情必须立即完成，哪些工作可以暂时摆一摆，等等。

(二)其他事务性工作中的参谋咨询

秘书部门要为领导工作正常运转提供全方位服务，在每一项工作中，秘书都可以发挥参谋咨询作用。甚至于机关庭院的绿化方案这样的具体事项,秘书部门也可以提出有价值的意见。

李欣先生在《中国现代秘书工作基础》一书中写道:"在公务活动中最难办的要算治丧工作了。"[1]各种单位都会遇到治丧,凡是公葬一般都设治丧小组(或办公室),治丧小组要在一定的领导主持下工作。相当长一个时期以来,治丧变成一项很难办的事情,办得不好就会引起矛盾。其中最难的是同死者家属的协调、洽商,问题多是:悼词中对死者的评价总要拔高,治丧规格总要抬高,碰到很难应付的家属,不作些让步几乎是不可能办下来的。因此秘书部门必须拟定治丧方案,就丧事程序和办法向领导提出参考意见。

连治丧这样的事务性工作都有许多内容需要秘书部门的参谋咨询,其他工作中秘书部门的参谋咨询也就可想而知了。

四、对职能部门工作的参谋咨询

秘书是领导的参谋和助手,因此秘书部门的参谋咨询主要是对领导而言的。但是秘书部门的宗旨是"三服务",不但要为领导服务,也要为各职能部门和下级单位服务,为人民群众服务。秘书部门对职能部门的参谋咨询服务主要体现在信息工作、文书工作、资料工作、谈判工作等方面。例如,秘书部门如果发现收集到的信息可能对某职能部门有重要价值,就有必要及时主动地提供给他们,并可提出分析意见供他们参考。

秘书部门对各职能部门提供的多为具体的咨询服务,例如询问某种公文的格式和写作要求,查寻某一方面的资料,了解谈判对手的有关信息,等等。秘书人员必须强化服务意识,热情为他们提供咨询服务。

---

[1] 李欣等编著:《中国现代秘书工作基础》,北京:高等教育出版社,1989年,第193页。

复习思考题

1. 为什么说参谋咨询是秘书工作的重要内容?
2. 简述在领导决策过程的各个环节中秘书部门的参谋作用。
3. 简述秘书部门在日常工作中的参谋作用。
4. 结合秘书参谋咨询工作的内容,谈谈秘书要发挥参谋咨询作用必须具备什么样的主观条件。
5. 从本书其他章节所举事例(含正文和案例分析),找出秘书发挥参谋咨询作用的内容。

案 例 分 析

有人说,参谋咨询是最需要秘书个人智慧的一项工作。请您体会下面的案例中秘书小王是如何让领导接受意见的。其中包含着什么普遍适用的原理?

某单位领导年轻有为,大学毕业仅五年就被上级任命为一家国有大公司的总经理。他上任不久,就接到母校请他回校参加校庆的请柬。他一时高兴,随手写了张条子,决定划50万元捐赠给母校购买教学设备,并让秘书小王到财务处去办理。小王拿着总经理的条子,觉得不妥当,违背了公司的财经制度规定。他笑着说:"×总,您对母校的感情还是很深的嘛,在大学一定是位高才生。"

"高才生谈不上,不过,母校和老师们对我的教诲我还是终生难忘的。"总经理愉快地说。

"听说您读大学时就发表了《论投资效应与投资控制》的论文,还荣获了一等奖。"小王说。

"你怎么知道的?"总经理好奇地问。

"我去年写毕业论文时导师向我推荐过,还详细地介绍了您这位大作者哩。"

"你也是华大毕业的?"总经理又问。

"是呀。可我没有您这位学长的能耐,大笔一挥,就是50万元。这对母校校庆无疑是一个头号新闻。华大几十年毕业了数万学生,除了海外的富豪,国内特别是担任公职的只是您一位了。"

"是吗?"总经理有些警觉了,"你觉得有些不妥当吗?"

"尊师重教,怀念母校之情,我是敬佩的。但这笔开支,好像公司还没有先例。"小王说。

总经理点了点头,接过刚写的条子,仔细地看了看,笑着说:"是有不妥,谢谢你的提醒。个人对母校的感情,还是以个人的方式表达为好。"说完把那张纸条抛进了废纸篓。

(材料来源:张清明主编:《秘书参谋职能概论》,武汉大学出版社,2000年,第336~337页)

第四章 协调工作

第一节 协调工作概述

一、协调和协调工作的含义

协调的字面意义是"配合适当"或者"使……配合适当",前者是形容词而后者是动词。作为"协调工作"中的协调当然取的是其动词意义。从管理的角度看,协调工作就是通过各种活动使一个组织系统内的各个部分(子系统)达到关系和谐、步调一致,齐心协力地为实现共同目标而努力。任何有组织的工作过程,都需协调。协调的目的在于消除内耗,化解矛盾,把各方面力量组成一个和谐统一的合力,以求取最佳管理效果。

协调活动由协调者(协调工作的主体,指承担协调工作任务的组织以及组织的责任人)、被协调者(协调工作的客体或对象,可以是组织,也可以是个人)、协调内容、协调方式、协调结果等要素组成。

协调是领导工作的重要内容。如果说作出决策的过程主要是确定目标的话,那么实现决策目标的过程主要靠协调,因为只有通过协调使系统内各部门、各单位、各成员行动一致,互相配合,才能以最快速度达到理想的决策目标,以至于西方有管理学家说"管理就是协调"。

协调是领导的职责,秘书部门本来就有义务协助领导做好协调工作。20世纪80年代以来,为了让领导从繁杂的协调事务中解脱出来,以便将主要精力用于思考经济和社会发展的全局,办公厅承担了越来越多的协调事务。在1990年1月召开的全国党委秘书长办公厅主任座谈会期间,中央政治局五位常委在接见代表时的讲话中,不约而同地都谈到秘书部门协调工作的重要性,主要领导人在讲话中还强调办公厅要发挥好三个方面作用:"一是参谋助手作用,二是督促检查作用,三是协调综合作用。"[①]从此以后,秘书部门的协调职能受到充分重视,协调工作成为秘书部门一项重要职责和经常性任务。在较高层次的办公室(厅)中,还普遍设立"综合协调科(处)"等专门的二级办事机构。在企业和其他组织中,协调也是秘书部门的常规业务。

秘书部门协调工作包括两层含义:为领导的协调工作当好参谋和助手,提供全方位服务;在自己职能范围内,或在领导授权下独立进行协调工作。

二、协调的种类

(一)纵向协调和横向协调

这是根据协调客体的隶属关系进行的分类。

纵向协调指上级和下级之间的协调,包括中央与地方的协调、总公司与分公司的协调、领导与群众的协调、主管机关与被管理单位(如省教育厅与省属高校)的协调,等等。纵向协调的主体是上级机关的领导或秘书部门。

横向协调指平行单位、友邻单位或不相隶属单位或人员之间的协调,包括沿海地区与中西部地区的协调、城镇居民与农村居民的协调、企事业单位与所在社区的协调,等等。横向协调的主体通常是上级机关及其秘书部门,一般组织主动与平行

[①] 《中央领导同志关于秘书长和办公厅工作的重要讲话》,载《秘书工作》1990年第2期。

单位搞好关系的行为通常列入公关工作的范畴。

(二)内部协调和外部协调

这是根据协调对象的范围进行的分类。

内部协调是指在一个相对独立的系统内部进行的协调。例如一个机关内各位领导及其分管工作的协调、各职能部门之间的协调、中心工作和各项常规工作的协调,等等。

外部协调指分属不同管理系统的单位或人员之间的协调,例如军队与所驻地区政府和居民之间的协调、高等院校与作为实习基地的单位之间的协调,等等。

(三)程序性协调和非程序性协调

这是根据协调是否有相对固定的程序进行的分类。

程序性协调是指根据既定计划按部就班进行的协调工作,主要指定期召开的协调会议,以及此前此后进行的一系列工作。从某种意义上说,许多常规性工作会议甚至包括联合国会议,其主要功能都是协调。

非程序性协调是指穿插在其他工作之中的随机协调,或者重大突发性事件处理过程中临时进行的协调。

(四)宏观协调和微观协调

这是根据协调事项的重要程度进行的分类。

宏观协调涉及范围广、协调意义重大,例如国家东部、中部、西部发展规划的协调,城乡居民利益分配的协调,等等。

微观协调涉及范围窄、协调意义也局限在小范围、短时间内。例如几个会议时间安排和会场使用的协调、某两个单位之间发生的具体矛盾的协调等。

宏观协调与微观协调是相对的。例如某拆迁户与开发商就拆迁补偿数额产生矛盾的解决,本身只能说是微观协调。但是假如该案例具有典型性,实际上反映了全市、全省乃至全国范围开发商与拆迁户两大利益群体之间的矛盾,则需要制定相对稳定的法规、政策来加以解决,微观协调就变成了宏观协调。

三、协调工作的意义

秘书部门处于机关的枢纽地位,是联系左右、沟通内外的纽带,这决定了秘书部门起着非常重要的协调作用。协调工作的意义表现在以下几个方面:

(一)统一思想行动,保证政令畅通

由于人们所处地位和利益关系的不同,对事物和形势的认识也不一样,在理解和贯彻领导决策过程中,有时难免会出现一些认识上的分歧和行动上的不一致,这就需要通过协调来统一大家的认识,协调各方的行动,以保证政令的畅通和决策的贯彻。在建立和完善市场经济体制过程中,各项改革措施迭出,各种新矛盾、新问题不断出现,人们的思想空前活跃,社会分工越来越细,管理专业化程度越来越高,因而对各级领导驾驭全局、统筹协调能力提出了更高的要求。作为领导的参谋和助手,秘书部门所要承担的协调任务也就越来越重。因此,秘书部门做好综合协调工作,对于保证政令畅通、实现领导科学决策的目标,能够起到举足轻重的作用。

(二)形成系统合力,提高工作效率

任何系统和部门都是按一定规范、制度组织起来的,并按各自的目标和职责开展工作,在每个阶段都有各自的中心工作。如缺少必要的协调,势必会出现工作上的多中心、多重点、杂乱无序,造成工作上忙乱低效。只有加强协调,统筹安排,围绕中心工作,突出重点,分清轻重缓急,合理安排,才能使工作按预定程序运转,改变工作的无序状态。协调能使无序变有序,能使每个部门、每个成员各行其权、各尽其责,使整个系统形成和谐统一的合力,同步运行,从而极大地提高整个机关工作效率。

(三)理顺各方关系,化解内部矛盾

了解和信任是我们做好工作的基础,失去了解和信任就无法进行富有成效的工作。在机关内部,秘书部门是沟通领导之间、各部门之间的联系,搞好上下贯通和内外联系,保持机关同步运转的中介。通过秘书部门的有效协调,可促进各部门之间的了解,化解内部矛盾,建立一种和谐默契关系,从而化分歧为共识,使分力变成合力,形成组织整体凝聚力。秘书部门又是联系领导机关与基层单位的桥梁和纽带,秘书部门积极主动地做好协调工作,有利于密切领导机关与基层以及广大群众的联系。

四、协调工作的原则

(一)调查研究原则

调查研究是协调处理问题的前提和基础,对任何问题的协调,都必须在调查研究、弄清情况后,才能提出协调意见,作出协调决定。一般来说,凡是需要协调解决的矛盾都是比较复杂难缠的问题,必须进行深入细致的调查研究,弄清产生矛盾的原因、矛盾的性质、症结所在及对全局的影响等,然后在此基础上向领导提出协调意见,作出协调决定,进行协调工作,才能达到合情合理,各方满意。秘书人员切忌偏听偏信,主观武断,贸然行事。

(二)服从全局原则

系统整体利益是协调工作的出发点,全局的需要往往带有战略性、长远性,但处于特定地区或某一部门的人,往往受种种条件制约而只关注局部利益和眼前利益。一般来说,在全局与局部利益发生矛盾时,就要求牺牲局部利益,服从全局利益。因此,开展协调工作,要胸有全局,从全局利益出发,从中心工作出发,正确处理局部与全局的关系;要说服有关方面从全局着想,从长远着想,使放弃局部利益的一方或数方明理晓义,积极配合,保证局部工作与全局工作的一致。

(三)平等协商原则

协调工作中要平等待人,始终以平等的态度协商、交流。秘书部门作为综合机构介入协调工作,它与协调对象的关系并不是领导和被领导关系,在协调过程中要以平等地位同各方面进行商量沟通,力求办事公正,寓情于理,切忌用简单的、行使命令的方式去解决问题,更不可摆出"二首长"的架式,做出强加于人的事情。同时,还要树立"服务对象第一"的意识,即使有意见分歧难以迅速求得一致,也应耐心解释,避免冲突,营造融洽、谅解的氛围,以达到协调的最终目的。

(四)分级负责原则

要注意分清协调对象的层次,分级做好协调工作,该哪一级协调的问题就由哪一级负责。上级组织(包括其秘书部门),不要越级处理下级职权范围内的问题,下级组织(包括其秘书部门)也不要把自己职责范围内能够解决的问题上交给上级组织,只有这样,扯皮现象才会大大减少。目前存在着一种"协调工作升级"的倾向,本来部门之间可以协调的问题,基层能解决的矛盾,自己却不愿意去处理,而是一直往上推,这样不但使矛盾久拖不决,也助长了下级的依赖思想,破坏了正常的上下级关系。

(五)目标适度原则

协调工作的具体目标可以分为两种情况:一是使本来已经出现的不协调状况重新达到协调,二是采取一定措施防止不协调现象出现。无论哪种情况,都要注意目标的适度性,即不要把目标定得太高。例如,行动协调应该以系统正常运转为目标,而没有必要追求百分之百的同步;关系协调应以工作上互相不扯皮为目标,而没有必要非要达到感情上和谐亲密;利益协调应以基本公平为目标,而没有必要达到绝对公平或者各方绝对满意。如果把协调目标定得过高,很多情况下不但达不到理想目标,有时还会适得其反。

(六)统一协调原则

这是指协调主体必须是一个,而不能在同一协调事项中出现几个协调者。协调工作主体指承担协调任务的组织及其责任人。协调者可以是领导,也可以是秘书部门,有的办公厅(室)还设有专门处理协调事务的"综合协调处(科)"。如果在同一事项中出现多个协调者,这些人在协调目标的把握、协调方式的应用等方面很难达到完全一致,其结果往往是把事情弄僵。当然,统一协调并不排斥这种情况:一个协调者协调无效后,由办公室主任或机关领导出面再进行协调,这时原来的协调者就不要再介入协调。

第二节 协调工作的内容和程序

一、协调工作的内容

秘书部门协调工作的内容十分广泛,可以说,秘书所涉及的各项工作中无不存在着协调。从大的方面来说,主要有政策协调、关系协调和事务协调等。

(一)政策协调

政策协调是指在制定、贯彻政策过程中的协调。政策的制定和贯彻过程实际上是一个不断协调、不断统一认识的行动过程。

秘书部门在协助领导草拟或审核文件的过程中,常常要就一些具体政策进行协调,以明确各有关部门之间权责和利益关系,使各方面意见达到一致,使政策更加具有可行性。

在政策的贯彻实施过程中,由于人们对某一项具体政策的理解不尽一致,往往会出现一些矛盾和分歧,并且反映到领导机关来,这就需要秘书部门出面进行解释和协调,从而促进政策的贯彻执行。当前我国正处于体制转型时期,社会主义市场经济正逐步走向法制化轨道,社会各群体的利益冲突在所难免,越来越需要依靠政策法规来管理、规范社会活动和经济活动,政策协调的任务显得非常突出。

(二)利益协调

利益协调指在社会物质财富和精神财富分配过程中的协调。公民关心个人利益、组织关心单位利益、企业追求利润最大化,这些都是天经地义的权利,正因为如此,由利益冲突产生的矛盾也就普遍存在,必须靠管理者进行协调。

从宏观角度看,城乡之间、工农之间、官民之间、管理者与被管理者之间、东西部地区之间都有大量的利益冲突需要政府协调。从微观角度看,利益矛盾反映在某一单位、某一地区,就表现为部门之间、这部分员工(如教师)与那部分员工(如管理干部)之间、小区居民与物业公司之间的矛盾,等等。

由于关系到每个人的切身利益,利益协调就显得特别复杂,操作中往往感到"棘手"。一般而言,利益协调要通过制定相对稳定而又普遍适用的公平合理的政策来进行,过分强调"特殊矛盾特殊处理",往往会导致"头痛医头,脚痛医脚"的被动局面。

(三)关系协调

关系协调是指为使各对象之间的关系达到和谐而进行的协调。秘书部门综合机构的性质和它在组织中的枢纽地位,决定了它必须承担关系协调的任务,包括协助领导进行关系协调。

1. 本组织与上下级关系的协调。包括本组织与上级领导机关、本组织与下级所属单位之间的关系协调。由于职责不同,角度不同,认识不同,在工作中难免产生各种各样的矛盾。秘书部门要积极主动地做好上下协调工作,运用各种手段沟通信息,疏通渠道,将上情及时下达,将下情迅速上传,力求理顺关系。

2. 所属各下级单位(部门)之间关系的协调。这是领导机关秘书部门协调工作的重头戏。领导机关所管辖的各个地区(如一个省中的各个市、县)、各个单位(如总公司下属的各分公司、高校所属的各院系)、各个职能部门之间的关系,需要领导人和秘书部门进行协调。这些单位或部门之间是相互联系、互为条件、相互制约的。协调时要注意平等协商、以诚相待,力求做到互相支持,互相配合,为实现既定目标而共同努力。

3. 领导与领导之间关系的协调。包括主要领导与副职领导之间关系的协调，各项工作的分管领导（一般即副职领导）之间关系的协调，在有的单位还包括党委领导和行政领导之间关系的协调。领导班子成员之间如果关系不协调，将会严重影响组织的正常工作，因此要防止不协调现象的出现，若出现则需要尽快协调。一般而言，这类工作最好由上级领导来做，副职之间关系的协调则由主要领导来做。但是，秘书部门及秘书人员在协调本机关领导之间关系方面也可以发挥重要作用。由于领导人各自分管工作的局限性和认识上的差异，往往对同一问题持不同看法，面对领导之间由于意见分歧而产生的矛盾，秘书部门要及时沟通信息，促使他们相互了解，消除隔阂，彼此信任，以达到融洽共事、团结一致的目的。

4. 人际关系的协调。办公室是人际交往最频繁、最集中的部门，秘书人员又是人际关系的润滑剂，联系、协调各方面人事关系是秘书的重要工作之一。由于许多人际关系以秘书部门为中介，秘书在工作中就有协调其他人际关系的职责，如果发现有影响机关工作的人际矛盾，就应协同领导或有关部门进行协调。另外，秘书人员与其他工作人员保持友好和谐的关系，也是顺利完成本身工作的需要，因此秘书要学会和掌握协调人事关系的艺术，努力创造和谐、宽松、友好的人际关系，保持融洽舒畅的人事环境。

(四) 行动协调

协调的目的就是使整个系统步调一致，共同努力以实现组织的既定目标。因此领导在作出某项决策、确定某一目标后，就需要亲自或通过秘书部门对各子系统的行动进行协调。

行动协调包括两个主要环节：一是对某项决策的实施制定出切实可行、科学合理的计划。计划合理，对各单位要求明确，让整个系统按照统一部署行动，出现不协调的可能性就较小，因此领导机关及其秘书部门在部署工作和制定实施计划上要舍得多下工夫，防止认识的片面性、情感的冲动性影响计划的科学性和周密性。二是在决策目标的实施过程中,及时发现不协调现象,一旦发现苗头,就要采取行动,通过调查研究、督促检查、召开会议、通报进度等方式予以协调。

(五)事务协调

事务协调指日常具体工作安排中的微观协调。这种协调几乎渗透在每一项日常工作之中。举例来说,如果机关只有一间会议室,会议室的使用上就存在协调问题,如无协调,就可能出现几个部门都通知同一时间到会议室来开会的情况。这种现象看似无关紧要,但类似情况若经常出现就暴露出办公室工作缺少规章和统筹,就会引起人们对秘书部门的不满,有时也会影响机关的正常工作。

秘书日常工作主要是"三办"——办文、办会、办事,因此事务协调主要是办文、办会、办事的协调。根据经验,事务协调首先要精简会议、文件、活动,许多矛盾是由于不必要的文件、会议、活动过多引起的,人们用"文多矛盾多、会多冲突多、事多误会多"来概括这一规律。因此必须下决心精简会议、精简文件、精简活动,可以不开的会坚决不开,可以不发的文件坚决不发,可以不搞的活动坚决不搞。

秘书部门各项具体工作都要做到有计划、有条理、有办事规则。如果会议室使用有事前登记预约制度,就不会出现人员到会后才发现会场冲突的现象。

二、协调工作的一般程序

协调工作在很多情况下是随机进行的,有的协调渗透在其他工作之中。但是,作为秘书部门常规工作之一的典型的协调,还是有其大致的程序的。

这里所说的典型的协调,是指发现了严重不协调现象需要采取具体措施的协调工作,它的一般程序是:

(一)调研分析

发现比较严重的不协调现象后,秘书部门要向领导汇报,并在领导的参与或指导下对协调对象进行深入调查,搞清事情的真相,分析矛盾的性质,找到问题的症结。在调研阶段,秘书切记不能偏听偏信,不但要了解问题的现状,有时还要了解问题产生、发展的历史,即一般人所说的来龙去脉;不但要向有关各方领导了解情况,也要向有关各方群众了解情况。

(二)拟定方案

在搞清楚问题真相和矛盾性质的基础上,协调者要拟定解决矛盾的方案。重大矛盾的协调通常由领导班子集体讨论,一般问题的协调通常由秘书部门拟出一个初步方案,然后进行集体讨论。协调方案一般包括以下几项内容:

一是概括说明协调事项的性质和协调所要达到的目的。

二是确定负责协调的人选。协调只能由一个人负责,不能搞多头协调。协调人选要根据协调内容和协调对象的情况来选定。由于协调是一项政策性很强的工作,一般选择熟悉情况、经验丰富、有较高威望的人员来负责。

三是确定协调的方式。协调可以采用多种方法,是采取召开协调会议的方法,还是通过个别沟通协商的方法,抑或通过建立临时的"××工作领导小组"的方法来协调,都要根据协调内容的重要程度、协调对象范围的大小等来确定。

四是确定协调的时机和地点。解决矛盾有时需要选择介入的时机,过早介入和过迟介入都不能取得最佳效果。地点主要指协调会议或交谈的地点,例如协调者"下去",还是请协调对象"上来",协调会议是在甲方召开,还是在乙方召开,还是到领导机关来召开,等等,都会影响协调的效果。

(三)具体实施

这是协调工作的关键阶段,指协调人员依据协调方案,运用自己的经验和才能去解决问题、化解矛盾,以取得预期协调目标的一系列工作。协调人员要具有随机应变的本领,将原则性与灵活性有机地结合起来,既不失原则,又灵活处理,以达到使协调事项顺利妥善解决的目的。

(四)评估总结

在一件重要的协调事项完成后,协调者要对本次协调活动的效果进行评价。绩效评估的依据是协调对象反馈的直接信息和其他方面收集到的相关信息,而不能仅凭自己的主观感觉。如果发现协调并没有达到预期效果,就需要分析原因,继续开展工作,直到解决问题为止。

秘书部门在一次相对完整的协调工作结束后,还应该对协调过程中的做法和经验教训进行总结。由于协调是综合性很强的工作,经验在协调工作中起着非常重要的作用,而经验只有经过认真总结才能成为自己的财富,因此新参加工作的秘书应该特别重视总结,办公厅(室)主任也应该重视通过总结来提高秘书人员的综合素质和工作能力。

第三节 协调工作的方法和艺术

一、协调工作的常用方法

协调内容的广泛性,决定了协调方法的多样性。常用协调方法有以下几种:

(一)文件会签法

会签是撰拟公文过程中主办单位主动与有关单位协商并共同核签的一种特殊的办文程序。一般当公文的内容涉及本单位的多个部门或与其他单位有关时,才需要进行会签,因此会签不是公文办理的法定程序,而是一种协调的方法。如果某项重要事项需要若干组织协同配合才能办好,通过文件会签可以防止工作进程中发生不协调现象。会签的程序有两种:一是会议会签,就是将有关单位召集在一起开会,对文稿和问题进行认真讨论,仔细磋商,取得一致意见后,进行会签,形成文件;二是信函会签,就是对涉及范围广,又不急于下发的公文,可以把初稿打印若干份,附上要求,寄送有关部门征求意见,取得一致意见后再进行会签。

(二)会议座谈法

如协调事项较为重要,涉及多个部门或单位,或者基层有事项需要协调时,可采取会议座谈法。秘书部门可在做好充分准备的基础上出面约请有关部门或单位一起开会,摆出问题,交换意见,沟通思想,研究一致的协调意见,然后根据需要形成文件或整理会议纪要,会后按此意见分头办理。秘书部门可在办理过程中,检查贯彻落实情况。

(三)信息交流法

这是指秘书部门未雨绸缪,对可能出现的协调事项充分估计,及早预测,通过交流资料和信息,促使有关各方明白真相,加强理解,消除隔阂,以达到至诚合作。秘书部门要及时把有关政策法令、行政规章以及计划安排、工作目标、领导意图等告知有关人员,使各方对管理目标做到心中有数,有章可循。否则,各吹各的号,各唱各的调,就很难取得良好的工作效益。

(四)组织协调法

如果协调事项很重要,又涉及多个部门的职责划分、利益调整,因协调难度较大,在短期内难以奏效,这时可以建立单独的协调组织来进行协调。如机构改革要涉及人事、财政、劳动、民政等多个部门以及具体单位各种利益问题,为了做好协调工作,许多地方成立了机构改革协调小组,专门从事该方面的协调。这种协调方法一方面可以减轻主要领导的工作负担,提高协调效率,另一方面也可以避免部门或单位间的冲突,从而有效解决一些棘手的问题。

(五)个别沟通法

如果协调对象比较单一、协调事项又不很复杂,且主要是属于思想、情绪问题,这时宜采用个别通气的方法进行协调。比如主动上门找有关部门或人员进行个别协商、谈心,陈述事情原委,表明基本看法,以统一思想,消除分歧。通过沟通,取得基本一致的意见,然后积极配合行动,使问题得到解决。这种方法灵活、便利，效果也较明显。

二、协调工作要讲究艺术

(一) 原则性和灵活性结合

做协调工作有一个底线，就是不能拿原则做交易。协调过程必须坚持政策、维护整体利益、顾全决策大局，离开这些原则就失去了协调的依据。但坚持原则并不排斥协调的灵活性，在协调过程中，可以从实际情况出发，根据时间、地点、协调对象和协调内容，在不违背大的方针政策和领导意图的前提下，掌握好分寸，做到灵活变通，适当让步。一般来说，当问题解决难度较大，协调暂时收不到明显效果，或者利益关系难以兼顾，只要一方做出某些让步和牺牲就可以再行计议时，便应灵活斡旋，适当变通。有时对一些非原则问题或无关大局的分歧也可"和和稀泥"。总之，方法可以灵活多变，目标一定要达到，既讲政策，又讲感情，以期收到较好的协调效果。

(二) 冷处理与热处理并用

由于矛盾的特殊性，在具体协调过程中有时需要冷处理，有时需要热处理，应视不同情况而定。冷处理就是遇到协调双方分歧比较大，情绪激动，一时难以协调好的情况，不要操之过急，应暂时把问题放一放，待一段时间，等双方冷静下来之后再继续做工作，并尽可能与协调对象心平气和地进行沟通，逐步改变他们原有的看法和态度，这样，问题就容易得到解决。热处理就是遇到矛盾冲突时，要趁热打铁，一鼓作气把问题解决掉。有些不协调现象从产生到暴露有个量变到质变的过程，协调工作必须紧紧跟上去，捕捉有利时机，及时解决问题。要防止矛盾继续激化，不要等翻了车、卡了壳才去解决。有些事情不宜降温和冷加工，就必须雷厉风行，及时处理，把矛盾消灭在萌芽状态。

(三) 硬措施和软措施配合

硬措施就是运用领导机关的权力，通过行政手段规范和约束各方行为,使他们按照统一部署统一行动,它的特点是权威性、强制性,协调见效快。软措施是指运用舆论批评、思想教育说服各方顾全大局,发扬风格,并通过平等协商来达到步调一致,它的特点是和风细雨,启发自觉。

一般情况下,对于影响重大的紧急事项或是非清楚、矛盾简单的问题进行协调,多采用硬措施;而对那些时效性要求不高、矛盾较为复杂的事项进行协调,则多采用软措施。

硬措施所说的"硬",是指政策法规和行政指令的严肃性、权威性,而不是指具体协调人员对协调对象态度生硬,以势压人。软措施所说的"软",也不是指协调目标具有很大弹性,而是指协调过程中要帮助被协调者解决思想认识问题,自觉地与系统保持协调一致。"硬"和"软"只是手段的差别,目的是一致的。在协调工作中,软措施是硬措施的基础,硬措施是软措施的保障,若能将两种措施配合使用,就能取得良好的协调效果。

(四)心理学和修辞学兼用

有经验的协调人员,善于在协调过程中应用心理学和修辞学的有关原理,已达到最佳协调效果。

任何协调的对象归根结底都是具体的个人,而每个人都有自己的个性特点和情感、精神方面的需求,协调人员要充分尊重被协调者的人格尊严,站在他们的角度体察其心理感受,要重视发挥人缘和情感的作用,注意对象心理的平衡与稳定,给有关各方留面子,留退路,既要解决工作中的矛盾,又要维持各方之间的良好关系。

协调人员还要善于应用修辞学知识,增强语言表达效果。协调的方式主要是解释、引导、说服,都是在进行言语交流,因而这里就有个如何运用语言的问题。俗话说"良言一句三冬暖",处理同样一个问题,协调者语言运用是否得体,所产生的效果会大不一样。会说话的人一句话可以办成一件大事,不会说话的人一句话可以把一件大事办砸。当然,讲究协调的语言艺术并非是"巧言令色",而是要求协调者在说话时注意方式方法,注意言语的谦虚委婉,亲切自然。协调者不仅要让自己说的话被对方接受,而且要让对方心悦诚服。

复习思考题

1. 什么是协调工作?协调工作在管理系统中有何作用?
2. 简述秘书部门协调工作的主要内容。
3. 协调工作必须遵循哪些原则?
4. 协调工作主要运用哪些方法?
5. 做好协调工作要讲究什么样的艺术?

案 例 分 析

认真阅读下面的案例材料。想一想:如果你是葛秘书,你会采取哪种方法来处理面临的矛盾呢?能说出各种处理方法的利弊吗?

阳光公司陈副总经理因一项对外业务工作又与李总经理争执起来。后来在与葛秘书一起外出途中,陈副经理埋怨李总经理主观武断,不尊重他人意见,以致决策失误,给公司经营造成损失。显而易见,陈副经理是想争取葛秘书对他的支持。葛秘书知道,总经理与副总经理因工作意见不同常会出现一些分歧。总经理是一位有能力、有魄力、办事雷厉风行的人,但不太注意工作方法,伤了不少人,对此职员们颇有意见。副总经理考虑问题周到,群众关系好,也关心人,但决断能力差些。从心里讲,葛秘书更倾向于副总经理,但此时他该怎么做呢?

办法一:因为个人情感倾向副总经理,所以不假思索,投其所好,跟着副总经理的口风说下去,并对总经理的缺陷颇发微词。

办法二:虽然副总经理对总经理的看法有失偏颇,但是副总经理毕竟是自己的顶头上司,所以违心地表示对副总经理的支持。

办法三:维护第一把手的权威,据理力争,摆出总经理为公司发展作出的种种努力、取得的累累成果,争取说服副总经理。

办法四:直言坦陈,指出副总经理把领导之间的分歧公开给下级的做法不利于班子团结,也使下级无所适从,明确表示自己无法评判,无话可说的中立立场。

办法五:保持沉默不表态,或者转移话题谈其他方面的事情。

办法六:耐心解释,说好话不说闲话,以弥合领导间的裂痕。

(材料来源:《秘书》2010年第7期,作者 姜玉梅)

第五章 督查工作

第一节 督查工作概述

一、督查和督查工作的含义

督查就是督促、检查的简称。督查工作就是对领导机关重要决策或工作部署的贯彻执行情况,以及各级领导批示、交办事项的办理情况进行督促检查的工作。领导机关作出重大决策,颁布重要政策,部署一项重要工作,都需要督查工作的跟进,否则就有可能落空。

督查工作实际包含两个层次:一为领导行为层次,即上级单位或领导人为促进、推动某项政令的落实而采用的一种领导方法;一为执行行为层次,是特定的职能部门为了执行落实上级的工作安排而使用的工作手段。秘书督查工作显然属于第二层次。

督查工作是秘书部门一项经常性的重要工作,是秘书部门发挥参谋助手作用的重要途径之一。自1990年全国党委秘书长会议明确参谋助手、督促检查、协调综合是秘书部门三项基本职能后,在较高层次的办公室(厅),普遍设立了专门负责督查事项的二级办事机构"督查办(处、科)"。督查工作是一项很严肃的、政策性很强的工作,具有相当的权威性。

二、督查的种类

（一）直接督查与间接督查

直接督查就是督查人员（有时是领导人自己）亲临承办单位和现场进行督查。直接督查虽然效率高，但一般只能用于专门事项的督查。对于那些时效性极强的重要工作、重大突发事件的处置等，应大力提倡采用直接督查的方法。

间接督查就是通过承办单位的上一级主管部门或有关职能部门进行督促办理。有些督查事项需要基层单位办理落实，而上层领导机关的秘书部门不可能做到每件事都去直接督查，一般采取转交其直接领导机关、直接主管部门，或者是有关职能部门去检查落实。

（二）普遍督查和重点督查

普遍督查是秘书部门的工作人员根据领导的授权，对领导机关所管辖各地区、各单位、各部门和各级组织执行领导重大决策或完成各项工作任务的情况等全面地进行督促检查。督查内容主要是各级组织、各个地区与各部门都必须贯彻执行的决策指令等，通常以发文或会议的方式部署进行。

重点督查是对某些关键地区、重要单位或某项重点内容进行督促检查。虽然督查过程也需要调查研究，但是督查不等于调查，重点督查也不等于抽样调查。抽样调查是通过对样本的分析了解面上的总体情况，重点督查是对那些对重要政策、中心工作、全局形势的发展起关键作用的对象的督查，其目的是保证督查对象按照领导机关的部署开展工作。

（三）分级督查和归口督查

分级督查俗称"块块督查"，就是依据我国各级行政管理机构的组织原则按垂直纵向关系开展督查，由直属上级督促其直属下级。分级督查能够充分发挥各级行政组织的作用，增强各级领导干部的工作责任感，由于督查对象与督查者有直接的领导与被领导关系，所以由直属上级督促直属下级效果好，行动快。

归口督查俗称"条条督查",就是依据各职能部门的业务分工而采用的一种督查方法。所谓"口",是指性质相同或相近的单位形成的管理系统,如"财贸口"、"文教口"、"工交口"等。对那些专业性比较强的督查事项采用归口督查往往比采用分级督查更加有效。例如有关煤炭行业安全生产管理的督查事项,可由负责安全生产管理的部门进行督查。

对重大督查事项,可以将归口督查与分级督查结合使用,例如2005年下半年吉林省发生某大型企业爆炸导致重大环境污染的事故,国家领导人对此事作了专项批示,由国家环保总局对此事进行督查属于条条督查,由吉林省政府对此事进行督查就是块块督查,而由国家环保总局和吉林省政府组成联合调查组开赴事故现场进行督查,就是两者的结合。

(四)分阶段督查和连续督查

分阶段督查就是根据决策的实施或中心工作的进展程度分若干个阶段进行督查,多运用于那些办理落实与贯彻执行过程时间较长的重大督查课题。

连续督查是指在决策实施或中心工作开展过程中不间断地连续进行督查,直到某督查事项办结落实为止。连续督查不可能用于普遍督查,只能应用于重点督查,对于某些久拖不决的老大难问题的处理解决和那些时效性很强的督办事项,宜采用连续督查。

三、督查工作的意义

(一)督查工作是实现决策目标的重要手段

对于各级领导机关来说,制定正确的决策固然重要,但再好的决策,再好的部署,最终都需要承办单位来落实,如果落不到实处,或者因"上有政策,下有对策"而大打折扣,就只能是纸上谈兵。因此,决策执行过程离不开督查。通过督查,可以把有关力量组织到决策的实施上来,可以消除和避免"中间梗阻"

现象,保证决策在每一个执行部门得到落实。

(二)督查工作是克服官僚主义的重要措施

官僚主义是领导工作和管理工作中常见的一种不良作风,在工作上表现为一般号召多,检查督促少,"开始轰,中间松,过后空",表面上轰轰烈烈,实际上没有实效。通过督查,可以克服理论脱离实际、敷衍塞责、决而不行、拖而不办,以及部门之间互相"踢皮球"等官僚主义现象,从而发扬实事求是的优良作风,形成讲效率、求质量、重实效的良好风气。实践证明,开展督查工作,是克服官僚主义、改进工作方法、提高工作效率的一项重要措施。

(三)督查工作是获取信息反馈的重要渠道

各级领导机关作出的决策是否科学合理,是否切实可行,需要接受实践的检验,并在实践中得到完善。通过督查,可以及时地发现和反馈决策执行中遇到的新情况、新问题,然后对决策作出补充、修正和调整,使决策更加科学,更加切合实际,从而使体制改革、经济建设和各项事业少走弯路。同时,通过督查发现问题,也可以对实施决策中的偏差起矫正作用,使其不偏离正确的轨道。

四、督查工作的原则

(一)领导负责、秘书协办的原则

督查是保证决策目标实现的重要措施,作为决策主体的领导者必须充分重视,一般而言督查应有专人分管。秘书部门是代表领导实施督查的,省、市政府的秘书部门一般应成立专门的督查室(处、科),基层机关或企事业单位的秘书部门,也应有明确的专人分管或兼管督查工作。督查工作必须自始至终依靠领导,在领导负责的前提下进行,防止脱离领导越权行事,擅自处理属于领导职权范围内的事情。但是,对领导授权范围内的督办事项,秘书部门应该充分发挥主观能动作用,创造性地做好工作。

(二) 实事求是、尊重客观的原则

主管督查工作的领导和协办的秘书人员,首先要坚持实事求是的原则,尊重客观实际,敢讲真话,敢报实情,敢于揭露和反映问题。如发现上级领导机关决策、领导批示与实际情况不符甚至有重大偏差,应本着实事求是的原则,如实进行督查反馈,切忌弄虚作假,粉饰太平。其次要善于倾听各方面意见和反映,必要时亲自深入现场进行调查研究,切实弄清事实真相,划清是非界限。要注意防止先入为主和主观随意性,坚持客观、全面地看问题,做到分析、判断要正确,意见、建议要中肯。向领导反馈督查情况,也要秉公直言,不带偏见。

(三) 归口管理、分级负责的原则

"归口管理",就是根据督查事项涉及的业务范围,交由分管该"口"的职能部门去落实处理。"分级负责"就是按照行政管辖权限,将督查事项交由督查对象的上一级领导机关去落实处理。二者相结合,就是"归口管理、分级负责",与之相对应的则是"交叉管理、越级督查"。一般而言,由于督查工作是一种领导行为,所以任何督查事项都必然与一定的职、责、权相联系,因此"归口管理、分级负责"原则是通用的,但这并不排除对某些特殊的重大事项,由高层领导机关直接过问进行督查。

(四) 注重实效、讲求时效的原则

督查工作是针对政令不畅通、工作不落实的现象进行的,这就要求督查工作必须注重实效,确保质量。要做到这一点,就必须防止形式主义,把注重实际效果作为督查工作的出发点和落脚点,在推动决策的落实上下工夫。督查人员要有求真务实的思想作风和认真踏实的工作态度,在督查事项的立项、督查活动的开展、督查结果的反馈等方面,都要突出一个"实"字,以确保实效。

督查还必须讲求时效。督查要坚决按统一布置的步骤和时间要求精心组织实施,并及时报告结果,不可拖拉,不可推诿,不可延误。督查部门正式发出的交办、转办的《督查通知》、

《督查函》都必须明确规定查办时限；承办部门接到函件后，要立即采取措施迅速办理，并按来函要求和时限及时反馈情况，如实上报办结情况。

第二节 督查工作的内容

一、督查工作的基本任务

不管何种性质的组织，秘书部门督查工作的基本任务可以概括为两条：决策督查和专项督查。

（一）决策督查

对党政机关秘书部门而言，决策督查就是对领导机关的重要决策或工作部署贯彻执行情况进行的督促检查。中央政府制定的路线、方针、政策，带有对全局的指导性；各地区、各部门根据国家的方针、政策作出的具体工作部署，对于推动本地区的发展和本部门的工作有着重要作用。这些方针、政策和工作部署是否得到落实，是决策督查工作的重点。

督查是实现决策目标的重要手段，而任何组织的领导的主要职能都是决策，因此督查工作并不是党政机关特有的秘书业务，在企事业单位中，领导的决策事项也需要及时进行督促检查。例如，公司董事会或总经理就公司经营战略作出的决策，对本公司的发展具有重要的战略意义，因此落实这类决策过程中的督查就是公司秘书部门督查工作的重点。

（二）专项督查

专项督查就是对领导批示、交办事项的办理情况进行的督促检查。这又可以分为两种情况：

一是对领导直接批示件落实情况的督查。领导在调查研究、听取汇报或阅读文件、信息、人民来信和报纸、刊物过程中，如果发现一些典型性、苗头性或倾向性问题，可能会作出批示，要求有关部门研究处理，促使问题尽快得到解决。例如，国务院总理曾经对农民工工资拖欠问题就作过重要批示。

二是对领导就秘书部门建议的立项作出批示的督查。秘书部门在调查研究、信息工作、信访工作以及办文、办事、办会过程中,发现涉及重大政策或影响社会安定的问题,可以主动向领导汇报,提出督查建议,经领导批准立项后就成为领导的意志。这是秘书部门在督查工作中发挥参谋作用的重要途径。

二、督查工作的范围

不同级别、不同性质机关督查工作的范围存在很大差别,且目前国内出版的各种秘书学读本对督查范围的阐述也存在很大差别,因此任何文本都仅供参考。但是,一个正规组织,尤其是成立了专门督查室的机关,对督查工作的范围必须作出明确规定,以防止出现该查不查、不该查的反而乱插手的现象。

下面提供的是浙江省某省辖市政府办公室 2001 年 8 月 16 日发布的《××市人民政府政务督查工作细则》[①]明确规定的"督查工作的范围",供读者参考:

(一)市政府确定的年度工作目标和重点工作、重点工程、实施项目的落实情况

根据市政府研究确定的年度工作目标和重点工作、重点工程、实施项目,市政府督查室负责对各县(区)政府和市政府所属有关部门(单位)的落实情况进行督查:年初要督查责任人和目标措施的落实情况;年中要督查进展情况;年终要督查落实结果。督查时,向有关县(区)政府和市属有关部门(单位)下达《督查通知单》,然后在各县(区)政府和市属有关部门(单位)自查的基础上,分别在年中和年终组织重点抽查。督查落实情况,分别以《督查通报》形式,向市政府领导报告,同时向有关县(区)政府和市属部门(单位)进行通报。

---

① http://www.law-lib.com/lawhtm/2001/80671.htm.

(二)督促检查《市人民政府常务会议纪要》、《市人民政府市长办公会议纪要》的落实情况

《市人民政府常务会议纪要》、《市人民政府市长办公会议纪要》下发后,督查室要根据市政府领导或办公室的要求,对《纪要》中确定的重要事项落实情况进行督查。督查时,向承办的有关县(区)政府或市属部门(单位)下达《督查通知单》,承办时间长的还要进行跟踪督查。督查落实情况,分别以《督查通报》的形式向市政府领导报告。

(三)督促检查《市人民政府专题会议纪要》的落实情况

对分管市长或秘书长、市长助理、副秘书长主持召开的专题会议《纪要》落实情况的督查,由会议承办处室根据分管市长或秘书长、市长助理、副秘书长的意见,进行立项、督查和反馈。督查落实情况由有关处室向分管市长或秘书长、市长助理、副秘书长进行口头或书面报告,必要时由督查室以《督查专报》形式进行报告。

(四)督促检查上级和市政府领导重要批示的落实情况

对国务院、省政府领导的重要批示,经市政府领导和办公室领导明确办理意见后,由督查室向有关县(区)政府和市属有关部门(单位)下达《批示办理通知单》进行督查,必要时进行实地督查。督查落实情况,经办公室领导审核后报请市政府领导审定同意,以市政府办公室文件形式上报。对市政府领导的重要批示,由督查室以《抄告单》形式下达有关县(区)政府和市属部门(单位)执行,必要时对落实情况进行抽查;凡要求有关县(区)政府或市属部门(单位)提出具体意见的批示,由督查室以《批示办理通知单》的形式下达,办理情况报请原批示领导审定。

(五)督促检查由上级领导机关交办的有关事项的落实情况或通过各种渠道反映的带有全局性、苗头性、倾向性问题的处理情况

上级领导机关交办的事项,经市政府领导批示,由督查室

向有关县(区)政府或市属部门(单位)下达《批示办理通知单》或派人直接查核。通过各种渠道反映的带有全局性、苗头性、倾向性的问题,经市政府领导或办公室领导同意后由督查室进行督查。督查和查核的情况经办公室领导审核后报请市政府领导审定或审示。凡上级领导机关交办事项的报结,均以市政府办公室文件形式上报。

6.督促检查市人大代表建议及市政协委员提案和市人大常委会决议、决定、审议意见及市政协建议案的办理落实情况。

督促检查市人大代表建议及市政协委员提案的办理落实情况,督查室在办公室分管主任直接领导下进行。凡属市人大重点建议、市政协重点提案的办理件由分管市长和秘书长审定。

督促检查市人大常委会决议、决定、审议意见及市政协建议案的落实情况,分别根据市政府领导在市人大常委会决议、决定、审议意见及市政协建议案件上的批示和办公室分管主任的意见,由督查室送办公室有关处室办理或抄告市政府有关部门(单位)执行和办理。办理情况由办公室领导和秘书长审核后报请市政府领导审定,最后以市政府或办公室文件形式将执行和办理情况反馈给市人大常委会及其办公室或市政协及其办公室。

第三节 督查工作的程序和方法

一、督查工作的程序[①]

(一)立项

凡需督促检查的事项,由秘书部门提出督查立项。其中涉及重大决策或重要工作部署的,以一个决策、一个部署为单位

---

① 以下程序参考了《杭州市人民政府政务督查工作规则》。

立项;专项督查应一事一立项。

立项的依据是督查工作的职责和领导机关有关文件或领导人的重要批示。凡涉及全局或重大问题的立项,须经机关领导审定。立项要明确督查的内容、对象、要求及时限。凡有两个以上承办部门(单位)的督查事项,要确定主办或牵头部门。承办时限,除特殊情况即办即报外,一般为10～15天。

立项时要进行编号登记。立项登记单项目和格式如下:

督查立项登记单

编号：　　　　　　　　　　　　　　　年　月　日

交办单位		交办日期	
交办内容			
领导批示			
承办单位		承办日期	
办理结果			
备　注			

(二)交办

根据立项督查事项的内容、性质和领导要求,按分工交给负责查办的有关部门,请他们核实情况,予以处理,并规定处理时限。交办应努力做到任务量化,时限具体化,责任明确化,使之既具有权威性,又具有操作性。

交办原则上由督查部门在立项当天向有关部门发出督查通知。对突发事件或督查时限较紧的督查事项,要同时采取打电话或发传真的形式进行通知。

《督查通知单》的主要项目和格式如下。

```
                督 查 通 知 单
   ××(单位)：
      根据领导批示,现将关于_____问题的事项一
   并转去,请抓紧办理查处,并将结果于×月×日前报市政府
   办公室督查室。
                          ××市政府办公室
                              年    月    日
   联 系 人：×××
   联系电话：12345678
   传     真：87654321
```

(三) 承办

承办单位接到督查任务后首先要明确经办部门和人员,并认真及时予以办理。对重大督查事项,领导要亲自负责。在办理过程中,主办与协办单位、各部门之间要加强沟通、配合。承办单位无法解决的问题或不能按期完成的事项,要及时向上级交办单位(办公室)报告,说明情况。要严格按照督查要求,将办理情况以书面形式按时反馈上级机关的督查部门。

(四) 催办

催办,就是将督查事项通知有关部门办理后,要及时了解督查件的运行情况和办理情况。催办工作做得如何,直接关系到督查工作的效果。因此,在督查工作中,必须加强催办这一环节。对那些需要报结果的督查事件,要根据问题的轻重缓急,通过一定的方式去催促承办部门办理,直至有了结果。催办的方式灵活多样,可以用电话或派人亲自上门催办。对于重要督查事项,应与承办单位(部门)始终保持联系、经常沟通。对催办中发现的重大问题要及时向办公室和有关领导报告。对逾期未结的督查件或处理件,要下达《督办催办单》,以示慎重。

```
┌─────────────────────────────────────────────────┐
│                督查事项催办单                    │
│               （催文字    号）                  │
│  ××（单位）：                                   │
│      关于_____问题的办理查处情况和结果，   │
│  请务必于×月×日前报市政府办公室督查室。        │
│                                                 │
│                          ××市政府办公室        │
│                              年    月    日     │
│  联系人：×××  联系电话：12345678 传真：87654321│
│ ─────────────────────────────────────────────── │
│  办理结果：                                     │
│                                                 │
│                                                 │
│                          主办单位负责人         │
│                              年    月    日     │
│ ─────────────────────────────────────────────── │
│ （阅办后连同附件退回）                          │
└─────────────────────────────────────────────────┘
```

（五）反馈

反馈有两层含义：第一层含义是承办单位将督查事项办理的结果向上级交办单位反馈报告，基本要求是一事一文，文中要注明原《督查通知单》的编号，采取专题报告的形式。重要的督办事项应由承办单位负责人签字，作为正式文件处理；一般事项可由承办单位秘书部门的负责人签字上报。有的秘书学读本把这种意义上的反馈叫做"结办"。

反馈的第二层含义是将领导批示的督查事项办理情况用《督查事项专报》（一事一报）、《督办反馈专刊》等形式及时向领导人报告督查事项办理结果，同时做好汇总统计和归档工作。对于领导特别关注的事项，督查人员要随时向领导反馈。

二、督查工作的方法

督查工作的方法多种多样，要因事制宜，灵活运用。常用的方法有：

(一)领导督查与专业队伍督查结合法

1990年全国党委秘书长、办公厅主任会议后，为强化各级秘书部门的督查职能，在全国各地市以上单位成立了督查室（处、科），地市以下单位则设立督查员。督促检查的专门机构和专门人员，承担日常督查事项的办理。这种专门队伍的督促检查与领导人的督促检查相结合，工作就更富有成效。结合的方式主要有两种：一是由领导带队、专职督查人员参加的专项督查活动；二是在跟随领导人调查研究、现场办公的同时，就一些有关事项进行督查。

(二)自办转办与组织协办结合法

督查工作头绪繁多，工作量大，在督查工作中，应坚持自办、转办与组织协作办理相结合。对于一般性问题和事项，多采取转办方法，即将办理事项用电话或当面口述的方法，或召开会议部署，或用书面通知形式，转交有关部门或人员进行办理。对重要的或紧急事项的督查工作，应坚持由负责督查的领导出面，进行检查督促和落实。对于涉及几个单位的事项则由负责督查的领导或主要督查人员牵头，组织协同有关部门或人员，共同查办落实。督查工作是一项繁杂而政策性很强的工作，仅靠少数几个人或单纯依靠转办是搞不好的，必须坚持自办、转办与组织有关部门协作办理相结合的方法，针对不同情况采取不同方式，才能提高督查工作效率，缩短督查工作周期。

(三)催办与帮办结合法

督查工作主要是自上而下的督促检查，催促下面办理，但如果一味地催，有时并不能奏效，因此，在督查工作中，要实行催办和帮办相结合的方法。在督查过程中，应视情况给承办单位以必要的帮助，把催办与帮办结合起来，做到催中有帮，帮中有催。帮的方法主要是，对于涉及面广的问题，要为主要承办单位与其他有关单位牵线搭桥，为他们做好协调服务；对于规模较小的单位，要直接帮助他们解决实际困难。实行催办与帮办结合,既促进了问题的解决,又密切了上下左右的关系。

(四)督查与调研结合法

这是一种把督促检查与调查研究结合起来进行的工作方法。督查工作离不开对情况的了解,离不开调查研究,督查过程也是调查研究的过程,同时也是收集、传递和处理信息的过程。它既可以寓调查研究于督促检查之中,边督查边调研,也可以围绕某一项中心工作或就某一个问题开展调查研究,进而形成调研成果,为领导决策出谋献策。因此,要注意把督查工作、调查研究和信息反馈及处理工作有机结合起来。督查人员在督查工作中应主动及时地通过各种渠道收集信息,发现问题并及时予以解决。

复习思考题

1. 什么是督查工作?督查工作有何重要意义?
2. 督查工作应遵循哪些原则?
3. 督查工作的主要内容有哪些?
4. 督查工作一般程序如何?
5. 督查工作常用的方法有哪些?

案 例 分 析

通过下面的案例,体会督查工作与调查研究、信息工作、文稿撰拟等其他秘书工作有什么内在的联系。

以群众满意为评价标准　开创督查工作新路

2004年,济南市针对老城区背街小巷众多,道路年久失修,居民"晴天出门一脚土,雨天出门一脚泥"的状况,投资两个多亿,对五个城区1175条背街小巷进行综合整治,重点解决路不平、灯不亮、污水横流、乱搭乱建等问题,努力为老百姓创造良好的生活环境。为推动此项工作的深入开展,市委督查室在督查"背街小巷整治工作"中,创新调查方法,借助中介机构进行千户问卷调查,取得了满意的效果。

经督查室与市统计咨询中心社情民意调查网反复研究,拿出了千户问卷调查方案。这一方案的特点有四:一是合理选取样本。在样本的选取上,采取分段随机抽样方式,对所有48个街道办事处、370个社区居委会,按照不同年龄、不同职业、不同文化程度、不同收入人员合理抽样布点。二是精心设计问卷。在问卷的设计上,充分考虑各区的实际情况,对已进行整治和未进行整治的街巷,分别设计不同的问题,既可看出已整治街巷居民的满意度,又可看出未整治街巷居民对现状的评价;既有居民对所住街巷整治或未整治的总体评价,又有对具体整治项目或未整治现状的分项评价;既可看出各区整治的重点、亮点,又可看出存在的问题和薄弱之处。三是严格组织入户调查。调查前,对调查员进行上岗培训,并对样本进行核查;调查中,对调查员的工作跟踪抽查监督;调查后,对样本进行回访核查,确保调查质量和数据的可靠性。四是充分考虑调查报告的需要。同时,将有组织地召开居民代表座谈会作为一种辅助手段。

济南市委督查室在撰写"背街小巷整治工作"督查报告时,也进行了创新——坚持以数字为依据撰写报告。报告通篇由数字支持,从各区背街小巷整治的基本情况到群众评价和问题建议都以数字说话,以数字阐明观点,分析说明问题,评价各区工作。报告通篇没有一句主观评价的话,但是通过群众平均满意度和分项满意度的调查统计,对各区的工作自然排出名次,分出高低,得出结论。最终形成的通篇以数据支撑的督查报告《居民群众对背街小巷综合整治的反映》得到省市领导的高度重视,在济南也引起强烈反响。各区委、区政府高度重视,分别召开区委常委会、区直有关部门和街道办事处座谈会、居民座谈会等，认真传达通报调查情况，广泛征求听取群众意见，普遍以群众是否满意为标准，总结前期背街小巷综合整治工作，研究部署下一步整治任务。特别是针对群众不满意之处，查找问题，分析原因，制定措施，加大整治力度，建立长效机制，接受群众监督，将整治工作进一步推向深入。

（材料来源：《秘书工作》2004年第10期，作者 陈荣）

第六章　议案、建议和提案工作

第一节　议案、建议和提案工作概述

一、议案、建议和提案的概念

（一）议案

《全国人民代表大会组织法》第九条规定："全国人民代表大会主席团，全国人民代表大会常务委员会，全国人民代表大会各专门委员会，国务院，中央军事委员会，最高人民法院，最高人民检察院，可以向全国人民代表大会提出属于全国人民代表大会职权范围内的议案，由主席团决定交各代表团审议，或者先交有关的专门委员会审议、提出报告，再由主席团审议决定提交大会表决。"第十条规定："一个代表团或者三十名以上的代表，可以向全国人民代表大会提出属于全国人民代表大会职权范围内的议案，由主席团决定是否列入大会议程，或者先交有关的专门委员会审议、提出是否列入大会议程的意见，再决定是否列入大会议程。"

《中华人民共和国地方各级人民代表大会和地方各级人民政府组织法》第十八条规定："地方各级人民代表大会举行会议的时候，主席团、常务委员会、各专门委员会、本级人民政府，可以向本级人民代表大会提出属于本级人民代表大会职权范围内的议案，由主席团决定提交人民代表大会会议审议，或者先交有关的专门委员会审议、提出报告,再由主席团审议决定提交大会表决。""县级以上的地方各级人民代表大会代表十人以上联名,乡、民族乡、镇的人民代表大会代表五人以上联名,可以向本级人民代表大会提出属于本级人民代表大会职权范围内的议案,由主席团决定是否列入大会议程,或者先交有关的专门委员会审议,提出是否列入大会议程的意见,再由主席团决定是否列入大会议程。"

根据以上法律规定,议案是人民代表大会及其常委会行使职权、反映民意的法律文件。议案由主席团决定是否列入大会议程,或者先交有关专门委员会审议,提出是否列入大会议程的意见再作决定。

(二)建议

《全国人民代表大会组织法》第二十一条规定:"全国人民代表大会代表向全国人民代表大会或者全国人民代表大会常务委员会提出的对各方面工作的建议、批评和意见,由全国人民代表大会常务委员会的办事机构交由有关机关、组织研究处理并负责答复。"

《中华人民共和国地方各级人民代表大会和地方各级人民政府组织法》第十九条规定:"县级以上的地方各级人民代表大会代表向本级人民代表大会及其常务委员会提出的对各方面工作的建议、批评和意见,由本级人民代表大会常务委员会的办事机构交有关机关和组织研究处理并负责答复。"

以上法律条文中所说的"建议、批评和意见",本书统称"建议",它是各级人民代表大会代表对国家生活进行民主管理和有效监督而行使职权的一种重要文件。

在人民代表大会召开期间,代表可以按照规定程序和方式,向人民代表大会或它的常委会提出对各方面工作的建议。在人民代表大会期间,代表们提出的"议案"经大会主席团审议,决定不列入大会议程的,则作为建议按上述规定办法进行处理。

(三) 提案

《中国人民政治协商会议章程》第八条规定:"中国人民政治协商会议全国委员会和地方委员会组织委员视察、参观和调查,了解情况,就各项事业和群众生活的重要问题进行研究,通过建议案、提案和其他形式向国家机关和其他有关组织提出建议和批评。"

提案是政协委员个人或联合以书面方式对各级国家机关和党群组织各方面工作或政协工作提出的意见、建议和批评,如果提案经政协全体会议、常委会议或主席会议讨论通过并以政协名义向有关方面提出,就叫做"建议案"。本章下面所说的"提案",包括这种建议案。

二、议案、建议和提案工作的含义及其意义

(一) 议案、建议和提案工作的含义

议案、建议和提案工作内容极其丰富。从广义上说,它是各级人民代表大会及其常务委员会、人大代表,各级政治协商会议及其常务委员会、政协委员的主要工作,包括人民代表广泛征求选民意见、政协委员的视察调查,直到人大全体会议或常委会议讨论通过议案,政府有关部门办理有关事项,都属于这项工作。

秘书学所讨论的"议案、建议和提案工作"指的是秘书部门应该承担的与议案、建议、提案的提出、通过和办理相关的具体工作。总体上包括两个阶段:一是提出和通过阶段,这主要是人大和政协机关秘书部门的工作;二是办理阶段,这主要是政府、法院、检察院等有关单位秘书部门的工作。

(二) 议案、建议和提案工作的意义

不管哪个阶段的工作,该项工作通常都涉及领导机关的大政方针、决策制定和政策调整,因此属于"领导决策服务"的范畴。认真做好这项工作具有极为重要的意义。

第一,它是国家机关尊重人民群众民主权利的重要体现。

我国《宪法》规定,国家的一切权力属于人民。人大代表提出建议、批评和意见,就是代表人民群众行使民主权利,参与管理国家事务。政协委员提出提案,就是进行民主监督。因此,认真做好相关工作,就是尊重和保障人民群众的民主权利。

第二,它是密切行政、司法机关与人民群众关系的重要渠道。人大代表和政协委员来自社会各个阶层,因此人大代表建议和政协委员提案具有广泛的代表性,反映了人民群众的要求和意见。从总体上讲,倾听代表和委员的建议,就是倾听人民群众的呼声。认真做好这项工作,可以使行政、司法机关的工作更充分地反映人民群众的要求,更好地同人民群众保持密切联系。

第三,它是接受人民群众监督,推动行政、司法工作的有力手段。代表的建议和委员的提案,一般是经过调查研究、深思熟虑提出来的,包含有人民对国家机关工作中存在问题的批评和改进意见。认真研究、办理建议和提案,可以改进领导作风,克服官僚主义,提高工作效率,及时纠正工作偏差,减少工作失误,实现决策的民主化和科学化。

第四,做好这项工作是国家机关工作人员为人民服务、对人民负责的具体体现。我国《宪法》规定,一切国家机关和国家机关工作人员都必须努力为人民服务。政府机关的工作人员是人民的公仆,认真研究和办理人大代表建议及政协委员提案就是"为人民服务"、"对人民负责"的具体体现。

三、议案、建议和提案工作的原则和要求

(一)议案、建议和提案工作的原则

1. 坚持调查研究。人民代表的议案是在调查了解情况的基础上产生的,办理议案的方法也必须在调查研究的基础上产生。不做充分的调查研究,仅仅坐在办公室办议案,就会感到这也有困难,那也办不到,甚至由秘书起草一个强调困难的报告,搪塞应付,这是极不负责任的表现。

2. 坚持实事求是。有些议案办理难度大,涉及面广,要求

高,而实际办理部门受资金、物力的限制,一时很难从根本上解决问题。遇到这种情况,应从实际出发,分期分批,逐步解决问题。还应如实地把落实议案的情况向代表说明,解释实际工作中的困难,使代表理解承办部门的难处,取得谅解。

3.坚持群众路线。办案部门要密切与代表委员的联系,反复征求意见。办案前可先走访代表,了解代表委员对议案、提案和意见的办理意图与设想;办理过程中可走访他们,听取意见和建议;办理完毕后回访代表委员,收集对办案工作的反映。这样就能使办案工作顺利完成。

(二)议案、建议和提案工作的具体要求

议案、建议、提案的内容千差万别,必须严格按照办理要求在规定期限内认真办完。对建议和提案提出的问题,要区别情况,分别处理。凡是应该解决并且有条件解决的,要集中力量尽快予以解决;应该解决但因条件限制一时不能解决的,要订出规划,积极创造条件,逐步加以解决;确实不能或不应解决的,要实事求是地说明情况,向代表或委员解释清楚,切忌生硬对付,敷衍塞责。办理过程应注意以下问题:

1.正确对待建议、提案本身存在的问题。人大代表和政协委员来自各界,不能要求每个人对国家的法规、政策都掌握得十分准确,也不能要求他们对各方面的实际情况都了解得清清楚楚。他们所提的建议、提案难免会有不符合法规、政策的情况,有的与客观实际状况不完全相符。尽管这类建议或提案有不尽准确的地方,也必须认真负责地加以办理。承办单位要将有关法规、政策以及实际情况如实向代表或委员讲清楚,诚恳地做好解释工作,以得到代表、委员的理解、支持和赞同。

2.各承办单位要主动承担责任,互相配合,不能互相推诿。建议或提案所提问题需两个以上部门或单位合办时,要确定一个主办单位。主办单位在办理时要起主导作用,合办单位要积极配合,共同协商,不得推诿敷衍。各方要主动联系,互相协作,然后由主办单位根据协商意见,向代表或委员报告办理结果。主办单位要将办理结果抄送合办单位,不要不经会商就单独答复代表或委员。

3. 承办单位要加强同建议人、提案人的联系。有一些重要的或不太明白的建议、提案,承办单位要主动与人大代表和政协委员取得联系,深入了解建议或提案的内容,主动与代表委员交流思想,共同协商解决办法,虚心听取他们的意见,如实、正确地答复问题。

4. 对每项建议和提案都要认真写好答复意见。国家机关对人大代表建议和政协委员提案的答复,要有承办单位办公室工作人员统一把关。把关时应注意建议和提案的内容要符合国家的法规政策,符合实际情况;对所提问题和要求,要逐项加以答复,切忌简单笼统地回答,也不能所答非所问;书面答复要规范,按规定格式和要求书写,并加盖公章;答复的口气要谦虚、诚恳,文字要通顺、简明、工整。

第二节 议案、建议和提案的产生

一、人大议案的产生程序

全国人大主席团、人大常委会、人大各专门委员会、国务院、中央军委、最高人民法院、最高人民检察院、全国人大一个代表团或者三十名以上全国人大代表联名,可以向全国人民代表大会提出议案。各级地方人大主席团、人大常委会、各专门委员会、本级政府、县级以上人大代表十名以上联名,乡、民族乡、镇人大代表五名以上联名,可以向本级人民代表大会提出议案。人大闭会期间,可以向本级人大常委会提出议案。

人大议案的内容必须是由《宪法》和《组织法》规定、属于本级人大职权范围或者人大常委会职权范围内的事项。凡依法应当由各级政府、人民法院、人民检察院等机关,或其他组织处理的问题,如制定行政法规、调整行政区划、调整机构编制、申请经济文化项目、增加劳动工资、解决某项专款等事项，不宜作为议案提出。

人大议案必须在规定时限内提出。法定的提案机关和代表，可以在大会举行前提出议案，也可以在大会期间提出议案，但必须在主席团规定的截止日期内提出，超过规定时间的，不再作为议案而作为代表建议处理。

议案必须按照法律规定的要求以规范的书面形式提出。提出的议案应写清案由、案据和方案；应做到一事一案；应使用大会印发的议案专用纸；代表联名的议案应由代表亲笔签名，并填写代表证号码、邮政编码和通信地址；代表团的议案应由代表团负责人签名；应书写工整，字迹清楚。

下面是代表议案专用纸的格式：

正　面

××××第×届人民代表大会 第×次会议议案
第　号（类号）
标题
议案全文（不够书写，请另附纸）

背　面

议案提出人				
代表团（代表人数）： 代表团团长（签字）：				
领衔代表姓名	所属代表团	通信地址和邮政编码	联系电话	
附议代表姓名	所属代表团	通信地址和邮政编码	联系电话	
审核意见：				

按照法律规定，提出议案的具体程序是：代表团或代表联名提出议案后，由主席团决定是否列入会议议程，对于列入会议议程的议案，主席团交由各代表团审议，同时可以提交有关专门委员会审议、提出报告，最后由主席团审议决定提请大会全体会议表决。对于未列入大会议程的议案，经大会主席团审议决定后，可以作为代表建议由人大常委会办事机构交由有关

机构和组织研究处理。

二、人大代表建议的产生程序

全国人大代表或地方人大代表，无论是若干人联名，还是代表个人，都可以向本级人民代表大会及其常务委员会提出建议。在大会举行期间，代表建议的承接单位是人民代表大会；在代表大会闭会期间，承接单位则是人大常务委员会。乡、镇人大不设常务委员会，代表建议的承接单位只能是本级人民代表大会。

代表建议的内容，应该是对政府、法院、检察院等国家机关各方面工作提出的建议、批评和意见。有关各类具体案件的申诉、群众请代表转交的信件，以及代表个人或代表所在单位要求解决的问题，不宜作为代表建议提出。

代表建议必须以规范的书面形式提出。代表建议要做到一事一议，格式上要有标题和具体内容，并使用统一印制的建议专用纸，提出该项建议的每位代表要亲笔签名，填写自己的代表证号码、邮政编码和通信地址，应书写工整、字迹清楚。

下面是建议专用纸的格式：

正　面

××××第×届人民代表大会 第×次会议代表建议 第　号
标题
建议全文（不够书写，请另附纸）

背　面

提建议人			
代表姓名	所属代表团	通信地址和邮政编码	联系电话
处理意见			

三、政协委员提案和政协建议案的产生程序

参加政协的各党派、团体,以及政协的各专门委员会,政协委员可以个人或者是联名方式提出提案;全体会议期间,也可以小组或者联组名义提出提案。提案可以在政协全体会议期间提出,也可以在闭会期间提出,不受时间限制,也不受人数限制。提案的承接单位是政协全体会议或常务委员会。

政协提案的内容不受限制。但一般应当围绕国家大政方针、爱国统一战线的内部关系、地方重要事务以及人民群众关心的重大问题等提出。提案内容应当简明扼要,实事求是,做到有情况,有分析,有具体建议。

政协提案应以规范的书面形式提出。提案要使用统一印制的提案纸,做到一事一案,字迹工整;委员联名提出的提案,发起人签名应当列于首位;以党派、团体名义提出的提案,须有该组织负责人签名并加盖公章。

政协委员用的提案纸的格式如下页的图。

正　面

中国人民政治协商会议×省第×		
届委员会第×次会议委员提案		
第　号(类号)		
案由:		
提案人	通信地址和邮政编码	联系电话
附议人:		
委员建议承办单位		

背　面

提案内容:(不够书写,可另附纸)

政协提案先经由政协的提案委员会审查立案,然后交有关部门处理答复。

政协各专门委员会的重要建议，参加单位或委员的重要提案，可以提交政协全体会议、常务委员会会议或主席会议讨论，讨论通过后就形成政协建议案，以政协名义提交有关方面或部门研究处理，有关方面或部门必须尽快作出答复。

四、议案、建议和提案产生过程中的秘书工作

在议案、建议和提案形成过程中，人民代表大会、政协全体会议秘书处，人大常委会、政协常委会办公室，作为人大和政协的内部机构要参与其中许多工作。

(一) 在人大全会、政协全会前的秘书工作

每次人代会、政协全会前一段时间，秘书部门应通知人大代表、政协委员，组织安排他们开展视察、检查活动，了解群众意见和愿望，征集大会议案、提案。有时可由人大常委会秘书部门与政府秘书部门联合发出视察通知。

人大、政协秘书部门还应组织一定数量工作人员参加各小组的视察活动，记录代表、委员们提出的问题和被视察单位答复和处理这些问题的情况。视察结束后，参与视察的秘书人员除就部分问题与代表、委员做进一步调查研究外，还应与代表、委员们一起综合分析视察时收集的材料，做好分析记录，做好议案、建议、提案原案的文字整理工作。在文字整理中，还可就议案原案内容是否充实，是否属于议案范围等问题与代表商量。然后，由代表填写议案、建议、提案的草表。

具体来说，在代表、委员视察前后，秘书部门主要工作如下：

1. 起草视察通知。
2. 制发必要的表格，如议案草表、意见分类统计表等。
3. 搞好视察组织安排工作，写出视察情况报告。
4. 根据议案、提案原案的情况，与有关单位通气，以便预先做好答复议案的准备。

(二)在人大全会、政协全会召开期间的工作

在会议召开期间,有关议案的秘书工作由大会秘书处议案组承担。由于人大秘书处的议案工作更为规范、复杂,下面只介绍人大议案的有关工作,政协大会期间有关提案的秘书工作可以参照人大议案秘书工作进行。

首先,秘书处议案组要起草议案工作方案,对议案的范围、收集、审议、立案、转办以及审查议案的会议议程作出具体安排。

然后,将已收集的议案草案送回给代表、委员,和他们商量其中需补充或修改的地方。

在人大议案审查委员会第一次会议中,议案审查委员会办公室(即大会秘书处议案组)应向会议汇报议案收集情况。提请大会通过议案工作方案,并正式向审查委员会提出议案的截止日期(政协提案不受时间限制),请会议审定。

议案审查委员会正式接受代表的议案原案,委员会办公室应对议案原案进行分析、整理,并着手起草向审查委员会第二次会议汇报的材料。从议案截止到审查委员会第二次会议的时间,一般只有十多个小时(如前一天晚六时截止,第二天上午八时开会),这是议案审查委员会秘书机构最紧张的时候。在这一段时间内所要拟出的汇报材料,应包括对所有议案原案的分类情况和是否立案的初步意见,写出应立案的理由和不应立案的原因,以及某些议案留待会后作特殊处理的道理。汇报材料应印制成文,于会前发给议案审查委员会各位委员。

各原案经议案审查委员会审查后,秘书机构又要根据审查结果,起草议案审查报告和大会关于议案审查报告的决议草案,由议案审查委员会报大会主席团,提请大会讨论通过。

对正式成立的议案还要根据审查报告进一步作文字整理修改。对建议不够明确的,应与代表联系,作适当修改。然后整理编号,填写审查意见和承办单位,最后付印。

第三节 议案、建议和提案的办理

一、交办

交办,即人大、政协的办事机构,将代表建议、委员提案和审查立案并经表决通过的人大议案(具有法律效力的文件)、政协建议案提交各承办单位和部门办理。

交办是议案、建议、提案办理的起始环节,人大、政协办事机构应及时交办。凡是大会期间形成的建议、议案、提案,应于大会闭幕后,由人大、政协办公厅(室)召集各承办单位和部门负责人开会,进行集中交办,并向承办单位和部门介绍有关情况,提出办理要求。如果是大会闭幕会收到的建议和提案,则应随时单独交办。

准确地确定承办单位和部门,是交办的重要前提。为此,交办单位不仅要有高度负责的精神,还要十分熟悉各承办单位和部门的职权范围和业务工作。如果分错了承办单位,不但会延误办理,而且会造成混乱。

二、承办

承办,即承接议案、建议和提案办理的单位和部门,按照交办要求和办理程序,确定专人负责,限期完成任务。

为提高议案、建议和提案办理工作的质量和效率,承办单位要建立科学的办理程序,并使之制度化和经常化。办理程序包括分办、接办、登记、分发、协调、催办、拟文、签发、编号、印制、校对、统计、立卷、归档、总结等环节。这些环节要环环相扣,严格要求。

承接议案、建议和提案后,分办便成为承办单位的首要任务。承办单位可根据案由和部门分工,确定具体的办理部门。对于一事一案的,可确定一个部门承办;对于一事一案但涉及多个部门的,可确定一个主办部门和若干会办部门。凡议案、建议和提案涉及几个部门的,主办部门要积极主动地与有关部门协商;会办部门要在规定期限内,共同做好办理工作。承办部门如收到不属于本部门职权范围内的议案、建议和提案,须在规定期限内向交办单位说明情况,经同意后退回,不得延误和自行转办。

承办是议案、建议和提案办理工作的关键环节,承办单位负责人和办理人员务必要负起责任,认真办理,以防止和纠正办理工作中的推诿扯皮、敷衍塞责现象。

三、催办

催办,即承办单位为保证按期完成议案、建议和提案办理任务,要经常与办理部门保持联系,定期督促检查。

办理时限要求是:从大会闭会起三个月内,至迟不超过六个月,予以答复。为使议案、建议和提案工作做到及时答复,件件有着落,承办部门必须加强催办。按照规定,议案、建议和提案的催办均由各承办机关办公厅(室)负责。

根据办理议案、建议和提案件数的多少,可分别采用定期催办和随时催办、个别催办和集中催办等方法。催办的方式也可以多种多样,如电话催办、书面催办、登门催办和会议催办等。

四、答复

答复,即承办单位将议案、建议和提案办理的结果,以函的形式向提出者作出书面回答,并分别抄送有关交办单位。

对议案、建议和提案的答复是一项严肃的工作。答复的具体要求是:内容要符合国家的法律、法规和有关政策规定,符合实际情况;对所提问题和要求,要有针对性地逐条答复,切忌说空话、大话、套话;答复的语气要诚恳、谦逊,文字要通顺、简明;答复要按照规定格式书写。

答复应由承办单位负责。如承办单位涉及几个部门，会办部门只负责答复本部门职权范围内的问题，然后由主办部门汇总后统一答复和上报。

撰写复文是答复的重要环节。对于复文的撰写应区分以下四种情况：对议案、建议和提案所提问题已经解决的，复文应将有关情况作详细介绍和说明；对议案、建议和提案所提问题正在解决的，复文应将进展情况和措施加以介绍和说明；对议案、建议和提案所提问题已列入计划准备解决的，复文应将具体计划和方案予以介绍和说明；对于议案、建议和提案所提问题仅能留作参考或不可行的，复文应将有关政策规定和实际情况如实加以介绍和解释。

答复函作为正式公文，要严格按照公文发文处理程序进行（参见"文书工作"一章）。

五、审查

审查，即承办单位对办结的议案、建议和提案，认真审定和检查其办理的程序和结果，以提高办理工作的质量。

议案、建议和提案答复后，其办理工作暂告结束。承办单位的主管部门应及时进行审查。审查的内容包括：答复是否有针对性、完整性；理由是否正确，是否实事求是；解释是否清楚、周详；行文是否规范，程序是否健全。

在审查中，发现不符合办理要求的，应重新办理；凡符合办理要求的，应回复议案、建议和提案人，并抄送有关交办单位。

此外，对于交办单位审查发现的问题，承办单位和部门应主动配合，按照要求再行答复。

六、复查

复查，即承办单位在本年度的议案、建议和提案办理完毕之后，对所有议案、建议和提案的办理情况进行全面检查，发现问题，及时补救。

复查的重点是：承办部门在办理工作中是否做到"件件有答复,事事有着落"。具体地说,承办部门对所办理的议案、建议和提案,是否按交办要求逐件认真办理；议案、建议和提案所提问题和要求,是否得到落实或正在落实；议案、建议和提案人对承办部门的答复是否满意和比较满意；对于因客观条件限制而暂时难以解决的问题,是否有可行的计划和措施,等等。

在复查中,如发现代表、委员对有的答复不够满意,则应认真查明原因,区别不同情况,及时予以补救。补救的办法有两种：一是补办,即对答复中部分不满意的地方予以补充办理以及答复；二是重办,即对不满意的答复重新进行办理,重新予以答复。这样做,既可以及时掌握办理工作的全貌,又可以保证办理工作的质量。

七、总结和报告

总结,即承办单位对本年度议案、建议和提案办理工作进行全面回顾、分析和研究,并形成书面材料。

按照有关规定,办理议案、建议和提案一定数量以上的部门、地区,应在办理工作结束后的规定期限内向本级人大、政协、政府的办公厅（室）报送书面总结。

总结工作的重点,一般为议案、建议和提案所提问题的解决和落实情况,提出者对办理工作特别是答复的满意程度,议案、建议、提案办理工作的主要成绩和问题,以及下一步议案、建议和提案办理工作的初步设想。

报告,即承办单位在认真总结的基础上,及时将本年度议案、建议和提案办理的情况及经验,以书面形式向交办单位提交工作报告。

报告一般分为承办单位报告和承办部门报告两种。承办单位报告,是指由议案、建议和提案承办单位（如各级政府办公厅）,以本级机关的名义,向议案、建议和提案的交办单位（如本级人大、政协机关）报告办理结果。承办部门报告,是指由承办议案、建议和提案的各职能部门,向本级机关办公厅(室)报告办理结果。需要指出的是,各级政府的职能部门,不可直接向人大、政协机关报告办理结果。

八、立卷和归档

立卷,即承办单位将办理完毕的具有查考保存价值的议案、建议和提案以及答复原件等,按照它们在形成过程中的联系和规律组成案卷,以便提供利用。立卷、归档的具体要求按照文书处理和档案管理的要求进行。

议案、建议和提案案卷归档移交之后,当年的议案、建议和提案工作即告结束。移交后的案卷便进入档案管理阶段。

(关于议案、建议和提案工作的参考资料不多,本章内容主要取自王千弓先生等的《秘书学与秘书工作》和董继超先生主编的《秘书实务》,有的段落是两书的原文压缩。不敢掠美,特此说明)

复习思考题

1. 什么是议案、建议和提案工作?议案、建议和提案工作有何重要意义?
2. 简述议案、建议和提案的产生程序。
3. 议案、建议和提案产生过程中有哪些秘书工作?
4. 简述议案、建议和提案的办理程序。

案例分析

根据下列案例中"1号议案"的办理过程,说明政府办公室在议案、建议和提案工作中的作用。

认真办理县人大1号议案

××县自来水厂于1976年建成供水。当时因受资金限制,没有埋设原水输送管道,原水从水源地潭冲水库至县自来水厂靠一条三公里多长的明渠输送。长期由明渠输送原水带来了两大问题:一是水质得不到保证。明渠所经过的村庄,群众任意在明渠里洗刷粪桶,抛弃杂物,甚至死猫、死狗也往里扔,加上农田化肥、农药流失,使原水受到严重污染,直接影响自来水用户的身体健康。二是水量得不到保证。每逢干旱年份,农业灌溉与城关居民生活用水的矛盾非常突出,输往自来水厂的原水常常被农民截留用于农田灌溉,导致自来水厂供水发生困难。干旱严重时,县政府不得不组织人力上渠看水,以确保城关居民生活用水的供应。为此,城关居民要求解决县自来水厂原水污染和供水紧张问题的呼声越来越高。1995年3月,城关镇的十一位县人大代表根据选区群众的意见。在县十二届人大三次会议上联名提出"关于要求县政府尽快解决自来水厂供水问题的议案",引起了大会议案审查委员会和大会主席团的高度重视,经大会主席团批准,被确定为第1号议案。

县人代会结束后,县人大常委会办公室将此议案连同其他议案和建议转到县政府办公室,县政府办公室办案人员及时进行登记,贴上"人大代表议案、建议和政协委员提案处理标签",县政府办公室分管副主任在此议案"处理标签"上签署拟办意见,然后呈送分管副县长签批。分管副县长在该议案"处理标签"上批示:"请县城建局于4月底前拿出自来水厂原水供应工程实施方案,提交县政府常务会议讨论。"这样,就确定由县城建局具体承办该议案。

一般情况下,人大代表议案、建议和政协委员提案都要在县政府召开的议案、提案交办会议上交办,但这件议案办理的时效性很强,来不及到交办会上交办,分管副县长签批后,县政府办公室的秘书特地上门交办,与县城建局主要负责人办理签字交接手续。并根据分管副县长指示精神提出办理要求。因这件议案涉及面广,在拟定实施方案之前,必须征求相关部门意见,为此,县城建局建议由县政府领导召集有关部门到现场察看,先将原水泵房站址和输电线路、管道线路走向确定下来。县政府采纳了县城建局的建议,分管城建工作的副县长率有关部门及城关镇的负责同志赴潭冲水库现场察看,对工程建设提出指导性意见。随后,县城建局组织工程技术人员进行实地勘察,很快将实施方案拟定出来。4月中旬,县长在县自来水厂主持召开了由两位副县长(分管城建和分管工交电力副县长)及县政府有关部门、城关镇、自来水厂负责人参加的现场办公会议,对县城建局拟定的实施方案进行论证,同时就工程资金筹措、土地挖压、青苗赔偿等相关问题进行初步协调,以取得一致意见,避免到县政府常务会议上扯皮。

4月底,县政府常务会议对县城建局上报的实施方案进行专题讨论,并获得原则通过。县政府常务会议讨论之后,县政府办公室根据讨论意见对实施方案进行修订,并及时与县人大常委会办公室联系,将修订后的实施方案列入县人大常委会议审议议题。5月20日,县十二届人大常委会议第十六次会议审议并批准了实施方案。经县人大常委会议审议批准,确定了如下的实施方案:(1)为加强对县自来水厂原水供应工程的领导,县政府成立由县长任指挥,两位副县长任副指挥,县政府办公室、县城建局、县水利局、县公安局、县财政局、县交通局、县供电局、城关镇政府、县自来水厂负责人为成员的县自来水厂原供水供应工程指挥部。(2)原水供应改明渠输送为管道输送,埋设输水管道3.23公里,同时建好原水泵房和输变电工程。(3)工程造价为160万元,采取多方筹措的办法解决,县财政解决90万元(其中从城市维护费中解决40万元);自来水用户水费集资50万元,即每吨加收0.1元水费,收足50万元为止,但时间不得超过1997年底,暂由县自来水厂贷款垫付;县城建局负责向上级主管部门争取20万元。(4)埋设原水管道的土方工程由城关镇承担,县财政一次拨给9万元(包括青苗赔偿费、土方劳务费)包干使用;管道安装及原水泵房的配套建设由县城建局负责;输变电工程由县供电局承建。(5)油菜收割后立即动工,当年年底前竣工投入使用。实施方案得到县人大常委会议批准后,县政府立即组织实施。

在组织实施过程中,县政府办公室先后三次对各责任单位落实实施方案情况进行督查,以确保工程质量和实施进度。由于事前准备工作充分,各部门、各单位认识高度一致,都把此议案的办理作为为民办实事的一项重要工作来抓,因而实施起来非常顺利,整个原水供应工程于当年11月底竣工投入使用,彻底解决了困扰城关居民多年的自来水厂原水污染和供水紧张的两大难题,使城关人民喝上了放心水,至此,议案办理也画上了圆满的句号。当年12月,县政府办公室草拟了"对县十二届人大三次会议第1号议案的答复",经分管副县长签发,以县政府名义将办理结果函告提议案的十一位县人大代表。(作者 王伟)

(材料来源:董继超主编:《秘书实务》,北京:线装书局,2000年)

第七章 文字工作

第一节 文字工作概述

一、文字和文字工作的概念

在语言学中,"文字"是指"记录和传达语言的书面符号",其功用是"扩大语言在时间和空间上的交际功能"。在日常语言中,"文字"的意义就是有完整意义的书面文章,如"你刚才谈的内容如形成文字是能够发表的",所谓"形成文字"就是"写成文章",因此"文字能力"与"写作能力"是等义的。

文字工作就是将各种信息转变成书面材料的工作,它泛指一切以"写"为主要特征的职业活动,如新闻记者、作家、自由撰稿人等,其主要工作都是文字工作;而科研工作者、教师、领导干部、企事业单位管理人员等以脑力劳动为主的人,他们的工作也无不包含一定的文字工作在内。

秘书部门和秘书人员所承担的文字工作,又有广义和狭义两种理解。广义的文字工作包含一切需要"动笔"的工作,它几乎贯穿于秘书一切工作的始终。例如,在调查研究中,从拟定调查提纲到撰写调查报告,每一步都包含大量的文字工作;在领导日程安排方面,制定"工作日程表"也是文字工作。狭义的文字工作,指不能简单而明确地归入某项其他业务的专门的写作,例如起草领导讲话稿、撰写机关年终总结、单位的大事记录,等等。

鉴于文字工作在所有秘书业务中所占比重和地位,秘书专业必须专门开设"秘书写作(或应用写作)"课程。考虑到本书读者不限于秘书专业的学生,同时文字工作中也有一些通用规律、原则、要求等,因此《秘书实务》有必要专设"文字工作"一章。

本章所讨论的秘书部门的文字工作,包括文稿撰拟和文字记录两大类。其中文稿撰拟工作难度大,对秘书素质要求高,且重要文稿多与领导机关决策的形成和实施密切相关,属于典型的"领导决策服务"工作;而文字记录相对来说难度低一些,技术要求单一而规范,可以归入"秘书常规业务"。

二、文字工作的意义

文字工作历来是秘书业务的重头内容,写作能力被人们看成"秘书的看家本领",而文字秘书即一般人所说的领导的"笔杆子",则是最典型的秘书。

文字工作在秘书各项业务中占有极其重要的地位,做好文字工作的意义可以概括为以下几点:

(一)秘书部门发挥参谋作用的重要途径

秘书写作主要是将领导的决策意图转化成书面文字,但这并不意味着秘书的文字工作是完全被动的。秘书部门和秘书人员通过文字工作可以给领导提供许多参考意见。例如,领导决策过程各种备选方案的撰写,就包含秘书的许多思考成果;在调研、信息、督查、信访等具体工作中,秘书的参谋咨询作用都要通过撰写调查预案、信息综述、督查报告、信访综合反映等书面材料来实现。

秘书文字工作的质量,直接关系到秘书的参谋意见是否会引起领导的关注,是否会被领导采纳。例如,相同的信息研究成果,如果秘书部门提供的书面材料时间迅速、要点明确、论证充分、文字简洁,被领导注意并采纳的可能性就较大;秘书因为写作速度慢而不能及时提供,或因文字不简洁让领导难以卒读,就不大可能引起领导的重视,更谈不上被领导采纳。

(二)秘书部门做好其他工作的前提条件

秘书部门二十多项具体业务中,绝大多数需要"写"。调查研究需要写调查报告,信息工作需要编写信息简报,资料工作要编写资料汇编,会议工作要起草、整理各种会议文件,信访工作要做好来访记录、编写信访综述,谈判工作要拟定谈判文书,公关工作要撰写策划方案,领导日程安排要草拟、制作各种日程表,通信、值班等事务性工作要做好通信记录、值班记录等。可以说现代秘书工作没有哪一项能够完全离开"写"。

文字工作对秘书许多其他工作有决定性影响。例如,一次调查研究是否成功,最终要看是否形成了高质量的调查报告;一个单位信息工作做得如何,主要看秘书部门能否经常提供高质量的信息,而高质量的信息毫无例外都经过文字处理并以书面材料的形式出现;一次会议开得是否成功,关键在于会议的主要文件(如主题报告)是否有水平,最终是否形成了具有重要意义的会议文件;而检验一次谈判是否成功,最后也要看谈判结果,而谈判结果体现在谈判最终形成的谈判文书中。因此说做好文字工作是秘书部门做好其他各项工作的前提条件。

(三)秘书人员增长才干、展示才华的最好机会

高水平的秘书应是"通才",需要具备较高的综合素质。我们知道,写作能力只有通过写作实践才能得到提高,秘书通过参加一些重要文件的起草,不仅可以检验自己的文字能力和语法、逻辑、修辞等语言修养,而且可以全面提高自己的理论素养和政策水平。很难想象,一个从来不参加文件起草的秘书会是一个高水平的秘书。除了重要文件的起草外,一般文字工作如编写信息简报、撰写通讯报道等,也能使秘书的综合能力得到提高。

现代社会虽然对秘书人才的能力要求越来越趋于多样化,但其他能力很难通过某一具体的形式在短期内表现出来,唯有

写作能力可以通过秘书撰写的一两件作品反映出来。领导一般都是通过秘书所写的东西发现秘书的才能的,甚至上级机关也常常通过下级报来的书面材料,发现下级机关秘书的才能,从而将写作能力强的人调到上一级机关来。因此,凡是希望在事业上有所发展的秘书都要充分重视文字工作,通过写作实践增长才干,通过文字作品展示才华。新参加工作的具有写作才能的秘书,如果暂时没有承担文字工作,也可以通过撰写通讯报道、提供书面信息材料等方式,让人们发现自己的写作才能。

三、秘书文字工作的特点

如前所述,凡是以脑力劳动为主的工作无不包含一定的文字工作在内。秘书的文字工作与其他职业人员的文字工作相比,有一些不同特点。前辈秘书学者董继超先生将它概括为"四性":

(一)写作活动的受动性

写作有自主性写作和受动性写作之分,前者为"有感而发",后者为"奉命写作"。秘书的文字工作具有明显的受动性,它受制于领导工作的需要,所写文字要反映领导的思想。通俗地说,就是秘书文字工作表现为"要我写",而不是"我要写"。

秘书写作活动的受动性,要求秘书一方面要注重知识的积累和更新,全面提高自己的综合素质,以满足领导工作的需要;另一方面在写作过程中又要尊重领导人或领导班子意见,而不能信马由缰,不受拘束地写进自己的明显与领导意志相违背的内容。

(二)思维形式的抽象性

写作是思想的书面表达,而任何思想都是思维的结果。思维有抽象思维、形象思维和直觉思维。抽象思维又叫逻辑思维,指借助于概念、判断、推理反映现实的思维方式;形象思维又叫艺术思维,指借助于形象通过联想和想象反映生活、表达思想感情;直觉思维又叫灵感思维,指在已有知识和经验的基础上,未经充分的逻辑推理和严密思考而偶然产生某一思想的瞬间过程。

秘书写作各类文稿过程中,运用的主要是抽象思维,即通过概念、判断、推理等逻辑形式,对事物进行比较、归类、分析、综合、归纳、演绎,并以规范的书面语言加以表述和论证。秘书的写作不能像作家进行文学创作那样主要运用形象思维,不需要甚至不允许进行情节虚构、情感渲染、想象夸张和细节描写。

秘书写作活动的这一特点,要求秘书熟练地掌握基本的逻辑知识。有的语文基础不错的大学毕业生刚走上秘书岗位时不会起草文书,就是因为他们不懂秘书写作的这一特点,他们常常以形象思维代替逻辑思维,用文学夸张的手法代替严格的推理论证,写出来的东西往往不符合应用性文体的要求。

(三)表达方式的综合性

文章的表达方式主要有叙述、描写、抒情、说明和议论。秘书写作与其他文字工作不同:作家和诗人的写作以描写和抒情为主,新闻记者的写作以叙述和描写为主,科学家和学者的写作是比较单纯的论证,科普写作和技术人员的写作是比较单纯的说明。秘书文字工作所要撰写和处理的是以公文为代表的应用性文体,应用性文体对严密性、实用性要求高,而对于形象性、抒情性要求相对来说较低,有的公文甚至要求不带感情色彩(因为公务活动不能感情用事),因此秘书写作所运用的表达方式主要是议论、记叙和说明,其中尤以议论最为重要,而很少用到描写和抒情。

秘书应根据所写文章的性质,灵活运用不同的表达方式。撰写一般公文以议论为主,制定规章制度、实施计划等以说明为主,写作新闻报道、信息短稿以记叙为主,而为领导起草讲话稿,为了增强语言形象性和生动性,可以适当穿插少量的描写和抒情文字。

(四)成文过程的程序性

秘书撰写的文字,大多以领导或组织的名义发布,因此文稿撰拟过程不能像业余文学创作那样可以随意进行,而是具有较严格的程序。以公文为例,公文形成必须经过草拟、审核、签发、复核等程序;重要文件草拟过程还有交拟、集体讨论、反复修改和表决通过等具体环节;联合行文还有会商、会稿、会签等环节。

秘书工作的辅助性和秘书机构的从属地位,要求秘书人员熟悉行文程序,严格按照规定程序行文,不能像文学作品、学术论文、社会评论的写作那样强调写作的个性化和内容的独创性,不能搞什么"文责自负"。

第二节 文稿撰拟

一、秘书撰拟文稿的种类

文稿撰拟是秘书文字工作的重点,如果把撰写调查报告、编写信息简报等都纳入文稿撰写的范围,可以说文稿撰写是秘书部门工作量最大、业务要求最高的一项工作。鉴于秘书专业一般要单开"秘书写作"课程,同时本书在讨论其他秘书工作时也要介绍相关文书的撰写,因此这里只简单列举撰写文稿的种类。

秘书需要撰写的文稿主要有以下五个大类:

(一)各种法定公文

主要包括国务院发布的《国家行政机关公文处理办法》所规定的十三种公文:命令(令)、决定、公告、通告、通知、通报、议案、报告、请示、批复、意见、函、会议纪要。全国人大常委会办公厅、中共中央办公厅和中央军委办公厅也发布有相关的"条例"或"办法",对各级人大机关、党委机关和军队机关使用的文种作了专门规定。

(二)其他通用文书

指以上法定公文以外的常用文书,包括信息简报类的政务简报、情况反映、信访动态等;规章制度类的章程、办法、细则、规则、公约;工作计划类的月、季、年工作计划,以及专项工作计划如调查提纲、会议预案、某项中心工作实施方案等;工作总结类的年终工作总结、专项工作总结、调查研究总结等。这些文书除信息简报外,大多只用于组织内部。

(三)商务文书和公关礼仪类文书

商务文书主要指企业之间商务往来的常用文书,包括谈判协议书、商务合同、商务信函以及外贸业务中的各种单证等。公关礼仪文书主要指贺信(电)、喜报、慰问信、表扬信、感谢信、讣告、吊唁信(电)等。

(四)领导讲话稿

尽管现代领导人文化层次越来越高,但是各级领导人的讲话稿大多由秘书起草的现象仍然十分普遍。领导讲话稿主要有:法定会议的工作报告(如政府工作报告、公司经营状况的报告)、部署工作的讲话、总结表彰大会上的讲话、纪念庆祝大会上的演讲、思想动员教育辅导性会议上的演讲、各种礼仪性讲话(如开幕词、闭幕词、祝酒词、欢迎词、答谢词、追悼词)等。

领导在不同场合以不同身份讲话,面对不同的听众,因此秘书为领导起草的讲话稿要注意符合领导的角色身份,体现领导的个人风格。领导讲话稿不同于纯粹的书面文件,要注意语言的通俗化、形象化、口语化,忌用结构复杂的长句,多用简单明快的短句。由于有这些特殊要求,为领导撰写讲话稿的工作对秘书文字水平的要求比对公文等其他文书写作的要求更高。有人认为,能胜任各种讲话稿的撰写任务,是秘书文字表达能力进入成熟期的标志。

(五)新闻报道和媒体署名文章

高水平的秘书不但要善于写内部的文字材料,而且要会写供报刊发表的文章。主要有两类:

一是新闻报道。要善于把本单位发生的有新闻价值的事件、人物、经验等写成消息、通讯等新闻类文章,提供给报纸、杂志、网络、电视台、广播电台。如果大众传媒上经常出现秘书写的报道,不仅能够提升本单位的知名度和美誉度,而且能扩大秘书或秘书部门在组织中的影响,使其受到领导的重视。

二是以领导人或组织名义撰写署名文章。秘书如果通过领导讲话记录等途径了解到领导人某些富有真知灼见的思想,就能在与领导充分交流后,将领导的思想写成文章,在党报党刊或行业性报刊上发表。当然,撰写这样的文章需要有较高的理论水平和政策水平。具有一定写作水平的秘书人员不妨一试。

二、文稿撰拟的质量要求

(一)准确反映领导意图

秘书是代表领导或组织起草各种文书的,无论是法定公文、其他通用文书还是新闻报道、领导署名文章,所代表的都是领导的意见,因此,能否忠实、准确地反映领导意图,就成为文稿质量的第一要求。领导在审批秘书起草的文稿时,首先要审查是否准确反映了领导的意见。如果未能准确反映领导意见,即使从文章学角度看是一篇上乘佳作,也不可能获得通过。因此,秘书在接受拟稿任务时,一定要搞清楚领导的真正意图;重要文稿在确定了主旨、拟定了提纲后,应送领导过目,或直接向领导汇报,在确认文章主旨符合领导意图后再正式动笔。

(二)内容符合法律政策

文稿内容必须符合国家的法律、法规和方针政策。这一点似乎是不言而喻的,但实际情况是文件内容违反法律和政策的现象并不罕见,《半月谈》杂志就曾披露某县委用正式文件推广的农村精神文明建设经验违反宪法和党的政策的事件。① 正式文件内容违反法律和政策,虽然主要责任在领导,但其直接原因则是拟稿人没有建立严格的法制观念,或者政策水平有限。

---

① 详见本书配套教材《秘书学概论》第九章后的案例材料。

秘书在发现领导交拟意见中有违反法律和政策的地方时,不能一味服从,而应采用适当方式与领导沟通,毕竟领导也有考虑不周的时候。虽从总体上看领导的政策水平应高于秘书,但在对具体法律条款或政策规定的熟悉程度上,领导并不总是高于秘书。因此秘书在文稿是否符合法律和政策方面能起到相当重要的作用。

(三)观点明确、逻辑严密

秘书起草的文稿大多以议论和说明为主,而观点明确是论说文的基本要求。秘书撰写文稿应该做到概念明确,判断恰当,推理有逻辑性,论证有说服力。要避免文件缺乏逻辑性的现象,不但要求秘书具备良好的逻辑修养,而且要求秘书在写稿过程中养成时时注意逻辑性的习惯。许多有经验的秘书都有一个共同体会:文章初稿完成后专门从是否合乎逻辑的角度检查一遍,从关键概念是否明确,主要观点是否经得住推敲,中心论点是否有充足的理由,文章内部有无自相矛盾的地方等几个方面仔细推敲,就能把一些逻辑漏洞消灭在初稿送审之前,从而大大提高文稿质量。

(四)内容实在、篇幅简短

秘书撰写的文稿大多为应用性文体,必须以实用为追求目标,不能把撰写公文看成是显示学识的机会。简短是相对的,《共产党宣言》也是公文,有两万多字,没有谁说它冗长,那是因为它思想深刻,内容丰富。高质量的文稿应该杜绝一切套话、空话、废话、假话,只要做到这一点,就可以算是简短。毛泽东1948年为中共中央起草的《关于建立报告制度》的指示规定:"各中央局和分局……每两个月,向中央和中央主席作一次综合报告。报告内容包括该区军事、政治、土地改革、整党、经济、宣传和文化等各项活动的动态,活动中发生的问题和倾向,对于这些问题和倾向的解决方法。报告文字每次一千字左右为限,除特殊情况外,至多不要超过两千字……综合报告内容要扼要,文字要简练,要指出问题或争论之所在。"①内容如此丰富的报告,篇幅限制在一千字左右,可见当时的中央对文稿篇幅简短的要求非常之高。

(五)语言规范、行文得体

语言规范主要指用词和语法合乎现代汉语规范。公文写作要使用庄重的书面语,忌用生造词语和纯粹口语,慎用方言俚语,如"立即停止干扰",不要写成"立马停止骚扰";"仅××乡就发生了三起类似事件",不要写成"光××乡就发生了三桩一样的事情"。文章合乎语法规范是最基本的要求之一,撰稿人除了要具备良好的现代汉语修养外,还应该养成初稿完成后通过朗读来检验是否通顺的习惯。

行文得体指的是撰写文稿要注意不同文体对语言的不同要求。例如正式公文一般不要求生动形象,但是领导的演讲稿则应该适当运用积极修辞增强形象性;调查报告要写得尽可能翔实,而信息简报则要求使用概括的语言。

三、文稿撰拟的方式

不同的文稿,撰拟的方式有所区别。文稿撰拟的方式主要有秘书个人撰拟、小组集体撰拟、职能部门代拟三种。

(一)秘书个人撰拟

这是最为常见的文稿撰拟方式,即文稿草拟任务由某位秘书个人承担。一般机关大多数文字材料,大都由某个秘书根据领导授意独立完成。刚刚进入办公室的新秘书,通常只能承担内容比较简单的文件的起草,其难度虽然不大,但它往往是领导或办公室主任考察秘书写作能力的关键环节,从另一方面看,也是秘书提高写作水平的极好机会,秘书必须充分重视。

(二)小组集体撰拟

有些重要文件,如政府工作报告、企业中长期发展规划等,

---

① 《毛泽东选集》,第四卷,北京:人民出版社,1991年,第1264页。

由于文字量大,一般要成立专门的起草小组来承担起草任务,这就是集体撰拟。中央曾经发布《关于各级领导干部要亲自动手起草重要文件,不要一切由秘书代劳的指示》,因此重要文件起草小组一般由主要领导亲自任组长,但是真正的执笔人仍然是秘书。

小组集体撰拟的一般步骤是:首先,由领导者(往往通过正式会议)提出文件的主旨、内容和思路;其次,由起草小组集体讨论拟定写作提纲,并报请领导审批;再次,按照写作提纲进行分工,每个起草者分别起草文稿的有关部分;然后由组长将初稿汇总并指定专人进行组合和文字加工修改;最后,将改定的文本送领导审批(有的需要领导班子开会讨论通过)。

(三)职能部门代拟

在较大的组织,有些专业性较强、内容涉及某项专门业务而又是以组织名义发布的文件,往往交给相关职能部门起草,然后由办公室审核把关,这种拟稿方式叫做部门代拟。例如,高校有关本科教学的重要文件,通常由教务处代拟;市政府有关城市发展规划的重要文件,通常由规划局代拟。职能部门拟好的初稿,要由办公室进行审核和修改。

从整个机关来说,代拟文件虽然是由职能部门而不是办公室秘书起草,但是真正的起草人实际上大多还是秘书,例如教务处代拟学校文件实际上由教务处的秘书执笔;规划局为市政府起草文件,实际上由规划局的秘书执笔。因此,即使一个单位大多数重要文件采用部门代拟的方式起草,文稿撰拟仍然属于最典型的秘书业务。

四、文稿撰拟的一般过程

不同文稿撰写的过程不完全一样,例如一份重要公文的形成和一篇简短报道的写作就有很大差别。但是相对于文学创作来说,秘书写作的都是应用性文体,其写作过程有着大致相似的规律,都包含准备、起草、修改、定稿四个阶段。

(一)文稿起草前的准备

从接受拟稿任务(或自己产生写作的想法)到正式动笔写作之前,为起草文稿所做的前期准备包括三个方面:

第一是思想准备。文章总有中心思想,由于秘书一般是"奉命写作",文稿的中心思想并不是秘书自己思考研究的成果,而是表达领导人或领导集体的决策意图,因此写稿前的思想准备主要是准确而深刻理解领导的思想。秘书在接受领导交拟撰稿任务时必须注意倾听,搞清楚行文的主旨、内容和要求。不但要有详细记录,在不甚明白时还要当面询问,有时还要与领导交流沟通。

第二是材料准备。秘书如果平时注意信息的储存和资料的积累,那么收集材料就不是一件很难的事。如果已有材料不够,秘书就要收集有关信息,查找所需资料,必要时进行调查研究。思想是文章的灵魂,材料是文章的血肉,灵魂只有附着在血肉之躯上,才能成为鲜活的生命。所以秘书平时必须注意积累资料,还要掌握收集信息和查找资料的基本能力。

第三是拟定提纲。秘书在正式动笔前应该对文稿进行构思,并形成书面提纲。提纲应该包括文章的中心思想、文章分几个部分(几个分论点)、每个部分将要使用的主要材料。内容重要的文件,确定提纲是一个很长的过程,不但要成立专门的起草小组反复讨论,还要召开领导班子会议多次讨论才能最终确定。除了一般通知、命令等内容简单的文件外,大多数文件(文章)的写作,拟定提纲是最为关键的一个环节,必须给以充分重视。

(二)初稿的撰拟

撰写初稿实际上就是对拟定的"架子"填充"血肉",如果提纲拟定得合理而详细,撰写初稿就会比较顺利。就像一个人的好身材不仅要丰满而且要匀称一样,撰写文章时要注意恰当地使用材料,一种比较容易犯的毛病是:文章的某一部分材料多就拼命堆砌,而另一部分材料少就勉强凑合,结果写出来的文章就像头重脚轻的男人或瘪乳肥臀的女子。因此写文章的时候，对材料过剩的部分要敢于筛选，而材料不足的部分要补充收集。

撰写过程中可能会感觉原来的提纲有不尽合理的地方，这时应对提纲作局部改动。

应用性文体对文字的生动性要求不高，但是对语法、逻辑、格式的规范要求比较严格。一篇合格的文稿，语言上应做到用词准确、行文简洁、合乎现代汉语语法规范；逻辑上要做到概念明确、判断恰当、推理合乎规则、论证有说服力；格式上要符合《国家行政机关公文处理办法》等法规的规定，其他文书也要符合约定俗成的格式规范。

(三)文本的检查和修改

完成最初草稿只是粗加工，检查、修改才是精加工，精加工比粗加工花费的工夫应该多得多。即使语言功底非常好，即使写作前拟定了详细而周密的提纲，写出来的文本仍然需要检查、修改。秘书部门的文字工作还包括一项内容：对职能部门代拟的涉及专项业务但以组织名义发出的文件初稿检查、修改，把好文字关。

文本的检查、修改可以分为内容和语言两个方面。

1. 内容的检查和修改包括：

一是有没有不符合现行的法律、法规或重大方针政策的地方。如果有，必须改正之。

二是有没有不符合领导意图的内容。秘书可以查看领导交拟时的书面记录，也可以直接与领导沟通。如果发现有违领导意图的地方，则在交领导审核之前纠正之。

三是有没有不符合实际的内容和材料。实事求是是对文稿的基本要求，文稿使用的材料要符合事实，文件提出的任务、要求应切实可行。

四是有没有涉及其他单位或地区的问题需要协调沟通。如果有，要按照有关规定征求相关单位或地区的意见后进行修改，必要时进行联合行文。

五是有没有自相矛盾的地方。根据逻辑学原理，互相矛盾的思想不可能都是正确的，必然包含着错误。如果发现自相矛盾的地方，应认真思考错误何在，然后作必要的修改。文章在定稿之前必须消灭逻辑矛盾。

2. 语言的检查和修改包括：

一是有没有难以理解或可能引起误解的概念或语句。如果有，请替换成容易理解又没有歧义的词语，如果无法替换，则用定义、划分、列举等逻辑方法加以界定。

二是语言是否通顺流畅、合乎语法规范。建议写作新手用放声朗读的方法来检查语病，如果朗读时发现哪个地方不够通畅，则此处一般都有语病。发现语病后应该仔细斟酌推敲，然后予以改正。

三是文字是否简练。公文等应用性文体要求语言精练简洁，但撰拟初稿有时一气呵成，很难做到这一点，因此在初稿完成后要对文稿的语言进行精简，将可有可无的段落毫不犹豫地删去，将可有可无的句子毫不犹豫地删去，将可有可无的字词毫不犹豫地删去。

（四）文稿的审核、签发和定稿

初稿经过检查和修改，形成比较成熟的文本。如果是法定公文，将进入审核阶段。审核是"发文处理"一个必经环节，一般由办公室主任负责。审核人要对是否确需行文、内容是否有问题、文字是否有语病、格式是否有错误等做一次把关。文稿经办公室审核后送交分管领导审阅，确认无误后由领导签字，这一程序叫做"签发"。公文经领导签发即为定稿，并开始具有法定效力。

公文以外的其他文书，虽然没有法定的严格的审核和签发程序，但是以领导或组织名义发布的文件材料，毫无例外要经过办公室主任和分管领导的审查把关，然后才能算完成定稿。

第三节 文字记录

所谓文字记录,就是把听到的话、发生的事或经办的工作如实记录下来,为撰拟文稿或处理公务提供初始依据,并为历史留下一份原始档案。

文字工作的主要内容是文稿撰拟,但文字记录也占有一定比重。相对于文稿撰拟来说,文字记录的难度略低,对它的技术性要求比较单纯而规范,应属于"秘书常规业务"。为了保持"文字工作"内容的完整,我们将文字记录放在上编(领导决策服务)最后一节讨论,以作为从"决策服务"向"常规业务"的过渡。

一、文字记录的种类

一般组织秘书的文字记录主要包括:电话记录、值班记录、信访记录、接待记录、会议记录、谈判记录、大事记录、领导讲话记录等。其中前六项我们将分别在通信工作、值班工作、信访工作、会务工作、谈判工作等章节中讨论,这里对后面两种记录作一简单介绍。

(一)大事记录

一般单位都备有专门的"大事记录本",由专人(或值班秘书)在下班之前将本单位当天发生的重要事件如实记录下来。

大事记录一般是按日编排,一事一记。当日发生了几件大事,就要逐一记录几件大事。大事记录的一般要求是及时、客观、全面、简明。及时就是要坚持当天记录,不可拖延到日后补记;客观就是要严格按事实记录,不能靠"合理想象"虚构所谓的事实,有疑问的要核实,暂时无法核实的要注明"未经核实",以免将来以讹传讹;全面就是要反映机关工作全貌,不可记"喜"不记"忧",不能为尊者讳,故意漏记负面事项;简明是说记录的文字只要把时间、地点、主要人员、主要事实及其起因等记录清楚即可,不需要有闻必录,也不需要详细描写。

大事记录是机关重要的文书材料,一定要常年坚持,不可中断。秘书部门每年年终要将大事记录装订成册,作为组织的历史档案妥善保存。

　　(二)领导讲话记录

　　这里指领导者在各种公务活动中的讲话记录,而不是指领导在向秘书交代工作时的口授记录。

　　领导者常常要在各种公务活动中讲话。有的讲话事先准备有讲话稿,有的讲话则是即兴发言。一般情况下,随行的秘书对这些讲话都要加以记录。如果领导人是按准备好的讲稿发言的,秘书对讲稿中的内容只需记录要点;但领导人即使按照讲稿发言,也经常有一些即兴发挥的补充内容,这些即兴发挥的内容常常包含着领导精髓的、有价值的思想,因此随行秘书应随时将它们记录下来;另外,领导讲话时听众的反应,讲话结束后与听众的交流等,也有必要加以记录。如果领导人是即兴发言,秘书更应该做到有言必录。

　　领导讲话记录原件内容不一定完整,应及时加以整理,并将整理好的文本送领导过目,由领导决定如何处理。

　　领导重要讲话的要点应该同时记入单位的大事记录。

二、文字记录的一般要求

　　(一)备好笔、纸等记录工具,以备随时记录

　　随着办公自动化的普及,秘书部门有了越来越先进的记录工具:如微型数码录音机、便携式录像机、口授记录仪等。但是先进的办公设备并不能完全取代笔录,因为不是任何场合都能够自由地、有准备地使用它们,而且借助于这些设备记录下来的资料,最终也还要靠秘书转化为书面文字材料。

　　秘书部门要在电话机旁、会议室、值班室、会客室等公务活动的场所,准备常备的记录本和记录用笔;秘书自己身上也要随时携带钢笔和专用的保密记录本,以备随时记录。

　　(二)培养倾听和判断能力,快速作出记录

　　大多数记录是把说话人的口语信息变为文字信息,因此记

录人必须具备良好的接受口语信息的能力。说话者无论是领导,还是普通人,发音并不都是清晰规范的,有的甚至使用方言,因此秘书人员要训练"听"力,首先要听懂原话以及其中的"言外之意",其次要迅速分析判断原话中哪些信息比较重要必须记,哪些信息没有价值不必记。

秘书的倾听和判断能力需要在工作实践中锻炼,包括经验的积累和技巧的训练,记录技巧的训练可以从读书期间记录老师授课内容开始。至于是否要掌握专门的速记方法,不同的人有不同的看法。十多年前笔者曾撰写《秘书学会速记好处多》一文(《企业秘书》1994年第2期),但近年来汉字输入和录音录像技术的发展使我改变了看法,现在法庭记录员用电脑键盘记录的速度可以达到每分钟两百多个汉字,与人们说话的正常速度相当,因此与其花很多精力去学速记,不如花相同的时间去练习电脑文字输入。因为专门的速记技巧并不是通用的,而且一段时间不用就会手生,而电脑输入则是秘书每天进行的,一旦掌握快速打字技巧,将会受益终身。

(三)及时补充和修改,认真整理记录

记录,包括录音、录像设备留下的资料,都要及时加以整理,以形成规范的书面材料。有的记录整理有时间限制,例如重要会议的讨论记录,当天必须整理出来以便刊载到会议简报中互相交流;有的记录虽然时间要求不是很急,但是内容非常重要,也应该作详细记录并及时进行认真整理。

整理讲话记录一定要及时。因为现场记录难以把讲话内容全部记下来,及时整理可以借助本人和其他人的记忆加以补充。如果过了一段时间再整理,有的内容就难以准确地补充。

三、文字记录的方法

(一)要点记录法

要点记录法就是把要记的讲话或事情的主要内容摘其要点作简单记录,大多用于不太重要的场合,例如一般的电话记录、来访记录、值班记录、会议记录、大事记录等。

要点记录法虽然对文字的要求不是很高,但是对记录者的分辨判断能力要求并不低。因为所谓"要点",是相对于"不重要的内容"而言的,如果缺乏必要的分辨能力,就可能出现重要的东西没有记下来,不重要的东西反而记了不少,此即是所谓的"不得要领"。对于经验不足的秘书来说,遇到难以分辨的场合,应该本着"宁可多记,不可遗漏"的原则,否则可能会留下遗憾,造成工作上的被动。

(二)详细记录法

详细记录法就是把说话内容和事情过程全面、完整地记下来。如重要决策性会议的讨论过程、领导者的重要演讲、上级领导重要的口头指示,机关重大事件的发生和处理过程等。

详细记录法一般可以与录音、录像并用,如果条件不允许(如有的会议禁止录音、录像),则可以采用几位秘书同时记录、事后互相对照补充的方法。不管采用哪种形式,都要做到准确、全面、完整。有时甚至需要把何处有较长时间的停顿,何处有人插话,何处引起掌声等,也反映在记录当中。

(三)文字记录与录音、录像技术并用法

现代科技发展很快,录音、录像设备正在向小型化、方便化方向发展。最新的"数码录音笔"只有一支圆珠笔大小,而有的手机就兼有录音、录像功能。科技发展虽然为秘书文字记录提供了许多方便,但是很多场合不允许使用它们,如有的场合在谈话结束时说话人要在"笔录"上签字认可,就不允许会后根据录音整理;有的会议因保密的需要也不允许使用录音、录像设备。因此,秘书人员就需要立足于人工文字记录(包括手写或键盘录入并及时打印)。

当然,在条件允许的情况下,应该提倡秘书部门使用现代录音、录像设备,以保证记录内容的准确无误。但在使用录音、录像设备时,应该告诉领导、到会人员以及其他被记录者,以免引起不必要的误会。即使使用了录音、录像设备,人工记录也要同时进行,以防止设备发生故障造成漏记。

复习思考题

1. 简述秘书部门文字工作的内容和意义。
2. 与其他人员的文字工作相比,秘书的文字工作有何特点?
3. 秘书经常需要撰写的文稿主要有哪些种类?
5. 高质量的文稿具备哪些特征?
4. 简述文稿撰拟的方式和一般过程。
6. 简述秘书文字记录的种类和要求。

案 例 分 析

1. 下面案例中何秘书的教训对我们有什么启示?请结合案例谈谈秘书写作有什么特点。

用文学手法撰写工作总结

某公司上级主管部门催报年度工作总结。为此,该公司徐经理召开各职能部门负责人会议,集体回顾、总结一年来工作情况。经理办公室何秘书担任会议记录,并负责起草公司年度工作总结。

为了写好总结,何秘书除了认真记录会议发言外,还做了一系列准备工作:翻阅上级文件,查找有关资料;召集业务人员座谈,走访有关负责人;收集有关统计数据,核对某些事实……其间,有不少同志建议,党员模范作用要作为总结重点,特别是党员老王同志在负责商业大楼基建过程中节约资金二万多元的事迹,应在总结中多书几笔。

何秘书过去没有写过工作总结,也未受过公文写作的专门训练。但他认为,工作总结是综合性很强的文章,不仅材料要有说服力,而且语言要生动感人,不妨采用文学手法。于是,他按照拟定的提纲,连续五天闭门谢客,专心写作。当写到党员老王同志兢兢业业工作、节约基建资金二万多元时,何秘书的文学激情油然而生,便对老王的肖像用力描写:"他中等身材,穿着一件褪了色的灰色中山装。前额宽大,双鬓泛白,眉峰紧蹙,目光深沉,从那炯炯有光的眼神里,人们不难看出一种坚毅不拔的气概。"为了使老王的事迹催人泪下,何秘书又虚构出一段老王不徇私情处理侄儿的情节,并采用褒贬结合的形式,对叔侄二人进行了动作描写和心理刻画:"……侄子扑通一声跪在老王面前,额头沁出来的汗珠顺着瘦削的脸颊汩汩地滚下。他抬起一双颤抖的手,用沙哑的嗓音哀求道:'大伯,我错了,我该死,我再也不干了,饶了我吧!'……老王闪动着一双深沉的眼睛,陷入了痛苦的情感之中。他是亲眼看着侄子长大的,深知侄子在乡下的困境,也知道放走侄子是神不知鬼不觉的事情。但是他不能,他是共产党员。党和人民的利益高于一切,放走侄子就是对人民的犯罪,他的职责只能为党旗增辉!想到这里,他果断地拨动了身旁的电话……"为了表达上的需要,何秘书又想当然地将节约资金二万多元改为三万多元。仅老王这一个典型人物,总计用了两千四百多字,占了总结全文的四分之一。

五天后,洋洋万言的初稿送到了徐经理手中。在通稿那天,何秘书遵照经理指示,首先将工作总结绘声绘色地朗读一遍。读毕,有的摇头,有的撇嘴。徐经理开门见山地说:"念得不错,文笔也可以,就是文学色彩太浓,有些部分像小说。"财务负责人笑着问:"商业大楼的决算还没有出来,你怎么知道节约了三万多元?我粗估了一下,顶多只能节约六千元。统计数字不能夸张。"其他同志也说,写总结不是搞文学创作,先进事迹也只能概括地叙述。讨论的结果,工作总结要大改。

根据经理和大家的意见,何秘书对工作总结反复修改

了三次,删去了大量描述性段落和虚构的情节。在第二次通稿会上,修改稿获得一致通过。(据朱兆文稿)

(材料来源:董继超主编:《秘书实务》,北京:线装书局,2000年)

2. 下面是明代海瑞写的一篇下行公文的原文和译文。请注意体会:该文是如何提出问题、分析问题、解决问题的?为何能写得如此简短(仅210字)?文中能找到一句套话、空话、废话吗?

禁馈送告示

接受所部内馈送土宜礼物,受者笞四十,与者减一等,律有明禁。粮里长各色人等,每每送薪送菜,禁不能上。穷诘所以,盖沿袭旧日风习,今日视为常事。且尔等名为奉承官府,意实有所希求。谓之意有希求者,盖意官府不易反面;而今少献殷勤,他日禀公事,取私债,多科钱粮,占人便宜,得以肆行无忌也。若有美意,则周尔邻里乡党之急可也。官有俸禄,何故继富?与之官,取之民,出其一而收其十,陷阱不浅。

今后凡有送薪送菜入县门者,以财嘱论罪。虽系乡宦礼物,把门皂隶先禀明,后许放入。其以他物装载,把门人误不搜检者,重责枷号。

【译文】

接受部下馈送的土特产之类的礼品,收受者要打四十竹板,馈送者罪减一等(打三十竹板),这在本朝法律中有明文规定。但是目前乡长里胥等人,却每每向县衙门送柴送菜,虽屡禁而不能止。深究其中的原因,乃是相沿成习,已成为官场风气,现今已经被视为正常之事。再说这些馈送者名义上说是奉承官府,真实的意图则是另有所求。所谓"另有所求"者,就是希望(接收馈送的)官府长官将来不会轻易翻脸(指不讲情面按章办事);而今稍献殷勤,他日不管是办理公事,还是攫取私债,都可多敛钱粮,占人便宜,能够任意行事而无所顾忌了。如果这些人真的有美好的意愿,那么(将这些馈送衙门的财物)周济邻里乡党中急需帮助的人就行了。当官的都有政府给的俸禄,有何理由要馈送财物让他们富上加富呢?(这些人用来)贿赂官员的财物,本来都取之于民,而且送出一份就会向老百姓搜刮十份,实际上乃是一个不浅的陷阱。

  从今之后,凡是有送柴送菜进入县衙大门的,一律以行贿(托人办事)论罪。即使是居乡官员个人之间正常的"礼"尚往来,守门的差役也必须先行禀报,查明实情才可准许进入。那些将馈送官员的财物装载在其他物品中,而把门人玩忽职守不加搜检而放其入内者,也必须重加惩罚。

(材料来源:《秘书工作》2006年第3期)

中编 秘书常规业务

第八章 文书工作

第一节 文书工作概述

一、公务文书的一般知识

(一)文书、文件、公文

文书泛指一切记录情况、表达思想、传达意图的书面文字材料,既包括公务文书,也包括私人文书。

公务文书是人们在公务活动中形成的文字材料,它包括收文、发文、机关内部使用的文件,以及大事记录、会议记录、信访记录等虽未形成文件但记录有重要信息的文字材料,还有个人写给组织的申请书、申诉状、控告信等。其中收文、发文和有名称或标题的内部文书(如总结、计划等)又统称文件。

公文是国家机关或合法组织在公务活动中形成、按照规定程序制发和办理的具有法定效力和规范体式的文书,专指收文和发文。公文有一个外部标志,就是要加盖公章,它与我们通常所说的文件、文书不是完全相同的概念,其外延比文件小,而文件的外延又比文书小。

(二)公文体式

公文体式是指公文的整体结构形式,它包括文体、结构、格式三个方面内容。

1.文体。文体是指公文的书面语言形式。公文是一种应用性文体。应用性文体对严密性、实用性要求高,而对于形象性、抒情性要求较低。

2.结构。任何公文都由基本成分和附加成分两部分组成。基本成分包括标题、主送机关、正文、发文机关、成文日期、印章等,附加成分包括文头、文号、签发人、密级、紧急程度、份号、阅读范围、附件、主题词、抄送机关等。

3.格式。格式是指公文各组成部分及各种标记在一定规格纸张上的位置规定。《国家行政机关公文处理办法》规定:公文用纸采用国际标准 A4 型(297mm×210mm),公文各个组成部分最基本的结构位置如下图:

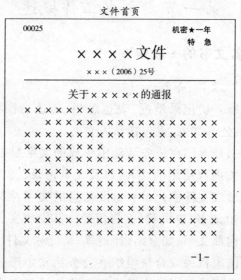

第八章 文书工作

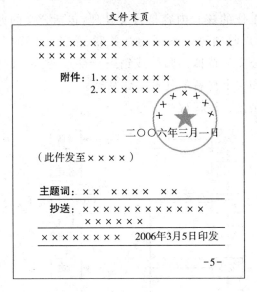

(三)稿本

公文稿本实际上是文稿和文本两个概念的集合。文稿是指文件起草过程中形成的历次稿子,包括草稿、修改稿、定稿。文本是根据同一文件的不同用途而确定的,它可以分为正本、副本、存本。另外,一些法规性文件又有暂行本、试行本形式。

(四)公文种类

公文种类,又叫文种,可分为通用文种和专用文种两大类。行政机关使用的通用文种,按《国家行政机关公文处理办法》规定主要有十三种:命令(令)、决定、公告、通告、通知、通报、议案、报告、请示、批复、意见、函、会议纪要。公文的不同种类反映了公文的不同性质和要求,也反映了制发者的目的,因此分清公文种类及其用途,对于正确使用文种和做好文书工作具有重要意义。

二、文书工作的任务和内容

文书工作的任务就是科学地、高效率地处理公务文书,以保证机关工作精确、高速运转。

文书工作的核心内容是公文处理,包括公文的办理、管理、整理(立卷)、归档等一系列相互关联、衔接有序的工作。本章简要介绍公文从草拟到归档或销毁全部运转过程的文书工作,其他文件和文书材料的处理工作从略。

下面是公文运转程序示意图:

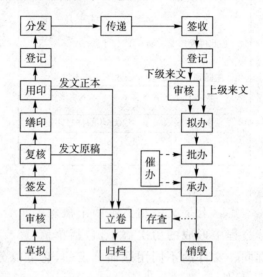

三、文书工作的基本要求

《国家行政机关公文处理办法》第四条规定:"公文处理应当坚持实事求是、精简、高效的原则,做到及时、准确、安全。"

(一)及时

及时是对公文处理时间上的要求。公文是管理的重要工具,文书工作能不能做到及时,直接关系到管理效率。文书工作各个环节,无论是发文的起草、制作、分发,还是收文的登记、拟办、承办和催办,都必须强调及时,尽量缩短文件运转周期,就连办理完毕的文件清退、归卷和案卷的移交等也无不要求做到及时。

(二)准确

准确是对文书工作质量上的要求。它包括三项具体要求:

1. 公文的内容要准确。公文的内容必须与国家的法律、法规、方针政策保持一致,同时要符合本地区、本单位的实际情况,还要注意前后发文不能互相矛盾,如果对以前政策有修改也要作出说明,好让下级机关明白。

2. 公文的语言要准确。首先要做到表达清楚、明白,不能让人觉得文意不清,不能使用有歧义的词句;其次要杜绝错别字,注意正确使用标点符号。核稿和校对要仔细认真,不能马虎,不能放过任何一个细微的错误。

3. 公文处理过程要准确。公文处理的各个环节都要求准确无误,尤其是封发和签收这两个交接环节更不能出差错。

(三)安全

公文的安全包括政治安全和物质安全两方面。政治安全是指对公文内容的安全保护,做到不失密、不泄密、不丢失、不被盗、不被翻拍;物质安全是指对公文载体的保护,要爱护公文,不乱丢乱放,减少机械磨损,防止茶水浸泡、烟火烫损、墨水泼染等人为因素的破坏。

第二节 公文处理程序

一、发文处理程序

一般机关单位收文的数量都大于发文的数量,除拟稿(文字工作)以外的工作量也是收文处理大于发文处理,但是公文的自然流程是从发文阶段的草拟开始的,最终完成其历史使命被送进档案室或被销毁。我们按照这个自然流程先介绍发文的处理。

凡由本机关制作、发出的公文都称为发文。有的发文是对收文的批复、报告或回函等,因此发文与收文形成了一个回环。

发文的主要程序有草拟、审核、签发、复核、缮印、用印、登记、分发等。

（一）草拟

拟写公文稿是秘书写作的重点内容，具体要求请参看上一章"文字工作"和本书附录《国家行政机关公文处理办法》第二十五、第二十六条。

（二）审核

草稿拟好以后，要由秘书部门负责人或专门人员审核。审核要从内容和形式两方面着手。内容方面要看是否需要行文，发文意图是否表达清楚，提出的要求和措施是否合乎实际，是否恰当，是否与国家政策或以前的发文相抵触；形式方面要检查是否符合公文的体式，词句是否通顺，是否有错别字，是否有标点差错，等等。

对于由职能部门起草的文件，审核中如果在内容上需要作实质性改动须与拟稿部门协商，如果需要大的改动应提出修改意见并把草稿退回拟稿部门，责其重拟。审核并不仅仅是文章的润色或字、词、句的修改，重要的是在内容上把好质量关。

（三）签发

签发是机关主要领导或分管领导对审核过的发文稿进行审批，并签署明确的审批意见。机关领导对送来签发的文稿从内容到文字上进行全面审查，对能发出的公文批明发文意见，对不能发出的公文则提出修改意见。签发时签发人一定要署名并注明签发的年、月、日。签发过的文稿就成为定稿，公文就是依据定稿而制成的，所以签发人对签发的文件要负全部责任。

（四）复核

公文正式印刷前，秘书部门应当对签发过的文稿再进行一次复核，以防止出现工作上的疏漏。复核的重点是：审批、签发的手续是否完备，附件材料是否齐全，格式是否统一、规范等。

经过复核发现需要对文稿进行实质性修改的，应按程序复审。

（五）缮印、用印

领导签发过的定稿经复核后必须尽快缮印，缮印的方法现在主要是用电脑打印,数量特别多的公文,要送印刷厂胶印,份数少的可用电脑出样后复印。

在正式缮印前还必须校对,校对是以定稿为基准对缮印的文件进行文字核对的工作,要做到公文准确无误,校对是最后一道把关手续,必须认真做好。校对可由一人逐句逐字对校,也可由两人一读一校;可以在电脑屏幕上边校边改,也可以打出校样进行校对。但任何正式文件最后一道校对必须打出校样,以便校对人员在校样上签名,以示负责。

缮印好的公文除会议纪要外都应当加盖印章,印章的下弧压在成文日期上,大量印制的公文一般采用套印公章的办法。

印出的文件加盖公章后就成为正本,可以登记分发了。

(六)登记、分发

发文登记采取专用的"发文登记簿"进行登记,其栏目主要有顺序号、发出日期、发文字号、密级、份数、标题、发往机关、签收日期、签收人等。

公文登记好后可以装封发送,这一环节最容易出差错,所以必须认真对待。装封之前先按公文发送的单位写好信封,信封上要写全收文机关的详细地址、邮编和机关全称。需要回执的,则把回执单贴在封背上或装在信封内,如果是急件或密件,则在封皮上加盖急件章和密级章。信封准备好后就装入公文,装公文时要点清份数,同时检查公文是否盖了印章,附件与正文件数是否一样,同时向多个机关发文时要注意检查文件里的收文机关与封套上的收文机关是否一致,坚决杜绝混装、错装。公文装好以后要及时封口。封口一般用胶水,不能用订书机订。机密文件要在信封粘结处贴上封条才能发出。

分装好的公文要及时发送。发送的途径有三种:邮寄、机要传递、直接送达。发送出去的文件一定要保证收文机关能收到,所以邮寄的公文要挂号或寄快件、特快专递。机要渠道传送的文件一般比较快且稳妥。直接送达的公文,不能请人代送、代转,不能送到个人手里或家里,一定要送到收文机关的文书部门,或在专门的文件交换站交给收文单位的文秘人员。

二、收文处理程序

所有主送或抄送到本机关的公文都称为收文。收文处理程序包括签收、登记、审核、拟办、批办、承办、催办等环节。

(一) 签收

签收是收文处理的第一步,一般由机关收发室负责。在签收之前要核对封套上的收文机关是不是本机关,以免误收;要点清文件件数,核对是否与送文清单或送文登记簿上一致,检查封套是否严重破封或损毁。经以上检查确认无误后方可在送文单或送文簿上签字。收发人员应将收到的文件尽快送到文书部门。

(二) 登记

文书部门收到文件后,首先要拆除公文封皮。在启封前,要注意只能开拆注明本机关收的公文,领导的亲启件要交给领导本人或其授权人拆封,误送到本机关的公文也不能开拆。拆封时不能把封皮撕坏,更不能让里面的文件受损。拆封后要检查是否有缺页、缺份现象,如果有差错要及时追询。

拆封过后凡正式公文都要进行收文登记。收文登记是公文处理的重要环节,它有利于公文的办理、查找、统计、归卷。登记要简便、明确,一般单位都采用专用的"收文登记簿"进行登记,其栏目主要有收文编号、收文日期、来文机关、来文字号、文件标题、附件、密级、份数、归卷日期、归卷号等,其中后两项留备文件处理完毕后再进行登记。

每份正式文件都要在版头右上角加盖收文章。收文章样式如下。多份的同一文件只编一个收文号,但每份文件要注明是第几份,例如"45-2"表示是第 45 号收文的第 2 份。

收 文	××县人民政府
	××收字 45-2 号
	2006 年 02 月 28 日

登记完毕后要在文件前附上《文件处理单》并随文件运转。《文件处理单》格式如下：

×× 县人民政府文件处理单

来文机关		来文时间	年　月　日
密　　级		来文字号	
文件标题			
拟办意见			
领导批示			
办理结果			

文件处理单前三行由登记秘书填写，然后将文件交给办公室主任或专门人员处理。

（三）审核

对于下级机关上报的需要办理的文件，文秘部门要进行审核。审核的重点是：是否应由本机关办理；是否符合行文规则；内容是否符合国家法律、法规及其他有关规定；涉及其他部门或地区职权的事项是否已经协商、会签；文种使用、公文格式是否规范。如果不符合规定，则退回原发文机关重新行文。

对于上级机关来文，不存在审核的程序。

（四）拟办

拟办是秘书部门对需要办理的公文提出初步办理意见供领导参考，拟办意见应写在文件处理单上。

拟办是一项高要求的工作，是秘书部门在文书工作中发挥参谋作用的主要环节，一般由办公室（厅）主任或领导指定的有经验的秘书负责。拟办意见合理就能减少领导花在文件处理上的时间，加快公文的运转，提高工作效率。在拟办时要注意下面几点：一是拟办前要仔细阅读全文，抓住文件主旨，领会文件精神；二是提出的意见要合情合理，具体可行；三是语言要简明；四是要熟悉本机关的业务，考虑问题全面周到；五是要找出与本文件有关的背景材料，提供给批办领导查考。

(五)批办

拟办后的公文都要送交领导批办,批办是机关领导对要求办理的来文作出具体的批示。批办的内容有:办理原则、办理方法和要求、办文部门。批办文件时意见必须明确,不能含糊其辞,更不能画圈敷衍。批办人要签名并注明批办时间。如果秘书部门的拟办意见合理可行,领导也可以批示"按拟办意见处理",这样拟办意见就成为领导意见。

批办公文一定要及时,批办好的公文也要及时退还秘书部门转送承办部门办理。

(六)承办

承办就是根据批办意见去处理问题或者办理复文。承办是整个处理过程中最重要的一个环节,制发公文的目的就是要解决问题,承办部门就是解决问题的部门,因此做好承办工作尤其重要。

承办部门要认真审阅公文,弄清来文的精神和要求,并按照领导批示,及时落实文件内容或办理复文。如果发现批办意见不切实际,要及时向批办领导反映,不能擅自处理。

有两类文件的承办部门实际上就是秘书部门:

一类是需要本机关回复(或批转)的文件,领导的批办意见可能就是"请办公室会同有关部门起草复文,交领导班子讨论",这时秘书部门草拟一份新的发文就是执行领导的批办意见。

另一类是不需要办理仅需要传阅的文件,如有的通报等,领导的批示可能是"请常委传阅",这时文秘人员就要按照批示将文件分送给有关人员传阅。根据文件的密级、份数和传阅人数量及时间要求,秘书要采取不同的方法,秘密文件不宜复印只能轮流传阅,非保密文件可以复印几份同时送阅。不管哪种方式,都应在传阅文件前附上《文件传阅单》。文件传阅单格式如下:

××县人民政府文件传阅单

来文机关		来文时间	年　月　日
密　级		来文字号	
文件标题			
传　阅　记　录			
阅文人	送阅时间	阅文人签名（阅文时间）	退回时间

（文件阅后请速退回办公室）

　　文件传阅时必须注意以下几个问题：一是控制传阅范围，不能随意扩大阅读范围，只能让那些应该而且必须看到文件的人员阅读，或者是文件中明确规定的人员阅读；二是确定阅读顺序，这有利于提高时间和效率，一般是先主要领导后分管领导，先上级后下级，先主管单位后相关单位；三是注意保密，在传阅时不能把文件随意丢放，以致失密、泄密。

　　在传阅过程中，文书人员要做好传阅管理工作。传阅的文件要由文书人员直接送至阅文人手中，阅文人不能私下里横传，否则可能导致文件失控、丢失。文书人员在阅文人送还文件时一定要检查文件是否缺页损坏，阅文人是否在传阅单上签了姓名和阅文日期。

（七）催办

　　催办是指送给领导批示或者交给有关部门办理的文件，由秘书部门提示或催促尽快办理。从理论上说，如果批办或承办的效率高，催办就不是必经的程序。但是事实证明催办是普遍需要的，它能使公文得到及时处理，防止公文积压，避免扯皮推诿，提高办文、办事效率。

　　公文办理完毕，必须送回文秘部门。秘书要在文件处理单

"办理结果"栏内注明详细信息。例如,需办复的公文要注明复文的字号、日期、承办单位;需传达的文件要注明传达日期、传达范围;需传阅的文件要注明传阅人及阅文日期等。这个程序过去叫做"注办"。公文经过"注办"后就可以立卷归档,收文办理的全部程序就算完成了。

第三节 文书的保管、立卷、归档和销毁

一、文书的保管

秘书部门对正在办理中及办理完毕的文件、会议记录、信息资料等都要加以妥善保管,分类存放。既方便查找与使用,也为文书立卷做好准备工作。

(一)保管工具

保管工具包括存放工具和装订工具。

常用的文书资料存放工具有文件柜、档案柜、档案架、文件盒、文件篮、文件夹、挂夹、空位卡、标签贴、资料袋、登记表等。

文件柜主要用于部门文件的保管,有各种型号及样式,常用的文件柜有多层抽屉式文件柜、多层板式文件柜、保密文件柜、零散文件整理柜、防火文件柜等,其材质主要有塑料、铁皮、实木等,要根据本单位或本部门的需要而定。

文件盒、文件篮主要用于存放刚收到及办理完毕的文件,并便于文件的分类存放。

文件夹(卷宗夹)是用于纸质文件的储存、保护和规范管理而使用的工具,主要用于分类存放文书。(电脑中使用的文件夹是电脑的部分功能或软件功能,主要用于电脑文件的分类管理。)

标签贴,贴于文件夹或文件柜上,上面打卷宗目录,以便分类存放文件。标签可用不同的颜色,并指定代表某类文书,便于记忆,可以通过不同颜色区分文书的类别,从而有利于提高

查找效率。

空位卡或空位文件袋是用来代替出借的文件的。空位卡（袋）上面写上：文件名称、借用人姓名、借用日期、归还日期。空位卡适用于只从卷宗中借出的一份文件或几份文件；空位文件袋则适用整个卷宗被借出。

文件装订常用的工具有：回形针、大头针、小型缝纫机、手枪式电钻、打孔机、装订机、装订线、装订夹、胶水、剪刀、裁纸刀等。它们在文件保管中各有不同的用处。

(二) 分类整理

为做好文件保管工作，秘书部门对于平日办理的文件要进行初步分类整理，主要做以下几个方面的工作：一是将处于办理中的文件与办理完毕的文件分类管理，将办理中的文件分为"待签类"、"传阅类"等，分别用不同的文件夹或文件篮放置，以方便日常查找。二是对办理完毕的文件进行初步的分类整理工作，将办理完毕的具有保留价值的文件分为"归卷"类与"暂存"类，暂时不能归卷的文件单独存放，并标记为"暂存"。三是处理没有保存价值的文件。不需要保存的文件材料不能随手丢弃，必须及时全部销毁。四是及时收回借出文件。保管中的文件借出要有登记，建立文件借出登记表。到归还时间要及时收回，取出空位卡，放回原处。

(三) 分类存放

经过初步整理具有保存价值的文件，秘书及相关部门要暂时保管。因此，不同机构或企事业单位，根据各自工作的需要，应建立健全的分类存放系统，以满足日常工作需要。通常可以按照时间、主题词、地区、数字、字母顺序等来分类。按时间先后顺序法，主是以文件形成的时间先后为序，依次以年月日为顺序。主题词法主要以文件的内容为依据的分类方法，如以一个公司的文书为例，可分公司预算、公司表格、公司人事档案、研讨会、供应商。地区法是以地理位置为依据，按行文方向进行分类的方法，主要适应商务活动文档。

根据分类方案对所有文件进行分类,利用文件保管工具对具有保存价值的文件进行分门别类的存放。这是秘书部门的一项基本工作。

二、文书的立卷和归档

由领导人签发的发文定稿的原件、已发文件的正本(高层机关还包括重要文件的各次修改稿)、已经办理完毕的收文,以及重要的内部文件、会议记录等文书材料,秘书部门都要加以妥善保管,其中有重要保存价值的都要立卷、归档。

文书立卷是对归档文件材料进行收集、整理,使之立案成卷的工作过程。2000年12月6日,中华人民共和国档案行业标准《归档文件整理规则》(DA/T22-2000)(以下简称《规则》)正式颁布实施之后,我国推行两种归档文件整理方法。即传统的案卷级整理方法和改革后的文件级整理方法。《规则》中的"归档文件整理"与传统"文书立卷"是相对应的概念,指将归档文件以件为单位进行装订、分类、排列、编号、编目、装盒,使之有序化的过程。从工作环节上说,归档文件整理比传统的文书立卷有所简化。因此,本章对文书立卷工作,采用归档文件整理的说法。

(一)归档文件的收集

归档文件的收集是根据国家的相关规定,通过一定的方式和手续,把散存在机关内部和个人手中的归档文件材料,加以清交、聚集的工作。它的主要程序是归档文件的平时收集、区分文件归档范围、编制归档文件类目和归档文件的保管期限鉴定等。

一个单位公务活动中形成的下列文件材料应当归档:

1. 反映本机关主要职能活动和基本历史面貌的,对本机关工作、国家建设和历史研究具有利用价值的文件材料。

2. 机关工作活动中形成的在维护国家、集体和公民权益等方面具有凭证价值的文件材料。

3.本机关需要贯彻执行的上级机关、同级机关的文件材料;下级机关报送的重要文件材料。

4.其他对本机关工作具有查考价值的文件材料。

收集齐全的归档文件应当编制归档类目,并根据其保存价值的大小,确定保管期限。文书档案的保管期限分为永久、定期两种,定期一般分为30年、10年两种。

(二)归档文件的整理

归档文件的整理主要包括:装订、分类、排列、编号、编目、装盒及编制归档文件说明等一系列工作。

归档文件以"件"装订,固定页次。装订时,"件"内文件的顺序:正本在前,定稿在后;正文在前,附件在后;原件在前,复制件在后;转发文在前,被转发文在后;来文与复文作为一件时,复文在前,来文在后。

根据《归档文件整理规则》,为建立正式档案而进行的文书立卷每一个环节(分类、排列、编号、编目、装盒、编制归档文件说明)都有严格而具体的规定,完成此项工作时需查阅相关的文件规定,"文档管理"课程也有详尽的阐述,本书此处从略。

(三)归档文件的移交

归档就是把立好的案卷移交给档案室集中保存。也是对办理完毕且具有保存价值的文件经系统整理后交档案室保存的过程。按照国家有关规定,凡属整理归档范围的文件,按要求归档。文书部门或相关的业务部门,一般应在第二年的上半年向档案室全部移交。与档案同时移交归档文件目录。归档文件目录至少一式两份;档案室在接收档案时要根据归档文件目录检查案卷,交接双方经过清点案卷,检查完毕确定无误后双方签字。归档文件目录交接方各保存一份。

三、文件的销毁和存查

(一)文件的销毁

在实际工作中,各机关每年都要清理出许多不必归档的文件,对这些文件的处置,《办法》第五十、第五十一条明文规定:"不具备归档和存查价值的公文,经过鉴别并经办公厅(室)负责人批准,可以销毁。""销毁秘密公文应当到指定场所由二人以上监销,保证不丢失、不漏销。其中,销毁绝密公文(含密码电报)应当进行登记"。

依据上述规定,对清理出来不必归档的文件,要加强保管,不能随便堆放,以免泄密,更不能自行销毁或作废纸变卖。对一般文件报主管领导人批准后用碎纸机切碎,送到造纸厂,禁止把文件卖给废品收购单位。对绝密文件要列出清单由主管领导批准后方可销毁。销毁时要有二人监销,防止无关人员介入,销毁时要保证每份公文都销毁得毫无痕迹。然后销毁人和监销人在销毁文件清单上签名并注明销毁日期。

(二)存查文件的处理

对于一些归档文件的复本,或者虽不需要归档但对具体工作有参考价值的文件,秘书部门可以有选择地留存备查,这些历史文件遂成为资料。其中涉及秘密的资料要按照保密纪律妥善保管。

复习思考题

1. 《国家行政机关公文处理办法》规定的公文种类有哪些?
2. 文书工作的基本要求有哪些?
3. 简述发文处理的程序。
4. 简述收文处理的程序。
5. 哪些文书需要立卷并归档?

案例分析

阅读下面的案例材料,讨论后面的问题。

"公文旅行"何时了

  2001年10月20日,海南省重点工程海南琼州大桥工程建设指挥部向海南省电力公司发出《关于加高跨越琼州大桥高压线的函》,要求在2001年底完成海南琼州大桥高压线升高或迁移工程。

  这样一份申请在当年年底完成高压线迁移工程的公文,先后在省市政府与企业之间经历了7个"回合",历时334天才完成"公文旅行"。据悉,该文先在海南省电力公司与海口市供电局、市规划局往来77天;由市规划局报市政府历时33天;在市政府内部"旅行"55天回到市规划局;在市规划局内部"休克"21天回到省电力公司,又"减速运行"70天回到市规划局,该局有关科室又分3次向申报单位要求上报有关材料"折腾"51天,其间主管科长竟赴兰州休假;在海口市政府开展政务大整改的环境下,这样一份文件又"旅行"27天,终于由市规划局批发了《规划临时许可证》。

  经过300多天的等待,海南琼州大桥工程建设指挥部上级主管部门——海南省交通厅厅长得知《许可证》终于批发下来,亲自致电海口市规划局请速将其传真至省厅。不料,"命途多舛"的《许可证》在传真方发送后不致电落实,接受方工作人员对急件"置若罔闻"的工作态度下,又"延误"1天。

(材料来源:中新社海口2001年9月24日电,
http://news.sina.com.cn/c/2002-09-25/0646741383.html)

  (1)从案例看,文书工作与机关办事效率有何关系?
  (2)某领导针对上述事件批示说:"一个移动电线杆的选址问题办了十二个月三百三十四天,这就是大特区的办事效率?低到了不可理解的程度!要层层查找责任,一追到底。"请问:秘书部门从中应该吸取什么教训?

第九章 档案工作

第一节 档案和档案工作概述

一、档案的概念

档案是指过去和现在的国家机构、社会组织及个人从事经济、政治、文化、科学、技术、军事、宗教等活动直接形成的对国家和社会有保存价值的各种文字、图表、声像等不同形式的历史记录。简而言之,档案就是留备查考和有凭证作用的历史活动记录。

档案有三个构成要素:社会活动的原始记录;具有一定的物质形态;具有查考使用价值。一般机关所保存的档案绝大部分是文字档案,本章所讲的档案主要是指文字档案,包括纸质文书档案和电子文书档案。

文字档案是由文书材料转化而来的。文书是档案的前身,是档案的源泉,档案是文书的归宿,但并不是所有文书都能转化为档案,转化为档案的文书必须是办理完毕的且具有一定保存利用价值的文书,文书一般须经过立卷才能转化为档案。

二、档案的作用

人们花费大量人力物力把文书材料组合成档案,主要是因为档案具有以下作用:

(一)凭证作用

档案是社会组织历史活动的真实记录。档案是由当时的文件直接转化而来的,不是随意收集,更不是事后任意编造的;它是令人信服的历史证据,具有法律效用,可以为日后的工作提供可靠证据。

(二)参考作用

档案记录了本组织各种职能活动的情况、工作成果及经验教训,其内涵容量大,涉及面广,而且档案内的文件是一个有机的体系,能系统地反映问题的正反面情况。所以档案对以后的工作具有重要的参考价值。

三、档案工作的原则

我国档案工作的基本原则是:统一领导、分级管理,维护档案的完整与安全,便于社会各方面利用。

(一)统一领导、分级管理

统一领导是要求对我国档案事业统筹规划、制定统一的制度,各级档案行政管理部门对本地区的机关、团体、企事业单位和其他组织的档案工作实行监督和领导。分级管理是要求各级机关都要建立档案工作制度,成立相应的档案机构,配备专职或兼职的档案工作人员。机关内各部门对国家规定应当立卷归档的文件材料,必须定期向本机关档案机构或档案工作人员移交,集中管理,个人不得私存档案。

(二)维护档案的完整与安全

完整与安全是对档案工作最基本的要求。要做到档案的完整,首先要保证档案数量齐全,集中起来的档案数与实际工作中产生的档案数也要相符,不能少收漏收,导致档案残缺不全。其次是保证档案质量,档案内的文件材料排列要有体系,不能零散杂乱,要反映单位历史活动轨迹,不能因档案散乱不全而割裂其历史联系。档案的安全包括档案的物质安全和政治安全,物质安全是指档案不能遭受损害,尽可能采用先进的保管技术延长档案的使用寿命;政治安全是指档案不得随意堆放,不失密、不泄密,不任意涂改,免遭人为破坏。

（三）便于社会各方面利用

这一原则体现了档案工作的目的。档案管理最终目的是为社会各方面提供档案服务,它是档案工作的出发点和落脚点。要做好档案的利用必须管理好档案,编制好档案目录,做好档案的开发利用工作。有的档案工作者"爱档如命",尽心尽职,但因为害怕人们借阅、翻看会损坏档案,不乐意对外提供档案服务,这就有悖于档案工作的根本目的。如果档案不提供利用,而是为收集而收集、为保管而保管,就无法体现档案工作的价值。

四、机关档案工作的基本任务

档案工作可分为档案馆工作和档案室工作,机关、企事业单位的档案工作主要是指对本机关档案室的档案管理工作。

根据国家档案局1983年4月28日发布的《机关档案工作条例》第四、第五条的规定,机关档案部门的基本任务是:

1. 对本机关文书部门或业务部门的文书归档工作进行指导和监督。

2. 负责管理本机关的全部档案,积极提供利用,为机关各项工作服务,并为党和国家积累史料。

3. 根据本地区、本系统、本单位的管理体制,制定相应的档案工作制度、条例,并负责对所属地区或下级单位的档案工作进行指导、监督和检查。

4. 贯彻执行保卫、保密制度,确保档案和档案机密的安全。

第二节 机关档案管理工作程序

机关档案管理一般可分为收集、整理、鉴定、保管、统计、利用、移交七个操作程序。

一、档案的收集

档案的收集是机关档案工作的起点,指的是档案工作人员指导、督促秘书部门和业务部门将机关工作中不断产生的文书材料整理组合成案卷,移交档案室集中统一保管。

做好档案收集工作首先要建立文件材料的归档制度,归档制度包括归档范围、归档时间和归档要求三方面内容。归档范围也就是文书立卷范围;归档时间指的是文书部门向档案室移交案卷的规定时间,一般是在第二年的上半年;归档要求是指对案卷质量的要求。

档案收集和文书立卷是互相衔接的,档案室工作人员要根据档案的管理原则经常指导立卷人员进行立卷,这样建立的案卷才符合档案的要求,收集起来的档案才能保证质量。

二、档案的整理

档案的整理就是按照保持文件之间的历史联系、便于保管和利用的原则,对档案进行科学的分类组合和系统排列。

机关档案室的整理工作一般是在原有案卷的基础上进行的,对已立好的案卷不要轻易打乱重新整理,那样往往会越理越乱。整理工作的主要内容是档案分类、编制案卷目录、填写档号。

(一) 档案分类

一个机关档案室内所有档案实际上是一个全宗。把全宗内档案根据来源、时间、内容或形式分门别类,加以系统的区分和整理就是档案分类。档案分类采用的基本方法有年度分类法、组织机构分类法、按问题分类法三种。

1. 年度分类法。即以形成和处理文件的日期所属年度为依据进行分类。

2. 组织机构分类法。即以形成文件的组织机构为依据进行分类。单位内部各组织机构履行各不相同的职责,在其日常工作中所形成的档案文件内容也就不同，按组织机构分类，能够客观地反映整个单位的工作面貌和活动情况，较为完整地保持档案在内容上的联系，便于查找利用。按组织机构分类，标准客观，归类准确，不容易产生档案交叉现象。

3. 按问题分类法。即以档案内容所说明的问题为依据进行分类。这种方法能较好地保持档案之间的联系，使得有关相同性质问题的档案得到集中保存。

以上三种方法一般不是单独使用，而是常常结合起来使用，最通用的结合方式是"年度—机构"分类法和"问题—年度"分类法。

"年度—机构"分类法就是先分年度，再把同一年度内的档案按不同机构进行分类。如某一企业 2010 年度的档案可按"2010 年度：董事会办公室、总经理办公室……"的形式排列。这种方法容易操作，而且档案不容易混杂。

"问题—年度"分类法是先按问题分类，再以年度归类。如某高校档案室把档案分类为：人事类—2001 年、2002 年……财务类—2001 年、2002 年……教务类—2001 年、2002 年……科研类—2001 年、2002 年……这种分类方法适合于机构成立时间长、机构职能变化小的单位。

（二）编制案卷目录

案卷排列好以后就要编卷号，以固定案卷顺序和位置。案卷号是一本目录内案卷编排的顺序号，用阿拉伯数字以流水号形式编出。

编好顺序号以后就要编制案卷目录。案卷目录是固定全宗内档案的分类体系和案卷排列顺序的一种清册。案卷目录与收集档案时的移交目录不一样，移交目录只涉及一次移交的档案案卷，而案卷目录则把档案室所有档案都分类记录在册，只要一查看案卷目录，对档案室的档案便有个大概的了解。

案卷目录主要包括：封面、说明、案卷目录表和备考表。其中案卷目录表是最重要的部分。

封面是指案卷目录的封面,主要包括:全宗号、案卷目录号、目录名称(即档案的类别)、编制单位和形成档案的时间。

说明就是案卷目录的序言,它是对本档案室档案的分类方法、立卷方式、存在问题等所作的一个总的简要说明。

案卷目录表(格式见下)是案卷目录的核心。其项目主要有案卷号、题名(即案卷标题)、起止日期、页数、件数、保管期限、备注等。案卷号是统一编排的、不能重复;案卷标题要与案卷封皮上的标题一致,不能随意更改或简化;起止日期指的是案卷内文件所属年度及起止日期,与案卷封皮标注的日期要一致;页数就是案卷内文件的总页数;件数是案卷内文件的总件数;保管期限一般在立卷时就已明确,并在案卷封皮有注明。案卷目录要逐项认真填写,根据案卷封皮上的内容来抄录。

案卷目录

案卷号		题 名	起止日期	页数	件数	保管期限	备注
档案室编	档案馆编						
		1					
		2					
		3					
		4					
		5					
		6					
		7					
		8					

以上工作完成以后把它们按顺序装订好,就成为一本案卷目录。案卷目录一般要多备几份,要有一份存档,其他的备用。有的档案室案卷目录有好几册,这就要编号,以流水号的方式,一册编一个号,这个号码作为案卷目录号码。

(三)填写档号

档号是档案存放地址的代号,是档案排架存取不可缺少的条件。档号由全宗号、案卷目录号、案卷号组成。机关档案室的全部档案一般只是一个全宗,所有档案都是一个全宗号,可以根据档案馆给定的全宗号来填写,也可以暂时不填;案卷目录号是指本案卷在案卷目录上的号码;案卷号是本案卷在该册目录中的顺序号(前面已有说明)。档号不能空号或重号。这些号码编好以后就要在案卷封皮上填写清楚,这就是编填档号工作。

案卷经过分类编目以后,整理工作也就完成了。

三、档案的鉴定

档案的鉴定是鉴别判定档案的价值、据以确定档案的保管期限,并对不需要继续保存的档案材料予以销毁的一项工作。鉴定工作是针对已到保存期的档案而言的,此处所言的保存期是指立卷部门确定的保管期限。

(一)判定档案的保存价值

鉴定档案要全面分析文件材料的现实作用和历史作用,准确判定档案的保存价值,以保证档案的齐全、完整,便于本机关和社会其他方面利用。

档案的保存价值可分为永久保存、长期保存(30年)和短期保存(10年)三种,确定档案的保存价值是档案鉴定工作的主要任务。机关档案室主要根据案卷的内容、作者、真实度、文种等来确定档案的价值和保存期限。国家档案局2006年发布的《机关文件材料归档范围和文书档案保管期限规定》和附录的"文书档案保管期限表"(见本书附录)是确定档案保管期限的重要根据。

(二)档案的销毁

《机关档案工作条例》明确规定:"鉴定工作结束后……对确无保存价值的档案进行登记造册,经机关领导人批准后销毁。"同时还规定:"机关销毁档案,应指定两人负责监销,防止档案遗失和泄密。监销人要在销毁清册上签字。"

销毁档案的具体程序是：

1. 造册登记和审批。销毁档案要以鉴定报告为依据，需要销毁的档案必须造册登记清楚，并送有关领导审批，只有经过领导审批后方可销毁。

2. 销毁。销毁档案前一定要根据销毁清册点清档案的份数，看清档案的标题，检查无误后方可销毁。销毁要有两名监销人监督。销毁档案一定要干净彻底，不能马虎了事，遗下残卷。销毁完以后监销人要在销毁清册上签名并注明日期。

3. 补注。档案销毁完以后，要在案卷目录中的备注栏中注明"已销毁"字样，并注明销毁日期。

四、档案的保管

档案的保管就是运用适当的设备和手段保存和保护档案，避免人为因素和自然因素对档案的损害，以维护档案的完整和安全，延长档案的使用寿命。保管档案是一项日常管理工作，也是一项非常细致的工作。

首先要保护档案的政治安全。档案要根据编好的类号、案卷号排列上架，不能随意堆放；档案工作人员不能泄密，更不能涂改抽换档案。在查阅档案时要执行借阅制度，机密程度较高的档案要有对象地提供利用，不能随意查阅。

其次要保护档案的物质安全。档案寿命的关键在于维护其物质安全。第一，要有必要的硬件设备。机关档案室应有专用库房，地面不能潮湿，要通风透气，要有充足的档案架柜存放档案；光线条件要好；要有充足的消防设施和防盗设备，有条件的可装防火警报器和防盗警报器。第二，档案工作人员要勤于管理。要经常翻看档案，检查是否有蛀虫，是否霉变，要坚持灭鼠；接收来的档案要抓紧整理，及时上架，不能随意丢放；档案的查阅和借用要有制度，查阅后的档案要及时归位，借出的档案要登记，到期要催还。第三，对保存时间长而老化或破损的档案，要复制或采取措施修补。第四，对档案库房和档案工作进行定期检查,发现问题及时解决,出现差错要及时纠正。

机关档案室里的声像档案要经常检查,防止因霉变而失去声音或图像。声像档案不是很多,往往容易遗忘。

随着计算机技术的发展和普及,机关档案室也朝着数字化方向发展。给档案室所有档案工作编出程序,把档案内容输入计算机,这就可以节省库房等硬件设施,也可以减少人员,保险系数也大,这是保管档案的先进手段。

五、档案的统计

档案的统计就是用表册和数字揭示档案和档案工作的情况,这是国家档案系统工作的一个重要环节。《机关档案工作条例》规定:机关档案部门应当建立档案统计制度,对档案的收进、移出、保管、利用等情况进行统计,并按照规定向档案业务管理机关报送档案工作基本情况统计表。

档案的统计主要是建立统计报表制度,定期填写统计报表。

机关档案室一般分年度来统计,主要统计项目有档案数目与现状,包括档案的整理情况、鉴定情况和档案总量;档案变化统计,包括移交情况、销毁情况、损坏情况;档案利用统计,主要是社会各方面利用何种档案及利用率的统计。

档案的统计是在登记的基础上进行的,案卷目录、卷内目录、借阅登记簿、销毁清册、移交清单等,都是进行档案统计的依据。

有的档案室把硬件建设也列入档案统计范围,从中可以发现档案室建设存在的问题。

六、档案的利用

让保管的档案通过一定的方式发挥作用,是档案工作的最终目的。机关档案室保存的都是现行档案,它仅供本机关和上级主管机关使用,不对社会开放。机关档案室提供服务的方式有档案查阅、暂时外借、档案证明、档案复制等。

档案查阅是最普遍、最重要的档案利用方式。档案室辟有专门阅档室,备有借阅登记簿,阅档者借档案前要提供有效证明,并在借阅登记簿上登记姓名、单位、档号、案卷标题等,归还后档案工作人员要检查案卷,看是否有撕毁、涂改、抽换等现象,如果完好便可归还其证件,在借阅登记簿上注明"已还"字样,并及时归架。

暂时外借是机关内有特殊情况需要提供原始材料作证明时,经过外借审批手续把档案短期借出档案室的一种服务方式。外借档案要有严格的制度,只有在必须使用原始材料的情况下才可出借,借档前要有组织证明,主管领导批准,档案室领导签字才行。外借档案要规定归还期限,并要保证档案完整无缺,没有拆散、偷换、散失、涂改现象。一般机关档案室外借档案的情况很少。但外借档案是一件很严肃的事情,绝对不能因为熟人熟事而不办理手续就将档案借出去。

档案证明是档案室根据利用者的申请,为了证明档案内有无记载和如何记载而摘抄的书面证明材料。档案证明一定要有申请,档案室出具证明一定要根据档案里正本或可靠材料来编写,证明材料要注明材料的出处,包括案卷号、案卷标题、原始文件的发文号、文件标题、成文日期等。如果需要摘录文件内容,措辞一定要准确,不能改变文件原意。档案证明上要有出证人签名,并加盖档案室公章。

档案复制是机关档案室为本机关工作需要提供档案复制本的一种服务方式。档案复制最简便的方式就是复印。在复印档案时,不能损坏档案,更不能开拆档案。

七、档案的移交

档案的移交就是档案室把保存期满的档案,连同案卷目录(一式三份)和有关检索工具、参考资料一并向有关档案馆移交。一个机关的全部档案是不可分割的整体,应当统一向同一个档案馆移交。

永久保存的档案和长期保存的档案在机关档案室保存的期限,地市以下机关一般是十年。规定保存期满便应当向档案馆移交,移交时一定要把案卷目录、检索工具、参考材料等一并移送。

向档案馆移交档案的手续与立卷单位向档案室移交档案的手续基本一致。对于单份档案来说,移交工作结束,机关档案室对它的管理工作也随之结束。

第三节 电子文档的处理

一、电子文件及电子档案的概念

电子文件是指在数字设备及环境中生成,以数码形式存储于磁带、磁盘、光盘等载体,依赖计算机等数字设备阅读、处理,并可在通信网络上传送的文件。

电子档案又叫归档电子文件,指具有参考和利用价值并作为档案保存的电子文件,包括电子文件内容、背景信息、元数据。所谓背景信息,是指描述生成电子文件的职能活动、电子文件的作用、办理过程、结果、上下文关系以及对其产生影响的历史。元数据,是指描述电子文件数据属性的数据,包括文件的格式、编排结构、硬件和软件环境、文件处理软件、文字处理和图形工具软件、字符集等数据。

二、电子文档的处理程序和方法

(一)电子文件的收集与存储

为保证电子档案的真实性,电子文件的收集与积累工作必须从文件形成阶段就开始。

1. 收集。记录了重要文件的主要修改过程和办理情况,有查考价值的电子文件及其电子版本的定稿均应被保留,并与相应的纸质文件建立标识关系。对"无纸化"系统生成的重要电子文件,应在收集积累过程中制成硬拷贝(如光盘),以免系统发生意外导致文件丢失或非正常改动。

2. 存储。不同类型的电子文件,存储载体和记录信息的标准、压缩方法也不同,应分别采取适合各类电子文件通用存储的格式,以保证电子文件的完整性。《电子文件归档与管理规范》要求电子文件的格式分别是:文字型电子文件以 XML、RTF、TXT 为通用格式。扫描型电子文件以 JPEG、TIFF 为通用格式。视频和多媒体电子文件以 MPEG、AVI 为通用格式。音频电子文件以 WAV、MP3 为通用格式等。

3. 登记。电子文件在计算机网络系统上进行收集积累,应用记录系统有自动记录的功能,记载电子文件的形成、修改、删除、责任者、入数据库时间等。每份电子文件均应在《电子文件登记表》中登记,电子文件登记表应与电子文件同时保存。用载体传递的电子文件,也要按规定进行登记、签署,对于更改处,要填写更改单,按更改审批手续进行,并存有备份件,防止出现差错。

(二)电子文件的鉴定

1. 确定归档电子文件的真实性、准确性、完整性。归档前应由文件形成单位按照规定的项目对电子文件的真实性、有效性进行检验,并由负责人签署审核意见,检验和审核结果填入《归档电子文件移交、接收检验登记表》。如果文件形成单位采用了某些技术方法保证电子文件的真实性、完整性和有效性,则应把其技术方法和相关软件一同移交给接收单位。

2. 划分归档电子文件的保管期限和密级。依照国家关于纸质文件材料密级和保管期限的有关规定执行。电子文件的背景信息和元数据的保管期限应当与内容信息的保管期限一致,并在电子文件的机读目录上逐件标注保管期限的标识。

(三)归档电子文件的整理

整理是指按照一定的原则和方法,将收集积累的电子文件进行分类整理,为归档做准备。归档电子文件以"件"为单位整理分类。分类整理的归档电子文件,为了方便查找利用,要编制检索利用工具,即电子文件的机读目录。具体格式可参见《中国档案机读目录格式》(GB/T 20163-2006)。

(四)电子文件的归档

电子文件的归档是指文件形成部门或信息管理部门,应定期把经过鉴定符合归档条件的电子文件向档案部门移交,并按档案管理要求的格式将其存储到符合保管期限要求的脱机载体上。划定电子文件的归档范围,参照国家关于纸质文件材料归档的有关规定执行,并应包括相应的背景信息和元数据。

1. 归档要求。电子归档要遵从归档电子文件的格式标准及配套的软、硬件环境的要求。电子公文的归档应在"全国政府系统办公业务资源网电子邮件系统"平台上进行,各电子公文形成单位档案部门应配置足够容量和处理能力及相对安全的系统设备。

2. 归档方式及检测。电子文件归档要采取逻辑归档和物理归档两种方式。所谓逻辑归档指在计算机网络上进行,不改变原存储方式和位置而实现的将电子文件的管理权限向档案部门移交的过程。物理归档指把电子文件集中下载到可脱机保存的载体上,向档案部门移交的过程。在进行电子文件归档工作时,应对归档电子文件的基本技术条件进行检测,检测内容包括:硬件环境的有效性、软件环境的有效性及其信息记录格式、有无病毒感染等。

3. 归档时间。一般在年度或任务完成后,或一个阶段之后的一段时间内进行归档(称阶段归档)。因涉及电子文件的技术环境条件,存储介质的质量、寿命等问题,一般不超过 2～3 个月。

4. 归档份数。一般应拷贝两套,保存一套,一套供借阅。即使在网络上进行,也要保存一套。必要时应保存两套,其中一套异地保存,以提高信息的安全性和可行性。将相应的电子文件机读目录、相关软件、其他说明等一同归档,并附《归档电子文件登记表》[格式见《电子文件归档与管理规范》(GB/T 18894-2002)附录A的表A4]。

(五)电子档案的保管

对电子文档的保管,文档管理部门应充分考虑环境、设备、技术、人员及电子档案特点等综合条件。

1.对电子档案物质载体的保管。归档电子文件以脱机方式存储在磁、光介质上,保管环境要求较高,除应符合纸质档案的要求外,还应符合下列条件:一是归档载体应进行防写处理,避免擦、划、触摸记录涂层。二是单片载体应装盒,竖立存放,且避免挤压。三是存放时应远离强磁场、强热源,并与有害气体隔离。四是环境温度选定范围为17度至20度;相对湿度选定范围为35%～45%。

2.对电子档案内容进行有效性保管。对保存的电子档案载体,必须进行定期检测和拷贝,以确保电子档案信息的可靠性。主要应做到以下几点:一是归档电子文件的形成单位和档案保管部门每年均应对电子文件的读取、处理设备的更新情况进行一次检查登记。设备环境更新时应确认库存载体与新设备的兼容性。如不兼容,应进行归档电子文件的载体转换工作,原载体保留时间不少于三年。保留期满后可擦写载体清除后重复使用,不可清除内容的载体应按保密要求进行处置。二是对磁性载体每满二年、光盘每满四年进行一次抽样机读检验,抽样率不低于百分之十,如发现问题应及时采取恢复措施。三是对磁性载体上的归档电子文件,应每四年转存一次,原载体同时保留时间不少于四年。四是要求档案保管部门应定期将检验结果填入《归档电子文件管理登记表》[见《电子文件归档与管理规范》(GB/T 18894-2002)附录A的表A6]。

归档电子文件的封存载体不应外借。未经批准任何单位或人员不允许擅自复制电子文件。

（六）电子档案的利用

电子档案的提供利用一般有三种方法：

1. 提供拷贝件。对规定范围之内拥有归档电子文件使用权限的对象，可以提供拷贝服务，也可以向这些用户提供打印件或缩微品。

2. 网络提供。网络利用时应遵守保密规定，对具有保密要求的归档电子文件采用联网的方式利用时，应遵守国家部门有关保密的规定，有稳妥的安全保密措施。

3. 直接利用。是利用档案部门或另一检索机构的电脑，在档案部门的网络上直接查询的一种方法。它的特点是可为利用者提供技术支援，同通信传输相比减少了大量的管理工作，可以使更多的读者同时利用同一份电子档案。

（七）电子档案的鉴定销毁、统计

电子档案的鉴定销毁，参照国家关于档案鉴定销毁的有关规定执行，且应在办理审批手续后实施。属于保密范围的归档电子文件，如存储在不可擦除载体上，应连同存储体一起销毁，并在网络上彻底清除。不属于保密范围的归档电子文件可进行逻辑删除。档案保管部门应及时按年度对电子文件的接收、保管、利用和鉴定销毁情况进行统计。随着信息科学技术的飞速发展，电子文档管理系统的功能日益完善，电子文档的管理工作在整个机关文书工作中的地位越来越重要。

复习思考题

1. 什么是档案？档案有何作用？
2. 机关档案工作的基本任务有哪些？
3. 简述机关档案管理工作的一般程序。
4. 电子档案的管理与传统档案的管理有何异同？

案 例 分 析

结合案例谈谈档案的作用和档案工作的意义。

利用档案挽回 700 万元房产损失

原长江航政局与武汉市第二医院于 1974 年达成房屋互换协议,按照协议精神,位于汉口鄱阳街 7 号建筑面积为 2025 平方米的房屋产权归武汉航政局(现武汉海事局)所有。时过 30 多年的今天,武汉市第二医院和武汉市直属房地局对鄱阳街 7 号的产权归属提出疑义。由于时间已久,武汉海事局有关此事的大部分资料已经遗失,造成该单位在房产纠纷中完全处于被动局面。关键时刻,长江海事局和武汉海事局委托的律师想到了请长航局档案中心帮助查找有关资料。档案中心在毫无线索的情况下,查到了当年双方达成的协议书和交通部的基建计划两份关键性历史资料,迫使武汉市第二医院不得不接受谈判。去年底,三方终于达成一致,汉口鄱阳街 7 号的产权无偿归武汉海事局所有,从而挽回了价值 700 万元房产的损失。从这件事,我们看到了档案利用的巨大价值。

(材料来源:湖北档案信息网,2005 年 8 月 25 日,宋成安:《长航局机关档案利用效果显著 挽回海事局价值 700 万元房产损失》,http://www.hbda.gov.cn/manage/upload/html/20100423100259_332.shtml?netyId=29&newsId=332)

第十章 资料工作

第一节 资料工作概述

一、资料和资料工作的概念

资料是指能为工作、生产、学习和科研等活动提供参考和依据的各种材料,主要包括各类历史文献、书报、期刊、数据、材料汇编等。已经办理完毕而留存查考的文件和机关档案室保管的档案,也属于重要的参考资料。

资料工作是指充分掌握和有效利用资料,为需要者提供资料服务的工作。一切精神产品的生产,都离不开前人积累的资料,因此,资料工作可以说是一切创造性工作的先导。资料工作的基本内容是根据使用者的需要,通过一切有效手段和方法,有目的、有计划地收集国内外资料,进行分析研究和加工整理,提供使用者参考利用。档案的收集和保管属于档案工作的内容,而查找(包括去各级档案馆查找)档案中的有用材料供领导或机关工作使用,则是资料工作的重要内容。

资料工作与秘书许多业务有密切联系。秘书部门要发挥参谋助手作用,及时为领导工作服务,就必须依靠资料来开展工作。"巧妇难为无米之炊",没有资料,许多工作因缺乏应有的根据和材料而难以顺利开展。所以,资料工作是秘书工作的一项重要内容,资料建设被列入秘书部门的一项基本建设。

二、秘书部门资料工作的作用

（一）为领导决策提供依据和参考

为领导决策提供资料服务，是秘书部门资料工作的首要任务。一般来说，科学决策不仅需要大量的即时信息，也需要历史上的、其他地区的、其他单位的大量参考资料。没有充足的资料，领导就不能进行分析、综合，就没有可行性的比较，也就难以选择最佳方案和作出正确决策。秘书部门资料工作具有很强的服务针对性，要紧密围绕领导决策的内容进行，这样才能使资料工作发挥应有效用。

（二）为秘书拟文撰稿和其他工作提供材料和参考

领导机关发出的文件，具有政策性、严肃性和连续性。文件缺乏政策性，就失去了灵魂；没有严肃性，就会缺少约束力；没有连续性，就不能前后一致。这要求秘书在拟文撰稿时一定要占有充足的资料，包括有关文件和数据、报刊的有关文章、领导的有关讲话、权威专家的有关论述、相关历史文献等。有了以上这些资料作参考，秘书人员才能按时按质地完成撰写任务。

除了拟文撰稿，秘书人员在进行其他工作（如处理来信、接待来访等）时，为了做到胸有成竹、应付自如，也必须掌握一定的资料，包括各种统计数据、有关文件、法令及上级指示等。有时，上级机关突然通知本机关、单位，要求马上汇报某方面工作的情况，此时秘书部门必须协助领导人迅速备好内容翔实、数据可靠的专题汇报材料，如果秘书部门平时不留心积累资料，而是临时收集，必然误时误事。

（三）为机关其他工作提供资料服务或咨询服务

秘书工作"三服务"宗旨之一是为"各部门和所辖地区或下级单位服务"。因此，为机关各方面工作提供资料服务或咨询服务是秘书部门的重要职责之一。领导和机关职能部门在工作中往往需要向秘书部门查询一些问题，如查找某一方面的文献资料,询问某一名词、术语、人名、地名、历史事实,查核某一具体数据等,秘书人员要能马上确定查找的方向,选定检索工具,迅速查到确切的、有重要参考价值的资料。

三、秘书部门资料工作的特点

与图书馆等专门的资料机构相比,秘书部门的资料工作具有三个特点:

(一)广泛性和选择性相结合

资料包含的内容极其广泛。就秘书部门而言,一切对领导决策和指挥管理工作有参考价值的材料都应该收集。内容上包括政治、经济、科技、文化、教育等各方面的材料;形式上包括一切以文字、声像、数字技术等形式储存下来的信息;来源上包括上级的、下级的、内部的、外部的、国内的、国外的资料;时间上包括历史的和现实的资料。因此,秘书人员在进行资料工作时要广开渠道,多方收集。但秘书部门收集资料又与图书馆等专门资料机构不同,不是越全越好,多多益善,而是必须围绕着本组织的业务特点和秘书部门的工作目的有选择地收集和积累,这样资料工作才会方向明确、范围清楚、重点突出,积累有实用价值的资料,同时避免人力财力的浪费。

(二)经常性和突击性相结合

由于社会的发展,新情况、新事物不断涌现,为保证资料不致陈旧、落后,及时跟上各项工作的发展形势,秘书部门必须把资料工作列入日常事务中,经常性地进行资料的收集、整理和补充。作为文秘人员,有时为配合中心工作,或根据领导的要求,必须突击性地收集、整理、提供某一方面完整而系统的资料,这时仅靠平时积累的资料往往不够用,必须迅速及时地多方查找、索取,以求按时按质地完成任务。因此,秘书部门资料工作又具有经常性与突击性相结合的特点。

(三)强调资料服务的主动性

社会资料部门(如图书馆等)资料服务主要是供需要者查

找或借阅。相比之下,秘书部门的资料服务更多情况下应是主动提供的。秘书部门应该能预测领导在何时需要何种资料,以便提前做好资料的整理和汇编工作,主动向领导提供所需资料。尤其是在领导决策过程中,秘书部门在决策酝酿阶段就应主动提供系统的、有价值的参考资料,为领导作出科学决策创造条件,这是秘书部门发挥参谋助手作用的重要方面。

第二节 资料的收集、管理和利用

一、资料的收集

(一)收集资料的原则

1. 完整。收集资料要力求完整、全面、系统,保持材料的有机联系,力求能够反映一件事的全貌。这就要求从纵横两个方向收集资料:既要收集与本单位有关的、能把工作引向深入的纵向的资料,又要注意收集对本单位有参考价值的、横向的资料。只有这样,才能保证资料的完整性和较大的参考价值。

2. 准确。资料的价值主要在于准确。虚假的资料不仅无用,反而有害。因此收集资料时一定要认真鉴别真伪,注重资料的真实性和精确性。所收资料不仅可以反映客观事物的质的规定性,还可以反映其量的规定性。

3. 定向。收集资料不能毫无目的地东抓一把、西抓一把,要有明确的目的和方向,这样所收集的资料使用价值才高。

4. 及时。秘书资料工作主要供领导决策参考,有别于供科学研究的资料工作,因此秘书部门不但要注意收集新信息,也要注意收集新资料。秘书应注意将信息工作中有价值的材料储存起来,形成新的系统的资料。秘书部门资料工作要讲求时效性,就要从及时收集新资料开始,才能在领导需要时及时提供给领导作决策参考。

(二)收集资料的范围

秘书部门收集资料的范围,一般应包括以下几个方面:

1. 文件。包括归档文件的副本和不归档的文件,凡有参考价值的文件均应作为资料收集、保管。
2. 信息工作贮存的材料。
3. 本地区、本系统、本组织的历史资料。
4. 与本单位业务有关的图书报刊资料。
5. 领导工作和秘书工作的工具书。

(三)收集资料的方法

收集资料的方法多种多样,主要有以下几种:
1. 留存。即将上下左右各方传来的材料接收并保存下来。
2. 购买订阅。对一些与本单位工作密切相关的报刊、杂志、书籍要适时地购买、订阅。
3. 交换。主要指单位与单位之间横向交换。例如各地区、各单位的信息快报、简报、典型经验等,可通过交换,扩大资料来源。
4. 网络搜寻。互联网技术的发展,为资料工作提供了极大的便利。秘书可以利用各种搜索引擎从网络收集大量资料。对有用的资料要及时存盘,以便需要时利用。
5. 复印剪贴。根据秘书工作的需要,把报刊、杂志上登载的有关文章复印下来,进行装订;或者剪下来,分类粘贴,并在衬纸上注明报刊名称、日期、版别,分册装订,以便查找利用。
6. 摘记。建立资料簿或资料卡,把平时看到的各种文件材料、报刊杂志上对秘书部门工作有用的资料随时摘记下来,日积月累,必能派上用场。

二、资料的管理

(一)资料的整理

整理包括分类、登记和编目,整理的目的就是使资料条理化,便于检索利用。

秘书部门对占有的资料应进行合理分类。对留备查考的文件资料,一般以制发单位为标准进行分类;对于图书、报刊资料,一般参照《中国图书馆图书分类法》和《全国报刊资料分类法》来划分类目;对于电脑上储存的资料,平时积累的零星资料,可以考虑根据主题来进行分类,即将涉及相同问题的资料归入一类,将内容相差较大的资料归入不同的类。

对收集到的资料,无论成册材料、零散材料、声像资料,电脑光盘、软盘储存的资料,都应及时、分门别类地予以登记。

为了能够迅速、准确地查到所需资料,应该编制资料目录。上层机关的秘书部门有比较正规的资料室,收藏资料丰富,可以按照图书馆管理方法进行编目。一般企事业单位、基层组织秘书部门,收存的资料有限,不一定要按照图书编目的方法来建立资料目录,但是为将来查找资料方便,最好在对资料进行登记的同时,形成简明的资料目录,以达到秘书人员能够迅速查找的目的为准。提倡在电脑上进行编目,以便于检索。

(二)资料的保管

为便于保管,对非成册的资料,要进行装订或装袋。装订成册的资料要填写好封面,资料卷封面上应有反映卷内材料成分和内容的项目,封面的标题要概括准确、简洁明了。

资料卷装订后,应当按分类规则有秩序地排放在资料架上或资料柜里,以便查找利用。对于整理好的资料应认真保存,定期除尘,注意防火、防潮、防鼠咬、防虫蛀,并提醒借阅人员妥为使用,以延长资料的使用期限。

资料在借阅过程中,随着时间的推移,会有遗失或磨损,所以要定期清点,及时修补和重新编纂。对于失去效用的资料,要认真分析其使用价值,没有必要再保存的应及时剔除。这样,既可充分利用现有空间,为新的资料提供保管场地,又可提高资料质量和利用率,还可以减轻保管人员的劳动强度。

三、资料的利用

(一)资料利用的对象

秘书部门资料利用的对象相当广泛,除了本单位自备资料外,一般还包括图书馆、档案馆的资料,其他单位或个人的资料、互联网上可以查找的资料等。这就要求秘书部门或秘书人员在提供资料服务时,既要立足于本单位现有资料,同时又不局限于此,要广开门路,善于利用其他社会资料资源和网络资源为本单位工作服务。

(二)资料的查找

由于资料利用的对象极为广泛,秘书不仅要熟悉本单位资料,还要熟悉社会资料资源的分布,掌握图书和档案资料的检索方法,并能熟练运用有关检索工具。

由于网上资料已经成为资料利用的重要对象,当代秘书必须掌握通过互联网查找资料的方法和技术。

(三)提供资料服务

秘书人员要密切关注本机关、本单位的工作进程,主动地为领导决策和机关其他工作提供所需资料。资料服务要注重时效性,在领导工作或机关工作需要有关资料时,秘书部门应当及时提供服务。秘书部门提供的资料,往往是领导决策的重要依据,有的资料内容还直接写进文件,因此,秘书人员在提供资料服务时,一定要注意资料来源可靠与否,对于来源不可靠的资料,必须在认真核对查实后方可使用,否则会给领导工作造成被动。

秘书部门提供资料服务的方式主要有四种:

1.提供原始资料。即把有重要参考价值的资料原原本本地提供给领导,不加观点,不作评论。这样做有助于领导了解某个问题、某件事情的原委,纵观全貌。

2.提供资料综述或资料摘要。秘书部门对资料进行初步筛选,将资料中的有用信息提炼出来,供领导使用。这样做可以减少领导的阅读量,节约领导的时间。

3.提供资料分析研究成果。秘书对某一方面的资料进行深入研究,得出某些规律性、概括性的结论,并将它提供给领导作为决策时的参考。提供研究成果时通常要将所根据的主要资料附上。

4.提供资料咨询服务。秘书部门利用占有资料丰富、查找资料方便的有利条件,随时回答领导或职能部门提出的各种问题。这种方式随机性较大,无法事先准备,需要秘书有快速查找有关资料的能力。

秘书部门除了要搞好对领导工作和机关其他工作的资料服务外,其自身的许多工作也要充分利用资料。例如,秘书拟文撰稿所需要的许多材料要从资料中查找,各类文体的参考样本也离不开资料;秘书为领导决策或管理出谋献策等,要利用资料提供的法律、政策依据和历史事实依据等。另外,秘书提高政策水平和业务能力也离不开对资料的学习和研究。

第三节 秘书个人资料的积累

一、秘书个人积累资料的必要性

首先,个人资料具有针对性强、使用方便、查找迅速的优点。由于秘书人员分管的工作各有不同,特别是较大的机关分工更细,每个人都有不同的工作范围和工作内容。即使秘书部门建有资料库,也不可能满足每项工作所需要的一切资料。因此,秘书个人应该注意积累自己工作、学习所需要的资料,以弥补机关资料库的不足,直接为本职工作服务。秘书个人积累的资料,需要时即可查阅,不必办理登记、借阅手续,也不受工作时间的限制。

其次,秘书根据自己的工作分工和个人特点,有计划地积累资料,有利于提高工作的效率和质量,有利于提高自身的知识水平和业务能力。秘书个人的资料积累对秘书工作效率和质量有着直接影响。许多秘书之所以"下笔如有神",写起文章来又快又好,往往得益于自己的个人资料库;另一方面,秘书工作的特点,要求秘书人员有较宽的知识面,秘书个人积累资料的过程,就是扩大知识面、提高业务素质的过程。个人知识的储存,可分为"内储"和"外储"两大系统。一个人的头脑没有必要也不可能记住所有的知识,所以内储应少而精,外储应多而博。秘书个人建立资料库,就是知识的外储,可以有效地帮助秘书人员提高个人素质和业务水平。

二、秘书个人积累资料的内容

秘书分工不同,个人情况不同,积累资料的内容也不同。一般而言,秘书人员应注意积累下列几种资料:

(一)可作工作依据的资料

包括上级有关政策、指示、规定,下级有关情况,兄弟单位有关经验,以及报刊上介绍的有关新成果、新经验等。秘书人员只有熟悉这方面资料,才能为领导决策提供必要的理论依据和参考材料。

(二)可作起草文件或通讯报道素材的资料

主要指本机关、本单位基本情况、基本数据、历史沿革、发展情况,以及先进单位和个人的典型材料等。

(三)可作写作范例的资料

主要供秘书人员起草文件参考。每个秘书经常起草的文件,要随时能找到几篇范文作参考,写出来的文章才能保证质量。

(四)有利于提高自身素质的学习资料

这主要指知识性资料,包括工具书、业务知识方面的书刊资料以及报刊登载的反映国内外政治、经济、军事、科技、文化等方面的最新的信息资料,秘书人员只有积累这方面的资料,才能扩大知识面,丰富自己的头脑,提高自身素质。

三、秘书个人积累资料的方法

(一)建立个人的小书库

现代家庭几乎都有自己的书房,但是许多人家的书房成为一种摆设,书橱中供主人经常读的书并不多。秘书是比较典型的脑力劳动者,虽然有别于研究人员、教师、著作家,但是秘书建立自己的小书库是完全必要的。

(二)利用电脑贮存资料

现在一般单位的办公室都配备电脑,家庭也有电脑。利用电脑贮存资料具有容量大、查找迅捷、便于管理的优点,秘书如有专用电脑或家用电脑,可随时将有用的资料贮存到电脑中去,更改、补充、取用都十分方便。

(三)笔记本分类摘录

即将有用的资料分门别类地记录在笔记本上。采用这种方法积累资料,具有简便易行、便于携带的优点。但笔记本容量有限,需要经常更换。记满的笔记本要作为资料妥善保存。

(四)资料袋积累资料

即将各种报刊及其他文本上与本职工作有关的文章,像社论、评论、领导讲话、工作报告、重要会议消息、理论文章、调查报告等典范文章,剪下来,分门别类地装入相应的资料袋中。一个资料袋一个主题,用这种方法可将资料原文保存下来,准确可靠,节省时间,且使用起来也比较方便。

(五)利用卡片积累资料

在电脑普及前,卡片曾经是人们普遍使用的积累资料的方法。至今仍有不少人在继续使用。资料卡片主要有以下几种:

1.摘要卡片。即用卡片摘录书本或报刊的原文。这类卡片要求内容准确,但不要不分主次,什么都抄。

2.提要卡片。将比较长的原文压缩,用自己的语言,以内容提要的形式记录在卡片上,压缩要保持原意,不要掺杂自己的看法,且要注明来源,便于查检原文。

3.索引卡片。卡片上只记文章题目、作者和出处,不摘内容,需要时再去查找。

4.随感卡片。将自己在工作和学习中对某些有价值的材料和问题的感想,随时写在卡片上,便于以后研究和使用。

5.备忘卡片。将一些必须记住的数据、人名、地名以及历史事件发生的时间、地点等,记在卡片上备查。

复习思考题

1.简述机关资料工作的作用和特点。
2.简述秘书部门收集资料的原则、范围和方法。
3.秘书部门资料利用的对象有哪些?提供资料服务的方式有哪几种?
4.秘书为何要积累个人资料?应注意积累哪些资料?

案 例 分 析

请根据以下案例,谈谈秘书资料工作的作用和特点。

一份资料避免了一次投资风险

某公司有一笔资金需寻找投资项目。公司负责人谢总从某造林公司获得如下信息:"只要投入2万元,8年后可收回最低10万元","5万投入,等待6年,18万的收益,安全无比的零风险保证(保险公司投保)","负责办理《林权证》,以确保一切经营在合法情况下进行"。因怀疑该公司资信度而不敢贸然投资。2006年春节期间,中央电视台黄金时段播出了该公司老总代表"××大造林公司给全国人民拜年"的广告,谢总又产生将那笔资金投资于该造林公司的想法,并要求秘书小李提供参考资料。

三天以后,秘书小李给谢总送来一份30余页的《关于"××大造林公司"及国家林业政策的资料汇编》,汇编中主要材料有:第一,国家林业局2004年下发的《关于合作(托管)造林有关问题的通知》,该文件是专门针对目前社会上广泛关注的一些公司吸收社会公众资金合作(托管)造林的现象而发;第二,《新京报》题为《没有真正胜利者的博弈——一百万亩沙漠圈地真相》的新闻调查、央视2004年11月1日《焦点访谈》播出的节目《警惕"托管造林"陷阱》的文字材料；第三，"××大造林公司"和类似企业融资广告的资料；第四，秘书自己撰写的《关于"××大造林公司"有关资料的初步分析》(300字)；第五，中央电视台近年来播发过的几则不实广告："××冰箱每天的耗电只有0.48度，仅相当于一节小电池"，"××牌食用油(1∶1∶1)经过食品监督局检测，其实际含量是0.27∶1∶1"，等等。

  谢总在认真看了秘书提供的资料后，打消了向"××大造林公司"投资的念头。还表扬小李说："你提供的资料很有用，不但避免了一次投资风险，还使我懂得了中央电视台播出的广告也不可全信。"

（材料来源：互联网）

【附注】

  本书2006年6月初版时，即收有本案例材料。当时"万里大造林公司"还在各大媒体大做广告。但一年多后的2007年12月24日，新华网即以"万里大造林还是万里大坑人"为题报道：2007年8月22日，内蒙古万里大造林有限公司董事长陈相贵、总经理刘艳英等多名高管因集资诈骗被拘……截至2007年8月，万里大造林公司未经有关部门批准，通过公开向购买人承诺林地8年后每亩林木蓄积量达到12立方米，10年达到15立方米等"高回报零风险"的手段，总计向社会销售林地45万多亩，非法吸纳公众资金13亿元。（http://news.sohu.com/20071224/n254263202.shtml）

第十一章 会务工作

第一节 会务工作概述

一、会、会议、会务工作的概念

(一)什么是会

若干人有一定目的的临时性的集合就叫做"会"。开会是人类一种常见的社会活动方式,它具有三个特征:

1. 会是三个人以上的集体活动,个人行为不是会,两个人有目的的集合,一般叫做"会见、会晤",也不是通常所说的会。

2. 会是有目的的集合,没有一定目的的偶然会合,即使有许多人参加都不能叫做会。

3. 会是临时性的集合,如果是许多人为达到一定目的而组成一个固定的组织,即使其名称也叫"会",如工会、学生会、中央委员会,也不是我们通常所说的会。

具有上述三个特征的社会活动就是会,会的外延非常宽泛,既包括人民代表大会、职工代表大会、政府办公会议等正式会议,也包括记者招待会、联欢晚会、运动会、产品订货会等活动。

(二)什么是会议

会议是指有组织、有领导地召集人们商议事情的集会。会议自古有之,据记载,我国原始社会末期,尧、舜就经常召集各部落的首领在一起开会商议事情,这些活动后来被称作"部落联盟会议"。在现代社会,会议是领导机关进行决策和管理、实现领导职能的一种重要方式,这种活动方式已经被广泛应用于政治、经济、科学文化以及社会生活的各个领域。

会议与一般集会的区别在于它要商议事情,重在"议"。如果一个集会没有"议"的程序,没有需要商议的事项,如舞会、新闻发布会、表彰大会等,就只能叫做"会"或"集会",而不能叫做"会议"。

(三)什么是会务工作

会务工作是指直接为举行集会和召开会议服务的工作。从时间上看,会务工作包括会前准备、会间服务和会后处理三个阶段;从内容上看,会务工作包括文字工作和事务工作两个方面。

会务既包括正式会议的服务工作,也包括其他集会的服务工作。由于正式会议比集会复杂得多,所以会议的服务工作也比集会的服务工作复杂得多。本章阐述的会务工作主要指正式会议的服务工作,其他集会的服务工作可参照会议服务工作进行。

以机关名义召开会议或举行集会的会务工作一般由秘书部门承担,大型会议则由机关领导抽调各方面人员组成大会筹备组或大会秘书处负责。会务工作是秘书部门一项经常性的业务工作,秘书部门的会务工作做得如何,对一次会议能否开得成功有着直接的重要影响。

二、会议的构成要素

(一)会议名称

比较重要的会议都有确定的名称。常用的会议命名方法有:

1. 序号命名法。如"中国共产党第十一届中央委员会第三次全体会议"(简称"十一届三中全会")、"第十二届全国人民代表大会第四次会议"、"××学校第六次教工代表大会"、"××股份有限公司第四次股东大会",等等。

2.主题命名法。如"全国安全生产工作会议"、"扫黄工作汇报会",等等。

3.参加者身份命名法。如"全国秘书长、办公厅主任会议"、"青年科技工作者代表大会"、"优秀企业家座谈会",等等。

4.地点或时间命名法。这种方法多用来指称历史上的重要会议和一些没有确定名称的例行的工作会议,如"遵义会议"、"庐山会议"、"×年×月×日厂长办公会议",等等。

(二)会议时间

会议时间包括"何时召开"和"会议开多长时间"两层含义。有些法定会议和例行办公会议有确定的召开时间,有些会议没有确定的召开时间。法定的或例行的会议在必要时也可提前或延期召开。恰到好处地选择会议召开的时间是一门高超的领导艺术,因为有些会议只有在特定时间(即最佳时机)召开才能取得预期效果。会议开多长时间要根据会议内容和会议进行情况来确定。

(三)会议地点

会议地点也包括两层含义:

1.会议在哪个地区召开。例如是在北京开还是在广州开,是在县城开还是在某个乡镇开等。

2.具体会场选在何处。即哪个礼堂或会议室、哪个事件的现场等。

选择会议地点要服从会议内容的需要,同时要考虑接待能力、会场设备、安全保障等,涉密会议还要考虑到保密条件。

(四)会议人员

会议人员包括会议的参加者、主持者和辅助人员。

会议的参加者是会议的主体。法定会议的出席人必须按法定程序产生,如人大会议、政协会议、职工代表大会等。法定会议可以根据需要邀请一些不具法定资格的人员列席会议。

非法定会议的参加人由主办会议的机关根据需要确定,并在会前发出正式通知。

会议主持人的职责是使会议按照法定程序或原定议程正常进行,包括宣布开会、掌握会议议程和时间、安排发言顺序、主持表决和选举、宣布表决选举结果、处理会议进行过程中临时发生的问题等。法定的大型会议由通过选举产生的主席团主持,一般会议由召开会议的机关领导人主持。

会议的辅助人员包括秘书和其他服务人员,他们的职责是负责会议的文字工作和其他事务性工作。辅助人员虽然不是会议的正式参加者,没有发言权和表决权,但他们是会务工作的主体,而会务工作的质量直接影响到会议的效果。

(五)会议的议题和议程

议题是会议所要讨论解决的问题。有没有议题是会议与其他集会的区别,会议的议题应该明确,一次会议的议题可以是一个,也可以是若干个。

议程是会议讨论、解决会议议题的程序。

(六)会议的方式

会议的方式是会议的形式问题。例如,是集中开全体大会,还是分组讨论?是以口头发言为主,还是以书面发言为主?是开常规的会议,还是借助于现代化通讯手段开电话会议、电视会议、网络会议?会议方式的确定必须服从会议内容的需要,在不影响会议效果的情况下适当考虑减少会议的开支。

(七)会议的结果

任何会议都有结果,没有取得任何实质性成果也是一种结果。凡达到或基本达到预期目标的会议,是成功的会议;凡没有达到预期目标的会议,是失败的会议。重要会议的结果一般以文件(公报、决议、会议纪要等)的形式向一定范围公布。

三、会议的种类

会议的种类非常多,根据不同标准可以进行不同的分类。

(一)大型会议、中型会议、小型会议

这是根据会议的规模进行的分类。大型会议指千人以上参加的会议,如全国人大的全体会议、党的全国代表大会等。中型会议指一百人以上、一千人以下的会议,如中央委员会全体会议、全国人大常务委员会会议等。小型会议指不足百人参加的会议,如一般单位的行政办公会议、党委常委会议等。

会议的规模与会议的重要程度没有对应关系,大型会议不一定重要,小型会议不一定不重要。1935年1月的遵义会议只有十几个人参加,规模可谓很小,却被认为是中共历史上的一个转折点。"十一届三中全会"按参加人数只是一个中型会议,却成了中共历史上的又一个转折点。至于联合国大会不如安理会会议重要,也是人所共知。

(二)决策性会议和非决策性会议

这是根据会议是否议决重要事项进行的分类。决策性会议主要指权力机关、行政机关以及企业事业单位决策层讨论决定重要事项的会议,如人大的全体会议和它的常务委员会会议、政府的办公会议、各企事业单位的首长办公会、董事会等。非决策性会议是指不议决重大事项的会议,如各种旨在了解情况、交流信息的学术研讨会、座谈会、民主生活会、经验交流会等。

(三)综合性会议、专业性会议、专题性会议、一事一议的会议

这是根据会议所讨论问题的容量和性质进行的分类。综合性会议是指要讨论多方面问题的会议,如人代会、党代会、政府的工作会议等。专业性会议多为分系统召开的讨论某一方面工作问题的会议,如劳动人事工作会议、档案工作会议、教育工作会议等。专题性会议指对某一专门的具体问题进行讨论的会议,如关于下岗职工再就业问题的会议、高校毕业生就业工作会议等。一事一议的会议指专门讨论某一具体事项的会议,如某项工程可行性的论证会、某一案件的分析会、某一活动的筹备会等。

会议还有其他一些分类方法。如根据是否定期召开可分为定期会议和不定期会议；根据召开会议的机关的性质可分为党的会议、权力机关会议、行政机关会议、群众团体会议；根据会议的级别，分为全国性会议、全省性会议等。

以上分类是仅就会议而言的。一般单位除召开会议以外，还经常举行不商议事情的集会，如：动员会、报告会、传达会、总结会、表彰会、庆功会、欢迎会、欢送会、纪念会，新闻发布会、记者招待会，运动会、舞会、联欢会、追悼会，等等。这些集会的筹办也属于会务工作，一般由秘书部门承担。

四、会风

会风就人们在会议中表现出来的风气和习惯，它是思想作风和工作作风在会议上的表现，包括人们对待会议的态度和在会议中的表现。会风直接关系到会议的效用和效率。

（一）会风不正的主要表现

由于种种原因，有些地区、有些机关中存在着会风不正的现象，其主要表现有：

1. 会议过多过滥。事无巨细，均要开会解决问题，许多领导把大量时间泡在会议中，没有足够时间搞调查研究或抓主要业务。人们把这种现象称作"会海"。

2. 会议时间过长。会议效率低，议题不明确、不集中，发言东拉西扯，空洞无物，结果该解决的问题未解决，反而出现新的矛盾。

3. 会议规模过大。有的会议让许多无关人员或关系不大的人员参加，似乎只有开大会才能表示对所讨论问题的重视；有的会议或集会邀请许多领导和来宾参加或列席，这样既冲淡了会议主题，又增加了会议开支，还影响了会议效果。

4. 过分讲究物质条件。住宿要在高级宾馆，就餐要在高档酒店，娱乐要到高档歌舞厅，纪念品越发"含金量"越高，借开会之名用公款游山玩水，等等。

(二)端正会风的措施

会风不正是官僚主义和不正之风在会议问题上的表现,必须采取切实有效的措施才能根本改变会风不正的现象。端正会风的主要措施有:

1. 严格控制会议数量,可以不开的会坚决不开,可以合并的会不分别单开。领导必须对会议有正确的认识。会议是工作方法和手段而不是目的,不能为开会而开会,认识到这一点,就不会召开那些徒具形式的会议。会议只是领导工作方法中的一种,不是领导方法的全部,能用其他方法解决问题,就不一定要开会。为了有效地控制会议数量,有必要制定相关的行政法规和会议审批制度。

2. 严格控制会议时间,提高会议效率,短会可以解决问题的绝不开长会。要严肃会议纪律,准时开会,改变"八点开会九点钟到,领导还没开始做报告"的松散拖拉现象。对会议发言要限定时间,规定时间用完,一律终止发言,绝不延长。一般会议应尽量少安排礼仪性的开幕式、闭幕式等形式程序。

3. 严格控制会议规模,可开小会解决问题的绝不开大会。要改变那种"会议越大越重要"的错误认识,许多问题甚至只有开小会才能解决,开大会反而不能解决问题。在确定会议参加人员时,可参加可不参加者就不要通知他参加。尤其不宜邀请无关的领导参加会议。

4. 严格控制会议预算,加强会议经费管理。会议开得多、开得长、开得大,用于会议的经费开支也就多。从总体上限制会议费用,是控制会议数量、会议时间、会议规模的一种有效的间接制约措施。就一次会议来说,加强经费管理有助于杜绝和减少开会讲究条件、铺张浪费等不良现象。

5. 充分做好会前准备工作,提高会议管理水平。会前准备和会议管理对会议效率有非常重要的影响,例如,如果会前对大会发言的材料进行认真整理和审查,就可以避免那些内容重复的发言或内容空洞的发言,从而缩短会议时间。

第二节　会前准备

由于会议的性质、规模、议题各不相同,会务工作的内容和要求也有很大差别。下面介绍的是中型正式会议的会务工作。

会务工作包括会前准备、会间服务、会后处理三个阶段,其中会前准备工作内容最为繁杂。本节先介绍会前准备工作。

一、制定会议预案

1. 会议预案的内容和格式。秘书部门在接到筹办会议的任务后,第一项工作就是制定会议预案。

会议预案是对会议如何召开提出的计划方案,一般包括以下内容:会议名称,会议时间、地点,会议的参加人、主持人,会务工作负责人,会议的议题和议程,会议期间的其他活动,会议的后勤服务,会议的经费预算,有关附件。

下面是一份会议预案的实例,可作为制定会议预案的参考:

××股份有限公司第三次股东代表大会
会 议 预 案

一、会名:(略)

二、会议时间:2010年4月8日至10日,会期3天。

三、会议地点及主会场:××市东方宾馆一楼大会议室。

四、参加人员和人数:预计到会人数共150人。

1. 股东代表共130人(其中外埠代表55人)。

2. 公司总经理、副总经理、总会计师、总工程师、各部门经理。

五、大会主持人:公司董事长。

六、会务工作负责人:总经理办公室主任。

七、议题和议程:大会主要议题两项:

1. 公司总经理做公司一年来经营情况的报告。

2. 讨论决定本年度分红配股方案。

具体议程见附件《会议日程表》。

八、其他活动:

1.组织股东代表参观本公司主体企业××厂和××商城(9日下午)。

2.举行卡拉OK歌舞晚会一场(9日晚)。

3.游览本市市容和新辟滨海风景区(10日下午)。

九、后勤服务安排:

1.食、宿地点:东方宾馆。

2.住宿标准:乙类双人客房,每人每天130元(本埠代表不安排住宿,每人每天发40元交通费)。

3.伙食标准:每人每天75元;10日晚酒会每桌950元,计15桌。

4.交通:7日下午和11日上午公司自备小车到车站、机场接送外埠代表。参观、游览租用旅游大轿车。

5.纪念品:每人发公文包一只(价60元),不发其他纪念品。

十、经费预算:

预计会议开支××××元。其中:会场及外埠代表住宿费×××元,外埠代表往返旅费×××元,伙食(含酒宴)费××××元,交通费××××元,游览娱乐费××××元,纪念品×××元,会议办公费×××元。

附 件——会议日程表

2010年3月10日

制定会议预案的过程是对会议进行全面筹划的过程,许多项目要请示有关领导才能确定,例如会议议题的确定和议程的安排、会议参加人员的确定等。预案经领导审查批准后,秘书部门就可以根据预案所列项目进行会议的各项准备工作。

(二)会议预案的附件——会议日程表

会议日程是对会议议程和会议期间其他各项活动所作的时间安排,会议日程应安排得紧凑、具体,安排好的日程通常以表格的形式列出,并标明各项活动的地点、时间。日程表应作为会议预案的附件随预案一起送领导审阅。确定后的日程表要印好并在会议报到时发给与会者,让他们了解会议的具体开法。

会议日程表可以参照下表：

××公司第三次股东代表大会日程表

日	时间		地点	活动内容	负责人
7日	全天		东方宾馆一楼	外埠代表报到	×秘书
	晚	8:00	代表住所客房	公司领导看望外埠代表	办公室主任
8日	上午	8:00～9:00 9:20 9:40	东方宾馆一楼 大会议室	本埠代表报到 大会开始 董事长致词 公司一年经营状况的报告	×秘书 董事长 总经理
	下午	2:00～5:00	二、三、四、五楼小会议室	分组讨论、审议总经理报告	各组长
	晚	8:00	二楼小会议室	股东代表组长会议	董事长
9日	上午	8:30～9:30 9:40	一楼大会议室 各小会议室	关于本年度分红配股方案的说明 分组讨论	总会计师 各组长
	下午	2:00～5:00	宾馆主楼前乘车（2点发车）	参观视察主体企业××厂和××商城	副总经理
	晚	7:30	宾馆酒楼舞厅	卡拉OK歌舞联欢晚会	副董事长
10日	上午	8:30～10:30 10:30 11:00 11:30	一楼大会议室 宾馆大宴会厅	大会发言、公司领导答股东问 通过总经理报告 通过分红配股方案 董事长致闭会词 酒会	董事长
	下午	2:00～5:00	宾馆主楼前乘车（2点发车）	游览市容和滨海风景区	公关经理

用餐时间：早7:30　午12:00　晚6:00　　用餐地点：宾馆餐饮部大餐厅

二、编定会务工作程序表

会议预案是整个会议的计划，可作为秘书部门开展会务工作的依据。但会议预案不等于会务工作计划，因为会议预案所列项目比较笼统，而会务工作则十分具体、细致。例如，预案当中列出了总经理要做一个工作报告，但并没有规定报告由何人负责起草,在何时必须准备完毕;又如,预案中确定了会场设在东方宾馆,但并没有规定由谁在何时去联系租借会场,何人负责在何时布置好会场。为了把头绪繁多、内容庞杂的会务工作组织得井井有条,秘书部门有必要在会议预案的基础上对会务工作做出一个周到细致的具体计划,编制成"会务工作程序表"。程序表应该包括各项具体会务工作的内容、完成时间、责任人等项目。具体格式可以参照下表:

第三次股东大会会务工作程序表

序号	时间	活动内容	负责人	备注
1	3月15日	核实代表名单和人数	D秘书	
2	16日	印发会议通知	D秘书	
3	17日	向东方宾馆预订会场和客房	C秘书	
4	18～25日	起草总经理报告	总经理 A秘书	
5	18～25日	起草分红方案及其说明	总会计师 B秘书	
6	28	打印以上两份文件及会议日程表	D秘书	
7	29～31日	起草董事长欢迎词、闭会词、祝酒词	总经理 A秘书	
8	4月4日	向旅游公司预订9、10日两天参观游览用的大巴2辆	C秘书	
9	5日	布置会场(主席台、会标)	B秘书	
10	6日	设报到处(东方宾馆一楼大厅)	D秘书	
11		落实接、送外埠代表的车辆、司机	办公室主任	
12		去车站、机场接外埠代表	B、C秘书	
13	7日	外埠代表报到,登记返程车票、机票,发会议日程表	D秘书	
14		检查会场布置、音响投影设备	办公室主任	
15		安排会场茶水供应,落实服务人员(茶叶自带,公关部派3人服务)	办公室主任	

续上表

序号	时间		活动内容	负责人	备注
16	8日	上午	落实代表返程车票、机票	C秘书	
17		8:00~9:00	本埠代表报到,发日程表	D秘书	
18		8:30	发总经理、总会计师报告文本	A秘书	
19		9:00	主会场情况记录	B秘书	
20		14:00	各小组讨论情况和发言记录(二、三、四、五楼会议室)	A、B、C、D秘书	
21		20:00	股东代表组长会议记录(二楼会议室)	B秘书	
22	9日	8:30	主会场情况记录	B秘书	
23		9:40	各小组讨论情况和发言记录(二、三、四、五楼会议室)	A、B、C、D秘书	
24		14:00	代表参观视察(大巴2辆13:50应到宾馆主楼前)	副总经理办公室主任	
25		19:30	卡拉OK歌舞联欢晚会(从公司本部和××商城请50位女士参加)	公关经理负责副总经理参加	
26	10日	8:30	大会发言记录和表决记录	B秘书	
27		11:00	酒会主宾席座位安排	办公室主任	
28		14:00	游览(大巴2辆13:50应到宾馆主楼前)	公关经理	
29	11日		送外埠代表返程	办公室主任	
30			清理会场,归还物品,退房结账	C秘书	
31	13日		会务结账	办公室主任	
32	16日		会务工作总结	办公室主任	

  会务工作程序表由会务工作负责人(通常是办公室主任)编制。由于它是具体事务的安排,不一定须经领导审查批准。会务工作程序表编好后,可作为会议预案的附件发给承担会务工作的人员。由于分工明确、内容具体、时间要求严格,各人可按程序表分别进行具体准备工作。会务工作负责人也可按程序表检查各项事务的落实情况,凡是已经按要求完成的,就在备注栏注明"已办",这样会务工作就可井然有序地进行,防止

出现顾此失彼、重复忙乱的情况。

三、准备会议文件材料

(一)会议文件的起草

需要在会前起草的文件主要有:

1. 会议的主题报告,如政府工作报告、党委工作报告、董事会工作报告,等等。

2. 会议需要审议通过的决议、决定。

3. 领导人的开幕词、闭幕词。

会议文件的起草是件非常严肃的事,有的要提前很长时间开始准备。提倡领导亲自主持并参加重要文件的起草,必要时要成立专门的起草班子。

(二)其他文书材料的整理加工

需要在会前整理加工的文字材料主要有:

1. 准备在会上交流的典型经验材料。

2. 准备作大会重点发言的发言稿。

3. 需提交给与会人员参考的各种材料。

4. 重要选举的候选人的情况介绍。

对上述材料进行内容上的筛选和文字上的加工,可避免出现大会发言内容空洞、重复和语言不规范、不精练的现象,提高会议的质量和效率。

(三)文件材料的印制和分发

需要提交会议审议的文件讨论稿和其他资料,应在会议召开前印制完毕并发到与会人员手中。分发文件的方法主要有:

1. 提前寄发,主要是内容重要、需要基层充分讨论的文件。

2. 报到时发放,就是将资料提前分装在会议资料袋中,在报到登记时发放。

3. 入场时发放,在会场入口处或签到处凭会议入场证或签到卡发放。

4. 按座位发放,即将文件在会议开始前送到座位上,仅适合于人数少、每人座位固定的会议。

重要文件的发放要认真登记,需要收回的应在文件上标明。

四、发出会议通知

重要的正式会议的通知多用书面形式,会议通知应包括:会名、会期、报到时间、报到地点、参加人员的范围或条件、入场凭证、需要携带的材料及应支付的费用、主办单位、联系人姓名及电话等。有的会议通知还需附上回执,请参加人填写姓名、性别、职务、职称、抵达时间、预订返程车票或机票等,寄回主办单位,以便安排接待。

五、落实后勤服务

(一)预订住宿客房

参加会议的外地人员的住宿要提前向招待所或宾馆、饭店预订,应尽可能将与会人员安排在同一招待所。如果需要在招待所或宾馆开会,会议室也要提前预订。

(二)安排伙食

一般应安排在代表入住的招待所的餐厅就餐,伙食标准应符合有关规定,现在一般用自助餐。如有少数民族人员参加些议,要尊重民族习惯。会议如安排宴会,也要提前联系预订。

(三)确定会议服务人员

大中型会议的服务工作仅靠秘书部门是承担不了的,需要从其他部门或其他单位抽调临时服务人员,这项工作一定要在会前若干天落实到人,要做到任务具体,责任明确。

(四)落实交通工具

去车站、机场接送的车辆,从住宿地点到会场的交通车辆、会议期间参观游览等活动的交通车辆等,或用自备车,或借用、租用,但都必须在会前落实。

(五)其他活动的联系安排

会议期间安排电影、演出、舞会、参观游览、合影等活动,应提前与有关单位联系预订,一一落实。

有的会议还要安排好安全保卫人员、医疗保健人员等。

六、布置会场

会场布置工作主要包括:悬挂会标,摆放花卉、彩旗,排列座位(印制座位牌),检查音响、照明、投影效果等。

不同内容的会议对会场气氛有不同的要求,有的要求庄严隆重,有的要求喜庆热烈,有的要求朴素典雅,有的要求和谐亲切。布置会场要根据不同要求营造相应的会场气氛。

布置会场的具体事务可委托宾馆或广告公司操作,但是秘书部门要提出具体要求并临场检查指导。

七、印制有关票证

大中型正规会议要印制有关票证。常用的有:代表证、列席证;工作证、出入证、采访证、签到卡;会议上要颁发的荣誉证书、奖状(奖品也要备好);有选举程序的会议要印好选票或做好印制选票的准备,还要准备好投票箱。

八、接待报到

报到是参加会议的人向会议的组织者报告到达开会地点的一道程序。报到是会议参加者的行为,而接待报到则是会务工作的一项内容。

报到地点一般设在与会者下榻的招待所,可设在总服务台边,也可设在会务组包用的房间。负责接待的工作人员要热情为报到人员服务,除办理规定的报到手续外,还要主动耐心地向对方介绍会议的吃、住、交通等情况,帮助他们解决各种具体问题。

接待报到的同时可以发放会议材料、证件等。

第三节　会间服务

一、签到、统计到会人数

签到是指与会人员进入正式会场时向会议组织者表示到会的一道手续。常用的签到方式有：

(一) 直接在会议记录簿上签名

"到会人员"成为会议记录的一个组成部分，这种方法适用于只有几人、十几人参加的小型会议。

(二) 在专门的会议签到簿上签名

这是一种传统的签到方法，通常在会场的入口处设签到台，让与会者进入会场时在签到簿上写上自己的姓名，有的还要写上所代表的单位。

(三) 用签到卡片签到

进入会场时将会前发给的签到卡片交给工作人员（或投入专设的签到卡片箱）。签到卡上应写有自己的姓名。这种签到方法适用于人数较多的大、中型会议，它有效地避免了因等候签到造成的人员拥挤现象。

(四) 电子签到

这是现代化的高效率的签到方法，即与会代表都发有专用的 IC 卡，卡上记录有每个代表的详细信息资料。进入会场时刷一次卡，有关信息就进入会议管理计算机系统。这种方式最适合于代表人数很多的大型会议。

代表入场完毕，工作人员要根据签到资料迅速统计到会人数，并将应到人数、实到人数、缺席人数报告会议主持人。

二、安排会议发言

确定发言人和安排发言顺序是会议主持人的职责，秘书人员可能被委托提出初步的安排意见，供主持人或主席团参考。

安排发言要注意:

1. 发言一定要有新内容,坚决不安排内容空洞或内容重复的发言。大会发言可根据事先报来的发言稿或发言提纲选定,或者在小组讨论的基础上确定。

2. 安排发言人应注意广泛的代表性,从地区、行业、职业、性别、年龄等方面综合考虑。

3. 要把发言顺序提前通知发言人,使他们有思想准备。可安排发言人在前排或走道边就座,以便于他们走上主席台。

三、会议记录

会议记录分现场文字记录和录音录像两种:音像记录虽然先进,但不能完全代替文字记录。音像记录要在会前安装好设备,备足磁盘,并分配专人负责操作。

会议文字记录是一种重要的应用文体,目前仍然广泛应用于各种性质、各种规模的会议。会议记录原件和会议录音、录像带,是重要的档案材料,必须妥善保存。

四、编印会议简报

编印会议简报是大中型会议的一项重要工作。会议简报的主要作用是在会议的上下之间和各团组之间交换信息,使领导和与会人员及时了解整个会议的进行情况。对编写会议简报的要求是新,即要反映新情况、新经验新、准、快、短(参见本书72页信息简报的编写要求有关内容)。

会议简报的写法有两种:一是报道式,编写者在了解会议全部或局部进展情况的基础上,选取有价值的内容写成简短消息;二是转发式,将发言节录、发言摘要或倡议、意见等登在简报上,前面可加领导或编者的按语。对于各代表团(组)提供的信息短稿,也要根据以上要求进行编发。

会议简报编印好后,要及时分发给会议领导、各代表团(组)和有关人员。

五、起草、修改会议文件,准备总结发言

会前草拟的文件初稿经讨论后一般都要作一些必要的修改,会议中可能会提出一些新的议题,需要形成新的文件,这些文件在会议进行期间要抓紧时间撰写、修改、定稿;会议结束时领导的总结发言或闭幕词,也要在开会期间协同领导认真准备。

六、会间后勤服务

如果会前对会议的后勤服务安排得比较周到并一一得到落实,那么会议期间的后勤服务工作就比较好做。除了吃、住、行等要安排好外,会场上还要保证茶水供应,照顾好老、弱、病、残,准备一些纸张、墨水、笔,以备代表临时取用。

会议期间的参观、游览、娱乐、合影等活动要精心组织好。

与会外地人员的返程车票、机票也要在会议召开期间买好,要在散会前送到订票人手中。这项工作看似很小,落实起来往往会遇到一些意外困难,解决不好很容易引起代表的不满。

对与会代表生活方面提出的合理要求,应尽可能予以满足。

第四节 会后处理

一、会后的文字工作

(一)会议文件的定稿和制发

会议结束后,会前或会间起草的文件往往需要根据会议的意见作进一步修改才能定稿。有时还会出现需要撰写新文件的情况,例如有的会议在会后要将主要精神写成会议纪要,或对外发布"公报",会议纪要和公报也是会议的正式文件,它们

一般是在会后起草或定稿的。

会议文件要按照文书工作程序和要求抓紧时间定稿并制成正式文本尽快发出。

(二)会议的新闻报道

对于人民代表大会、政协全体会议等公开的大型会议,通常有大众传媒自始至终跟踪报道。但是大多数会议多少涉及一些不宜公开的事项,因此不宜请记者直接参加会议,这些会议结束后的新闻报道就要由秘书部门来撰写。会议报道可以写成简短的消息,会议上有的材料如先进经验、模范事迹等,也可写成专题通讯、典型报道。秘书撰写会议报道,在尊重新闻规律(如时效性)的同时要注意保密和社会影响,不宜公开的讯息不能报道,也不能向记者透露。秘书撰写的会议报道要准确反映会议精神,才能推动会议精神的落实。报道在发出前必须经领导审核。

二、会议文书材料的收集和归档

会议文书材料的收集在会议期间就要进行,如会前会中发放的一些文件的讨论稿以及其他涉及机密的材料,按规定在离会前要如数交回。会议结束后,会议材料要尽可能收集齐全。

会议文书材料收集的重点是:

1. 会议各种文件的各种稿本。

2. 会议重要发言的原稿。

3. 会议记录(包括录音、录像资料、磁盘)。

4. 会议的选举材料,如选票、候选人介绍材料、选举结果等。

5. 重要会议的签到簿、会议预案、会议日程表、会议简报等反映会议情况的材料。

会议文书材料收集齐全后,要按照文书工作和档案工作的要求进行整理、立卷和归档。重要会议应单独立卷。

三、会议后勤服务的善后工作

会议结束后,后勤服务还有一些事情要处理。主要有:安排好交通车送外地代表去车站、机场,及时退清客房和会议用房,归还借用的车辆和其他用品,清理会场,结清会议账目并向财务部门报销等。

四、会务工作总结

大中型会议会务工作是一项综合性的系统工程,做好会务工作离不开全体会务工作人员的辛勤劳动和通力合作,也离不开会务工作组织者的工作经验和综合能力。一次重要会议的会务工作结束时,要对本次会议的会务工作进行认真总结,充分肯定成绩,分析不足之处,表扬有功人员,向支持会务工作的有关部门和人员表示感谢。

办公室主任要充分重视会务工作总结,因为通过会务工作总结,可以积累办会经验,提高秘书人员的综合能力,培养互相配合、协同工作的良好作风。对于工作经验不足的青年秘书来说,自始至终地参加了几次正规会议的会务工作,并善于总结经验教训,可以迅速提高自己的综合协调能力和文字处理能力。

复习思考题

1. 什么是会?什么是会议?会议由哪些要素构成?
2. 什么是会议预案?怎样编制会议预案?
3. 为什么要编写会务工作程序表?
4. 会前准备主要有哪些文字工作和具体事务?
5. 会议进行期间的会务工作有哪些主要内容?
6. 会议结束后还有哪些事务需要处理?

案例分析

1. 阅读下列案例材料,思考并回答后面的问题。

强化"会议成本意识"

一个时期以来,各级各类会议越开越多,规模越来越大,规格越来越高,耗费也越来越惊人。全国从中央到地方,各行业和部门层层开会,一年需要开多少会?大小不等的会议累计起来,究竟需要多少成本?这也许是个天文数字。

会议本身不是一种经济行为,怎么计算成本呢?当然不是像经济事务那样计算成本,主要是算算会议"投入"多少,因为办任何事情都有个投入产出问题,都要提高效率,讲究效益。日本太阳工业公司的会议成本分析制度,其成本的算法是:会议成本=每小时平均工资的3倍×2×开会人数×会议时间(小时)。公式中平均工资乘3,是因为劳动产值高于平均工资;乘2是因为参加会议要中断经常性工作,损失要以2倍来计算。因此,参加会议的人越多,成本越高。如果加上会议的直接"投入",如食宿费、材料费、会场费、交通与电讯费用等,成本则更高。需要指出的是,我们头脑中还缺乏"会议成本意识",只把会议食宿和材料等直接"投入"当作会议成本,这与整个会议成本核算差之千里。

会议"顽症"久治不愈,原因是多方面的:一是观念陈旧,政府职能转变较慢,开展工作习惯运用计划经济体制下行政命令、会议推动的方式,导致会议越开越多、越开越滥。二是铺张浪费,奢侈攀比,公款消费之风甚浓,造成会议成本过高,耗费过大。三是各级政府及财政部门虽制定了不少加强会议管理的文件,但往往监督检查不严,贯彻执行不力。四是大量的预算外资金分头管理和单位"小金库"的存在，客观上助长了会议奢华攀比之风。

　　治理会议"顽症"，关键要转变观念，增强"会议成本意识"，改进工作方式和工作作风；要摒弃传统的思维定势，适应形势发展的需要，积极运用新的方法指导推动各项工作；要从制度建设入手，规范会议行为，可开可不开的会坚决不开，提倡开短会和节俭办会、文明办会。另外，要进一步加强舆论监督，控制会议报道，动员社会力量共同参与治理会议"顽症"。

（材料来源：《秘书工作》2001年第2期，作者　敏笙）

　　(1)除本章正文指出的几点措施外，你认为要从根本上端正会风，还可以采取哪些措施？

　　(2)设某次会议180人参加，20人服务，开会5天共40个小时，与会人员平均小时工资15元，请按照文中的公式计算该次会议的成本（食宿费、材料费、会场费、交通与电讯等费用）。

　　2.西安市委办公厅近年开展查找工作失误活动，发表在《秘书工作》2010年第3、4期的《办公厅工作失误20例》一文中，有3例与会务工作有关。请阅读这些案例，体会会务工作在秘书实务中的重要地位，并分析产生这些失误的原因。

【案例3】会议纪要发送范围漏掉了落实主体单位

　　2008年11月12日，市委召开常委扩大会议，传达中央关于进一步扩大内需，促进经济平稳较快发展的措施和省委常委扩大会议精神，安排部署我市贯彻落实工作，市级有关部门和各区县党政主要负责人列席了会议。

　　会后，我起草好会议纪要报领导审核。秘书长核改完纪要内容，又仔细校对时发现，会议纪要发送范围只有市级部门，没有各区县党委、政府，随即在发送范围栏内填补上了区县党委、政府。

　　市委常委会议纪要直接关系到常委会议决定事项的贯彻落实。这次常务会议明确要求"各区县、各部门要把落实中央出台的十项措施作为当前工作的重中之重,密切配合,有力推进,绝不能贻误时机"。而我作为常委会工作人员,却把落实会议精神的主体——区县党委和政府,在纪要发送范围中漏掉了。如果不是秘书长及时发现,会议纪要一旦发出,区县党委、政府将收不到文件,势必影响决定事项的贯彻落实,这样的后果不是我所能承担的。

【案例16】市委常委会议出现冷场

2007年4月13日下午,市委召开常委会议。我根据会议内容并结合以往经验,觉得第三个议题汇报和讨论的时间可能会比较长,就将第四个议题汇报人的到会时间安排得晚了一些。

第三个议题汇报完,会议开始讨论。作为常委会工作人员的我感到这个议题即将结束,就赶紧到待会室提醒第四个议题汇报人做准备。可推开待会室的门一看,哪有汇报人的影子?这时,第三个议题汇报人已从会议室走了出来。分管秘书长在门口示意我安排下一议题汇报人进来。我马上给汇报人打电话,铃声似乎就在门外。我应声快步迎上前去,他边看表边对我说:"我没迟到吧?我是按会议通知的时间提前到的啊。"我忙不迭地小声说:"没有,没有,请进会场吧。"汇报开始了,我抬头看表,从第三个议题结束到第四个议题开始,已经过去了几分钟。

这一会儿,在外人看来似乎微不足道,但我却深感自责。由于我考虑不周,让常委会议出现冷场,实在不应该。

【案例17】身在外地的领导被安排为议题汇报人

2008年10月13日,秘书长通知我,14日下午市委常委会要听取一次活动的筹备情况汇报,让我联系分管副市长准备汇报提纲。我与市政府办公厅联系,得知这位分管副市长在外地出差,无法赶回来开会。但考虑到该活动筹备工作是由市政府一位分管秘书长协调的,我就按惯例在建议名单中将这位分管秘书长列为议题汇报人。

  14日上午,我向市政府办公厅收集会议有关材料时,意外得知这位秘书长已经出访。我一下子懵了,会议通知已经发出,下午就要开会,如果议题汇报人不能到会,那该怎么办?没了主意的我只好立即向秘书长汇报。秘书长亲自协调有关方面,重新确定了议题汇报人,才保证了会议正常进行。

  看来,凡事都要注意沟通衔接,否则工作很容易出现漏洞。

(材料来源:《秘书工作》2010年第3、4期)

第十二章 信访工作

第一节 信访工作概述

一、信访活动及其特点

信访,是指公民、法人或其他组织采用书信、电子邮件、传真、电话、走访等形式,向领导机关或社会组织反映情况、提出建议、意见或者投诉请求的一种社会活动。信访活动由发起者、受理者、信访内容、信访形式和信访结果五个基本要素组成。

信访活动具有以下特点:

(一)客观性

信访活动是社会矛盾的一种客观表现形式,它的存在是不以人的意志为转移的。

(二)广泛性

信访活动的广泛性体现在三个方面:一是信访发起者身份的多样性,社会各方面人员甚至包括外国人,都可能发起信访活动;二是信访受理者的广泛性,各级党政机关、各社会团体、各企事业单位,都可能成为某项信访活动的受理单位;三是信访内容的广泛性,信访反映的问题涉及社会生活的各个方面。

(三)复杂性

首先是发起信访活动的人员情况复杂,不同身份的人抱着各自不同的目的发起信访活动；其次是反映的问题即信访内容有的也极其复杂。

（四）现实性

信访反映的问题多为现实生活中存在的问题，是当前社会矛盾的反映。只在少数特殊情况下才会集中反映历史遗留问题，如极"左"路线下冤假错案的平反问题。

（五）负反馈性

信访所反映的问题，多为各级组织或领导人工作中出现的失误、不公或存在的问题，正面的反馈信息少，负面的反馈信息多；报喜者少，报忧者多。

二、信访工作及其意义

信访工作是指处理人民群众来信、来电和接待人民群众来访的工作。信访工作是党和国家机关、人民团体、企事业单位一项长期的群众性工作，是领导工作的一个重要组成部分。信访工作也是秘书部门一项经常性的业务工作。

做好信访工作具有十分重要的意义：

（一）保证公民行使民主监督权利的必要形式

我国《宪法》第四十一条规定："中华人民共和国公民对于任何国家机关和国家工作人员，有提出批评和建议的权利；对于任何国家机关和国家工作人员的违法失职行为，有向国家机关提出申诉、控告或者检举的权利，但是不得捏造或者歪曲事实进行诬告陷害。""对于公民的申诉、控告或者检举，有关国家机关必须查清事实，负责处理。任何人不得压制和打击报复"。发起信访活动是公民行使民主监督权利的一种重要方式。

（二）了解社会情况获取反馈信息的重要途径

人民群众在来信来访中反映的问题，含有极其丰富的信息，其中有些是通过其他渠道收集不到的信息，这些信息对于领导机关全面了解社会情况，及时解决工作中存在的问题，有非常重要的价值。领导机关的决策在实施过程中出现的问题、一项政策在执行过程中出现的问题,也会在信访活动中及时得到反映,这些反馈信息有助于领导机关及时调整决策、完善政策。

(三)领导机关或社会组织密切联系群众的桥梁

群众在来信来访中反映的许多实际问题,直接关系到他们的切身利益,反映了他们的愿望和要求。信访工作是了解民情的窗口,处理好信访问题,能密切领导机关、社会组织和人民群众的联系。领导机关通过信访工作能及时了解广大群众的愿望和要求,发现和采纳群众的合理化建议,从而改进各个方面工作。

(四)协调各方关系、维护社会安定的必要手段

人民群众发起信访活动,往往是因为他们遇到自己无力解决或在本单位、本地区没有得到合理解决的问题,这表明社会上某些组织之间或社会群体之间的正常关系已经出现了严重的不协调状况。做好信访工作能够及时对其进行调解,以避免矛盾的发展和激化,维护社会的安定。

三、信访工作机构及其职责

国务院《信访条例》第六条规定:县级以上人民政府应当设立信访工作机构;县级以上人民政府工作部门及乡、镇人民政府应当按照有利工作、方便信访人的原则,确定负责信访工作的机构(以下简称信访工作机构)或者人员,具体负责信访工作。

县级以上人民政府信访工作机构是本级人民政府负责信访工作的行政机构,履行下列职责:

1. 受理、交办、转送信访人提出的信访事项。
2. 承办上级和本级人民政府交由处理的信访事项。
3. 协调处理重要信访事项。
4. 督促检查信访事项的处理。
5. 研究、分析信访情况,开展调查研究,及时向本级人民政

府提出完善政策和改进工作的建议。

6.对本级人民政府其他工作部门和下级人民政府信访工作机构的信访工作进行指导。

《信访条例》是针对行政机关规定的,实际上,其他国家机关、工青妇等群众组织、各企事业单位都会成为信访受理者,这些单位一般都由秘书部门来处理信访的具体工作。

四、信访工作的原则

(一)按法规和政策办事的原则

信访工作是一项政策性很强的工作。信访工作者必须以国家法规和政策为准绳,衡量信访要求是否正当、意见是否正确,并提出处理意见。要坚持在法律面前人人平等,不管信访反映的问题涉及谁,不管他的地位多高、权力多大、与个人关系多密切,都要坚持按法规和政策办事。

(二)实事求是、加强调查研究的原则

信访反映的情况和问题,是否属实,是否客观和全面,还有待核查,有待调查研究。没有调查,就没有发言权。所以,对信访问题的处理,首先必须进行调查研究,弄清情况,明辨真伪。这是正确判断问题和解决问题的前提,也是信访工作必须遵循的一条基本原则。

(三)坚持思想教育、维护法制的原则

对人民群众来信来访中的合理要求,凡能够解决的要尽可能予以解决;由于客观条件限制暂时不能解决的,必须讲清情况,耐心说服;对于一些过高的不合理要求,应该做耐心细致的思想教育工作,既不能不理不睬,也不能一味无原则地退让迁就。对极个别坚持无理要求或借信访为名打击诬陷他人的,要进行法制教育,晓之以利害,以维护国家法制的严肃性。

(四)分级负责、归口办理的原则

所谓"分级负责",是指各级信访部门都要明确自己的职责。一般来说,上级机关的信访部门,只直接受理重要的信访问题或下级信访部门难以处理的问题,一般的信访问题可转下级信访部门办理,但须加以督促检查;凡在本级能解决的问题,应就地解决,不得将矛盾上交,尽量将问题解决在基层。所谓"归口办理",是指信访部门应根据信访问题的性质和信访者所在单位的隶属关系,将信访问题转交有关部门办理,并加强督促检查。对信访部门转来的信访问题,各有关单位必须在职权范围内认真办理,不得互相踢皮球。

(五)件件有着落、事事有结果的原则

《信访条例》第二十一条规定,信访机构收到信访事项,应当予以登记,并区分情况,在15日内分别转送相关部门处理,"有关行政机关应当自收到转送、交办的信访事项之日起15日内决定是否受理并书面告知信访人",第三十三条规定:"信访事项应当自受理之日起60日内办结;情况复杂的,经本行政机关负责人批准,可以适当延长办理期限,但延长期限不得超过30日,并告知信访人延期理由。"这些规定是对人民群众信访活动高度负责的表现,是对公民民主权利的尊重和爱护。信访工作部门和信访工作人员要设身处地为人民群众着想,为他们排忧解难,使他们在信访中提出的具体问题得到及时处理,处理结果应用信函或电话告诉信访者,对于建议性信访材料,也要回函表示感谢。

第二节 信访工作的一般程序

一、来信处理程序

对人民群众来信的一般处理程序是:拆封、阅读、登记、转办或立案交办、回复。

(一)拆封

要做到当日来信当日拆封。拆封前先检查来信是否属于本机关受理,以免错拆。拆封时应用剪刀沿封口剪开,不要剪去邮票、邮戳、邮编、地址等标记。拆封后应取尽信封内的信纸和其他物品。如有夹寄的证件、现金、票证等,要逐一核对,妥为保管。对来信应先浏览一遍,以便对要信、急信及时处理。来信如缺张少页,应注明,信封应与信纸一并装订。如有其他单位的转办单或另套有信封的,也应一起装订,以备查证。

(二)阅读

阅读来信时注意力要集中,认真仔细地弄清来信的意图和反映的每一个问题,切忌马马虎虎,一目十行。对一些措辞激烈的来信,阅读时要控制自己的情绪,要善于从情感化的文字中抓取有用信息,搞清楚反映的究竟是什么情况,提出了什么要求,并初步判定来信的重要程度。

(三)登记

每一封来信都要认真登记。来信登记簿的格式如下:

人民群众来信登记簿

序号	发信时间	收信时间	来信人姓名	来信内容摘要	来信人邮编地址	来信人基本情况	办理单位	回信时间	备注
51									
52									
53									
54									
55									
56									

表中来信人基本情况,包括职业、职务、年龄、政治面貌、单位、电话号码等,信中不一定详细告知;信内夹带的物品要在备注栏注明。如果来信是上级转来并有上级领导批示,或已有处理结果或已向上级作了汇报的,也应备注,以便查考。

登记时应在信纸首页上方盖上收信章(类似文书处理中的收文章),并附上《人民来信处理单》,与来信一起运转。《人民来信处理单》格式如下:

人民来信处理单

来信人		寄信时间		收信时间	
地址			邮编		
来信内容摘要					
拟办意见					
领导批示					
承办单位					
办理结果				承办人	年 月 日
回信人		回信日期		年 月 日	
备注					

(四)转办

转办就是受理机关按照分级负责、归口办理的原则,将来信转交有关单位或部门处理。转办是处理信访问题的一种主要方法。转办信访材料,要及时、准确。转办方式一般有三种:一是单件转办,即来一件转一件。二是集中转办,即将需要转办的来信和材料,按部门或按系统集中若干件后,统一转办;它只能用于非急件,且不得超过15日。三是附函转办,即将需要转办的材料,提出要求或说明情况后转有关部门去办。

转办信件和材料要注意以下几点:

1. 检举揭发信和材料,要转给被告发人上一级单位或领导人处理。原信、原材料不能原封或复印下转,而要用打字件、抄件或摘抄的办法转办,不得公开揭发人的姓名和住址。

2. 批评信和材料,一般可转给被批评单位或个人的上级单位去处理。有的也可以去掉反映者的姓名、地址,只把批评内容抄给被批评单位或个人,要其作出检查或说明。

3. 上级指定不要下转的信件和材料,不得下转。来信人要求不要下转的信件和材料,也应尽量不下转。确实需要下转的,应提醒受理单位注意保护来信人权利,防止对来信人打击报复。

(五)立案交办

立案交办就是信访部门将一些来信或来访所反映的问题,认为确有处理价值或有实际问题需要解决的,立为案件,面交或函交有关主管部门办理,并要求汇报处理结果。这种方法有利于上级部门督促检查下级的工作,以便迅速有效地促进信访问题的解决。

对应当由本级信访部门办理或上级信访部门转来的信访案件的办理,请见后文"信访案件的办理"(第251页)。

(六)回复

回复就是给来信人复信,告知来信的处理情况或结果。根据《信访条例》,信访事项应当自受理之日起60日内办结回复,如因特殊原因不能办结,也要及时回信告知暂时不能办结的原因。

复信不一定等到来信办理完毕,要根据具体情况处理:有的可以简单告知其信件的转办情况,有的可以建议写信人到某一部门(例如司法机关)去解决,有的可以给以详细解释,有的可以给予安慰或鼓励、感谢,有的应该复信(或电话)进一步沟通了解详细情况。重要来信的办理过程中,可能有信件的多次往来。

二、来访接待程序

群众来访接待不同于处理来信,它直接面对人民群众。由于来访者的情况以及来访意图错综复杂,要求接待人员既要态度热情,又要头脑敏捷,反应灵活,善于处理各种复杂的情况。

来访接待的一般程序是:

(一)热情接待

对所有来访者,不论其提出的问题、意见、要求是否合理,能否解决,也不论是初访还是重复来访,接待人员都应首先表示欢迎,并以热情的态度予以接待,亲切地与其交谈,使来访者打消顾虑,稳定情绪。

(二)仔细登记

接谈前应先请来访者将自己的基本情况填写在"来访处理单"上。"来访处理单"可以参照以下格式印制:

群众来访处理单

姓名		性别	年龄	
工作单位			职务	
详细地址			邮编	
身份证号			电话	
来访事由				
拟办意见				
领导批示				
办理结果			承办人 年 月 日	
备注			接待人签名:	

登记表前四行由来访人自己填写,如来访者不识字,则由接待人员代填。其他项目(包括"来访事由")留待接谈后由接待人等填写。

(三)认真接谈并详细记录

接谈是来访接待的关键环节。要集中精力倾听来访者的陈述,边谈边迅速做好记录,没有听明白的地方要态度和蔼地作必要的询问,对关键问题或重要情节一定要询问清楚,必要时复述记录的主要内容,征求来访者对记录的意见。接待人要明确告诉来访者必须对反映情况的真实性负责。如果来访者反映的问题比较重要,应该请来访人认真核对记录文本,确认无误后请来访者签字认可。接待者应询问来访者是否带有书面材料(或能否将来访反映的问题写成书面材料),若有,应在来访记录中注明。

(四)酌情处理

1. 对来访者提出的询问或其他比较简单的问题,能当即答复解决的应予以当面答复解决。如来访者对政策不理解,一时想不通,应做好耐心的解释和说服疏导工作。

2. 对政策无明确规定、一时难以回答,或虽有规定但需要进一步核实情况的,要向来访者说明准备处理的方法和程序。

3. 对越过责任归属单位的来访,应向来访者指明受理单位。但对反映重要情况或者紧急问题的越级来访,应直接受理。

4. 对属于应由有关职能部门受理的来访,可将来访者介绍到该职能部门接谈处理。

5. 对超过规定人数、集体串联来访的,要向他们宣传有关规定,请他们派出代表反映情况,必要时可请有关单位领导人前来协同做好说服动员工作。千万不能简单行事,激化矛盾。

6. 对少数无理取闹、扰乱信访秩序,经教育无效的,应及时通知其所在单位或地区带回;对违反信访规定,危害社会治安的,要及时同公安部门联系,依法处理。

7. 来访群众要求合理,政策允许,应该解决而长期得不到解决的问题,可直接调查,查明情况后,督促有关单位处理;需要与有关部门共同研究处理的,应联系安排,组织落实,并动员来访群众回原单位,等待处理结果。

8. 来访者留下的书面材料,需要转办的应及时转办。有关身份证明或其他证件,看后应退还来访人,必要时可请来访人将有关证件复制一份留下,以便送阅材料时附上,供领导判断处理。

(五)立案交办和回复

根据接谈记录,把来访者所反映的情况和意见摘出重点、要点,填入"来访处理单"上"来访事由"一栏。然后将接谈记录附在《来访处理单》后面一起运转。

后面的处理程序与人民来信的处理相同。

三、群众来电的处理

如果信访人以电话形式反映、表达意愿,应与来信来访一视同仁。在专设"首长电话"、"监督电话"、"举报电话"、"投诉电话"的机关或单位,应配备专职人员受理群众来电。这类电话的用户线路和终端不能挪作他用,以确保信息畅通。来电处理程序可以参照来信和来访的处理程序。

四、对信访中几种特殊情况的处理

(一)联名信

联名信指5人或5人以上为反映同一问题而共同签署姓名的来信。

联名信反映的大多数是涉及较大范围群体切身利益的现实问题,必须给以足够重视。要排除那种一看到联名信就联想到"串联给领导出难题"的心态,联名信是写给领导机关的,说明写信人相信政府,如果不分青红皂白先入为主地怀疑写信动机,无意中就将自己置于人民群众的对立面,不利于矛盾的解决。

对联名信的处理更要注重时效性,要及时向领导汇报,防止因时间拖延而造成矛盾激化,诱发新的问题。

(二)匿名信

匿名信就是不署名或不署真实姓名的群众来信。匿名信的内容以揭发、控告领导和机关腐败和反映不正之风的居多。匿名信产生的原因比较复杂,有的是怕打击报复,有的是怕社会舆论,有的是提供线索但又怕情况不准将来要负法律责任。虽然也有利用匿名信诬告、陷害他人的现象,但所占比例不大。

秘书部门对匿名信要积极受理,与署名信一样对待。对匿名信反映的线索要认真调查,在反腐斗争和廉政建设中,匿名信为揭露大案要案提供了大量有价值的线索。

秘书部门对匿名信要认真研究,根据具体内容作不同处理。凡信中反映事件的时间、地点、人员和情节很翔实的,都应列为案件线索,向有关领导或部门提供;有的可作为参考信息提供给领导或有关单位,对于极少数经调查核实确属诬告的匿名信,应依法追究写信人的责任。

(三)恐吓信

恐吓信就是扬言自杀、闹事、制造恐怖事端以要挟组织和领导的信件。秘书部门接到恐吓信后,要及时通报有关单位采取应急措施,查明情况。对重大情况应及时与公安部门取得联系。在问题得到妥善处理后,对来信人要进行批评和严肃处理,触犯法律的,要追究法律责任。

有些恐吓信是精神病患者写的,其措辞往往语无伦次。凡是第一次接到有恐吓内容但是思路混乱有精神病嫌疑的,仍按上述办法处理。经调查确认是精神病患者并反复来信的,一般不作处理,可责成其监护人加强监护。

(四)集体上访

集体上访就是5人以上为反映同一问题而串联在一起,到上级机关提出共同要求的信访活动。集体上访是信访活动中的一种特殊现象,是信访矛盾激化的一种表现,产生的原因比较复杂,应该以防为主。

集体上访一旦发生,秘书部门应予以高度重视,绝不能以"违法"为由生硬简单地拒之门外不予理睬。接访人员首先要热情接待,再心平气和地向他们宣传信访法规:《信访条例》明文规定"多人采用走访形式提出共同的信访事项的,应当推选代表,代表人数不得超过5人";并及时向领导和有关部门通报信息,如属闹事性的,可与公安部门联系,予以处置。

不能把集体上访与聚众闹事相提并论,集体上访中只有极少数是被人利用的违法行为,大多数是因为群体利益受到侵害得不到解决才引起矛盾激化的。但是必须明确,许多人集中到领导机关"请愿",并不利于矛盾的解决,选派代表才是有效的方法。应当相信上访群众是通情达理的,在领导机关表示重视他们的要求后,会接受选派代表反映情况的方式。

(五)老上访户

所谓"老上访户",是指上访人提出的问题几经调查处理,本人不服,反复到上级机关上访的人员。老上访户人数虽不多,但严重影响机关正常的办公秩序和信访接待秩序,影响社会稳定。因此,秘书部门对老上访户的处理要高度重视。

要从根本上解决老上访户问题,需要社会各方面共同努力。这里只谈信访部门如何接待老上访户的来访问题。

对老上访户一定要区别不同情况处理,不能一概视为"难缠"、"无理取闹"的"刁民"。他们来访提出的往往是老问题,这些问题可以分为三类:

一是信访者要求合理但长期得不到解决。对这样的问题信访部门要坚决维护群众利益,向领导反映,责成有关单位限期妥善解决。信访人员不能仅从日常工作少受干扰出发,对下级提出"如此人下次再来上访将唯你是问"的警告,而应从代表群众利益的高度出发,要求有关单位切实解决上访人的合理要求;否则有关单位可能会不解决实际问题,而采取吓、卡、压的方法拦阻上访,这样不利于从根本上解决问题。

二是上访人的要求过高而不合理,不可能得到满足。对这种情况要分析原因,只有在事实调查清楚的情况下,才能把其要求不合理的原因讲清楚。许多情况是,信访人并没有认识到其要求不合理才一次又一次地发起信访,接访人员要耐心听取他的陈述,心平气和地跟他一起分析问题,要有充足的理由来证明他的要求过高,不可能得到满足。

三是情况复杂,信访部门经过调查仍难以判定信访者的要求是否合理,解决问题的难度超过了信访部门的职责范围,那就要明确告诉信访人,建议通过司法途径解决问题。

不管哪一种情况,信访部门在没有足够证据证明老上访户是无理取闹的情况下,都要热情接待。

五、信访案件的办理

信访案件是指需要查处的信访事项。办理信访案件是一项十分严肃的任务。查办信访案件应该做到手续完备、案情清楚、定性准确、处理恰当、善后工作落实。

信访案件办理的程序是:

(一)立案

对信访人所反映的问题,首先要进行初步核实。

经有关领导批准之后,对问题的真实程度、严重程度及其性质进行初步核查,为立案提供依据。初步核实可以由受理机关派人进行,也可委托下级机关进行。无论采用哪种方法,都应当尽可能找到信访人,请其作进一步的说明,或者提供更翔实的材料。初步核实要抓住主要问题,并与取证相结合。操作时要注意保密,保护检举人和被检举人。

经初步核实,信访部门认为需要查处的信访事项,按一定程序审核批准后立案。虽然信访要求做到"件件有着落",但不是每件信访都要立案。属于下列情形之一者应立案:

1. 重要的或长期顶着拖着不办的申诉问题。
2. 需要了解的重要情况和问题。
3. 对严重违法乱纪或党内不正之风问题的揭发检举。
4. 对严重压制民主和打击报复事件的投诉。
5. 对国家各项方针、政策阳奉阴违,不贯彻执行的人和事。
6. 领导批示或上级交办的事项。

(二)转办

转办就是秘书部门按照分级负责、归口办理的原则,将已确定立案的信访事项转交给下级机关或有关部门查处,并限期回报处理结果。信访案件转交一般采用专函方式,特殊情况下也可采取当面转交的方式。对涉及两个以上单位的信访案件,转交时应确定一个主办单位,或由主办单位牵头承办。

（三）承办查处

承办单位或部门收到信访部门转来的信访案件（有的信访案件由信访部门自己承办），要按照要求抓紧调查处理。

办理信访案件首先要进行调查，这是办案的中心环节。信访案件的调查主要有两种方法：一是谈话，包括与知情人（信访人）谈话和与被调查人谈话。谈话应个别进行，不要开调查会；参与谈话的办案人员不得少于两人；谈话一般在相关人员所在单位、住所进行。二是查阅，即查阅与案件有关的文件、资料、账册、会议记录、单据、工作笔记等书面材料，有价值的要复制备用；办案人员要遵守保密纪律，不得扩散外传。

办案人要在事实调查清楚的基础上提出处理意见，报承办单位领导研究批准。对案件要准确定性，注意排除主观偏见和各种客观因素的干扰，实事求是、恰如其分地认定案件性质。对案件的处理要坚持依法办事，要重证据，每一项具体处理意见都要有充足理由：以事实为基础，以法律、法规和政策为依据。

承办单位对立案交办的信访案件，在办理过程中和办理完毕后，应用书面形式向交办部门报告查处情况。

（四）催办

催办就是对信访案件承办单位进行督促检查，使其在规定时限内结案，其方式略同于文书处理程序中的"催办"。

（五）结案

结案就是把信访案件的查处结果告知信访人和有关单位。结案是办理信访案件的终端。信访案件是否可以结案，主要看信访案件的调查处理是否符合事实清楚、证据确凿、定性准确、处理恰当、手续完备的要求。如果符合，就应拟制"结案报告"，经有关领导审核批准后，打印上报，并将处理结果告知信访人。

第三节　信访信息的综合利用

一、信访的分类与统计

根据群众来信来访所反映的问题,通过综合研究和分析,向领导机关提供必要的信息,是信访工作的重要任务之一。对人民群众的来信来访进行正确的分类和统计,是完成这一任务的前提和基础。

(一)信访的分类

信访的分类,就是根据群众来信来访所反映的问题,划分若干类别。常用的分类方法主要有以下几种:

1.问题分类法。就是按照群众来信来访所反映的具体问题进行分类。例如,批评和建议类、申诉类、揭发控告类等。按问题分类,是一般常用的方法,它可以使我们了解信访工作的基本情况,便于有关部门根据不同问题的性质、特征进行分析和研究,从而提出不同的对策。

2.时间分类法。就是根据来信来访的时间或信访问题发生的时间段进行分类。例如,按年度、季度、月份进行分类。时间分类法可以使我们认识信访形势的历史状况和发展趋势,从而掌握信访的规律。按信访问题发生的年代分类,可以使我们了解各个时期还有多少遗留问题没有得到解决,从而为总结经验和解决这类信访问题提供依据。

3.地区(单位)分类法。这种分类法主要是以来信来访者所在地区(单位)为标准的一种分类方法。按地区(单位)分类,可以使我们了解各个地区(单位)的信访情况。通过比较,看出各地区(单位)之间的差别,从而发现问题,找出解决问题的办法。

上面这三种分类法,各有其作用和特点,可以根据实际需要,采取其中的一种或两种,也可以三种同时并用。

（二）信访的统计

信访的统计，是指对信访工作有关数据的收集、整理、计算和分析等工作。信访的统计包括两大类：一是对群众来信来访情况的统计，二是对信访工作的统计。通过对信访统计数据的分析，可以得到许多规律性的信息。例如，通过一段时期内反映征地拆迁矛盾问题的信访数量比较，可以看出国家相关法规政策的执行情况和实际效果，也可以分析出各地区同类矛盾的严重程度或变化趋势。

信访的统计一般按年度上报，不得拖延。信访的统计是在合理分类和准确翔实的登记材料的基础上进行的，要保证统计数据准确无误，就要抓好平时的信访登记工作。

二、信访信息的综合研究

人民群众在信访活动中反映的问题、情况和要求往往具有一定的典型性、苗头性和普遍性。这些信息对于领导者的决策具有重要意义。信访工作人员不但要处理好每一件具体的信访事项，而且要经常对信访信息进行综合研究，从中找出有规律的东西，供领导者参考。

搞好信访信息的综合研究，首先要经常认真学习国家的法律、法规和方针政策，了解不同时期和不同阶段的工作重点以及本地区、本组织阶段性工作目标，有针对性地、及时准确地为领导提供信访信息。

其次平时要注意收集积累信访资料，在做好信访登记和分类的基础上进行分析。分析的方法有：

1. 地区分析法。即以信访人居住的地区或者信访事项涉及的地区为分析对象，以了解这一地区整个信访情况，比较各个地区间的差别，从而分析原因，发现问题，找出办法。

2. 时间分析法。即以信访时间或信访事项发生的时间为分析对象，以把握信访动态和发展趋势，找出规律，争取主动。

3. 问题分析法。即对某一阶段内信访活动所涉及的问题进行分类比较,以了解信访问题的分布和指向。比如将信访问题分成情况类、建议类、举报类、求决类、申诉类等,每一类下面还可分成若干小类。

4. 因素分析法。即对导致某一类信访事项上升或下降的原因加以分析并提出具体对策。

以上各种分析方法可以交叉综合运用,以求对信访信息进行多角度研究,把零碎的、分散的信访问题整理成系统的、对领导的决策具有参考价值的信息。

三、信访信息的输出和利用

向领导反映信访信息及群众意见,是信访部门的重要职责。提供信访信息和反映情况的方法,除了口头汇报以外,一般是采用"要信要访专报"和"综合反映"的方法。

（一）要信要访专报

要信要访专报,主要是对于群众来信来访中所反映的重大问题,以专报的形式向领导反映。所谓"重大问题",是相对而言的,并没有一个绝对的标准。一般来讲,主要有以下几类：

1. 反映国家方针、政策问题的。例如,反映当前的政治、经济体制改革中出现的新情况、新问题；反映国防建设、经济建设等方面的重大问题。

2. 反映领导干部严重腐败行为和违法乱纪的重大问题。

3. 反映群众当前生产、生活中急需解决的重大问题。

（二）综合反映

综合情况反映,也称"信访信息研究报告"。它是信访工作机构向领导报告较长时段和较大范围信访宏观情况和总体趋势的公文。它要求把群众来信来访中反映的各种分散的、零碎的、不系统的问题,通过分析和研究,加以综合整理,定期或不定期地向领导反映。

县级以上政府信访工作机构应当就以下事项向本级政府定期或不定期提交信访情况综合分析报告：一是受理信访事项

的数据统计、信访事项涉及领域以及被投诉机关的分布特点；二是转送、交办、督办情况以及各部门采纳改进建议的情况；三是提出的政策性建议及其被采纳情况；四是下一步工作重点及应对措施。

复习思考题

1. 信访活动有何特点？做好信访工作有何重要意义？
2. 信访工作必须遵循哪些原则？
3. 简述处理人民来信和接待群众来访的一般程序。
4. 信访中可能出现哪些特殊情况？如何妥善处理？
5. 信访信息怎样才能得到综合利用？

案例分析

认真阅读下面的案例材料，思考并讨论后面的问题。

为老上访户开听证评议会

据2004年3月18日《服务导报》报道，浙江省浦江县尝试用听证会的方式解决上访难题。16日，这个县专门为一个"老上访户"召开了信访听证评议会。

这个"老上访户"叫张武林。2001年8月23日，张因故与联合执法大队工作人员发生争执和"肢体冲突"，当晚住进浦江县中医院治疗，后经有关方面鉴定，伤势为轻微伤。该县公安局在调查的基础上，对联合执法大队部分工作人员作出治安拘留处罚处理。张不满鉴定结论和处理结果，3年来，为要求安排屋基和赔偿医药费一直上访至今。这次，张武林成了信访听证评议会的座上宾。一同参与听证的还有该县人大代表、政协委员、律师、退休老干部和张的部分亲友等近20人。听证会上，张武林和县联合执法大队、县公安局各陈其由，与会社会各界人士也就伤情鉴定、赔偿合理性等问题各抒己见。最后形成一致意见：张案事实清楚，建议对张再作一次伤情鉴定，对赔偿问题双方通过法律途径解决。

为"老上访户"开听证会益处多多。对争议双方而言，听证会不啻于一堂法制教育课，通过与会法律专家的发言陈述，可以使争议各方对相关法律、法规实体及程序规定认知更加清楚，理解更加准确，界定更加公允。从一定意义上说，听证会可谓维护人权会。人大代表和政协委员的参与出席，其意义已超越解决上访难题个案本身，代表委员对行政行为合法性进行集体会审和现场监督，可确保公民合法权益免受侵害。听证会也堪称化解矛盾会。俗语云，锣不敲不响，理不辩不明。通过听证会，给予双方面对面公开陈述和充分申辩的机会，满足了矛盾相对各方情感宣泄的心理需求，化解和防止了矛盾的进一步激化，避免了"公说公有理，婆说婆有理"的无果争论，让各方心平气和，求同存异。浦江实践证明，听证会还能化复杂为简单、快刀斩乱麻地解决实际问题。信访案件尤其是疑难案件，往往涉及多个部门，即使处理公平，有时也难以服众。借以由多方参加的听证，邀请非当事人参加，共同摆事实讲道理，增进沟通和理解，既可解决个案，又可为解决类似信访案件探明路径，积累经验。

反思当下少数地区之所以信访形势不容乐观，"老上访户"难以绝迹，原因固然复杂，但处理不当不能不说是重要导因之一。依我看，所谓"处理不当"，归纳起来无非"三不"作祟。一谓不能解决，这是能力问题。平时官僚主义、形式主义严重，缺乏对法规政策的准确把握和社情民意的深入了解，"下访"不力引发"上访"不断，遇到矛盾和问题岂能从容应对迎刃而解。二谓不快解决，这是作风问题。处理问题、解决矛盾一等二看三敷衍，一言以蔽之，没钱的官司——拖，久拖不决的结果自然是简单问题被拖延成复杂问题,主动被敷衍成被动。三谓不想解决,这是态度问题。本可化解于基层的小矛盾、小纠纷,却由于推诿扯皮、高高挂起,小矛盾被激化成大矛盾,易事变成难事,甚至招致越级上访不断,"老上访"频仍的严重后果。笔者一向认为,办法总比矛盾多,关键在于想不想解决、想不想真解决,换言之,在问题和矛盾面前,缺少的从来就不是办法,而是决心和诚意。由是观之,相形之下,"三不"的末者比前二者更值得诟病、更应当警惕、更令人后怕。

　　浦江县探索用信访听证会的形式,集体会诊破解"老上访户"疑难信访案件,是一项制度创新。在笔者看来,创新的背后折射的是以人为本的施政理念,彰显的是人性化的工作方法,体现的是"权为民所用、情为民所系、利为民所谋"的为政宗旨。笔者的观点是,为"老上访户"开听证会只是为各地提供了解决复杂矛盾和问题的一种新思路,只要真正心中有民,以人为本,"老上访户"难题可以找到由难变易的解决办法,一切民生民权难题皆不难找到化复杂为简单的良方妙策。

(材料来源:新华网 2004-03-18,
http://news.xinhuanet.com/newscenter/2004/03/18/content_1372731.htm)

　　(1)在我国经济强劲发展的同时,信访活动却出现了集体上访、越级上访、重复上访增多的现象,还曾发生数起诸如上访人员引火自焚的恶性事件。出现这种现象的原因是什么?

　　(2)案例中老上访户问题得到圆满解决。假如你是该地区分管信访的领导,决定将材料转发给全体信访工作人员和各级干部参考,要在材料前加一段 200～300 字的按语,你将如何写?

　　(3)如果你是负责信访工作的秘书,从这则材料中能够得到哪些启示?

第十三章 保密工作

第一节 保密工作概述

一、秘密、保密和保密工作的概念

秘密是指在一定时间内仅限一定范围人员知悉、不准公开或不宜公开的信息和事物。秘密有三个层次：第一层次是个人秘密，在现代法律中称为"隐私权"，受到法律的保护；第二层次是社会组织（如企事业单位）的秘密；第三层次是国家秘密。本章所说的秘密系指后两个层次的秘密，即单位秘密和国家秘密。

世界各国对国家秘密的等级都作了明确规定，一般分为3～4个级别。我国《保密法》把国家秘密分为绝密、机密、秘密三个等级。"绝密"是最重要的国家秘密，泄露会使国家的安全和利益遭受特别严重的损害；"机密"是重要的国家秘密，泄露会使国家的安全和利益遭受严重的损害；"秘密"是一般的国家秘密，泄露会使国家的安全和利益遭受损害。

出于安全和利益的考虑，在一定时间、一定范围内对秘密加以保守或保护，使之不外泄，这种行为称为"保密"。

保密工作，就是为达到"保密"目的所采取的一切手段和措施。它包括积极防范和认真追查两个方面工作，以前者为主。保密工作是秘书部门的一项传统业务。

二、保密工作的特点

保密工作的目的,是为了维护国家或组织的安全和利益。保密工作具有政治性、相对性、群众性和隐蔽性等四个特点。

(一)政治性

政治性是保密工作最突出的特点。保密工作是为巩固国家政权和维护国家利益服务的,是管理国家的工具和手段,属于国家政治工作的一个组成部分。在我国现阶段,保密工作是为现行的社会制度服务,具有明显的政治性。

(二)相对性

相对性是就保密工作的时间性与一定的区域性而言。任何秘密总是局限在一定时间和范围之内。这个时间与范围,一般由产生保密材料的单位依据国家和上级有关规定划出。世界上没有绝对的、永恒的秘密,只存在涉密人员多少、保密范围大小与保密时间长短的区别。时过境迁,原来的秘密就可能解密或降低密级。

(三)群众性

保密工作涉及的范围极其广泛,因此,要做好保密工作,绝不能只靠某个部门或少数人,必须依靠广大群众。《宪法》第五十三条规定:"保守国家秘密"是公民的义务。我国《保密法》第三条规定:"一切国家机关、武装力量、政党、社会团体、企事业单位和公民都有保守国家秘密的义务。"只有让人民群众都重视保密工作,才能最大限度地保守秘密。

(四)隐蔽性

保密工作的隐蔽性是由秘密的本质属性决定的。保密工作说到底就是对秘密采取各种防范措施,使之不外泄。如果保密工作所采取的手段和措施失去了隐蔽性,保密工作本身也就失去了意义。我国目前保密工作的一项重要任务就是要尽快改变保密技术落后的现状,增强保密技术的防御和保障能力,真正达到保密的目的。

三、保密工作的意义

(一)保密工作关系到国家的安全和利益

国家在政治、经济、军事、外交等方面的重大决策、措施,如果在酝酿产生的过程中泄露出去,就有可能引起社会波动和人心不安,造成国家在政治、外交上的被动或经济、科学实力的削弱。在战争年代和冷战时期,人们对保密工作比较重视,保密意识比较强;现在是和平时期,人们对泄密的危害性往往认识不足、放松警惕,使我国一些重要的政治、经济、军事和科技情报泄露出去,给国家安全和利益造成不可弥补的重大损失。20世纪80年代,我国景泰蓝与宣纸工艺技术的泄密,使我国丧失了对这两项产品国际市场的绝对控制权,造成了难以估量的经济损失。因此,加强保密工作在当前仍然极为重要。

(二)保密工作关系到企业的生存和发展

在市场经济体制下,作为自主经营、自负盈亏的独立经济实体的企业在国内外市场上的竞争日趋激烈,有关市场信息、企业运转情况、销售渠道、技术工艺等便成为竞争对手关注的焦点,必须切实加以保护;一旦泄露出去,企业将蒙受无法估量的经济损失,严重的会使企业陷入困境甚至破产。因此,在单位内部建立健全保密制度,加强企业员工的保密意识,严防各项经济、技术秘密外泄,对于企业来说也是一项十分重要的工作。

(三)保密工作关系到机关工作能否正常运转

任何机关或单位的领导在决策、管理工作中都有一些暂时不能公开的事项,诸如机构调整、人事安排、意见分歧等。这些秘密如果泄露出去,往往会造成干部和职工思想的混乱,对领导工作形成极大干扰,从而影响到机关日常工作的正常运转。因此,做好保密工作,是机关各项工作正常开展的一项基本条件。与此相对,不该保密的信息加以保密,应该解密的东西不及时解密,也会给工作带来麻烦。

四、保密法规

"保密法规"是一切有关管理国家秘密问题的法律规范的总称。我国的保密法规主要有：

（一）宪法有关条款

《中华人民共和国宪法》第五十三条规定：中华人民共和国公民必须遵守宪法和法律，保守国家机密。

（二）刑法有关条款

《中华人民共和国刑法》（2005年2月最后修正）中有许多条款对窃密、泄密、失密的法律责任作了明确规定：

第一百一十一条 为境外的机构、组织、人员窃取、刺探、收买、非法提供国家秘密或者情报的，处5年以上10年以下有期徒刑；情节特别严重的，处10年以上有期徒刑或者无期徒刑；情节较轻的，处5年以下有期徒刑、拘役、管制或者剥夺政治权利。

第二百一十九条 有下列侵犯商业秘密行为之一，给商业秘密的权利人造成重大损失的，处3年以下有期徒刑或者拘役，并处或者单处罚金；造成特别严重后果的，处3年以上7年以下有期徒刑，并处罚金：

1. 以盗窃、利诱、胁迫或者其他不正当手段获取权利人的商业秘密的。

2. 披露、使用或者允许他人使用以前项手段获取的权利人的商业秘密的。

3. 违反约定或者违反权利人有关保守商业秘密的要求，披露、使用或者允许他人使用其所掌握的商业秘密的。

明知或者应知前款所列行为，获取、使用或者披露他人的商业秘密的，以侵犯商业秘密论。

本条所称"商业秘密"，是指不为公众所知悉，能为权利人带来经济利益，具有实用性并经权利人采取保密措施的技术信息和经营信息。

本条所称"权利人",是指商业秘密的所有人和经商业秘密所有人许可的商业秘密使用人。

第二百八十二条 以窃取、刺探、收买方法,非法获取国家秘密的,处3年以下有期徒刑、拘役、管制或者剥夺政治权利;情节严重的,处3年以上7年以下有期徒刑。

非法持有属于国家绝密、机密的文件、资料或者其他物品,拒不说明来源与用途的,处3年以下有期徒刑、拘役或者管制。

第三百九十八条 国家机关工作人员违反保守国家秘密法的规定,故意或者过失泄露国家秘密,情节严重的,处3年以下有期徒刑或者拘役;情节特别严重的,处3年以上7年以下有期徒刑。

非国家机关工作人员犯前款罪的,依照前款的规定酌情处罚。

(三)保密法

《中华人民共和国保守国家秘密法》(简称《保密法》,全文见本书附录四),该法于1988年制定,2010年作了较大的修订,由原来的25条增加到53条。

第二节 保密范围和保密工作的重点环节

一、保密的范围

《中华人民共和国保守国家秘密法》第二条规定:国家秘密是关系国家安全和利益,依照法定程序确定,在一定时间内只限一定范围的人员知悉的事项。

第九条规定:下列涉及国家安全和利益的事项,泄露后可能损害国家在政治、经济、国防、外交等领域的安全和利益的,应当确定为国家秘密:

1. 国家事务重大决策中的秘密事项。
2. 国防建设和武装力量活动中的秘密事项。

3. 外交和外事活动中的秘密事项以及对外承担保密义务的秘密事项。

4. 国民经济和社会发展中的秘密事项。

5. 科学技术中的秘密事项。

6. 维护国家安全活动和追查刑事犯罪中的秘密事项。

7. 经国家保密行政管理部门确定的其他秘密事项。

政党的秘密事项中符合前款规定的,属于国家秘密。

除上述《保密法》明确规定的国家秘密范围外,各机关和企事业单位可根据具体情况确定保密工作的具体范围。

二、机关保密工作的重点环节

(一)文件保密

文件保密包括秘密文件、资料、图表等的保密。文件是国家秘密的一种主要存在形式,涉及政治、经济、军事、外交等方面的重要秘密,历来是秘书部门保密的重点。秘书部门是各机关、企事业单位公文处理的主管部门,在公文制作、处理、保管等各个环节,必须严格执行国家保密法律、法规和有关保密规定,确保国家秘密的安全。

文件保密的主要措施有:

1. 按文件密级控制文件发放和阅读范围。

2. 控制文件印刷权限。

3. 党和国家一切机密文件不得在报刊上登载或广播。

4. 文件应由专职文书工作人员负责处理、存放,严禁私人复制、抄录、保存机密文件。

5. 严格执行文件立卷归档和销毁制度。

6. 重要文件在拟稿过程中,撰写人员不得泄露文件内容。

7. 重要文稿送批、签发时,不得由无关人员转送领导。

8. 各类机密公文在收发、撰稿、印制、阅办、清退、利用等方面必须严格按程序办事。

（二）会议保密

会议保密指机关、单位内部会议和会务工作的保密。会议是决策议事的一种重要方式，不少会议的内容直接涉及党、政、军、经济、科技和外事等方面的国家秘密，一旦泄露出去，将危及国家安全和利益。企事业单位的会议则多涉及商业机密和工作秘密，关系到组织的根本利益。

会议保密的主要措施有：

1. 凡涉及机密的会议，会前要部署保密工作，严格确定出席、列席人员，会场应选在有安全保障的地点。

2. 会议期间和会后，对会议是否公开、何时公开以及会议的内容哪些可公开，应由领导机关和领导人作决定；在未公开前不得泄露。

3. 加强会议文件的使用、保管和回收。

4. 会务人员在会后应对会场和住宿场所进行检查。

5. 与会人员回本单位、本部门后，只能按会议要求在指定范围传达会议精神，不得擅自扩大传达范围。

（三）通讯和计算机网络信息保密

一般单位的主要通讯工具是电话（传真）和互联网，计算机同时还是秘书部门处理内部信息和进行其他管理的主要工具。现代通信技术和计算机网络技术虽然给秘书工作带来了极大的方便，也给秘书保密工作增加了新的难度。

通讯和计算机网络信息保密的主要措施有：

1. 不得通过普通电话（含移动电话）传达涉及机密的事项。

2. 挑选忠实可靠、保密意识强、技术过硬的人员担任计算机及其网络技术管理人员。

3. 加强机房、数据库和控制中心等的安全保卫工作，防止"黑客"入侵和病毒破坏。

4. 对通过网络传输和在数据库中贮存的秘密数据进行加密。

5. 对记录有重要信息的磁介质应随数据一起销毁。

6.秘书办公用计算机的保密措施要安全到位,密码级别高且不外泄,不许他人借用,撰写涉密材料时不许有他人在场。

（四）经济和科技情报保密

经济情报保密,指对国家经济建设中的重要计划、数字以及经济动态进行保密。科技情报保密,是对我国科学技术发明创造以及特有工艺技术进行保密。对于企业来说,商业机密和技术秘密是保密工作的重中之重。秘书人员在接触它们时,要严格遵守有关保密规定,严防窃密和泄密。

（五）新闻出版保密

新闻报道和出版物是公之于世的。秘书人员在与大众传媒、新闻出版单位往来过程中,涉及机关、单位的保密事项,必须事先请示领导,经领导批准后才能对外提供信息素材。如系准备刊发、出版的文稿,也应经严格的保密审查才能发稿。

（六）领导个人信息保密

各级各部门领导人,尤其是党和国家领导人,他们的行动和公务活动,关系到国家和人民的利益。因此,对他们的办公处所、家庭住址、车牌号码、电话号码、视察及出访日程、途经路线等,都必须加以保密,未经领导批准不得外传或见报。此外,秘书人员经常接触领导,对领导的思想意图、决策趋向、指挥决心以及领导人之间的意见分歧以及领导人的生活习惯、个人隐私等了解较多,这些也应该列入保密范畴。

第三节　保密工作实务

一、健全保密制度

加强法制建设、健全保密制度,是实现保密工作科学化和规范化的保证。各机关、企事业单位必须以保密法规为依据,结合本单位情况建立完备的保密制度,从而使保密工作有法可依、有章可循。完备的保密制度体系包括各涉密岗位的保密责任制、各涉密工作环节的管理制度、各项保密制度的实施办法和细则。一般单位除了在文书管理制度、档案室管理制度、通讯管理制度、计算机房管理制度中必须规定保密条款外,还应包括:

(一)制定保密法规在本机关的实施细则

国家保密工作主管部门,如国家保密局和各级地方保密局,应尽快制定与《保密法》相配套的保密实施办法和细则,使保密工作有法可依。

(二)搞好划密工作

划定本系统、本单位的保密范围和密级,分清密与非密、核心秘密与非核心秘密,是完善保密制度的基础,它是直接为制定保密制度服务的。

(三)完善保密制度

随着经济、社会和科学技术的发展,保密工作也会出现一些新的特点和新的要求。1988年通过的《保密法》也在2010年4月由全国人民代表大会常务委员会作了重大修订,各机关、单位应依据修订后的《保密法》对原有的保密制度加以修订,制定与新形势相适应的严格的保密制度。即使国家保密法规没有修订、改动,各单位已经建立的保密制度也存在一个调整、完善的问题。

二、开展保密教育

增强公民和员工的保密意识,是做好保密工作的必要前提。因此,对本地区、本单位的干部和群众开展经常性的保密教育,是保密工作的一项重要内容。保密教育从内容上看,一般包括保密法制教育、保密形势教育和保密知识教育。保密法规的宣传教育,包括法规的宣讲和解释工作以及保密法知识的普及,旨在提高公民和员工守法、执法的自觉性,增强其保密意识。保密形势教育主要是向公民和员工介绍国际、国内窃密与反窃密斗争的形势和情报窃密活动的特点、方法。保密教育的形式应灵活多样,最好能结合本单位情况进行。

在企业内部,要加强对员工保密意识的教育,尤其是本企业的商业机密和技术机密,要靠全体员工共同保护,要让他们都明确意识到保密关系到企业的兴衰存亡,关系到每一个员工的切身利益。

三、进行保密检查

保密检查是指保密主管部门或有关机关、单位的领导部门,依据保密法规,采用一定的形式和手段,定期或不定期地对涉密单位或个人履行保密义务和责任的情况进行检查的一项活动。

保密检查包括四个方面内容:

1. 检查保密工作方针、政策和保密法规、制度的贯彻执行情况。
2. 检查保密组织机构落实及其建设的情况。
3. 检查保密设施的配置和保密环境的安全情况。
4. 检查有无泄密事件的发生及对泄密事件的查处情况。

保密检查是各单位、各部门做好保密工作的必要途径,对于保密工作的深入开展起着重要的促进作用。

四、处理失密事件

保密工作应以防范为主,如果平时保密工作做得好,失密事件就不会发生或很少发生。但是失密一旦发生,就应严肃查处,这也是保密工作的重要内容。

查处失密事件,一定要及时调查,搞清真相,明确责任,查明原因。对相关责任人要严肃处理,并采取补救措施,减少或挽回损失。追究失密责任人的法律或行政责任,目的是为了教育当事人和其他人员,以杜绝失密事件再次发生。

复习思考题

1. 什么是秘密？什么是保密工作？
2. 我国保密法规主要有哪些？
3. 机关保密工作的重点环节有哪些？秘书部门在这些环节中起怎样的作用？
4. 机关保密工作有哪些具体事务？

案例分析

下面是互联网上一篇报道的摘要。请认真阅读后思考并回答后面的问题。

商业泄密事件日益增多，保护商业机密迫在眉睫

记者近日从首届广东知识产权实务高层论坛获悉，广东立案侦办的侵犯商业（技术）秘密犯罪案，仅今年1月至8月就达14宗。由职工跳槽引发的侵犯商业秘密案急剧增多。

广东省知识产权局副局长、广东知识产权保护协会会长唐善新认为，随着全球经济一体化时代的到来，跳槽这种现象是防不住的，而且将不断加剧。但商业秘密并非不能保住，关键在于有法可依，执法必严。

专家为商业秘密自我保护支招：科技型企业要明确决策层主管信息保密领导人员，设立企业信息保密领导机构；在某项信息的载体上明确标明"保密"字样，并隔离机器设备，专人专柜保管，将有关资料上锁；强化员工的归属感，只有归属感增强了，无论是跳槽，还是被人利诱，都会大大减少商业秘密流失情形的发生；把接近商业秘密的人和区域限制在最小的范围内；利用劳动合同，与掌握商业秘密的内部职员、离退休及调动工作的职工约定保密责任；采取技术性防范措施，注意保留与秘密信息有关的文

件资料,以便为将来可能的诉讼保存证据;对于一些重大秘密,尽可能将其关键部分进行分解,使每一涉密者只能接触到秘密的其中一部分。

(材料来源:找法网 2007-02-10,
http://china.findlaw.cn/laodongfa/jingyejinzhi/11740.html)

(1)有人说,保密工作是党、政、军机关秘书部门的事,与企业关系不大。看了上面的报道后,你对此是否有了比较明确的看法?

(2)案例中的专家为商业秘密自我保护支的"招",哪些与本章介绍的保密工作直接相关?公司秘书在其中能起到什么作用呢?

第十四章　网站管理

第一节　网站基本知识

网络是现代社会最便捷的传播工具。为了充分利用互联网和计算机技术,目前无论是各级国家机关还是各类企事业单位,一般都建有自己的网站(或网页),网站管理是秘书部门一项重要的常规业务。

一、网站的构成

网站一般由网页、网页空间和网址三个基本组成部分。

(一)网页

网站的内容由许多个网页组成,大到数百个,小到可能只有一个。在网站上通过浏览器看到的第一个网页,称为该网站的"首页"(Home Page),在首页上可以通过单击超级链接(Hyper Link)连到其他网页上进行浏览。

(二)网页空间

在本地电脑上做好网页之后,就需要在因特网上申请空间作为安"家"之处,用以存放网页,正如必须找一块地基才可以盖房子一样。

(三)网址

在因特网上申请到网页空间的同时,也就拥有了一个与之相对应的地址——网址。通过它,其他用户就可以顺利地在网上找到你的"家"。

二、网站的分类

(一) ISP 型网站

ISP 是 Internet Service Provider 的缩写,中文意思是因特网服务提供商,规模较大的有中国电信等,而规模相对较小的 ISP 更是多得数不清,它们提供建立网站所需的网页空间及其他的相关资源。若要建立这样一个网站,是比较费钱费时的,所以建立这类网站不在本书讨论范围内。

(二) 独立网站

指网站或其他 ISP 租用的因特网专线,一般 64KB 的带宽就足够了。这类网站也需要有与软硬件设置和维护相关的服务器,所以也需要相当多的资金投入和软件技术,一般适用于较大的单位。

(三) 一般网站

一般网站指不需要具有任何设置服务器的技术,也无需高价租用因特网专线,只要向 ISP 申请即可自行建立的网站。也可以这样说,ISP 已经在因特网上建好了网站,具备所需要的一切服务器软硬件设备,一般网站建设者只需要租用该 ISP 网站的硬盘空间来存放网页即可。这样网站建设者就可在不需要任何设置服务器和维护软硬件技术的情况下,轻松完成建立网站的任务。

三、网站的作用

(一) 政府网站的作用

《中国计算机报》副总编张向宏在一次"如何建设好政府网站"的访谈中说。[①] 政府网站有三大功能定位:

---

① 中国网站建设网,http://www.cnwdn.com/news/2006-2-20/874.asp。

1. 信息公开。网站能提高政府的透明度,使政务做到"以公开为原则,不公开为例外",以保障公民的知情权。

2. 在线办事。网站不应仅成为政府的宣传阵地,更应当服务好企业和社会公众的办事需求,提供"一站式、一体化"办事服务。

3. 公众参与。网站可以扩大公民参政、议政的范围,保障公民参与权、监督权,提升政府的政治文明程度。

一个政府网站应该同时做好这三件事,这是一切政府网站工作的出发点和落脚点。

(二)企业网站的作用

企业网站作用与政府网站有所区别,企业最关心的是建设网站能给企业带来哪些好处。有人总结出企业网站的五大作用:

1. 有利于树立企业形象,提高企业和产品的知名度。

2. 有利于拓展营销渠道,扩大市场,提高营销效率。

3. 有利于了解顾客的意见,掌握顾客的需求。

4. 有利于改善服务,提高企业服务质量。

5. 有利于改变业务流程,提高企业信息化水平和管理水平。

(三)学校网站的作用

1. 能够更好地树立学校形象,展示学校风采。有利于增强学校教师、学生、管理人员的凝聚力,有利于拓展学校招生渠道。

2. 能够高效率地进行教学管理。利用网站可以下发通知、公开校务、交流信息、征求意见等,提高学校管理的透明度。

3. 有利于教师提高专业水平,有利于学生提高学习效率。网络为教师提供了共享学术资源和交流经验的平台,教师还可以通过网络解答学生的疑问,弥补教学资源的不足。

4. 对于高等院校,网站还提供进行远程教学的条件,使学校可以在更大范围内利用优质教学资源,实现社会效益最大化。

其他类型机关单位网站的作用就不一一列举了。总之,现代网络技术已经不再是早期的单纯的便捷的通讯手段,它已经渗透到社会生活的各个方面。而网络的几乎所有功能都必须通过各单位的网站建设才能实现。

第二节　网站的建立

一、软硬件配置

(一)硬件配置

有人以为建立网站需要强大的技术支持。实际上,一般单位建立一个普通网站,需要的硬件支持并不高:

1. 一台普通 PC 机。
2. 基本的上网条件(最好是宽带上网)。
3. 扫描仪等器材,以方便图像和文字的录入。

(二)软件配置

1. HTML 编辑软件,如常用的 FrontPage,Dreamweaver 等。
2. 图像处理软件,如常用的 Photoshop,Paintshop Pro 等。
3. 文件上传的软件,如常用的 CuteFTP,WSFTP,LeaFTP 等。
4. 其他软件,如自动注册搜索引擎的 Addweb 等。

二、申请主页空间

(一)选择好站点

站点就是存放主页的空间。因特网上为用户提供主页存放空间的站点很多,各个站点提供的具体服务千差万别,可以根据需要选择。

选择站点要根据以下原则:

1. 根据网站功能的需要选择适当的空间,假如要做软件下载的站点,当然应选不限空间的。

2. 附带的免费服务越多越好,有计数器、留言板等功能。

3. 最好支持 CGI,这样可以让网站拥有自己的邮件列表、反馈表单等。

4. 访问速度快,能用 FTP 方式上传主页文件。

5. 提供免费服务的站点信誉度要高。

(二) 申请免费主页

选好站点,就可以向选定的 ISP 网站进行申请。

申请时必须了解"站规"。提供免费服务的 ISP 的站规一般由三部分组成:一是警告不得在主页上放置政治腐败、黄色和其他违反本国法律的内容;二是给用户提供空间的 ISP 权限说明;三是自己的权利和义务,权利和义务的主要内容是账号和空间,对账号来说,如果在其开通后一周至两周内还未使用,账号将被自动收回;主页更新的最长期限是 6 个月,任何主页 6 个月内没有任何修改将会被看作自动放弃账号。

了解站规后,如果不能做到就放弃;如果能做到就单击"我同意以上条件,请让我申请空间"作出确认。然后再填写"用户名"或"账号"和"密码"。最后单击"申请"按钮,很快可以等到 ISP 管理员的回复。管理员一般会用 E-mail 的方式通知用户账号是否已经开通,并告知用户所申请的用户名、密码以及上传主页的服务器名等信息。

(三) 申请简易域名

主页空间申请好后,由于服务器管理的原因,会发现主页的 URL 太长不便于使用。为了方便用户访问,可以申请简易域名,申请的步骤与申请主页空间基本一样。

三、网站内容的设计

网站要发挥作用,必须吸引用户,要让用户感到网站对他们非常有用。如果内容空洞,无论页面制作如何精美,也不会有多少用户访问,网站的作用也就有限。

（一）网站内容设计的原则

1. 网站信息的总体结构要层次分明,尽量避免形成复杂的网状结构。

2. 图像和多媒体信息的使用要适中,图像、声音和视频虽然能够比普通文本提供更丰富、更直接的信息,但是占有空间大,展开速度慢,而文本字符可提供较快的浏览速度。

3. 重视主页或首页的内容设计,因为它们能够给用户很深的第一印象,好的第一印象能够吸引用户再次光顾这个网站。

4. 网站内容应该随时进行修改和更新,在主页上要注明更新日期,一般来说,用户不会浏览一个月没有任何更新的网页。

5. 网页中应该提供一些联机帮助功能,通过简洁明了的帮助说明,让初次登录本网站的用户了解使用方法。

6. 文本内容应简单明了、通俗易懂。所有内容都要针对设计目标而写,不要节外生枝。

（二）网站内容十要件

内容是网站吸引浏览者最重要的因素,内容少或信息不实用的网站无法吸引匆匆浏览的访客。建议事先对人们希望阅读的信息进行调查。不同性质单位的网站具体内容各有侧重,但是一个标准网站应该包括以下十大项:

1. 站点结构图(SITEMAP)。站点结构图是一种有关站点结构、组织方式的示意图。站点的主要栏目或者关键内容列在其下的副标题中。当访问者单击标题、题目或副标题时,相关的网页就会出现在屏幕上。简明合理的站点结构图可以使访问者迅速找到信息所在的位置。

2. 导航栏(NAVIGATION BAR)。每个网站都应该包括一组导航工具,它出现在此网站的每一个页面上,称为"导航栏"。导航栏中的按钮应该包括:主页、联系方式、反馈及其他一些用户感兴趣的内容。这些内容应与站点结构图中的主要题目相关联。

3. 联系方式页面(CONTACT PAGE)。在此页面中创建可发送 E-mail 的链接,使 E-mail 地址可以自动地出现在"收信人"栏中。访问者在录入相关内容后单击"发送"按钮即可完成发送操作。

4. 反馈表(FEEDBACK FORMS)。利用反馈表,用户可以随时提出信息需求。用户反馈表是不断提高服务质量以满足用户需求的重要依据,通过反馈表可以了解网站中哪些信息对用户来说是重要的,哪些是无关紧要的。

5. 引人入胜的内容(COMIPELLING CONTENT)。在每个网页中都要包含相关的、引人入胜的内容;将特别重要的内容用符号标注出来,但不要用得过多,以保持页面的简洁。

6. 常见问题解答(FAQs)。创建 FAQs 可以避免重复回答相同的问题以节省管理者和访问者的时间和精力。在导航栏中包含有 FAQs 按钮。

7. 精美的图片(GOOD GRAPHICS)。图片不要用得过多,要选择合适的、无需太多内存及下载时间的图片。可以降低图片精度,对每页的文字和图像进行限制。

8. 搜索工具(SEARCHING MECHANISMS)。用户可以在搜索工具中输入关键词语或词组,在单击查询按钮后,与关键词相关的网页列表就会出现在屏幕上。

9. 新闻页面(NEWS PAGE)。引导用户访问新信息有以下几种方法:(1)在最新更新的信息边加注一个靓丽或闪烁的小图标"新!"或"new"。(2)为最新消息创建单独页面,并在一段时间后将其移到适当的目录中。(3)在主页或每个页面下加注一行文字,表明本网站或每个单独的页面最近一次更新的时间。

10. 相关站点链接(RELEVANT LINKS)。好的站点通常都可以链接到其他相关站点以提供更多信息。网站管理者应定期访问各链接站点,删除那些"死"站点。

四、网站界面的设计

界面就是网站给浏览者的第一印象。设计网站界面包括以下内容：

（一）栏目的编排

构建网站就好比写论文，首先要列出提纲，才能做到主题明确、层次清晰。网站建立时如果没有合理规划，可能导致网站结构模糊、目录庞杂、板块编排混乱等现象，结果不但浏览者看得糊里糊涂，制作者自己在扩充和维护网站时也相当困难。所以，在建站制作网页前，一定要对栏目和板块进行合理编排。比如，将一些最吸引人的内容放在最突出的位置或者使之在版面分布上占优势地位。栏目是一个网站的大纲索引，应该将网站的主体明确显示出来。编排栏目时需要注意：

1.尽可能删除那些与主题无关的栏目。

2.尽可能将网站内最有价值的内容列在栏目上。

3.尽可能从访问者角度来编排栏目，以方便访问者的浏览和查询。

4.网站简介、版权信息、个人信息等不必放在主栏目里。

（二）板块编排

"板块"比"栏目"概念要大一些。如果是较小单位，网站内容不多，只要分栏目就够了，不需要设置板块。如果单位较大，栏目很多，还应该将许多栏目分为若干板块。例如安徽省"芜湖市人民政府网站"（http://www.wuhu.gov.cn）分为走进芜湖、透视政府、芜湖政务、市民办事、企业办事、投资芜湖、城市名片、市民心声等八大板块。每个板块可以有自己的栏目。如芜湖市人民政府网站的"市民心声"板块，就设有市民论坛、咨询投诉、督办反馈、城市管理、新闻督办、百姓话题、社区生活、乡土芜湖、通讯科技、情感码头等十个栏目。

设置板块时，应该注意以下几点：

1.各板块之间要有相对独立性。

2. 板块之间要相互关联。

3. 各板块的内容要围绕网站主题。

(三)创建目录结构

网站目录是指建立网站时创建的目录。目录结构是一个容易被忽略的问题,因为目录结构好坏,浏览者不会有明显的感觉,但是对于网站本身的维护和以后内容的扩充和移植却有着重要的影响。因此,对目录结构要仔细安排,下面提几条原则性建议:

1. 根目录下文件不可过多,否则很容易造成文件管理混乱,搞不清哪些文件需要编辑和更新,哪些无用的文件可以删除,以及哪些是相互关联的文件等,结果文件越来越多,一个也不敢动,影响工作效率。

2. 按栏目内容建立子目录。子目录的建立,首先应按主栏目建立。内容较多,需要经常更新的可以建立独立的子目录;而一些相关性强,不需要经常更新的栏目,例如,网站简介、站长情况等可以合并放在一个统一目录下。

3. 在每个主目录下都建立独立的 Images 目录。一般来说,一个网站根目录下都有一个默认的 Images 目录。将所有图片都存放在这个目录里很不方便,比如在删除栏目时,图片的处理相当麻烦,所以有必要为每个主栏目建立一个独立的 Images 目录。

其他需要注意的还有:目录的层次不要超过三层;不要使用中文目录名;不要使用过长的目录名;尽量使用意义明确的目录名,以便于记忆和管理;建议使用简单的英文单词或者汉语拼音及其缩写形式做目录名。

(四)建立链接结构

网站的链接结构是指页面之间相互链接的拓扑结构。在一个有许多页面的网站中,每个页面都是一个固定点,链接是两个固定点之间的连线。链接结构的设计在实际的网页制作中是非常重要的一环,采用什么样的链接结构直接影响到版面

的布局。网站的链接结构有两种基本方式:

1.树状链接结构(一对一)。首页链接指向一级页面,一级页面链接指向二级页面。浏览时,一级级进入,一级级退出,条理比较清晰,浏览者明确自己的位置,但是浏览效率低,要从一个栏目的子页面转到另一个栏目的子页面,必须回到首页再进行。

2.星状链接结构(一对多)。每个页面相互之间都建立有链接。这样浏览起来比较方便,随时可以到达自己喜欢的页面。但是由于链接太多,容易使浏览者迷路,搞不清自己在什么位置。

在实际的网站设计中,一般将这两种结构混合起来使用。总的目标是希望浏览者既可以方便快速地到达自己所需要的页面,又可以清楚地知道自己的位置。最好的办法是:首页和一级页面之间用星状链接结构,一级和二级页面之间用树状链接结构。

第三节 网站的日常管理

一、网站管理制度

(一)分级管理制度

分级管理制度是指任何机关、单位的网站都由本机关领导,绝大多数单位的网站由办公室直接管理,少数大型综合性机关成立了独立于办公室的"信息中心"。机关领导和秘书部门只对本机关的网站负责。例如,省政府网站与各省辖市政府的网站直接链接,由省政府网站可以直接点击进入某市政府网站,但是省政府网站的管理者对市政府网站不具有管理的权力和责任。

一个独立单位通常只建有一个独立的网站,它的各二级机构和各职能部门则建有各自的网页,成为单位网站的有机组成部分。单位领导可以要求它们建立自己的网页,并提出一些具体要求,但单位网站的管理者也不必参与这些网页的日常维护。

(二)专人管理制度和岗位责任制度

网站管理的工作量相当大,大的网站需要有一支专门的管理队伍,小单位的网站也必须指定专人负责。有的网站建立后,因为没有专人管理而导致运转不良,如出现故障后很长时间得不到处理,或网站信息长期没有更新等。

设立专门的网站管理机构或确定专门的管理人员后,必须建立岗位责任制度,明确规定网站管理人员的具体职责。

(三)保密制度

由于网站是一个公开的媒体,网站信息管理必须特别强调保守国家机密和组织自身的特殊秘密(如商业机密、暂时不宜公开的政务秘密、人事秘密等)。

(四)信息审查制度

我国信息产业部颁布的《计算机信息网络国际互联网安全保护管理办法》规定,任何单位和个人不得利用国际互联网制作、复制、查阅和传播下列信息:

1. 煽动、抗拒、破坏宪法、法律及行政法规实施的。
2. 煽动颠覆国家政权,推翻社会主义制度的。
3. 煽动分裂国家、破坏国家统一的。
4. 煽动民族仇恨、民族歧视,破坏民族团结的。
5. 捏造或者歪曲事实,散布谣言,扰乱社会秩序的。
6. 宣扬封建迷信、淫秽、色情、赌博、暴力、凶杀的。
7. 公然侮辱他人或者捏造事实诽谤他人的。
8. 损害国家机关信誉的。
9. 其他违反宪法和法律、行政法规的。

网络管理人员自己不得发布上述信息,在一些网民自由参与的栏目(例如 BBS 论坛)中,如果发现明显违反上述规定的言论,也要采取措施妥善处理。但是,只有确实违反宪法和法律的言论才能依法过滤,网络管理人员必须尊重网民的言论自由,不要动辄删帖,这侵犯了宪法赋予公民的民主权利和言论自由。

除此之外,在网站上发布有关本单位重大活动的新闻、主要领导人的内部讲话等,也要经过领导人(或领导授权的人员)审核确认,否则可能会造成不良后果。

二、网站内容的更新

建立网站不是赶时髦、做样子,而是充分利用互联网强大的传输信息的功能为本组织服务。网站最基本的作用是发布信息和交流信息,而信息的时效性决定了网站上的内容必须及时更新。如果你打开一个网站,发现它发布的最新的"公司新闻"是两年之前的,你就不会再浏览其余内容,因为这样的网站是不可能提供多少有价值信息的。

网站应该形成定期更新信息制度,例如一个省辖市政府的网站,本市新闻栏最好每个工作日都要更新,就像日报每天的新闻版一样;一家公司的网站则应该每星期至少更新一次。网站除主页的信息要及时更新外,还应该督促站内各独立网页(各职能部门、二级机构负责管理)也建立定期更新的制度。除了新闻外,其他栏目的内容也要及时更新。

网站内容更新除了要及时增加最新信息外,还包括及时清除陈旧的失效的信息。如一家自学考试的网站上,至今保留着十年前自考时间安排的内容,虽然它同时发布有本年度自考时间安排的内容,但将十年的自考时间安排都同时发布在同一页面上,增加了网民浏览页面的时间。如果认为有必要作为历史资料保存以便使用者查询,可以将这些失去时效的信息分门别类地放到"历史回顾"或"历年文件"之类的专门目录中,不要让新信息与很陈旧的信息出现在同一网页中。

三、网站信息的处理和利用

与平面媒体相比,互联网的一个巨大优势就是可以及时互动,信息可以双向交流。不但机关领导可以通过网站向单位内外的公众发布信息,而且单位内外的公众也可以通过网站提供许多反馈信息,对领导机关工作提出具体的要求、意见和建议。对于这些反馈信息,秘书部门应该视为重要的信息资源。除了按照信息工作和信访工作的要求广泛收集、认真研究外,秘书人员从网站管理的角度还要对公众反馈的信息加以及时处理。

下面简介"首长信箱"和"公众论坛"信息的处理和利用。

(一)首长信箱

许多网站建有首长信箱,如"市长信箱"、"厂长信箱"、"校长信箱"等,其作用主要是接受内外公众对机关工作的批评、意见和建议。一般情况下,信箱收到的信件由秘书部门整理后再转领导人处理,秘书可以提出处理建议。对首长信箱的来信应该及时回复,那些提出建设性意见或反映重要问题而对机关工作提供重要帮助的,应该给予表扬、感谢和奖励。2006年3月9日,东北地区某高校校长办公室在校园网登出《关于领取校长信箱来信获奖人员奖金的通知》:"根据学校《关于开设书记、校长网络信箱和建言献策栏目的通知》精神,学校决定对8名来信人给予奖励(名单附后)。请以上人员尽快到校长办公室领取。"[①]对通过校长信箱对学校工作提出重要批评和建议的来信人以奖金鼓励,8名获奖者中有3人署真名,2人署名为"教师",1人署名为"学生",1人署名为"毕业生",还有1人署名为"愤青"。这所大学的领导不要求来信署真名,一视同仁认真接受批评建议,并对来信人以精神和物质奖励的做法,赢得师生员工的尊重。这种态度和具体做法值得借鉴。

---

① http://webmail.lnpu.edu.cn/webmail/tongzhi.htm.

（二）公众论坛（BBS）

一些网站设有供公众自由发表意见的论坛，公众论坛是网民最喜爱的栏目之一，也是公众参与公共事务、行使民主监督权利的有效手段。但是，也有许多机关或单位因为种种不必要的顾虑，不敢开设论坛，甚至将已经开设的 BBS 论坛关闭。

下面我们以安徽省芜湖市人民政府网站处理"市民心声"栏目一则公众言论为例，说明公众论坛在构建和谐社会、促进政府与公民双向沟通、加强精神文明建设中所能起到的作用。

2006 年 3 月 21 日，市民成全友在"市民心声－百姓话题"栏目发表一篇题为《走近芜湖'臭水沟'！》的帖子，并且配发了自己拍摄的一组图片，全面反映该市一条明渠被严重污染的情况。该帖发出后，引起强烈反响，2 天之内有 1000 多人点击浏览，50 多人跟帖对政府提出批评，而市政府办公室也迅速责成市政部门对该问题公开答复，答复时间距原帖发出时间仅 20 小时。现将"市政处办公室"的回复帖摘录如下：

网友您好：

感谢您对城市建设管理工作的支持和理解。您反映的市中心这样一条"臭水沟"即是我市重要的城市排涝和泄洪调蓄的河道——保兴垾。保兴垾综合整治工作近几年来一直被列为城市建设改造的重中之重，花费了几年时间来研究制定全线整治的可行性方案。2006 年 4 月份保兴垾治理工程的雨污分流、河道清淤、两岸护坡等项目的施工图设计将正式提交，开始招投标，预计 6 月份将开工建设，年内将基本完成……明年完成沿线的景观、便道、绿化等配套设施建设，使保兴垾成为供市民休闲娱乐的城市带状公园。在此，我们也呼吁广大市民不要向河道内乱倒垃圾杂物，乱排污水，让我们共同保护好市中心的水系。

市政处办公室
2006 年 3 月 22 日

类似这类重视市民论坛上的公众意见,及时处理并给予回复的例子,在该论坛的"市民心声"中大量存在。芜湖市人民政府网站重视市民论坛公众意见的做法值得借鉴推广。(该网站"市民心声"网址为:http://www.smxs.gov.cn/)

复习思考题

1. 简述网站对各种类型机关单位的作用。
2. 网站内容设计要遵循哪些原则?应包括哪些项目?
3. 网站管理有哪些制度需要遵守?
4. 如何处理和利用网站的反馈信息?

案 例 分 析

下面是华中地区某全国重点大学后勤集团网站"后勤简讯"栏目中发布的一则新闻材料:

编者按:……为了表彰先进、弘扬传统、再创辉煌,后勤集团于10月16日举行了校庆工作总结暨表彰大会。校党委书记×××应邀出席了本次大会,并作了重要讲话……现将×书记的发言刊载如下(根据会场录音整理,未经本人审阅):

后勤集团的各位领导、同志们:

今天晚上,我怀着崇敬、感激的心情来参加后勤集团校庆总结表彰大会……

校庆大典中主席台的搭建,当时我也有点担心。中央警卫局和××省警卫局的同志都问,这个主席台上要坐500多人,万一塌下来怎么办?是啊,因为有二级保卫的同志,还有省市领导的同志,如果主席台出事,那可是出大问题了。×校长跟我商量了之后,决定让600多个学生在台上跳。经过检验,台子没有问题,证明了我们后勤的同志工作是非常优秀的。我和丁校长告诉中央警卫局和省警卫局的同志:"绝对能够保证首长的安全!"……

谢谢大家!

2003年×月××日
(材料来源:互联网)

这则新闻材料在网站发布后,引起了该校学生和校外网友的关注,造成很坏影响。请思考并讨论下面的问题:

(1)以上这段讲话内容上存在什么问题?为什么会造成很坏影响?

(2)网站管理人员(秘书)在这件事上应该汲取哪些教训?

(3)从这起事件看,负责网站内容管理的秘书人员应该具备什么样的素质要求?

第十五章　谈判事务

第一节　谈判概述

一、什么是谈判

谈判是双方或多方为了消除分歧、改善关系或满足各自利益需要，就某些共同关心的事项进行相互磋商的一种社会活动。

谈判有广义和狭义之分。

广义谈判包括社会上组织与组织之间、组织与个人之间、个人与个人之间就任何问题所进行的交涉、协商，大到国家与国家之间为重大政治、军事、经济问题举行的谈判，小到顾客与商家之间就一件零售商品讨价还价的过程，都属于广义的谈判。广义的谈判已经渗透到社会生活各个方面，不管你愿意不愿意，你都经常成为谈判的参加者。

狭义谈判指那些正式场合下进行的旨在达成某种对各方有约束力的协议而进行的谈判，又叫"正式谈判"。本章所阐述的谈判主要指这种正式谈判。

在市场经济体制下，谈判是各级各类机关和企事业单位领导经常性的公务活动。谈判在企业经营活动中的作用越来越重要，在经济来往中，既需要通过谈判来推销商品，采购原材料，引进人才、资金、技术、设备，广泛开展经济技术协作，也要经常运用谈判来解决越来越多的利益冲突和经济纠纷。

作为领导的参谋和助手,秘书要为领导的谈判提供各方面服务,承担谈判的具体事务,经常直接参加领导的谈判活动,有时还在领导授权下作为一方代表参加谈判。谈判事务已经成为当今秘书工作的一项常规业务,秘书有必要掌握谈判的基本知识,熟悉谈判的一般程序,更好地发挥秘书在谈判中的作用。

二、谈判的构成要素

(一)谈判主体

谈判主体就是谈判的当事人。在多数谈判中,谈判主体为两方,这种谈判叫做"双边谈判",也有一些谈判主体为三方或更多,这种谈判叫做"多边谈判"。

每方谈判当事人可以是一个人,也可以是一个社会组织(法人),例如一个国家、一级机关、一个企事业单位等。当谈判主体为个人时,他可以自己直接参加谈判,也可以委托代理人(例如律师)出面参加谈判;当谈判主体为一个组织时,它总是选派或委托代表人或代表团参加谈判。当谈判的参加者是以代表人或代表团身份参加谈判时,谈判主体实际上是谈判参加者和他所代表的组织(或个人)的统一体。当我们说要研究谈判主体的情况时,既要研究对方组织(或个人)的经济实力、当前处境、真实需要等,也要研究对方参加谈判者个人的情况,如他在对方组织中的实际权力(影响力)、他的个性特点、处事风格、谈判经验等,因为谈判者个人因素对谈判效果有非常大的影响。

(二)谈判内容

谈判内容就是谈判所讨论的议题,是谈判各方共同关心的问题。每一次谈判都有非常具体的议题,其内容千差万别,但从大的方面看,谈判内容无外乎三个方面:经济商务、政治军事、科技文化,所以可以将谈判分为经济商务谈判、政治军事谈判、科技文化谈判。在现代社会,经济商务谈判数量上占绝对多数,个人与个人之间、企业与企业之间、个人与企业之间、地区与地区之间的谈判,都是以经济商务谈判为主。

(三)谈判目的

任何谈判都有具体目的。谈判目的就是满足谈判者的某种需要,例如,一座城市为了吸引外商投资本地开发某一项目,一家公司为了向某客户推销某种产品,一家工厂请某高校培训专业技术人员,都可能是一次谈判中某一方的具体目的。

谈判各方的目的既有差异性,又有相容性。如果谈判各方目的差异很大,则谈判的难度也就较大;反之,如果谈判各方目的的相容性较大,则谈判就容易取得成功;如果双方的目的完全对立,没有任何相容之处,则谈判多以破裂而告终。

谈判中,既要明确己方的目的,也要搞清楚对方的目的;既要了解双方目的的差异性,也要分析双方目的的相容性,这样才能使谈判取得积极成果。

(四)谈判结果

正式谈判是为达成某种对各方均有约束力的协议而进行的谈判,所以,根据是否达成协议,谈判只有成功和失败两种结果。当然,成功的谈判取得实质成果的大小又存在着程度差别。一般根据谈判协议对双方利益需要的满足情况将成功的谈判结果分为"赢—赢式"和"赢—输式"两种,"赢—赢式"结果就是谈判达成的协议使谈判双方的需要都得到一定程度的满足,"赢—输式"结果就是只有一方利益得到满足,而另一方利益受到损害。事实上,完全的"赢—输式"结果只有在双方地位或实力悬殊的政治、军事谈判中才会出现。在双方地位平等的谈判中,当谈判一方的需要得不到任何满足时,就不可能达成任何协议,谈判就会以失败而告终。因此,为了使谈判取得积极成果,双方应该在各有所求又坦诚合作的前提下进行谈判,以取得对双方都有利的结果。如果一味追求"赢—输式"结果,就会导致谈判失败,而失败的谈判不能使任何一方利益得到满足,实际上是一种"输—输式"结果。

三、谈判的一般原则

（一）客观性原则

客观性原则是指参加谈判的各方应该尊重客观事实，而不能凭自己的意志和好恶而主观用事。谈判各方都应该以诚相待，摆事实，讲道理，不弄虚作假欺骗对方。

（二）求同存异原则

求同存异原则是指谈判各方应该努力寻求各方意见或利益的共同点或相容点，并就已经取得一致或谅解的内容达成协议，允许保留无法弥合的分歧。如果坚持一定要在讨论的所有事项上都取得一致，那么许多谈判就很难达成协议。

（三）公平竞争原则

谈判既是寻求合作的过程，也是相互竞争的过程。公平竞争原则指的是参加谈判的各方在谈判中的地位应该平等，讨论问题应遵循公平合理的标准，不得以强凌弱，不得强加于人。

（四）互利原则

互利原则指谈判应追求双赢结果。谈判任何一方在维护己方利益的同时，必须考虑对方的利益。为了达成一个双方都能接受的对各方均有利的协议，必要时应作出某些让步。如果一味坚持己方原来的谈判目标，使对方无利可得，就会导致谈判破裂，结果对双方都不利。

第二节　谈判的一般程序

一、谈判前的准备

（一）收集谈判信息

成功的谈判是建立在拥有准确、可靠、充分的信息材料的基础上的。收集信息是谈判准备的第一件事，有些谈判（例如商务谈判）甚至要在收集足够信息的基础上才能选定谈判对手,当然这种平时的信息收集可纳入正常的信息工作的范畴。

内容不同的谈判,所需要信息的重点有所区别。下面以商务谈判为例,说明谈判准备阶段应该重点收集哪些信息:

1. 谈判对方的基本情况。包括对方组织的性质、历史、规模、技术水平或产品质量、近期和目前的经营状况、财务状况、当前的需要和面临的问题,这些基本情况决定了它在谈判中的实力。

2. 对方直接参加谈判的人员在对方组织中的地位,对所谈事项有无拍板权力,他的谈判风格、对我方的态度、与我方交往的历史、爱好兴趣、脾气个性等。这些是在制定谈判战术时必须考虑的因素。

3. 对方组织的信誉度,即对方过去在商务活动或社会活动中履行协议的情况。

4. 所谈项目当前的市场行情,对方有没有竞争对手,以及竞争对手的有关情况。

5. 本方潜在的竞争对手的有关情况,例如他们的实力、信誉度、产品或工程质量等方面的情况。

收集谈判信息就是通常所说的"摸底",只有摸清对方的底,才能搞清双方在谈判中的实际地位,从而有针对性地制定相应的谈判策略,争取对本方最有利的谈判结果。"知己知彼,百战不殆",这一军事原则同样适用于商务谈判。

(二) 确定谈判目标

谈判目标就是谈判所要达到的具体目的。确立恰当的谈判目标是谈判取得对本方最有利结果的关键,谈判目标一旦确定,它就成为谈判过程中一切行动的依据。

恰当的谈判目标必须在占有大量信息的基础上经过认真分析研究才能确定。谈判目标分为四个层次:

1. 最低目标。这是谈判中没有任何讨价还价余地的目标,如果达不到这个目标,宁可谈判失败也绝不再作任何让步。

2. 争取目标。这是在谈判中不轻易放弃的目标,只有在迫不得已的情况下,才可以考虑再作必要的让步。

3. 理想目标。这是谈判中有可能达到的最好目标,同时也是本方准备在必要时作出让步的目标。

4. 战术目标。这是明知不可能达到但是可以在谈判中提出来作为讨价还价起点的目标。战术目标既不可定得太高,否则会使对方认为你缺乏诚意,把对方吓跑,从而导致谈判失败;也不可定得太低,否则会失去许多讨价还价的空间,不利于本方取得最好的谈判成果。

(三) 安排和审议谈判议程

大多数谈判是根据事先规定的议事日程进行的。安排好谈判议程,能使谈判按照对本方有利的顺序进行,便于掌握谈判的主动权,因此谈判各方都争取由本方来安排议程。但议程需经双方同意,所以安排议程时既要考虑对本方有利,也要适当兼顾对方的实际利益和工作习惯。

谈判议程可考虑按下面的顺序安排:

1. 首先选择一个对本方不太重要的事项进行谈判,在此问题上准备给对方一定的优惠和较大的让步,借此表示本方的诚意。

2. 就一个对于对方非常重要,而对本方利害关系不大的问题谈判,在此问题上可进行反复的讨价还价,目的在于摸清对方的具体谈判目标,了解对方的谈判风格和灵活程度。

3. 转入对本方至关重要的事项的谈判,谈判时要注意不能表露出本方对此问题特别的关注,要争取对方在此问题上作出较大让步。

4. 在主要条款谈妥之后,就一些补充条款进行磋商。

5. 将本方打算作出较大让步(以不影响本方主要目标为准)的较为次要的问题放在最后磋商,以表明长期合作的诚意,同时可使对方谈判人员得到心理上的满足。

对于由对方安排的谈判议程,在谈判正式开始前,必须由本方进行详尽的审议,以避免对方利用谈判议程来控制谈判。

对谈判议程的审议主要应注意以下几点:第一是看对方安排的议程是否明显对本方不利;第二是看应该磋商的事项有没有遗漏,搞清楚是不是对方有意回避;第三是议程中是否列入了本方认为没有任何让步可能的事项,如果有,应该删去。

议程对谈判结果有很大影响,所以议程的设计和审议一定要引起足够的重视。有些重大谈判,双方在正式谈判前要就谈判具体日程进行预备谈判,以达成一个双方都能接受的议程。

(四)设计谈判对策

谈判对策是指在谈判过程中用来对付对手的策略和具体办法,也可以叫做"谈判战术"。对策设计主要有以下内容:

1. 本方说话的顺序,包括哪些话由谁在什么时候说。
2. 本方可以在哪些问题上在何种情况下作出主动让步。
3. 本方有哪些材料在何种情况下可以公开,以作为对己方有利的证据。
4. 预计对方在谈判中会提出哪些问题,以及本方如何应对。
5. 本方在谈判中准备使用哪些谈判技巧。

谈判对策是一个极富艺术性的复杂问题,不同性质、不同规模、不同对手、不同时机的谈判,其对策千变万化,应根据具体情况作出不同的设计。由于谈判是一个动态过程,谈判中随时会发生意想不到的新情况,所以对预先设计好的对策也要准备随时作出改变。

(五)组织谈判班子

选择合适的谈判人员,组成精干高效的谈判班子,对于达到谈判预期目标具有重要意义。选择谈判人员应考虑以下因素:

1. 权力。主谈人对所谈事项应该具有相当大的决定权,如果其本身职务不具备相应的权力,则应由本方领导给予足够的授权,以让他在谈判中充分发挥自己的主观智慧,随机应变。
2. 经验。主要指谈判经验,主谈人和谈判组其他主要成员应尽可能由富有谈判经验的人员担任；如果本单位缺少这样的人员，必要时可以从外单位聘请或委托谈判代理人参加谈判，以弥补经验的不足。

3. 专业知识。如果所谈项目中涉及比较专门的知识，则谈判组中必须有该方面的专家参加。

4. 文字能力。谈判组应有能够快速记录谈判情况并高效处理谈判文书的人员参加。

5. 心理和身体素质。谈判是一项脑力和体力消耗都非常大的艰苦工作，谈判人员应有坚强的意志、良好的自控能力和健康的身体。

6. 注意谈判人员的优势互补。谈判人员在知识、能力、性格、气质等方面应能互相弥补，以形成谈判班子的群体优势。

正规的谈判班子成立以后，要进行一些必要的训练。训练内容主要有：了解熟悉谈判的议程、我方的谈判目标和谈判对策等；统一全组人员的思想以达到在谈判中协调一致；补充学习谈判中会涉及的有关专业知识；必要时还可进行模拟谈判以检验谈判方案是否严密。

(六) 选择和安排谈判地点

谈判通常选择在某一方单位内（或所在地）进行，特殊情况下也可在第三地点进行。在本方所在地进行谈判对本方略为有利，但不必把这种便利看得过于重要而在谈判地点的选择上与对方争执不下。

东道主有义务对谈判场所进行妥善的安排。谈判室要大小适宜、宽敞明亮、安静舒适，不宜开通固定电话，以免干扰谈判。谈判桌椅应事先准备好，如系双边谈判，则双方谈判人员应分坐两边，座位要先安排好。谈判室旁应设休息室，以便各方在谈判暂时休会时内部商讨事项，或向本方单位领导请示问题。应安排秘书在附近办公室值班，随时准备传递信息、复印或打印资料、处理谈判文书。

东道主还应该做好对方谈判人员的接待工作，安排好他们的食宿和返程交通。做好接待工作是创造良好的谈判气氛所必需的,应予以足够的重视。

二、正式谈判阶段

正式谈判大致可以分为开局、磋商和拍板三个阶段。

(一)开局

开局是正式谈判的开端,通常包括见面问候、入场就座、双方谈判人员互相介绍、礼节性交谈、确认谈判程序等内容。

开局阶段的主要目的是营造一个良好的谈判氛围,这需要有一定的时间,不能一入座就立即进行实质性问题的谈判,而应该从一些能够沟通双方感情的话题开始交谈,例如:东道主对客方表示欢迎,询问对接待工作的意见;客方对东道主的接待表示感谢;简单回顾双方过去友好的合作,强调相互之间的伙伴关系等。通过短暂的礼节性交谈,向对方表示友好态度和谈判诚意。

确认谈判议程是开局阶段的最后一项内容。谈判议程通常在谈判开始前已经得到双方认可,但在正式磋商前还是有必要进一步确认,这也是向磋商阶段过渡的最为自然的形式。

(二)磋商

磋商阶段是谈判的实质性阶段。磋商一般按原定谈判议程进行,对需要磋商的每一个项目,双方通常都要先表明己方的立场和要求,接着肯定双方共同点或相容点,然后重点就双方立场和要求的分歧点进行认真讨论。通过充分的说理或必要的让步,逐步缩小分歧,达成双方均能接受的结果。

磋商是谈判的关键阶段,在这个阶段,谈判各方总是充分地利用一切有利条件,运用各种谈判策略、方法和技巧,以获得本方利益的最大满足。

(三)拍板

拍板就是最后决定,它通常表示对某一个项目磋商的终止或整个谈判的终止。拍板可以分为分项拍板和一揽子拍板,分项拍板就是在每一个项目双方达成妥协（或判定不可能达成妥协）后，双方同意终止对该项目的磋商；一揽子拍板是指双方各自在不同项目上作出让步，最后在许多项目上达成协议，从而结束整个谈判。

理想的谈判结果是双方在尽可能多的问题上达成协议，双方利益在最大程度上得到满足，但是由于双方立场和利益的差异，要判定何时达到最佳结果是十分困难的。从本方利益考虑，当谈判一方认为对方的让步已经达到极限，不可能再有新的进展的时候，就应该果断拍板——或者接受对方的最后条件达成协议，或者宣布不能接受对方的条件而终止谈判。

三、谈判完成阶段

正式谈判终止，并不意味谈判工作结束。在谈判完成阶段还有谈判协议的拟定、协议正式签字和谈判工作总结等项工作。

（一）拟定谈判协议

谈判协议是对双方均有法律约束力的正式文书，一经签字，即生效力，因此在撰写时必须严肃认真。有些重要谈判，在正式谈判结束后，由双方派人组成协议起草班子，共同拟定协议。

（二）协议的正式签字

谈判协议定稿后，其正式文本经各方合法代表人签字并加盖公章后生效。协议经过签字，即生法律效力，双方必须严格履行协议规定的义务，因此，谈判当事人和签字人要认真对待，万万不可疏忽大意。在正式签字前，要对协议书内容作最后的认真审查，确认每一条款准确无误，方可签字盖章。

有些重要谈判要举行签字仪式，邀请有关领导或嘉宾参加，并邀请新闻媒体派记者到现场采访报道。

（三）谈判工作总结

谈判协议签字生效，标志着一次谈判过程的结束。但从长远工作着眼,还应该对本次谈判作一次认真的总结,其内容包括:对本次谈判成果进行评估,分析谈判成功或失败的原因,总结经验教训,对谈判有功人员进行表扬或奖励等。

第三节 谈判文书

一、谈判文书的概念和种类

(一)什么是谈判文书

正式谈判是旨在达成某种对各方有约束力的协议而进行的双边或多边磋商,它的结果总是以书面协议的形式体现出来,因此,谈判文书在整个谈判活动中具有极为重要的意义。

对"谈判文书"有广义和狭义两种理解。狭义的谈判文书指谈判最终形成的书面协议,它既是衡量谈判成功与否以及谈判取得成果大小的唯一依据,又是约束双方行为的唯一法律依据。广义的谈判文书则指整个谈判过程中(包括谈判准备阶段)所产生的一切文字材料。

(二)谈判协议书的类型

协议书的类型是由谈判性质决定的。根据谈判性质的不同,谈判协议书大致可分为三大基本类型——公报类、协约类和合同类。

公报类协议是政治谈判结果的成文文书,有联合公报、联合声明、联合公告等。联合公报用于双方在许多重大问题上达成协议的谈判,如"中美建交公报";联合声明多用于双方就某一重大问题达成协议的谈判,如"中英关于香港问题的联合声明";公告则用于一些非实质性的谈判或未取得实质性成果的谈判。

协约类协议是军事谈判结果的成文文书,有多种形式,如停战协定、互不侵犯条约、裁减军备协议等。军事谈判不能仅仅理解为正在交战的各方举行的谈判,还包括那些在战争结束后或和平时期进行的，以防止战争、争取和平、维护安全为直接目的的一切谈判。

合同类协议是经济谈判和科技文化谈判结果的成文文书。由于经济活动和文化科技活动的丰富多样性，合同类协议又有许多不同的样式，仅国家《经济合同法》列举的经济合同就有：购销合同、建设工程承包合同、加工承揽合同、货物运输合同、能源供应合同、仓库保管合同、财产租赁合同、借款合同、财产保险合同、信托合同等。虽然种类繁多，但它们都具有以下几个特点：

1. 合同是双方或多方的法律行为，所谓"法律行为"，是指人们有意识的能够引起一定法律后果的行为。

2. 合同必须是合法行为，它是当事人按照法律规范的要求而达成的协议，因而受到国家强制力保护。

3. 合同当事人在法律地位上平等，合同内容必须经过各方充分协商，并在自愿的基础上达成一致。

政治谈判和军事谈判通常在国家之间、政治军事集团之间进行，关系到整个国家和人民的安全和利益，因此公报类协议和协约类协议意义重大。但是从数量上看，这类协议毕竟只占极少数，作为一般的秘书工作者，涉及最多的是合同类协议。

二、合同的写作

合同主要指经济合同，其他合同如文化交流合同、科技协作合同等，无不包含很多经济方面因素，也可以看作广义的经济合同。签订合同是绝大多数谈判的直接目的和必然结果，从某种意义上说，谈判过程也就是拟定合同的过程，合同写作是一般谈判中主要的文书工作。

（一）合同的基本内容

根据《经济合同法》规定，经济合同应具有以下内容：

1. 标的。这是谈判双方共同指向的目标，如货物、货、劳务、工程项目、知识产权等。

2.数量和质量。数量包括产品数量、工程规模、借款金额等,质量包括产品品种、型号、性能、规格,包装形式,工程质量要求等。

3.价款、酬金及结算方式。价款指物品或工程的价格和金额,酬金指各种服务的报酬金额,结算方式指支付价款或酬金的形式如现金支付还是银行结算,是验货付款还是验单付款等。

4.履行的期限、地点和方式。期限是指履行义务的时间界限,也是享有权利的一方要求对方履行合同的时间依据;地点指在何地履行合同规定的义务,例如交货、提货的场所;方式指履行义务的时间方式和行为方式,如一次性完成还是分期完成,是购方提货还是供方代运等。

5.违约责任。这是对不按合同规定履行义务的制裁措施及发生意外事故的处理办法,是经济合同的关键内容之一,必须在合同中明文规定,否则无法保证双方完全履行义务。

6.其他依据法律规定或按合同性质必须具备的条款,以及当事人一方要求补充的规定。

(二)合同的格式

内容不同的合同,其格式也有差别。无论哪种合同都由四个部分组成:

1.标题。只写明合同种类,如供销合同、建设工程承包合同、货物运输合同、劳务合同等。

2.双方当事人名称。机关单位要写全称,企业要写营业执照上核准的名称。为行文简便,常在名称后注明"甲方"、"乙方"或"供方"、"需方"等。

3.正文。这是合同的主体部分,通常以条款方式行文,它除包括双方通过谈判达成一致的内容(即前文所列六项内容)外,还包括签订合同的依据和目的、合同的有效期限、合同的份数和保存方法等。

4.结尾。包括:双方单位签章、代表签名、开户银行及账号、电话号码、地址邮编、签约时间和地点等。

为了加强对经济合同的管理，国家工商行政管理局制定了经济合同格式文本制度，从1990年起在全国推行，并同时发行了《中国经济合同统一文本格式》一书，该书收录了各类合同文本标准格式样本，签订各种合同都可从中找到格式标准。

(三) 合同写作的要求

合同写作最主要的要求是严密准确。作为谈判最终协议的合同，对双方都有法律约束力，是检验各方是否履行合同规定义务的唯一依据，也是双方维护合同规定的权利的唯一依据，因此，合同条款的内容必须最大限度地缩小实施细节的弹性，避免使用一切有歧义或将来有可能引起争议的语句，否则就会留下隐患。据统计，我国目前经济纠纷案件中，有近一半争议是由合同条款不严密引起的，这一现象必须引起谈判文书起草人员的充分重视。

规范工整也是合同写作的一项要求。合同的正式文本必须用字规范、字体工整、字迹清晰，不允许有涂改，所使用的计量单位和数字表示法要合乎国家规定。随着电脑的普及和印刷服务行业的发展，现在签订合同多用打印文本，文字书写的规范工整问题很容易解决，但也有一个认真校对的问题。

三、谈判中的其他文书工作

(一) 谈判准备阶段的文书工作

谈判准备阶段会形成大量的文书材料，其中包括加工整理谈判信息所形成的文字材料、谈判方案、谈判议程等，有的谈判最后协议的初稿也要在谈判正式开始前就拟好。准备在谈判前提供给对方的有关我方的背景和初步意向的材料，准备在谈判进行中适当时机拿出的证据性质的材料，也要在谈判前整理成书面文字。对这些材料除了认真准备外，特别要注意由专人妥善保管，严格保密。

(二) 谈判记录

谈判双方都应该作谈判记录。谈判记录有以下作用：

1. 谈判记录是起草谈判最终协议的基础。

2. 谈判记录是本方在谈判间隙分析对方意向和战术,以确定下一步对策的依据。

3. 谈判记录反映谈判原过程,是总结谈判经验不可缺少的原始材料;对于一些重要谈判来说,它还是重要的档案材料。

谈判必须作详细记录,即要求把双方发言者所表达的意见和整个谈判情况都尽可能详尽地记录下来,记录人(最好由谈判最终协议起草者担任)应该掌握快速记录技巧。虽然摄像和录音技术已经成为非常重要的记录方式,但由于谈判活动的特殊性,笔记式记录将永远是谈判的主要记录方式,不可能被录音、录像完全取代。

(三)备忘录

有些规模较大、讨论问题比较多的谈判,还需要制作谈判备忘录。

备忘录是介于谈判记录和谈判最后协议之间的一种谈判文书。它记载的是:双方对哪些问题进行了磋商,哪些问题取得了一致意见,哪些问题未取得一致意见,分歧在哪里等。备忘录一般是在谈判记录基础上,舍弃谈判过程的细节内容,保留双方对每个问题进行讨论所得到的结果而写成的。谈判每个阶段的备忘录是谈判阶段性成果的小结,可以作为下一阶段谈判的起点。整个谈判的备忘录,是起草谈判协议的基础。

有些非正式谈判或未能就实质性问题达成正式协议的谈判,也可将备忘录作为谈判的最终文书。例如目前运用比较多的"洽谈纪要"、"投资意向书"等都属于谈判备忘录。这种备忘录需由双方签字,对下一步进行实质性谈判或签订正式协议起着重要作用。但它们本身不是正式协议,因此没有法律约束力。

复习思考题

1. 什么是谈判？为什么说谈判事务已经成为当今秘书工作的一项常规业务？
2. 简述谈判的构成要素和谈判的一般原则。
3. 一次正规商务谈判的大致程序如何？各阶段有哪些秘书工作？
4. 谈判文书有哪些类型？如何写好经济合同？

案例分析

阅读下面的案例，回答后面的问题：

中方某公司向韩国某公司出口丁苯橡胶已一年，第二年中方又向韩方报价，以继续供货。中方公司根据国际市场行情，将价格从前一年的成交价每吨下调了120美元（前一年1200美元/吨）。韩方感到可以接受，建议中方到韩国签约。

中方人员一行二人到了汉城该公司总部，双方谈了不到20分钟，韩方说："贵方价格仍太高，请贵方看看韩国市场的价，三天以后再谈。"

中方人员回到饭店感到被戏弄，很生气，但人已来汉城，谈判必须进行。中方人员通过有关协会收集到韩国海关丁苯橡胶进口统计，发现韩国从哥伦比亚、比利时、南非等国进口量较大，中国进口也不少，中方公司是占份额较大的一家。价格水平南非最低但高于中国产品价。哥伦比亚、比利时价格均高于南非。在韩国市场的调查中，批发和零售价均高出中方公司的现报价30%～40%，市场价虽呈降势，但中方公司的给价是目前世界市场最低的价。

为什么韩国人员还这么说？

中方人员分析，对手以为中方人员既然来了汉城，肯定急于拿合同回国，可以借此机会再压中方一手。

第十五章 谈判事务

那么韩方会不会不急于订货而找理由呢?

中方人员分析,若不急于订货,为什么邀请中方人员来汉城?再说韩方人员过去与中方人员打过交道,有过合同,且执行顺利,对中方工作很满意,这些人会突然变得不信任中方人员了吗?从态度看不像,他们来机场接中方人员,且晚上一起喝酒,保持着良好气氛。

通过上述分析,中方人员共同认为:韩方意在利用中方人员出国心理,再压价,根据这个分析,经过商量,中方人员决定在价格条件上做文章,总的讲,态度应强硬(因为来前对方已表示同意中方报价),不怕空手而归。其次,价格条件还要涨回市场水平(即 1000 美元/吨左右)。再者不必用两天给韩方通知,仅一天半就将新的价格条件通知韩方。

在一天半后的中午前,中方人员电话告诉韩方人员:"调查已结束,得到的结论是:我方来汉城前的报价低了,应涨回去年成交的价位,但为了老朋友的交情,可以下调 20 美元,而不再是 120 美元。请贵方研究,有结果请通知我们。若我们不在饭店,则请留言。"

韩方人员接到电话后一个小时,即回电话约中方人员到其公司会谈。韩方认为:中方不应把过去的价再往上调。

中方认为:这是韩方给的权利,我们按韩方要求进行了市场调查,结果应该涨价。

韩方希望中方多少降些价,中方认为原报价已降到底。经过几回合的讨论,双方同意按中方来汉城前的报价成交。

这样,中方成功地使韩方放弃了压价的要求,按计划拿回合同。

(1)分析上述谈判中的各项构成要素。
(2)中方谈判人员在谈判过程中,运用了哪些谈判的原则?

第十六章 公关工作

第一节 公共关系概述

一、公共关系的含义

在市场经济条件下,企业及其品牌的形象直接关系到自身的生死存亡和持续发展,因此一般企业都重视公共关系工作,在不设公关部的单位,公关工作由秘书部门来承担。当今社会,不仅企业,国家机关、事业单位等其他社会组织,也有一个组织形象问题,因此它们同样有大量的公共关系工作,这些工作也大多由秘书部门负责。

"公共关系"是英文 public relations 的直译。公共关系学是市场经济的产物,20 世纪 20 年代产生于美国,80 年代被引入我国。目前对"公共关系"这一基本概念有各种不同的定义,此处介绍的是一种在我国比较通行的定义:公共关系是一个社会组织用传播手段使自身与公众相互了解、相互适应、达到和谐的一种管理职能。

这个定义揭示了公共关系的如下内涵:

(一)公共关系的主体——社会组织

社会组织包括工商企业、事业单位、政府机关、社会团体等,它们可以发起和从事公共关系活动,是公共关系的主体。

(二)公共关系的客体——公众

公共关系的客体是指公共关系活动的对象,即社会组织内部和外部的有关公众。公共关系的"公众"是一个特定的概念,它是指一些受公共关系的主体——社会组织所执行政策、行动影响而形成的有特定利益的群体。

(三)公共关系的手段——传播

传播即人与人之间信息的传递与共享,是沟通公共关系主客体之间的中介,包括大众传播、组织传播、群体传播、人际传播等。不依赖传播的管理行为(如行政手段、经济手段)不能纳入公共关系范畴。

(四)公共关系的目标——和谐

和谐是人与人、人与组织、组织与社会、社会与自然之间一种良好的适应状态,是一切关系的理想境界。公共关系就是要使社会组织与所有公众达到一种和谐相处的境界。

(五)公共关系的性质——管理

管理是指通过各种手段,利用人力、物力、财力、信息等资源,以期高效地达到组织目标的过程。公共关系的主体为社会组织,要使社会组织与内部和外界公众达成和谐,就要开展一系列有明确目的的组织行为,其本质就是管理。

二、公共关系的原则

(一)以事实为基础

公共关系工作必须以事实为基础。离开事实,公共关系就失去了价值。以事实为基础,要求我们做到以下两点:

1. 公共关系工作计划不能脱离社会组织的实际公关状态。社会组织在任何时候都处于一定的公共关系状态之中。这种状态是不以人的意志为转移的客观事实。只有掌握、了解这一事实,并从这一事实出发,才能制定出合适的公共关系工作计划。

2. 公共关系工作必须求真务实。不仅制定公关计划要以事实为基础,在开展具体公关工作时,也必须以事实为基础,说真话,讲真情。向各类公众发布有关组织的信息时,要做到真实、客观、全面、公正,坚持说真话。

(二)以公众研究为依据

离开对公众的研究,公共关系也就失去了依据。公众研究的主要内容是公众的构成、公众的变化和公众的利益。

1. 研究公众的构成。公众可分为四类:非公众(与本组织没有关系的公众)、潜在公众、知晓公众和行为公众。社会组织必须对本组织的内外公众作深入研究,对社会公众的构成做到心中有数。公众研究不能忽视组织内部公众,内部公众是公关工作客体的重要组成部分。

2. 研究公众的变化。公众情况不是固定不变的,不仅各类公众数量比例在发生变化,而且对组织所持的态度、所采取的行为、所起的作用也在变化。公关人员只有在通过公众调查、掌握变化中的公众的有关资料和确切数据之后,才能把他们暂时归入某个公众类型,从而制定出切合实际的公关计划书。

3. 研究公众的利益。公众利益是公共关系的出发点,开展公关工作必须尊重公众的利益和要求,关注由组织行为所引起的各种问题给公众和社会带来的影响,如环境保护、产品质量、服务质量等均能引发涉及公众利益的问题等。

(三)以公众利益为出发点

现代公共关系必须尊重公众的利益和要求。互惠互利的思想反映在公共关系中,要求一切工作都必须以公众利益为出发点。这也是公共关系职业道德的一条准则。以公众利益为出发点,就必须做到:

1. 保证组织自身基本任务的圆满完成。每个社会组织都有既定的目标和任务,它体现了社会分工的要求,是组织利益、公众需求和社会要求三者相结合的产物。组织能圆满地实现自身的既定目标和完成各项任务,这是对公众负责的主要表现。

2. 关注组织行为所引起的问题,主动为社会服务。公关工作必须注意到由组织行为所引起的各种问题给公众和社会带来的影响,如环境保护、产品质量、服务质量等均能引发涉及公众利益的问题。

3. 有效调节组织和公众的利益平衡。公共关系需以公众利益为出发点,并非不考虑自身利益,而是要求公众与组织的利益平衡,做到组织与公众双方互惠互利。应努力寻找组织利益与公众、社会利益相一致的"热点",尽可能避免、减少相互抵触的因素,从而有效地调节组织与公众的利益平衡。

(四)以全员公关为保证

全员公关是指组织的全体人员都应具有公共关系意识,都能按照公关的要求,把自己的日常工作与树立组织良好形象联系起来。只有这样,组织的良好形象才能得以全面树立和长久维持。反之,如果组织成员在与公众交往过程中,不检点自己的言行,不能自觉维护组织形象,那将使组织形象受到严重损害。

第二节 公共关系工作程序

"塑造组织良好形象"是一切公关工作的核心。公关工作人员应该围绕这一中心开展公共关系活动。一般的公共关系工作大体上可分为调查、策划、实施、评估四个程序,这个被国内外公关专家称为"四步工作法"。

一、形象调查

形象,即社会组织的形象,指一个组织在公众心目中的看法和评价的总和。形象调查主要调查的就是组织的知名度和美誉度的现状,也即对组织形象的评价进行摸底、统计、分析,用数据、图表和文字显示出公众的整体看法。组织可以据此准确地了解其在公众中的形象地位,测出组织自我期望形象与实际形象的差距,以便针对差距策划有效的公关活动方案,从而增强公关计划的目的性。

(一)公共关系调查的内容

1. 组织自我期望形象调查。

2. 组织形象的客观认识调查。这是调查的重点,通过调查,测定公众对组织的认识、评判,了解组织在社会公众心目中的知名度和美誉度。

3. 形象差距的比较分析。

(二)公共关系调查的程序

公关调查的程序一般分为调查前的准备、调查工作的实施和调查结果的处理三个步骤。

准备工作包括文献研究、明确调查目的、确定调查目标和范围、制定调查计划等。

调查工作的实施。要在科学抽样的基础上,收集有代表性的公众意见,并使之量化。在此过程中,主要是按计划周密实施调查;其次是要讲求调查效果的真实性。

调查结果的处理就是通过分析、对比、归类和逻辑推理等进行研究,并在定量分析的基础上得出定性的结论。

二、活动策划

活动策划是指在公共关系调查的基础上为公共关系战略和具体策略进行运筹谋划的过程。公共关系策划包括长远战略策划和具体策略谋划。这里主要介绍后者。

(一)公共关系策划程序

公共关系策划的程序一般可以分为立项、研讨、策划、论证四个阶段。

立项阶段主要是依据公共关系调查结论,针对组织的公共关系现状和实际,提出是否需要立项,确定公共关系项目的主题,实施立项的条件分析等。

研讨阶段主要是策划组成员就项目的目标公众、活动主题等项目要素进行细致的分析研讨。活动主题要明确单一,项目的目标公众要清晰。

策划阶段的主要内容是就活动形式、活动日程安排、场地布置、经费预算、人力配备、交通保障等作出具体细致的谋划和设计(要形成活动文案)。

论证阶段有两项内容:一是方案比较;一是实地考证。公共关系人员在策划阶段往往要拿出两到三个方案,比较优劣。方案是否最佳、是否切实可行,要经过实地考察后,方可保证方案实施时万无一失。

(二)公共关系策划的方法

公共关系策划的方法主要有组合策划法、会议策划法、专题策划法、专家策划法。

1. 组合策划法。这是一种将不同专业、不同领域人才组合成一个专职策划小组的形式,由策划小组完成策划任务的方法。组合策划小组的工作步骤为:分头研究、交流信息、独立思考、小组研讨、专人提炼。

2. 会议策划法。这是将公共关系问题提交与会代表共同讨论,从而完成公共关系策划任务的方法。会议策划一般成本较高,主持人是关键。

3. 专题策划法。这是就某一公共关系的专题进行研讨,从而完成公共关系策划任务的方法。专题策划法的好处是集中精力解决组织面临的某一方面的公共关系问题。

4. 专家策划法。这是指聘请组织以外的公共关系专家、相关领域专家,就组织的公共关系问题进行策划。专家策划法获得的结果更专业,但成本一般比较高。

三、策动传播

制定公关计划,明确活动目标后,就要将方案付诸实施,即为实现公关目标而采取一系列具体行动。公关活动是围绕传播而展开的,公关传播主要以人际传播和大众传播为主,通过印刷媒介、电子媒介、综合媒介等得以实施。

策动传播的关键在于"驾时"与"运势"。

(一)"驾时"

"驾时"指善于利用各种有利时机,恰逢其时地推出相应的公关活动。这往往能收到事半功倍的效果。

可供利用的时机主要有:

1. 组织诞生之际。
2. 新项目、新产品推出之际。
3. 组织周年纪念日。
4. 有重大"热点"可利用之时。
5. 组织出现局部失误和被误解之时(即"危机")。
6. 偶发事件出现时。

(二)"运势"

所谓"势",即知名度高、影响力大的人和事。如果一个社会组织的公关人员善于"借"来加以运用,就能巧妙地将本组织的形象与该对象结合起来,乘势扩大知名度与美誉度。

可以借来运用的"势"主要有:

1. 名人。
2. 名物。
3. 社会热点。
4. 文化现象。
5. 文体赛事与活动。
6. 动人的、可加渲染的凡人小事。

此外,在"驾时"、"运势"策动传播时,一定要与大众传播媒介取得联系,以使公关活动得到有效的传播。

四、评估结果

评估,是对前面三个阶段工作进行科学的监测、评议、估价,以判断其优劣。

公共关系评估的一般程序为:

1. 设立统一的评估目标。
2. 评估目标具体化。
3. 确定恰当的评估标准。
4. 选择搜集证据的最佳途径。
5. 将评估结果向组织管理者报告。

虽然公关工作分为四个相对的固定程序,但在实际工作中四个步骤不能完全分割开来。各程序之间时有交叉和重叠。有效的评估应该贯穿整个公共关系工作全过程,仅仅利用总结性评估来说明公共关系活动是否取得预期效果是不够的。另外,评估应有量化、具体化的目标体系,以便对照评价。评估必须建立在新一轮调查的基础上,从某种意义上看,这种调查又成了下一轮公关工作的开始程序——形象调查。

第三节 秘书公共关系实务

公共关系实务主要包括:操办公关活动、编写新闻公报、举办记者招待会和公众代表座谈会等各种会议、策划组织领导人的演讲或报告、准备或起草各种宣传资料、举办图片或实物展览、编撰组织内部刊物、制作新闻电影、电视录像或广播讲话、撰写年报等。

下面着重介绍秘书部门经常筹划操办的几项公关实务的程序与技巧。

一、庆典活动

庆典,指一个组织为了扩大影响、增加凝聚力而举行的庆祝性典礼。公司开业、工程奠基、项目完成、周年纪念、重大荣誉的获得等,均可举办庆典活动。

庆典一般可分为三个阶段:

(一)准备阶段

这一阶段,公关秘书人员应做好如下工作:

1.拟定好典礼的程序,确定好人员,安排好摄影、录音、录像。对会场的环境、照明、音响等作周密安排,认真检查落实。

2.为领导拟写开幕词、答词以及需在典礼上散发的宣传材料等文件。

3.邀请嘉宾。拟定邀请嘉宾的名单,请领导审核。精心设计、印制、书写请柬。请柬要提前送到嘉宾手中,以便他们及早安排,对重要嘉宾,可于典礼前一天再用电话落实。

(二)举行仪式

主要工作为:

1.在庆典举办地点入口处迎接嘉宾,并让客人签到,同时发放文件与纪念品。

2.由礼仪人员引导来宾入座。上主席台就座的贵客或领导一般先安排在休息室作短暂休息,然后在仪式举行前5分钟,引导他们一同上主席台入座,并由主持人向众人介绍。

3.提醒并协助主持人严格按庆典程序主持,防止出错。

4.协调庆典活动中各部门的工作,使庆典活动热烈而隆重、紧张而有秩序地进行。

5.回答并帮助解决记者或嘉宾提出的各种问题。

(三)结束阶段

视庆典活动的规模和内容的需要,安排必要的余兴节目,或组织参观座谈,或宴请招待。不论何种形式的庆祝典礼,均应做好嘉宾送别、感谢致意、征询意见、新闻报道等工作。

二、展览活动

展览,是指通过实物、文字和图表等展现成果或问题的一种宣传形式。它属于缩微了的、综合性的传播媒介。办好展览会,是秘书部门进行公共关系工作的方式之一。

展览会大体可分为综合性与专题性两大类。不论何种类型的展览,均要求对展品进行认真筛选,紧扣展览主题,整个展览要精心设计,以给参观者留下深刻印象。

展览会特别是大型展览,是一项综合的立体的传播方式。办好一个展览会需要精心组织,需要有关部门的密切配合及必要的展览费用。为办好展览会,秘书部门应抓好以下几个环节:

1. 明确展览主题。在明确的主题指导下去精心挑选、制作展览实物,如模型、图表、照片、文字、录像及音响等。

2. 合理编排展览内容。即按照时间、空间或类别的逻辑顺序,合理配置展品,编写说明文字,使展览内容环环相扣、互相呼应、融为一体。

3. 精心设计主题画、吉祥物,设计不落俗套的会徽或纪念品。

4. 编印介绍展览会的宣传手册,撰写好精练、生动、深入浅出的前言、解说词、结束语。

5. 培养讲解、示范操作人员。通过生动的讲解、操作,赋予无生命的实物、图表等以生机和活力。

6. 精心做好环境布置,安排好照明、音响、影像等设置。

7. 做好观众的组织、接待和信息反馈工作。

三、新闻发布会和记者招待会

新闻发布会和记者招待会,是一个社会组织召集新闻媒介的代表记者开会,以借助新闻媒介向社会公众发布重要新闻信息的公共关系活动。这是一项技术性、艺术性很强的工作。各阶段的主要工作和注意事项有:

(一)准备阶段

1. 明确主题。主题明确在前,可以避免盲目性和随意性。

2. 选好发言人。发言人应具有一定的代表组织的资历和权威。发言人应思维敏捷、口齿清楚,具有一定的应变能力和较强的口头表达能力。

3. 准备好材料。材料应包括书面材料和实物材料。有时还可播放录像、展示实物、示范表演、用图表解释,以增加记者的感性认识。新闻稿应写得准确、具体。

4. 做好邀请工作。对新闻单位的邀请应有所选择和侧重。请柬宜提前发出,会前还应电话提醒一次。

5. 选择好时间。一般不要和重要节日或盛大庆典活动相冲突。具体时间以上午为宜。

6. 选择并布置好会场。要尽可能与会议内容、规格、气氛相吻合、相协调。所有记者都应有坐椅,并安排好电视摄像人员架设摄像机的地方。主席桌前应放置桌子以便记者安放录音设备。

(二) 进行阶段

1. 主持人首先要宣布发布会的主要内容、提问范围及会议进行时间。时间一般不超过一小时。

2. 记者招待会应以记者提问为主,新闻发布会也要给记者提问留有足够的时间,主持人或发言人讲话时间不可过长,以便记者提问。对记者所提问题应逐一解答。如有外国记者参加,应配好翻译人员。

3. 对记者所提出的无关或不友好的问题,发言人可采用"无可奉告"或"王顾左右而言他"的方式予以回答,万不可与记者发生直接对抗。

4. 主持人或发言人会前不要单独会见记者或透露任何信息。

(三) 结束阶段

1. 全面收集与会记者所发新闻稿及各方面反馈信息,进行认真分析。如信息传播有误,应及时采取补救措施。

2. 了解与会记者发稿率,便于以后联系。

3. 秘书部门应对发布会进行总结。

需要说明的是,任何组织在举办新闻发布会或记者招待会前,应征得所在地区新闻主管部门的同意,办理好报批手续。

四、处理危机

公共关系危机是指突然发生的严重损害组织形象的事件。危机的出现往往使组织陷于负面舆论的压力之下，使组织失去公众的信任，严重的会影响组织的生存和发展。

(一) 公关危机出现的原因

引起危机的常见原因有三种：

1. 组织自身行为不当。包括决策失误、工作失误、严重的内部事件、与公众的矛盾纠纷处理不当等。

2. 媒体的失实或片面的报道。这种报道可能是由于记者的偏听偏信，也可能是其他组织或个人的有意诬陷、编造。

3. 难以预料的突发事件。包括不可抗力造成的重大伤亡事故、其他组织假冒本组织造假行骗导致重大矛盾等。

(二) 公关危机的处理原则

1. 真诚面对。隐瞒事实、封锁信息只会引起众怒，不利于危机化解。

2. 负责到底。要对危机受害者和社会负责到底，不可半途而废。

3. 公众至上。把公众利益放在首位，为尽快化解危机作让步、利益牺牲。

4. 反应迅速。要在第一时间解决问题，不可让危机扩大和蔓延。

(三) 公关危机的处理程序

组织一旦发生公关危机，通常都由领导亲自主持应对行动。秘书部门应全力以赴协助领导人做好危机处理工作，以化险为夷，渡过难关。危机的原因不同、性质各异，应对危机的方法也应不同。但通常包括以下几道程序：

1. 迅速采取果断措施，有效制止危机扩大。

2. 全面收集信息，调查真相，搞清事件发生的原因和性质。

3. 成立处理危机的临时机构，确定应对危机的对策。

4. 确定新闻发言人,主动与媒体和公众接触,争取谅解。
5. 迅速开展危机处理工作,安抚好危机事件的受害者。
6. 吸取教训,做好改进工作,策动传播,消除负面影响。

第四节 秘书的公关意识和职业形象

大型企业通常设有专门的"公共关系部",配有公关经理、公关小姐、公关先生等专门的公关人员。在大多数中小企业以及政府机关、事业单位,公共关系工作是由秘书部门负责的,办公室配有专职公关秘书或兼管公关的文秘人员。即使是只有一个秘书的小公司,其工作内容也包括公关事务。

不但做公关工作的秘书要确立公关意识,而且由于秘书部门在组织中的窗口作用,所有秘书工作者都应该确立公关意识,注意自己的言行举止,塑造良好的职业形象,因为秘书人员的一言一行都直接向内外公众展示本组织的形象。

一、公关意识及其构成

公关意识是指将公共关系的基本原则化为自觉习惯和行为规范所形成的思想意识。它对秘书人员的行为有着重要影响和制约作用。

公关意识是一个意识系统,由一系列互相联系的意识所构成,主要包括下述六个方面:

(一)形象意识

形象意识是公关意识的核心。公关活动的根本目标在于塑造良好的组织形象,因此,作为秘书人员,树立"形象至上"的意识是非常重要的。具有形象意识的秘书人员,十分明白良好的形象是一个组织存在和发展的基础,而不良的形象将使社会组织陷入被动无援甚至被人唾弃的境地。因此,秘书人员每时每刻均要从组织良好形象的角度来认识问题、处理问题,通过自身的工作为组织树立良好形象作出贡献。

(二)公众意识

组织形象是由公众来评价的。秘书人员只有时时处处注意并照顾到公众利益,尊重公众、关心公众、服务于公众,才能赢得公众的理解、支持和合作,也才能将组织形象塑造好。"水可载舟,亦可覆舟"、"天时不如地利,地利不如人和",讲的都是这个道理。

(三)互惠意识

互惠,即要求秘书人员在公关活动或工作中,要坚持组织与公众共同获益的原则。作为市场经济的直接产物,公共关系坦诚地承认有利于本组织发展(利己)的目的,它不是也不可能像社会慈善机构那样以接济社会与他人为宗旨。但是,利己并不能损人,利己不能不择手段,不讲原则,应当在一定的社会规范下利己,而这些思想的直接表现形式,就是互惠互利,即寻求组织与公众的共同利益。只顾组织利益,不顾公众利益,这是损人利己的行为,其结果必将失去自身的利益,损害组织的信誉。

(四)真诚意识

公共关系工作的成效,完全取决于秘书或组织其他人员的真诚。中国有经商须"童叟无欺"之古训,这一古训体现了真诚的原则。秘书人员在公关工作中传输出的信息应完全真实。同时,还要真诚地接受公众反馈的意见,真诚地与公众商议解决问题的办法,真诚地检讨自己的不是与过失。只有这样,才能赢得公众对组织的信任,树立起组织在公众中的良好形象。

(五)沟通意识

沟通是社会组织与公众联系的途径与手段,是建立了解、信任和相互支持的和谐关系的必经之路。秘书人员必须十分重视沟通的价值,自觉用沟通的手段来调解关系,处理矛盾。通过沟通,编织出上下左右、四面八方的立体交叉式的网状结构。

(六)长远意识

组织良好形象的塑造和维系不是一朝一夕的事情,需要经过长时间的不懈努力,甚至付出很大的代价才行。因此,秘书人员要有长远观念,胸襟开阔,眼光远大,不急功近利,不搞"一锤子买卖",也不能忽冷忽热,一曝十寒。相反,应特别强调持久努力,坚持不懈。如果"平时不烧香,临时抱佛脚",公众是不会买账的,也不会在组织的紧急关头或遇到困境时挺身而出给组织提供实质性帮助。

以上六个方面并不是孤立的,它们相互联系、相互制约、相互影响,又各有侧重,有机地构成完整的公关意识。

二、秘书的职业形象

(一)秘书职业形象的含义

秘书的职业形象是指秘书在工作中的职业精神、执业水平、文化素养、服务态度、举止礼仪等方面的综合表现在公众心目中留下的印象,是社会对秘书个体或群体的整体判断和综合评价。

秘书是社会公众与组织接触的最直接、最频繁的对象。秘书人员的素质直接反映组织的整体素质和管理水平。

秘书的职业形象由秘书职业外在形象要素和秘书职业内在形象要素组成。外在形象要素主要包括个人仪表、个人仪态、言谈举止、职业着装等;内在形象要素主要包括职业精神、执业能力、文化素养等。

(二)秘书的内在形象

内在形象包括秘书人员的职业精神、文化素养和执业能力,它是秘书职业形象的核心。

1. 职业精神。职业精神是秘书职业的灵魂,包括职业崇高感、职业幸福感、职业成就感。职业崇高感来自于秘书坚定的职业信仰和职业荣誉,具有爱岗敬业的品德是秘书人员成功的开始。职业幸福感是指对于秘书工作,秘书是乐在其中,干一行爱一行。职业成就感是指秘书认识到自己职业和岗位的重要性,能看到自己付出的劳动为社会和他人产生的社会价值。

2.文化素养。秘书的文化素养是指秘书人员要有合理的知识结构,既要有基础知识,也要有专业知识,雄厚的知识储备是做好秘书工作的基础。要有良好的学习习惯、先进的学习方法,处处留心皆学问。要有深厚的本民族文化底蕴,民族文化是秘书的文化之根。

3.执业能力。执业能力是指秘书人员的职业技能。秘书的职业活动范围广泛、内容繁杂,因此,秘书人员要有较强的专业执业能力,主要包括文书写作与处理能力、活动策划与计划能力、会议服务与组织管理能力、危机处理与应变能力、日常事务与协调沟通能力。

(三)秘书的外在形象

外在形象指秘书通过言谈举止在公众面前直接展示的形象,具体要求有:

1.衣着装扮优雅得体。秘书作为办公室人员,其衣着装扮的基本要求是优雅得体。所谓"优雅",即服装的款式、色泽要与职业相统一,不可过于花哨与艳丽。一般男秘书以西装、衬衫、领带为主要衣着款式,但不宜穿白西装;而女秘书则应以西服、套裙为基本衣着款式,如有变化,也应尽量选择简洁、明快的服装款式,色彩则应不过于艳丽,也不宜大花大绿。所谓"得体",既指适应秘书职业的得体,又指适应具体人的身材、脸形的得体,衣着得体可衬托出一个温文尔雅、有文化内涵的秘书形象来。此外,女秘书还需注意化淡妆,追求一种自然的效果。过于暴露或过于新潮的时装,只能在晚会上穿,而不宜在办公室穿。

2.待人接物诚恳热情。因为秘书要随时与他人打交道,在待人接物上,就应显示出神采奕奕、自信热情、诚恳友好的态度与精神面貌。不管对谁,都应平等相待,既诚恳坦率,又温暖热情。做到"上交不谄,下交不渎",给任何人一种诚恳热情的印象。

3.言语行为文明端庄。秘书的言语行为,可以说是一个组织文明程度的窗口。由于秘书与他人交往较多,对其言语行为就应该有较高的要求。一般来说,秘书行为首先就要"站有站相、坐有坐相",即在"站"与"坐"的姿态上显示出一种精神来。而走路的姿态,也要注意轻松、稳健、优美。俗话"站如松、坐如钟、行如风",正是一种基本的要求。而言语交谈,则应时时运用礼貌用语,并配之以幽默文雅的谈吐。

4. 社交活动礼貌守信。秘书人员参与礼仪活动与社交活动的情况很多,这两种活动均是人们在公共场合展示各自文明程度的绝好机会。因此,秘书人员在这样的交际场合,更要做到礼貌守信。即一切行为均以一个绅士、淑女的风范来要求自己,以使自己获得他人的敬重,从而为组织争得荣誉。

复习思考题

1. 试述"公共关系"概念的丰富内涵。
2. 何谓公共关系"四步工作法"?每一步主要内容有哪些?
3. 秘书公共关系实务主要包括哪些工作?
4. 什么是公关意识?它包括哪些内容?
5. 秘书的职业形象与组织的公共关系有何联系?秘书应该具有什么样的职业形象?

案 例 分 析

阅读下面案例材料,讨论后面的问题。

危机处理案例:桂林 A 饭店中毒事件

2000 年×月的一天,一个消费者来到桂林 A 公司在南宁的一个分店,说昨天他们一行×人在此吃饭,×人发生腹泻,医生说是食物中毒并开了药。消费者要求该分店赔偿昨天的餐费和医疗费,否则将向媒体投诉。当时主持工作的经理助理说食品卫生绝对没有问题,要来人出具证明。消费者对这种处理不满,于是告到《南宁日报》。记者从南宁打电话到桂林Ａ公司总部,说如果再不妥善处理,将予以曝光。总经理Ｗ接到电话,意识到问题的严重性,当即告诉记者第二天到达南宁市亲自处理。记者同意在没有与总经理面谈之前不报道。但是第二天由于有教授来公司讲学,伍总没有去南宁市。第三天,《南宁日报》即以醒目标题报道了此事件,也就是在同一天,Ｗ总经理派助理去南宁市向受害者表示赔礼道歉并赔偿了损失费。《南宁日报》决定跟踪报道桂林Ａ的处理结果。

但是,Ｗ总经理认为记者言而无信,报道失实,给公司造成名誉损失,要起诉该记者。当时日报社给予桂林Ａ的答复是:如果起诉,桂林Ａ会胜诉。但是对于记者本人不会有大的损失;如果不起诉,《南宁日报》答应免费连续报道一下桂林Ａ公司。

桂林Ａ经过讨论,认为对于公司来讲,重要的是公众形象。与记者打官司,胜败并没有谁去关注,反而浪费了自己的精力。所以,当时决定不起诉,写出公司的连续报道资料,同时与媒介搞好关系。桂林Ａ公司意识到加强卫生的重要性,改变了过去由分店经理负责食品卫生的做法,成立了卫生质量检查部,制定食品卫生标准和检查程序,定期对所属二级分店进行检查,使公司更加正规化。

(材料来源:搜狐旅游网 2008-03-28,
http://travel.sohu.com/20080328/n255972106.shtml)

(1)请指出案例中,桂林Ａ公司在处理危机事件中的不足之处和成功之处。

(2)如果你是桂林Ａ公司Ｗ总经理的秘书,在事件处理过程中会对总经理作出什么建议或提示吗?

下编 机关日常事务

第十七章 日程安排和时间管理

第一节 日程安排和时间管理概述

一、日程安排和时间管理的概念

领导工作和秘书工作都是综合性的工作,人们用"日理万机"来描述领导的繁忙程度,办公室业务也是头绪繁多,因此对领导的工作和秘书部门本身的工作都有一个统筹计划、合理安排的问题。办公室的工作安排是秘书自己的工作方法问题,而且办公室的具体工作是围绕领导工作进程安排的,因此,作为秘书部门日常事务之一的"日程安排"指的就是领导日程安排。

日程安排是指秘书部门协同领导对下一阶段领导所要进行的工作按时间顺序作出合理的计划,并通过一系列服务使计划得以顺利实施的工作。

领导日程安排通常由秘书部门负责人或有经验的秘书来承担。在不同单位，秘书在这一工作中所起作用不完全相同。有的领导的活动日程完全由自己来安排，秘书只要将领导安排好的日程制成表格就行了；有的领导的工作日程安排是在与秘书共同商量的过程中完成的；还有的领导只对自己的重要活动作出安排，而一般性活动则由秘书决定。

秘书在领导活动日程安排中作用的不同，是由组织的性质和级别、领导的工作风格和个性特点、秘书的能力和资历、领导与秘书的关系等多种因素决定的。但不管什么样的领导，秘书至少应起两方面作用：将已经确定的日程安排制成一目了然的活动日程表；根据日程表对已经确定的领导活动提供全面服务，使领导活动得以顺利进行。

安排领导的工作日程，与科学合理地利用时间有关。因此本章第三节将介绍一种"时间管理"的具体方法。

二、领导日程安排的意义

(一)有利于领导科学地利用时间，提高领导工作水平

在现代社会，大多数领导人的工作是十分繁忙的，他们要批阅各种各样的文件，参加各种各样的会议，会见各种各样的人员，处理各种各样的业务，可谓千头万绪，无所不包。这许许多多繁杂的事务，必有轻重缓急之分。有的工作是领导必须参加、亲自处理的，有的是在时间允许的条件下领导可以参加或亲自处理，但在时间不允许的情况下也可以不参加或不必亲自处理的；有的工作必须在确定的时间处理完毕，有的则没有明显的时效性。为了抓住重点，管好大事，提高领导工作效率，领导人本身的活动就必须有计划进行。通过安排活动日程，可以通盘考虑哪些工作必须要做，哪些工作可以不必做或安排其他人员去处理；哪些事情必须立即完成，哪些工作可以暂时摆一摆，等等。如果缺少必要的安排，就会出现"眉毛胡子一把抓"、

"捡了芝麻丢西瓜"的混乱无序、被动应付的局面。有的领导人成年累月被文山会海耗去大量精力,抽不出时间下去搞调查研究,除了文件、会议过多这种客观因素外,一个非常重要的原因就是活动日程缺乏科学的统筹计划。

(二)有利于秘书做好辅助性工作,更好地为领导工作服务

除了文书保管、档案管理等常规性业务工作外,秘书部门的大多数工作是直接为领导的决策和管理服务的,秘书工作必须紧紧围绕领导工作来开展。领导的许多工作,需要秘书部门提前收集信息、准备材料、联络通知,做好各项准备工作,因此,秘书部门对于领导在下一阶段要进行的重要工作必须做到心中有数,才能把各项服务工作做在前面,为领导重要活动的顺利进行创造良好的条件。秘书通过协同领导安排下一阶段活动日程,不但能够了解领导下一阶段的主要活动内容,而且在与领导共同确定日程的过程中。能够了解领导的目标意图和具体要求,从而根据领导工作的需要对秘书部门下一阶段的工作进行合理安排。

(三)有利于各领导、各部门协调行动,提高机关工作效率

领导处于整个机关的核心地位,领导的活动一般都关系整个机关工作的全局,有的工作必须几位领导共同参加,有些活动必须有关部门配合,因此安排领导日程绝不是某个领导个人的事,也不仅仅是领导和秘书部门的事,而是关系机关单位工作全局的事。安排领导工作日程特别是重要活动时,必须与其他领导和有关部门进行联络,充分协商,有些重要活动的日程还要通过会议才能决定,因此安排领导日程本身就是一个协调的过程,只有日程安排得合理,整个机关工作才能协调一致地开展。

三、安排领导日程应注意的事项

(一)注重实效,不搞形式主义

领导的主要职责是决策和全局性管理,领导活动日程应围

绕这一中心来安排,而不能搞形式主义。凡是与本组织主要业务无关或关系不大的活动,领导应尽量不参加或少参加。现在社会上许多活动都邀请领导人参加,诸如各种各样的开幕式、开业典礼、工程奠基、宴会等活动,如果领导有请必到,势必占用大量宝贵时间和精力,从而影响组织的主要业务。

(二)注意张弛相间,劳逸结合

安排领导工作日程既要注意提高效率,把活动安排得紧凑有序,又要充分考虑到领导人的时间、精力、年龄和身体状况,把活动安排得张弛相间,使领导得到必要的休息。即使是年富力强、精力旺盛的领导,也不宜长期进行超负荷工作。把脑力消耗大的工作和体力消耗大的工作穿插开来安排,也有利于领导保持旺盛的精力。

(三)要留有充分的机动时间

给领导安排活动日程时,不能把活动安排得过满,必须留下一定的机动时间由领导自己支配。日程表中记入的内容,大多是有严格时间要求的公务活动,如会议、约见、出访、接待、出差等,而诸如批阅文件、与本组织成员的一般性谈话等,一般不记入日程表,由领导在机动时间自由处理。另外,留下一定的机动时间也便于对原定日程进行变更和调整。

(四)要充分尊重领导本人的意见

资历不同、个性不同的领导,其工作作风和工作习惯也会不同,他们对工作日程的安排可能会有各自不同的要求。秘书在协同领导安排日程时,要充分尊重领导本人的意见,任何活动的安排必须征得领导本人同意。领导根据工作需要可能会对原定日程作一些临时变动,如取消某项活动或者改变原定的时间等,这可能会给秘书工作带来一些麻烦,此时秘书不应产生怨言。另外,秘书还要牢记:除非领导已有明确指示或授权,否则秘书不得在未经请示领导的情况下代领导接受或拒绝预约。

(五)要注意保守机密

领导的许多日程带有一定的机密性,例如讨论机密事项的会议的时间、地点,涉及商务秘密的谈判等。高级领导人的活动日程还关系到领导的安全问题。因此,对领导的活动日程应注意保密。领导工作日程表不宜贴在外人可以看到的地方,不能过多复印散发,因为散发越多越容易泄密。有的秘书图省事,将领导工作日程表分发到各职能部门和小车司机,这很不利于保密,实际上各职能部门只需了解本部门将要参加或配合的活动,而司机则只需知道领导什么时间要用车,秘书可提前将这些事项分别通知有关部门和司机,让他作必要的准备就行了。

第二节　领导工作日程表的编制

领导日程安排的结果,一般都以日程表的形式确定下来。

日程表按时间可分为长期(一年或半年)、中期(季度或一月)、短期(一周或一天)三类,会议日程表、旅行日程表等专用日程表不在本章的讨论范围。

下面介绍年度、一月、一周和一天的日程表。

一、年度工作计划表

年度工作计划表是本单位在新的一年中重要活动时间安排一览表,年度计划属于长期日程安排,其内容宜粗不宜细,一般只列出本单位在下一年涉及全局或主要业务的重大活动。

年度工作计划表的作用是让领导和各部门负责人一目了然地看出本单位在这一年中有哪些重要工作和活动,其中有哪些与本部门有关,以便提前作好准备。领导人其他临时性活动应避开重大活动的时间。例如,根据年度计划3月下旬将召开公司股东大会,在大会召开期间和召开之前的一段时间,公司领导必须将主要精力用于股东大会的筹备和召开上,在此期间就不能有过多的其他活动,如外出考察、应邀讲学等。

年度计划的制定并不难,因为一般单位在年终时都会对下一年工作提出一个总体计划,并形成文件,这就是编制年度计划表的根据。秘书只要将工作计划中提到的主要活动根据领导的意见确定一个恰当的时间并按顺序排列,就制成了年度计划草表,报领导审阅后就可以复印分给各位领导和各部门负责人。

年度工作计划表的格式可参考下表。

××公司2006年度重要活动时间安排表

月 份	日期及活动内容	备 注
1		
2		
3		
4		
5		
6		
……		
11		
12		

二、月工作日程表

月工作日程表属于中期日程安排,其内容较年度工作计划表要详细,一般应将领导在一个月内需要参加的会议、谈判、调查研究、工作旅行等重要活动以日为时间单位记入表中。

每月日程安排表在上个月月底编制,秘书可将年度计划中已经确定的当月活动和机关例行活动(如定期召开的机关办公会议、常委碰头会等)先填入日程表相应日期,再送领导安排其他时间的活动。

月工作日程表的格式可参考下表：

××县长3月份工作日程安排表

日 期	星 期	日 期 及 活 动 内 容	备 注
1	五		
2	六		
3	日		
……	×		
30	六		
31	日		

三、周工作日程表

一周日程表属于短期活动计划，其内容要求更加详细具体。除了要记入领导重要活动或例行会议外，凡是涉及其他人已经约定的活动都要一一记入，在时间上要求尽可能精确，活动地点也要注明。

周日程表既是领导活动的计划，也是秘书部门提供相关服务的依据。秘书部门要根据日程表的内容，提前对领导的各项具体活动做好准备工作。例如，领导星期四要去总公司汇报工作，秘书就要提前一两天准备好领导需要的各种材料，并通知小车司机作好出车准备；领导要在星期五下午接待贵宾来访并设宴招待，秘书就要在这之前布置好接待室，并提前向酒店预定宴席；领导预约的会见，要在前一天与对方再次联系落实，以便对方作必要的准备。

周日程表应在上周末排定，秘书要先将当月日程表所定的本周重要活动和已经约定的工作内容填入，并请示领导是否需要变动，原来没有安排活动的其他时间有没有新的安排。经领导审阅同意的周日程表，复印后给领导本人一份，留办公室一份，必要时还要送其他领导，但不宜分送到职能部门和司机手中。周日程表排定后，秘书要立即为日程表所列各项活动作必要准备，以保证领导活动能按计划顺利进行。

周日程表的格式可参考下表：

总经理一周工作日程

(6月9日～15日)

日期	星期	午别	工作内容	备注
	一	上午		
		下午		
	二	上午		
		下午		
	……	上午		
		下午		
	六	上午		
		下午		
	日	上午		
		下午		

四、每天工作日程表

每天工作日程是领导一天工作的计划，其时间安排一般要精确到时、分。这种日程表应尽可能详细具体，如几时要参加什么会议，几时要与某人谈话，几时要接待某人来访，什么时间可以安排集中批阅文件等。

每天工作日程表应在前一天下班前制定，一般先由秘书将周日程表中原来排定的第二天的活动内容和已经预约的会见等活动填写到日程表中，送领导本人过目，看是否需要调整或补充。由于是第二天就要进行的工作，许多活动的准备工作已经基本完成，因此领导一旦同意，一般不要再作变动。

每天日程安排表的格式可参考下表：

总经理每日活动安排

××××年　月　日　星期

时间	活动内容	地点	备注
8:00			
9:00			
10:00			
11:00			
12:00			
13:00			
14:00			
15:00			
16:00			
17:00			
18:00			
19:00			

五、多人日程表

为了能一目了然地看出机关各位领导的活动内容和时间安排，秘书部门还可编制多人日程表，即在一张表格中将几位领导的重要活动按时间顺序——标出。这种日程表可让每位领导了解其他领导的活动安排，以便互相配合，协调工作；它还有利于秘书部门统筹安排对各位领导活动的综合服务。

多人日程表（每周）的格式可参考下表：

公司领导周活动日程表

（×月×日～××日）

星期	午别	董事长	总经理	副总经理A	副总经理B
一	上午				
	下午				
二	上午				
	下午				
……	上午				
	下午				
日	上午				
	下午				

第三节 时间管理

一、时间管理的概念

在《秘书学概论》"秘书工作方法"一章中,曾介绍一种"有效利用时间的三维综合分类法",限于概论课的性质和教材篇幅,没有举例说明。实际上安排领导日程和统筹计划秘书自己的诸多事务,都与合理利用时间相关。因此此处稍详细地介绍这种方法。

时间是我们每个人的财富,它对我们每个人都是公平的,但能否有效地利用时间则呈现出巨大差别。相同的工作量,有的人花 4 个小时从容处理完毕,有的人花 8 个小时还感到紧张,除了与个人工作能力有关外,与是否善于合理利用时间也是分不开的。由于办公室和公司管理层工作头绪多,分管事务繁杂,因此机关工作人员和公司管理人员应该学会合理利用时间的方法。

二、有效管理时间的"三维综合分类法"

现代管理学家提出了许多时间管理的理论,其中 ABC 分类法出现在许多读本和报刊上,但是各版本的表述差别很大且缺乏可操作性。例如它按轻重缓急将工作分为 A 类(重要、紧急)、B 类(重要、不紧急)、C 类(不重要、不紧急)三类,并提出优先办理 A 类事务,然后办理 B 类事务,有较充裕的时间再考虑办理 C 类事务。但是这种分类本身就不穷尽。例如,紧急而不重要的事是放在 B 类之前办理,还是放在 B 类之后?再如,紧急重要但是需要很长时间(例如两整天)才能办完的事,和虽然不太紧急也不太重要但只需要几分钟就能办完的事,两者谁先办、谁后办?ABC 分类法就不能给出明确的答案。

综合几种时间管理理论,笔者提出一种比较容易操作的时间安排(实质上是工作安排)的方法,并把它命名为"三维综合分类法"。现简述如下,供读者参考。

第一,引进 ABC 分类法中紧急程度、重要程度两个标准,再加进我们认为十分重要的"所需时间"标准,对各项工作进行归类。每个标准都可以划分出 A、B、C、D 四个等级,得到下表:

级别	紧急程度	重要程度	所需时间
A	非常紧急	非常重要	很多时间
B	比较紧急	比较重要	较多时间
C	不太紧急	不很重要	较少时间
D	时间无所谓	不重要	很少时间(即办即了)

第二,根据每件事情在紧急程度、重要程度和所需时间三个方面的特征,对所有的组合排列如下:

(1)非常紧急—非常重要—需要很多时间(AAA)
(2)非常紧急—非常重要—需要较多时间(AAB)
(3)非常紧急—非常重要—需要较少时间(AAC)
(4)非常紧急—非常重要—需要很少时间(AAD)
(5)非常紧急—比较重要—需要很多时间(ABA)
(6)非常紧急—比较重要—需要较多时间(ABB)
……
(63)时间无所谓—不重要—需要较少时间(DDC)
(64)时间无所谓—不重要—需要很少时间(DDD)

从 AAA、AAB 一直到 DDC、DDD,在三个维度上共呈现出 64 种不同组合。

第三,建议每天上班时综合考虑各种因素,对当天面临的工作做如下排列:

(1)上班时应该立即办理的

AAD — ABD — BAD — BBD (马上可以了结)

(2)上午必须办理完毕的

AAC — ABC — BAC — BBC (很快可以了结)

(3) 当天必须办理完毕的
AAB — ABB — BAB — BBB（需要尽快了结）
(4) 当天应该着手办理的
AAA — ABA — BAA — BBA（暂时无法了结）
(5) 当天争取开始办理的
CAB — CAA — CBB — CBA（……）
(6) 可以留待以后办理的
DA× — DB×
(7) 不必办理的（拒绝办理）
×DA — ×DB

我们建议的安排顺序与 ABC 分类法不完全相同，因为我们把比较紧急、比较重要而只需要较少时间就可以办完的事项，甚至于不太紧急、不太重要但立刻可以办完的事项，都排在了非常紧急、非常重要但需要较长时间才能办好的事情之前。这样安排的理由是：花很少时间集中处理好这些不是最紧急、最重要的事情，不但有利于高效率地利用时间，而且便于集中精力高效率地处理最紧急、最重要而费时较多的工作，防止在处理重要而费时较多的事项过程中受到各种干扰。

我们的方法是否合理，读者可以结合工作实践仔细体会。

三、"三维综合分类法"应用实例

现在以某公司总经理秘书某天上班时遇到的十项待办事务为例，说明"三维综合分类法"的运用。十件事务如下：

① 总经理感觉近一段时期各种业务会议太多，耗去了大量时间，要求秘书拟定一个控制会议次数和时间的方案。

② 今天下午××国汽车销售商亨德尔先生将来公司商谈代理本公司产品在该国的销售的具体事宜（意向书已于5月上海车展时交换），秘书需做好谈判准备工作。

③ 本市××大学秘书学系欲与我公司建立长期合作关系，将我公司设为该校秘书专业学生的"实习基地"，人力资源部问

秘书部门是否愿意接纳该校实习生,是否愿意建立长期的协作关系。

④通知销售部落实一名业务骨干(最好是经理或副经理),后天陪同总经理去东北出差。

⑤发动机车间一位技师的女儿考上了清华大学,昨天已拿到通知书,要以公司总部名义给他打祝贺电话,通知他到财务部领取本公司颁发的奖学金3000元。

⑥省党报记者写了一篇报道国务院总理视察我公司的通讯稿,已发到电子信箱,要求公司领导过目确认事实,打印件加盖公章后传真过去。

⑦总部各部门和各分公司今年新招聘了一批管理人员,将于下周开始进行岗前集中培训,人力资源部要求总经理秘书给新职员开一次公文处理讲座。

⑧海尔公司企业文化顾问×××先生被本市××集团请来作专场企业文化建设的讲座,询问总经理或思想文化部主任是否参加(每人入场费用为350元)。

⑨总经理后天要出差大连,需要落实往返机票。

⑩10天后香港歌星刘德华来本市开演唱会,会议组织者来函问本公司是否需要优惠集体入场券(60%,每张价90～180元不等),如果不回电,视作放弃。

根据三维综合分类法,我们很容易确定上述十项事务三个方面的特点:

①不紧急—非常重要—需要很长时间(CAA)
②非常紧急—非常重要—需要较长时间(AAB)
③不紧急—比较重要—需要较少时间(CBC)
④比较紧急—不很重要—需要很少时间(BCD)
⑤比较紧急—不很重要—需要很少时间(BCD)
⑥非常紧急—非常重要—需要较少时间(AAC)
⑦比较紧急—比较重要—需要很多时间(BBB)
⑧比较紧急—不很重要—需要很少时间(BCD)

第十七章 日程安排和时间管理

⑨非常紧急—不很重要—需要很少时间（ACD）

⑩不紧急—不重要—需要较少时间（CDD）

根据以上提出的区分轻重缓急的原则，当天处理这十件事的顺序应该是：

(1)处理⑨，打电话订机票，约3分钟。

(2)处理④，约3分钟。

(3)处理⑤，约3分钟。

(4)处理⑧，问总经理是否派人参加（建议不派人参加，因为可以找到有关书面资料）。约3分钟。

(5)处理⑥，将报道稿打印出来交总经理，约10分钟。

(6)处理②，约需2小时，上午处理完毕。

(7)处理⑩，午饭时间总经理，估计总经理对此不会感兴趣。约3分钟。

(8)处理⑦，转告人力资源部，可以请大学教师来主讲。（下午）

(9)处理③，向人力资源部解释，为保商业机密，不宜接纳秘书实习生。（下午）

(10)最后处理①，需要询问专家、调查本公司会议状况和产生原因。当天无法完成。

现在的排列顺序是⑨④⑤⑧⑥②⑩⑦③①；而按照ABC分类法，排列的顺序应该是⑥②①⑦③⑨④⑤⑧⑩。读者可以比较两种排列顺序，看哪一种排列更合理，更能高效率地利用时间。

复习思考题

1. 简述秘书在领导日程安排中的作用。
2. 领导日程安排有何重要意义？
3. 怎样编制年度、每月、每周和每天的工作日程表？
4. 安排领导工作日程应该注意哪些问题？

5. 试述有效管理时间的"三维综合分类法"的要领。

案 例 分 析

下面的材料是根据一位有13年秘书长经历的资深秘书的文章缩写的。请仔细品味其中的"经验之谈",想一想:关于领导日程安排的经验对下层机关和企事业单位的秘书是否也具有一定的借鉴价值。

秘书长头脑中应有三张"时间表"

秘书长头脑中至少应明晰三张"时间表":年度表、月度表、每周活动时间表。编排好这三张"时间表",要遵循三个原则,解决好两个问题。

三个原则是:一要有根据,主要是法定的必须开的会和必须办的事项;上级领导机关已决定的要求参与或办理的事项,本单位、本部门、本地区的总体发展规划和具体工作计划中规定了的事项;按传统习惯和可预见的形势变化必须办的重要事项等。有根据才有可行性、可信度。二要有主线,主线就是领导班子的整体活动和"第一把手"的重要活动,要以"第一把手"的活动为主线来安排。主线明确,才能科学区分轻重缓急。三要简单明了,重点突出。年度表以月计,每月大体一件,月度表以周计,每周大体一件,多了不仅难以记忆,也不好安排。每周活动表需要列进去的也不是所有的领导活动,而是全局性的和主要领导人的工作。文字要简练,一件事只用一句话,目的是提醒而不是说服教育。

两个问题:第一个是要做好各方面的协调工作。客观上每个领导人都有自己的工作安排,相互之间的差异甚至矛盾不可能完全避免,这种差异和矛盾不少是表现在时间安排上。这就需要秘书长事先协调,力争做到区别轻重缓急,在一张表上大体能够满足各方需求。特别是每周的活动,应在前一周征求领导班子成员和各主要部门的意见,而后综合协调。一定不能不经商量,自以为是,自作决定。在提出安排意见后,还应请示第一把手才能决定。第二个问题是随时准备适应情况的变化而进行修改。每周活动的安排,只能根据"定势"和已知的情况排列时间表。形势一旦变化,上级领导或本单位主要领导人有更为紧急的工作,应及时调整。在这个问题上,秘书长必须清醒、敏感、灵活。出现变化要及时协调,调整得越早,被动性越小。修改时间表的原则应是能不变的尽可能不去变动,必须变动的应毫不犹豫地尽快变更。(据段柄仁文)

(材料来源:《秘书工作》2004年第5期)

第十八章 随从工作

第一节 随从工作概述

一、随从工作及其意义

(一)随从工作的概念

随从工作就是为领导人到单位所在地之外从事公务活动提供各方面服务,它是秘书工作的重要内容之一。

领导人外出活动有两种情况:一类是到所管辖的地区或下级单位调查研究、布置任务、检查工作、处理问题等,可以概括为"下基层";另一类是到外地出席会议、观摩考察、商务谈判、接洽业务等,可以概括为"出公差"。一般情况下,上层组织的领导下基层比较多,而基层组织和企事业单位领导出公差比较多。为叙述方便,下面将这两种外出活动概称为"公务旅行"。

随从工作是一项传统的秘书业务。传说中黄帝、尧、舜等部落联盟首长出巡时,就带有随从史官;封建帝王出京巡视也带有大批随从人员为其服务。近代社会交通发达,无论是各级行政机关领导,还是企事业单位领导、部门主管,公务旅行更为频繁,而重要的公务旅行一般都有秘书随行。

随从工作是一项事务性工作,特指领导公务旅行中的具体服务事项,在一些商务秘书读本中称为"商务旅行服务"或"差旅服务"。随从领导在外所做的工作并不都属于随从工作,例如，跟随领导下基层调查研究，或陪同领导参加重要谈判，其中调研和谈判的业务就属于调查研究和谈判事务。但是，领导人前往调查点或谈判地的旅程安排、旅费准备、落实交通住宿等服务，则应该归入随从工作。

(二)做好随从工作的意义

1. 良好周到的随从工作可以提高领导公务活动的效率。随从工作不但能为领导创造良好的工作和生活条件，节约许多时间，还可以少出差错，避免因所带资料不全等原因延误工作。

2. 良好周到的随从工作有利于树立组织的公关形象。领导公务旅行无论是汇报工作、视察调研，还是商务接洽，都要直接与各级干部、人民群众、商务伙伴等广泛交往。秘书良好的服务可以使领导以最好的精神状态来面对各种对象。

3. 良好周到的随从工作有利于锻炼秘书的才干。领导出差一般只带一名秘书，因此对秘书素质要求较高，综合协调能力、交际沟通能力、随机应变能力、具体办事能力、快速撰文能力等在随从领导外出工作时都能得到锻炼。另一方面，领导人通过秘书在随从工作中的表现也能直接考察秘书的综合素质，因此随从领导旅行也是秘书展示才干、获得进一步发展的机会。

二、随从工作的特点

(一)单兵作战素质要求高

除了最高层领导公务旅行会带一套秘书班子外，一般领导公务旅行只带一名秘书。这名秘书不但要为领导的各项工作提供服务，而且要安排领导的吃穿住行和安全警卫等。因此领导人公务旅行一般挑选那些综合素质好、反应灵活而且能吃苦耐劳的秘书随行。

(二)时限性强劳动强度大

现代领导人都很忙，公务旅行日程一般都安排得很紧张，不仅是会议、谈判等活动的时间定得很死，而且飞机、火车的时间也不能变动,不比在本机关,各项工作安排有一定的弹性。劳动强度大主要指公务活动一项接一项,秘书不但要全程参加,而且在领导休息后还要为第二天的工作准备材料。秘书对陪同领导公务旅行的艰苦性要有充分的思想准备。

(三)环境陌生未知因素多

公务旅行中面对的工作环境比较陌生,不但面临的人际关系比较复杂,而且气候等自然环境也与本机关所在地不同,还可能遇到天灾人祸等。由于环境改变,原来未曾预料到的情况随时可能发生,原先的计划很有可能被打乱。因此,秘书在旅行出发前应尽可能地多收集到达地点和对方单位的有关信息资料,对一些主要活动多准备几套应变方案。

三、随从工作的要求

陪同领导外出调查研究、参加谈判等,要按照该项工作的要求提供秘书服务,这是不言而喻的。这里主要从旅行服务的角度提出几点特殊要求:

(一)考虑周到,反应灵活

随从工作要考虑周到,体现在各个方面。例如,在外查找资料比较困难,而且也不可能随身携带过多的纸质材料,因此手提电脑内要多拷贝一些可能会用到的资料;到达地如果有领导或自己的同学、朋友等熟人,出发前要将他们的电话号码核实清楚并写在随身携带的卡片或笔记本上,以备到时联系;领导如比较贪杯,秘书不仅要在酒宴上适当提醒和保护领导,随身还要带几颗醒酒药,以备领导饮酒过量时取用。

出差在外难免会遇到难以预料的情况,这就要求秘书反应灵活,随机应变,变通处理。如某秘书陪同领导乘自备车去外地参加重要谈判,路遇重大交通事故,前后车道堵死,秘书迅即下车向交警了解情况,得知恢复交通需要 2~3 个小时,若等待路通必然迟到违约。秘书立即建议领导弃车步行至 3 公里外的村庄,雇车前往谈判地点,从而没有影响谈判业务。若遇到此类情况束手无策，就可能贻误领导的重要公务。

(二)服务主动,办事细心

随从工作需要主动精神，秘书在接到陪同领导旅行的任务后，就要主动与领导沟通，了解公务旅行的主要目的和日程，然后才能做到心中有数。在整个旅行过程中，不能什么事都要等领导吩咐，叫做什么才做什么。从领导主要公务活动的提前准备，到旅途中增减衣服等生活小事，秘书都要主动提供服务。

陪同领导外出时还必须做到办事细心、一丝不苟，从领导公务活动的地点、时间、人员安排，到领导人接送用车、飞机班次、火车车次等，都不能有半点差错。如果秘书在旅行途中丢三落四，不但不能为领导提供服务，反而要领导提醒自己，那就不仅影响出差任务的完成，而且会给领导留下深刻的负面印象。

(三)说话谨慎,行为检点

公务旅行过程中，无论是正式场合还是在宴会、休闲活动中，秘书都要注意说话谨慎，不要轻易向外人透露领导对某些问题的看法和意图，以免造成工作被动。秘书在酒宴等生活场合，也要注意谈吐文雅，不要说粗俗的笑话，不可猜拳行令、贪杯赌酒，以免醉酒失态，给人留下不好的印象。

目前官场和商界都存在一些不正之风，有人喜欢通过秘书来打探消息，疏通关节，因此千方百计投秘书所好。所以秘书外出自己的行为还要特别检点，尤其是领导参加重要会议等公务让自己一个人自由活动时，不能随便收受他人赠送的礼物，即使别人主动安排，也不要涉足黄、赌、毒等不良场所。

秘书不但要检点自己的行为，必要时还应委婉地提醒领导抵御不正之风。公务旅行途中在不增加旅费的前提下，可以顺路游览一些风景名胜，但不可借公务旅行的机会搞公款旅游。

第二节 公务旅行前的准备

一、明确公务旅行的任务和行程

接受随从外出的任务后,要主动向领导详细了解以下内容:

(一)地点和时间

一次公务旅行可能要去好几个地方,即便在一座城市也会到不同单位,秘书一定要问清楚必须要去的每个目的地,以及如果时间充裕领导可能去的地方,越详细准确越好。

公务旅行时间包括启程时间、路途所用时间、抵达时间、返程时间、各项活动的具体时间等。

(二)公务旅行类型和具体任务

一般来说,领导公务旅行主要有调查研究、汇报情况、检查工作、观摩学习、出席会议、处理问题、看望慰问、商务谈判等类型。公务旅行性质不同,随从工作的内容和要求也会有一些差别,因此,秘书有必要了解领导本次公务旅行的类型。

秘书必须问清楚本次旅行的具体任务。例如要参加的会议是什么性质的,领导要不要发言,需要准备哪些材料;如果是洽谈业务,则对方是什么公司,谈判的是什么项目,需要了解对方哪些信息等。有时一次旅行的主要任务是一个,还可以顺便干几件事,例如到北京开会可以抽空去看望正在北京进修的专业技术人员等,这些也都要问清楚。

(三)人员安排

领导公务旅行有时是一个人,有时是几位领导一道,根据公务旅行的任务,有时还要组成调查组、谈判组、慰问团,或要求有相关业务人员(如销售部经理、法律顾问等)。这些人年龄、性别、专长、生活习惯不同,对旅行服务可能就有不同的要求。例如领导如果都是年轻的,可以把日程安排得紧凑一些,如果有年长体弱的领导参加,则安排活动就要多留一些余地,或安排他少参加几项活动。有位秘书介绍经验说,多人外出旅行时,他还要了解随行人员睡觉是否打鼾,然后把睡觉打呼噜的安排住一起(或单独住),以避免休息时互相干扰。

二、旅行日程表

秘书在公务旅行出发前,应该制定详细的旅行日程表。下面是一次商务旅行的日程表,可供参考。

旅行日程表

日期	时间	交通工具	地点/单位	事项	备注
6月9日	8:40~10:10	CA201航班	南京—北京	飞抵北京国际机场	2日前订机票
	12:00	对方接机	香格里拉	下榻、午餐	客房已订
	15:00			与销售商联系明天谈判时间、地点	通过电话
	16:00	出租车	清华大学	看望本公司进修的工程技术人员	联系人×× 13800103248
	18:00		中关村	宴请慰问	
10日	9:00	对方小车	对方公司	代理销售谈判	
	12:00			午餐	对方宴请
	下午			谈判	若谈判已结束参观故宫
	晚上			机动(会友)	
11日	上午		图书大厦 王府井	购书、购物	13点用午餐
	12:00	出租车	宾馆出发	11点半到机场	
	14:20~16:50	CA102航班	北京—南京	抵达禄口机场	2日前订往返票
	17:00~18:00	02号小车	机场—公司	返回	司机张师傅 13033144279

旅行日程表应该一目了然。日程表要按领导要求制定,草表制好后要送领导过目认可,然后复印四份,一份给领导,一份留在办公室,一份给领导家属,秘书自己随身带一份。

三、具体的准备

（一）落实交通和宾馆

在领导确定了出发和返回时间后，秘书要立即预订飞机票或火车票。这项工作时间性极强，稍微耽误，就有可能订不到票。如果返程时间已经确定，最好订往返票。

预订宾馆也可以通过旅行社、电话或网络进行。宾馆规格和客房标准，要根据组织的规定，并照顾到领导的习惯。

（二）旅费

一般情况下，领导公务旅行应由秘书到财务部门预支差旅费。差旅费一定要带足，但是最好不要都带现金，现在各银行都有全国通用的信用卡，可以在信用卡上多存一些金额，到达目的地后再根据需要随时取用。

（三）公务活动的材料

如果是调查研究或商务谈判等公务旅行，要根据具体事务来准备材料。如主要活动是谈判，那就要根据谈判所需要的信息资料进行准备。但是秘书公务旅行时要考虑在外执行公务不能随时查资料、文件、档案等，因此平时要注意在电脑上储备信息资料，公务旅行时带上手提电脑，以便随时调阅所需资料。

（四）旅行用品

旅行用品包括身份证、通讯录（常用电话号码）、手机备用电池及充电器、照相机或摄像机、列车时刻表、旅游地图、换洗衣物、洗漱用品、常用药品（特别注意带晕车药）等。

第三节 公务旅行期间和返回后的服务

公务旅行期间，随行秘书要为领导的主要公务活动提供全面服务，诸如调研、谈判记录、各种文件的临时起草、拟定领导的演讲提纲、应领导公务需要提供各种信息资料等。除此之外，公务旅行期间还应当做好下列服务工作：

一、时间管理和交通安排

秘书要根据旅行日程表的计划,帮助领导安排好时间。例如从南京市区到禄口机场,如果交通正常,一个小时车程足够,但是应考虑到途中路况不好或交通意外会影响车速,因此就要提醒领导提前两个小时驱车前往,以防因交通意外耽误了航班。

在出差目的地的用车,一般采用打的方法解决,必要时也可以包租一辆车。总之,秘书陪同领导出差时绝不能因为交通误时而耽搁大事。

如果出发前没有订好返程机票或车票,那么秘书应在到达目的地后尽早落实。一般情况下可以请出差所到的单位帮助解决,也可以通过下榻的宾馆帮助解决。在拿到返程票后,要将返回具体时间及时告诉本机关办公室,请他们安排接车司机。

二、热情接待来访客人

领导出差在外,常常在下榻的宾馆接待客人,其中有反映情况的人民群众,礼节性拜访的商业伙伴,还经常会有领导的老同学、老战友、老同事等私人朋友来访。无论哪种客人,秘书都要给予热情接待。不要忘了给领导人的会见留影纪念。

三、保持良好的通信联系

旅行过程中要与本机关办公室保持良好的通信联系。到达目的地后应及时告知"安全抵达",公务进展情况,也要随时与家里的领导交流。另外,主要领导公务旅行在外时,一般都很记挂单位的工作,因此秘书与办公室通电话时,也要主动询问机关的情况,以便及时向领导报告。

四、注意领导的安全和健康

无论是在交通工具上,还是在宾馆内,都有一个安全问题。细心的秘书会提醒领导注意自己的安全,不让所乘的汽车司机违反交通规则超速行驶,不让领导坐在副驾驶座位等。在火车上秘书要照看好行李,晚上关好房门以防失窃,等等。

公务旅行期间参加宴会较多,秘书在酒席上应该注意保护领导,提醒领导不要过量饮酒,必要时给领导解围。秘书要提醒领导注意饮食卫生,劳逸结合,采取必要措施杜绝各种骚扰。

五、处理外出公务活动的资料

不管是单位小车迎接,还是乘出租车返回,秘书都应该先把领导送回家。在回程中,秘书要请示领导对这次公务旅行活动结果的处理。有的公务出差回来后可能要写比较正规的书面报告,例如考察报告、会议传达提纲等,秘书要抓紧时间整理旅行过程中形成的有关材料。为领导草拟出差汇报提纲,或将公务旅行的结果形成文件等,都主要由陪同旅行的秘书来完成。

六、结算旅差费用

秘书在陪同领导出差过程中,每一笔开支都应有详细记录,并留下正规的报销凭证。旅行结束后,秘书应及时收集和整理好出差期间的各种差旅费票据,到财务部门报销。如果出发前预借了款项,报销后就应归还。随行秘书在报销差旅费时要严格区分公务开支和私人开支,不要将个人购物或旅游的开支也报销了。

复习思考题

1. 随从工作有何特点?做好随从工作意义何在?
2. 对秘书随从工作的要求是什么?
3. 秘书在出差准备阶段应做哪些工作?
4. 秘书在出差途中和出差归来后应做哪些工作?

案例分析

下列案例中刘秘书为领导出差作了哪些准备?

做事周到的秘书受欢迎

　　国内某大型电子公司的老总将带领公司的研发人员,到美国去洽谈设立分公司的事,决定由刘秘书陪同。下班之前,刘秘书像看电影似的,对将要进行15天的出国活动安排,在头脑里进行了预演。由于住宿、交通和与当地有关部门会谈的联络工作都交给了美国的分公司负责,所以刘秘书的工作减去了一大块。刘秘书担心的是由于可能出现的飞机晚点或交通堵塞,无法完成工作计划,因为他们的日程安排实在太紧张了,可以说是走马灯似的。于是,刘秘书再次拨通了长途,与对方确认在什么时间,在什么地方接他们,什么时间上门拜访……

　　在和对方确定行程之后,刘秘书又翻开随身携带物品的清单,一个个核对了一遍:电话、电脑、摄像机、讲话稿提纲、谈判背景资料、药品……

　　对于能够出国考察这件事,刘秘书心里承认这的确是美差,但美差绝不意味着轻松。和对方除了语言方面的差异,还有文化,思维方式等方面存在着差异,因而工作方式和处理问题的方法也会有碰撞、适应的过程,而这个过程绝不会轻松,随时都有可能发生误会,引发不愉快的事情发生。所以,身为秘书,就要把一切可能出现的问题,都要想到,提前作好应变的准备。另外身在异乡,对于各种突发事件一定要作好充分准备。

(材料来源:陈玉斌主编:《这样的秘书最受欢迎》,
北京:中国经济出版社,2005年)

第十九章 通信联络

第一节 公务电话

一、怎样向外打电话

(一) 通话前的准备

1. 准备通话提纲。为保证通话内容的准确性和完整性,提高通话效率,秘书应当事先准备好通话的书面提纲,写下需要通话的内容要点。如果是电话传达领导的口头指示,应先对领导指示做好详细记录。一般内容的通话应事先打好腹稿。

2. 了解使用方法。目前电话机种类越来越多,性能和使用方法也有所不同。因此,打电话前秘书应对电话机的性能、使用方法以及开通了哪些服务,作一番了解。

3. 查核对方号码。秘书在打电话前应当查清对方的电话号码,做上记号或者记住。切不可先拿起话筒手机,再查找号码,因为这样等于使你的电话占线,不仅无效占用了电话设备,而且会使别的电话打不进来。

(二) 通电话的一般程序

1. 正确拨号。提起话筒后应立即拨号。拨号时注意力要集中,避免拨错。当耳机里传来忙音,可几分钟后再拨。

2. 主动自报家门。自我介绍是通话的基本礼节。秘书打电话,在听到对方的招呼后,应首先主动进行自我介绍。一般用语为"喂,您好!这里是××××(单位),想请××先生(女士)听电话"。

3. 准确陈述内容。在确认对方是自己所要通话的对象后,秘书应将通话内容逐项、准确、清楚、完整、简洁地告诉对方。如果是重要通知,可以提醒对方记录,还可以要求对方将所记内容复述一遍。

4. 耐心解答疑问。如果对方一时没有听清,或对某些问题提出疑问,秘书应予以耐心解答。

5. 礼貌告别对方。告别前应先提出结束通话的要求,在征求对方同意后结束通话,并且有礼貌地告别。

(三)怎样找对方领导通话

1. 与对方接话人友好协商。找对方领导通话,总是有要事相告,而对方接话人又往往是秘书,他们一般会为分担领导的工作压力而主动"挡驾"。这时,就需要与对方友好协商,告知对方有要事需直接与其领导通话,希望协助。

2. 以恭敬的语气与对方领导通话。一旦确知是对方领导在接电话,就要用恭敬的语气致以问候,然后以客气和悦的语音告知有关通话内容;有问题需征求对方意见时,则以商量、恳请的语气告之,并给对方以较大的回旋余地;有些问题,对方如一时不能决定,可主动表示"是否我迟些时候再打电话给您?"

(四)怎样给领导向外挂电话

秘书给领导向外挂电话有两种:一种是替领导转达意思,一种是按领导指定的号码拨通电话,然后由领导直接与对方通话。对于前者,关键是要准确转达领导意思,因此,在接受领导授意时,要复述一遍,核实一下内容,确保电话转达时话意的准确。

对于后者,则要善于聆听、记住领导所讲的电话号码,要领导复述电话号码或拨错电话均是一种失职。接通领导要找的人的号码后,要立即将话筒交给领导。

二、怎样接电话

(一)接电话的一般程序

1. 准备记录电话。办公室电话机旁要常备电话记录纸和记录用笔。不要等到通话时再去找记录用的纸笔,这会造成无效占用电话并且浪费对方的时间。

2. 迅速摘机呼答。秘书应在电话第二次或第三次振铃后迅速摘机呼答。呼答对方应当用"您好",而不要用"喂"。

3. 主动自报家门。由于通话首先说话的是被叫方,因此,秘书接电话时应首先自报家门:"您好!这里是××单位。"以便主叫方直接判定电话拨打是否准确。

4. 辨明对方身份。如果主叫方也作了自我介绍,则可进行正式通话。但如果主叫方没有作自我介绍,秘书就应当用礼貌的方式了解对方的单位及主叫人的身份。尤其是在给领导接转电话时,更应如此。

5. 听记对方陈述。对方陈述通话内容时,秘书应注意力集中,仔细地听,认真记录。

6. 及时提出疑问。秘书在听记对方陈述的同时,要弄清对方的来话意图,抓住要领、记住细节。凡有不清楚、不明白的地方,一定要请对方重复或者解释。

7. 复述来话内容。复述来话内容便于主叫方检查其陈述的内容是否准确、完整以及与被叫方的理解是否一致。同时也有助于被叫方加强记忆。在复述过程中,如还有疑问,应再向对方提出,直至彻底弄清楚为止。

8. 礼貌告别对方。主叫方提出结束通话的请求后,秘书应表明自己的态度。在一般情况下,应当由主叫方先告别,非特殊情况,被叫方不宜主动告别对方。告别时应回敬对方"再见"。

(二)电话内容的处理

1. 整理电话记录。来话内容通常先记在便条(记录纸)上,通话结束后应及时整理,将主要内容登记在"电话记录簿"上。

2.重要电话须专门处理。重要电话的内容应填到"重要电话处理单"(格式见下页)上,送交办公室领导或分管领导阅读处理。紧急电话,则立即转告领导,由领导采取相应的措施。

(三)怎样处理打给领导的电话

主叫方来电话,事无巨细,总喜欢与被叫方领导通话,以提高办事效率。而从被叫方来看,领导接电话应有所选择,否则便会干扰领导其他重要工作,因此秘书要有所"过滤":

1.要辨别来电的重要程度。只有辨别对方来电的重要程度,秘书才能决定是否请领导接电话。因此,秘书要善于从对方单位、主叫人姓名与身份、主叫通话中隐含的信息来初步判定来电的重要程度。

2.要掌握领导的工作习性与工作安排。领导人一般均很忙,每天总有许多事务须处理。因此,秘书为保证领导人的正常工作,就应掌握领导人的工作习性与日程安排,由此作出是否请领导接电话的决定,并可给对方一个合理的解释与回话。

3.回话时要灵活机动。由于存在"让领导接"与"替领导挡驾"两种可能,秘书回话时要灵活机动,留有余地,一般应尽可能了解对方的来电意图,在此之前如对方执意要找领导通话,则可以先说声"请稍候,我去看看某领导在不在",然后征求领导意见后再处理;如果领导正在处理重要公务不便打断,秘书也可离开片刻,再回对方"×领导现在不在办公室,有事可以跟我说吗,我是×秘书,我一定将您的意思转告给×领导"。如果对方所说的事情确实比较重要,则可灵活地回答:"哦,那边×领导好像已回来,待我把电话转过去。"

三、秘书打电话应注意的事项

(一)要做好准备

无论是向外打电话,或听到响铃准备接电话,秘书应暂时中断手上的工作,集中精力打电话。向外打的电话,一定要把通话提纲或要点列出,以免遗漏内容而误事。接电话则应迅速拿起纸笔,准备做记录。

(二)要认真记录

电话记录要清楚准确,其项目包括来电单位、来电人姓名和身份、来电时间(具体到几时几分)、来电内容、接话人姓名、领导指示意见、办理情况等。电话记录应字迹端正,符合存档要求。对重要通话,应立即填写"重要电话处理单",请领导指示处理。"重要电话处理单"格式如下:

重要电话处理单

来电时间		来电号码	
来 电 人		接 话 人	
来电单位职务			
来电内容			
拟办意见			
领导批示			
处理结果			
备 注			

(三)态度要和气,要多用礼貌用语

秘书通话的过程,也是对外交往的过程。秘书应当通过自己的努力,融洽与对方的关系,推动相互合作,并为本组织树立良好的形象。为此,秘书通电话时就要做到:

1. 态度温和。通话中要努力营造一种相互信任和尊重的氛围,即使对方语言粗俗或双方话不投机,秘书也应以礼待人,切不可在通话时发脾气。虽然通话时对方看不到你,你也应该态度温和、热情有礼。

2. 语调轻婉。说话时,嘴巴与送话器应保持10厘米左右,太近则音量太大,太远则对方听不清楚。一般以中等速度说话,尽可能使语调轻松、悦耳,以便既达到表达清楚的效果,又给对方留下很好的印象。

3.用语礼貌。通话前用"您好"致意并主动自我介绍;迟接或打错电话应表示抱歉;询问对方身份或要求重复内容,应用"您贵姓"、"请问"等礼貌用语;挂机前要根据不同对象分别采用"再见"、"谢谢"、"请多联系"等告别用语。

此外,通话时还应注意不要随便打断对方的说话;也不应与第三者随便讲话,如必须与第三者交谈时,应请对方稍候并表示抱歉;挂机时应轻轻放下。

(四)口齿要清楚,速度要适中

由于电话交谈无法运用手势、表情等辅助手段,完全依靠口头语言来进行,故通话的清楚准确显得尤为重要。因此通话时要求口齿清楚、发音准确,且语速适中,以便对方能完整、准确地理解自己所要陈述和表达的内容。

(五)要注意安全保密

电话保密是秘书通信保密的重要方面。一般要做到:

1.凡涉及秘密事项的,一律使用保密电话。

2.如果对方在普通电话中问及秘密事项,应婉言谢绝,或借故岔开话题。

3.如果只涉及单位内部的不宜公开的事项,可使用普通电话,但必须注意周围环境是否安全,有无不该了解情况的人在场。必要时,可留下对方的电话号码,到另外无人的办公室去打。亦可使用手机转移到安全的地方继续通话。

(六)打电话时姿态要端正

打电话,宜用左手握话筒,右手按键并持笔,以便边通话边记录。因此,打电话最佳姿态为坐姿,面对办公桌,右手随时在纸笺上记下通话要点。有的秘书打电话时斜倚在靠椅上,甚至躺在沙发上,在这种姿势下说话,有经验的接话人能从你说话的语气听出你的不严肃来;另外,如果打电话时有人到办公室来办事,看到秘书不雅的姿态,也有损机关的形象。

第二节 邮件收发

一、邮件的接收

（一）一般邮件的分发与转呈

一般邮件收到后，秘书应根据信封上的收件人进行分发。如是领导人的信件，则根据领导人的交代或授权，或直接转呈，或拆封阅读后视内容重要程度进行相应处理。如是单位或办公室为收信人的邮件，秘书则应视作是职内应处理的工作，对其拆封、阅读、处理。

（二）挂号邮件的登记和处理

挂号邮件是秘书签字从邮递员那儿收到的，而且一般也比较重要。因此，秘书应逐一登记到"收发簿"上。如需分发的则由收件人签名领取。对于送到办公室来的特快专递，收发人员应用电话通知收件人（或部门）前来领取。需秘书人员自己处理的，则应注明处理方法与结果，以便有案可查。

（三）公务信函的拆封、阅读和处理

1.拆封。拆封时，须注意不要剪断或撕掉对方的地址和邮政编码，以便复信。此外，信件拆封后须用大头针或回形针将信封与信件别在一起，使来函得到统一、完整的阅读与保管。

2.阅读。阅读公函要抓住其中的要点，一般公函只须摘录要点，综合起来向领导汇报，需办理或应回复的公函，则单独挑选出来，转呈给分管领导阅处。

3.处理。公函中所提及的各项公务，在转呈相关领导后，要适时提醒领导阅读并拿出处理意见，然后根据领导意见送交相关部门落实。最后则将公函的处理结果复函给对方；有些公务无须落实或难以办到的，也应复函作合理的解释。重要公务信函应填写"来信处理单"，其格式与"重要来电处理单"略同。如属于人民群众来信，则按信访要求处理。

二、邮件的寄发

（一）核对、登记、密封

领导或其他部门交给秘书部门寄发的邮件，秘书须对通讯地址、收件人认真进行核对，在确认无误后，即登记在邮件寄发登记簿上，然后予以密封。密封宜用胶水，切勿用订书钉，以防止泄密。

（二）交邮

如是大宗的一般邮件，只须数清件数，一起交给邮局作为平信邮出。如须挂号，则必须一件一据，收据号码与邮件号码相符合，以备万一出差错时，凭挂号收据寻查邮件下落。

（三）收据的保管

挂号邮件或特快专递邮件，一般都有收据。收据须在背面记下邮件发往的单位与收件人，然后贴在登记簿的"备注栏"内，以利于保管和查询。

第三节 公务信函的写作

一、公务信件及其分类

信件可分为公用信件、专用信件和私人信件三种。公务信件是用来联系公务、交流信息、沟通感情的重要交际工具。作为机关正式公文的公用信件叫做"函"，它的使用和写作属于《文书学》和《秘书写作》的内容。本章着重介绍的是在特定场合使用、具有特殊用途的专用信件。秘书部门常用的专用信件有：倡议书、表扬信、感谢信、慰问信、邀请信、贺信、请柬、吊唁函以及商洽业务的信件等。

二、公务信件的写作

（一）信件的格式

信件的一般格式为：

1. 称谓。也叫称呼。收信人的称谓要在信纸的第一行顶格写,后面用冒号。其称谓要符合收信人的身份,一般可在姓名后加"先生(女士)"。如知道对方的学衔、职务,则可在姓名后加上其学衔、职务,如"××博士"、"×××经理"。

2. 问候语。即在称谓的下面一行,空两格,向对方致以问候,以表尊敬与祝愿。如"您好"、"近好"、"节日快乐"等。

3. 正文。在问候语之下,另起一行,空两格开始正文的撰写。正文内容要直截了当地表达写信意图,行文上要做到明白、简洁、有序、得体。每叙述一件事,应另起一自然段。

4. 结束语。正文写完后,一般都要用表示致敬或祝颂的话来收尾。如"此致敬礼"、"顺致敬意"、"即颂近祺"、"谨祝节日快乐"等。

5. 署名。写在结束语之后的右下方。以单位名义发出的信,应署单位的全称或规范的简称;如果是单位里某个部门发出的信,还应署明部门名称。

6. 日期。写在署名的下一行靠后一点,用阿拉伯数字将年、月、日写全。如"2011年3月5日"。

7. 信封。应采用横式标准信封。先将对方的邮政编码准确工整地填入左上方的方格内,其下则写收信人地址。信封中央用较大的字体写明收信单位或个人姓名,如是写个人姓名,应加上通行的称谓,如"同志"、"先生"、"女士"。其后可加"收"或"启"。发信人的地址、姓名、邮编,则应以较小的字体写于右下方。邮票则统一贴在信封右上角。

应当注意的是,英文信封的格式有所不同。发信人姓名、地址应写在信封的左上角,在前面写"from",意为"寄自……",但也可省略。收信人的姓名、地址则写在信封中间或右下部。不论是发信人或收信人的姓名、地址,其书写顺序均为:发(收)信人姓名、门牌、街名、路名、城市名及国家的名称。

(一)信件写作的一般要求

1. 要简洁明了。信件要简明扼要地表达写信目的与相应的内容,切忌客套与务虚的话说上一大段,仍未能谈及正题。

2. 要礼貌得体。称谓、问候、结束语的使用,以及正文的语气,要恰如其分、彬彬有礼、卑亢有度,并表达出一定的热情。

3. 要注意格式。信件的格式是人们在长期交往活动中形成的,并为人们广泛运用,个人不能另搞一套,"创新"一番,因此应熟悉格式规范,并严格按照它来写作。

4. 地址、姓名要准确。信件总是要送达特定地点、具体人收阅的,因此,收件人的地址、姓名一定要准确无误,字体要用正楷,不能潦草。否则,信件可能无法及时送达,从而耽误或影响公务;如果连寄信人的地址、姓名也不清楚,信件就会成为"死信",甚至因此而泄密。

三、常用的专用信件例文

常见的专用信件种类也很多,这里且举几种使用频率较高的例文:

(一) 表扬信

表 扬 信

××中学:

在开展"全民文明礼貌月"活动中,你校学生在学校领导、教师的带动下,不仅从自己做起,从本校做起,搞好了清洁卫生,注意了文明礼貌,而且走上街头,热情宣传,清理环境,维持交通秩序,为精神文明建设作出了可喜的贡献,在我市起了模范带头作用。

为此,特授予你校"五讲四美标兵"的光荣称号。

希望你校全体师生,发扬优良作风,戒骄戒躁,为取得更大的成绩而努力!

××市人民政府
××××年×月×日

(二)邀请信

邀 请 信

××××：

　　××市旅游服务公司定于2006年×月×日召开2006年度旅游产品看样订货会，现特邀请贵单位一至二人参加。

　　这次会议的主要内容是：

　　一、承接2006年订货货源，签订供货合同；

　　二、解决部分年内急需货源；

　　三、广泛听取宝贵意见，密切供需关系。

　　会议报到日期为2006年×月×日8时至19时，报到地点为××市××路××号××宾馆。食宿费自理。

　　与会代表请携带订货计划单。

　　欢迎贵单位代表届时光临。

××市旅游服务公司

××××年×月×日

(三)贺信

贺　信

××软件公司：

　　贵公司正式开业，是本省软件行业的一件大喜事。在此谨向你们致以热烈的祝贺！

　　贵公司拥有一支由软件专家组成的庞大队伍，技术力量雄厚，必定能够开发出具有竞争力的软件系统。对于满足用户的需求，活跃我国的电脑市场，定会起到重要作用。

　　祝贵公司开业大吉，宏图大展！

××公司

××××年×月×日

复习思考题

1. 秘书接打公务电话要注意哪些问题？
2. 秘书部门怎样处理要求领导人接的电话？
3. 秘书在接收和发出邮件时要注意哪些问题？
4. 写作公务信件要注意哪些问题？

案 例 分 析

1. 下面的案例说的是"电话难打"。请结合案例谈谈关于公务电话的种种规范是否有其内在原理。（如为什么接电话首先要自报家门"这里是××公司"，而不是先询问对方"您是哪里？"或"您找谁？"）

错 中 错

在新世纪公司实习的秘书小曹第一天上班，被安排在接电话的岗位上，不知是由于激动，还是为什么，第一次遇到外来电话，铃声刚响，他就抓起话筒。行政部经理听他接完电话后，纠正道："接电话有学问，外来电话一般要铃声响第二遍时，方可拿起话筒，这样做才显得稳重，大方些……"经理的话还未说完，就被总经理叫走了。小曹的指导老师刘秘书继续纠正："接电话时，切不可用轻率的语调问对方：'喂，你找谁？你是谁？'这是很不礼貌的，应该用礼貌的语言、温和的语调说：'您好！这里是新世纪公司行政部。'不能用粗俗、急躁的口气说话。"

第二次接电话时，是对方拨错了号，小曹一听便告诉对方："你打错了！"就挂上了电话。他的另一位指导教师陈秘书又给他作了纠正："接到打错了的电话时，你应该说，'这是新世纪公司行政部，电话是××××××××，我想您是否拨错了号？'刚才你那种回答别人的方式，很不礼貌。如果对方是我们的客户,那就更糟糕。无礼行为可能导致中断往来,给公司带来损失!"

小曹听了三个人对他的批评,脸红一阵,白一阵,心里不是滋味。当初学电话事务、电话应对礼仪时,自己心里好笑:"电话谁不会打?几岁起就听电话,打电话,还有什么学头?"那堂课他一点没听,出现今天的难堪也就难免了。谁知更大的漏子出现了。

下午,办公室的人全部外出办事,小曹接到市商业总公司通知经理开会的电话。当他把开会通知告诉经理时,经理反问他开会的具体时间、地点和议题,他只能似是而非回答了几句。还好,他灵机一动,去翻了电话号码簿,找到了市商业总公司电话,重新询问清楚了有关事项后,才补了漏子。

(材料来源:邱惠德、黄大勇,《商务秘书工作案例》,
重庆:西南师范大学出版社,1994年)

2.秘书部门经常会收到一些询问与本单位具体业务相关事项的来信,这些来信不属于"信访工作"所要处理的"反映情况、提出建议、意见或者投诉请求"的人民群众来信性质。请仔细阅读下面一则材料,然后讨论:秘书应该以何种态度来对待这类来信?处理好这些来信有何意义?

他们为何选择香港的高校

去年,有位家长的儿子高考。这位家长先后向内地几所名校和香港中文大学发去一封一模一样的电子邮件,询问学校在高考前是否发放了优先录取的推荐表等相关情况。第二天,香港中文大学就回信了,言辞非常尊敬,仔细解释该校没有发放任何推荐表的情况,并说明了该校在内地的招生办法和专业,还附上了学校入学处的相关联系电话、传真,表示随时欢迎咨询。4天后,内地一所名校也回信了,只有一句话:"我校仅向少数学校发一张推荐表,多数考生都没有表的。"回信没有抬头,没有署名,连一句客套都没有。而另外两所学校索性完全没有回应。

这位家长说:"我相信,香港中文大学不过是按做好的公文格式回信罢了,但我也知道,内地大学也有电脑,也同样可以做一个客气的格式,只不过办公室的职员是不屑对学生家长这样客气的。文与野,礼与蛮,高下立见,心中的天平顿时倾斜。"

这位家长最后为孩子选择了香港中文大学。此后,儿子的求学经历更让他感慨:"有一门课的教师用广东话上课,儿子听得很吃力。香港同学对他说,你可以去抱怨,这是你的权利,于是儿子从此认为学生抱怨也是理所当然的。校内国际交换生的名额公布了。选择程序事先挂在网上,随时可以查询。所有竞选学生要经过英语面试,并按一定比例加上学科平均成绩,就像高考一样,由高分到低分进行排列,填志愿,等等。儿子这次没被选上,但他认为一切公开公平公正,没什么可抱怨的。我以为,这才是香港和内地大学最大的不同。"

(材料来源:《广州日报》2006年7月9日)

第二十章 接待和礼仪

第一节 接待工作概述

一、接待的含义和特征

接待,是指社会组织对公务活动中的来访者进行的迎送、接洽和招待活动,是社会组织间人员相互交往的方式。做好接待工作有益于组织扩大与外界的交往,有助于树立该组织良好的社会形象。会议、谈判、工作检查、请示汇报、其他业务联系等活动都离不开必要的接待工作。

接待活动具有以下特征:

(一)广泛性

接待是交往的手段之一。随着我国对外开放的不断扩大和市场经济体制的建立,我国的接待活动已发生了巨大变化。从过去偏重于参观学习、外调政审等接待,转变为经济、文化、科技、教育等各方面交往活动的接待。在涉外接待方面,由于民间的对外交往越来越多,民间的涉外接待事务也日益频繁。这样,接待活动便在全社会的各种组织之间表现得极为广泛。

(二)礼仪性

接待活动,尤其是涉外接待,非常注重礼仪和礼节。接待礼仪要体现庄重性,接待方式要符合国际惯例,接待人员的言谈举止要符合一定的礼节。接待中的礼仪和礼节既反映了东道主对来访者的基本态度,同时在一定程度上体现了东道主的文明水准。因此,负责接待工作的秘书人员,一定要懂得对内和对外接待的基本知识和方法,熟悉接待中的各种礼仪和礼节。

(三)务实性

现代的接待活动,虽然十分重视礼仪和礼节,但并不赞成像封建社会那样的繁文缛节,而是强调务实性,即把解决实际问题、促进互相之间的友好合作作为接待的宗旨。最近20年,世界上包括中国在内的许多国家相继进行了礼宾制度改革,简化接待形式,调整接待规格,使接待活动更加体现务实精神,更加重视实效。在国内交往接待方面,也同样提倡厉行节约、务求实效的精神,把接待活动的主要精力放到解决实际问题上来。要坚决反对讲排场、摆阔气、奢侈豪华、铺张浪费、前呼后拥、劳民伤财的风气。

二、接待活动的基本要素

(一)来访者

来访者即将要接待的对象。公务活动中的来访者总是直接或间接地代表特定的社会组织,他们既可能是个别的,也可能是一个小组或者是正式代表团。来访者的身份、地位和他所代表的组织及其与本单位的相互关系,对接持活动具有直接影响。

(二)来访意图

来访意图是来访者此次造访希望达到的目的。来访意图有公开的,也有隐蔽的;有友好的,也有不友好的;有工作性、务实性的,也有礼节性、务虚性的。来访意图是制定接待方案、确定接待规格、安排接待活动的重要依据。

(三)接待者

接待者是接待活动的主体。公务接待中的行为主体是一个特定的社会组织;接待工作人员代表本组织出面接待来访者。接待活动中的接待人员一般有以下几种：

1. 领导人。组织的领导人是整个接待活动的最高责任者，他负责审批接待计划或方案，必要时亲自出面接待。

2. 专职接待人员。在一些接待任务较重的机关或单位，往往设置专门的接待机构或专职接待人员。在设有公关部门的机关或单位，接待机构或专职接待人员往往归属公关部门，不设公关部门的机关或单位，接待机构和专职接待人员由办公室统一领导。涉外接待由外事工作部门统一负责。

3. 业务部门的相关人员。有些来访涉及经济、科技、营销等方面的业务问题，往往需要有关业务人员共同参与接待工作。

4. 秘书人员。秘书人员往往是一个组织的第一接待者，尤其在不设公关部门和外事部门的单位更是如此。即使在设有公关部门和外事部门的单位，秘书人员也常常要根据领导人的指示，协调接待工作，或受领导委托出面接待客人。因此，秘书人员是接待工作的积极谋划者、组织协调者和具体执行者。

（四）接待任务

接待任务是根据来访者及其来访意图以及领导者的接待指示而确定的接待方案、接待内容和接待责任。重要的接待活动应制定书面的接待计划或方案，将接待任务加以明确和落实。

（五）接待方式

接待方式是根据接待任务而确定的接待规格、程序和形式，它从属于接待任务，接待任务不同，接待方式也应不同。

三、接待工作的原则

（一）热情周到

热情好客是中华民族的传统美德，在接待工作中，秘书人员要继承与发扬这种美德，要自然地表现出热情周到、亲切和善的态度，处处替客人着想，事事为客人提供方便，尽可能满足客人的需要和愿望,使客人有一种宾至如归的感觉。

接待工作涉及方方面面,环节很多,一个小差错就可能导致整个接待活动失败,甚至产生极坏的影响。因此,秘书不仅要善于整体策划接待工作,而且应当认真做好接待中的每一件小事,通过热情而又周到的服务,保证接待工作的顺利完成。

(二)平等尊重

在现代接待工作中,接待对象常常来自不同国家或组织,代表不同种族或民族,他们有不同的风俗习惯和不同的宗教信仰。在接待中,必须充分尊重来访者的习俗和信仰。对任何来访者,不论身份、职务高低,接待人员都应"将心比心,平等待人"。尤其对来自下级单位、或是比本单位更小的组织的人员,或是职务很低的人员,绝不能有丝毫的不尊重,以致养成"脸难看,话难听,事难办"的坏作风。应当时时、事事设身处地为客人着想,形成平等尊重、互相信赖的好作风。

(三)节俭适度

对来访者热情、尊重,并不等于说接待要讲排场、摆阔气、奢侈铺张、大吃大喝。因为来访者的目的不是贪图享受,而是有特定意图的,倘若接待中过分铺张,可能会引起反感,效果会适得其反。现实中外商因为接待者大手大脚而产生不信赖感,使一些本来有希望合作的项目流产的例子也时有发生。

反对铺张浪费不等于一味的寒酸吝啬,否则,同样会招致不良的后果,必须掌握适度的原则。这里的"度"是相对的。国家之间、地方政府之间、企业之间、机关单位之间以及其他组织之间的接待,都应视具体情况而确定具体的"度"。

(四)安全保密

接待工作,安全很重要。没有切实的安全保证,就不会有成功的接待。接待的安全包括饮食安全、住地安全、交通安全等。为了保证接待的安全,应及早与有关安全保卫部门联系,采取一定的防范措施,消除一切不安全的隐患,确保接待工作顺利进行。在宴请或旅游时要提醒客人注意安全。

此外,保密也是接待工作中需要特别注意的。接待工作中的保密有两种含义:其一是对接待对象尤其是外宾,要注意保守国家机密和组织的经济、技术机密,不在接待活动中泄露机密信息,不带对方参观涉密场所,否则可能会给国家或组织造成重大损失;其二是有关双方合作来往的一些秘密事项,接待者和被接待者双方都有义务对第三方保密。

第二节 接待的程序和礼仪

一、接待的一般程序

(一)接受任务

一般情况下,来宾在到达之前会事先通知。秘书部门在接到通知时,要弄清来宾的情况,包括来宾单位、人数、姓名、性别、职务以及使命、抵离时间、乘坐的交通工具及车次航班等。在此基础上,秘书部门应提出接待意见,报请有关领导批准后,即可着手做好接待准备工作。

(二)安排接站及食宿

根据来宾情况及抵达时间,要安排车辆及人员到机场、车站迎接来宾,使来宾一到本地就受到热情接待。

与此同时,要根据来宾的身份、人数、性别,事先安排好宾馆房间,并定好伙食标准与进餐方式、时间、地点,使来宾一抵达就有舒适、满意的生活环境。

(三)看望并商议活动日程

来宾住下后,秘书部门负责人应前往住所看望客人,表示欢迎和问候,并简要介绍本单位情况,详细了解来宾的目的、意图并商定活动日程。定下活动日程应通知有关部门。

(四)组织有关领导会见

根据大体对等的礼仪原则,安排有关领导去住地看望客人。接待人员要安排好会见地点与陪同人员等。

第二十章 接待和礼仪

（五）活动日程实施

活动日程一般为会谈、参观、举行相关仪式等。该项工作，秘书部门应与有关部门协作进行，这也是接待中的重头工作。

（六）送别

根据客人意见，预订车船机票，协助客人结算食宿账目，并话别送行。最后派人派车将客人送至车站或机场。

二、接待规格

根据来宾的身份和使命的不同，接待规格一般分为三种：

高格接待。即主要接待人比来宾的职务要高一些；一般用于来宾的使命比较重大或来宾所代表的组织比较重要的情况。

对等接待。即主要接待人的职务与来宾大体相等，适用于一般情况。

低格接待。即主要接待人的职务低于来访者，适用于来访者怀有不友好目的的情况。

三、接待礼仪

（一）见面和问候

无论是来客自行推门而入，还是有人引导来见，秘书要马上起身，面带微笑地迎上去问候。

如果客人需要秘书到某处迎接，秘书要守时、迅速、步履轻快地赶到，然后轻声问："哪位是×××先生（女士）？"确认后自我介绍："您好！我是××部门的秘书××。"

见面的礼节一般是握手。握手的礼仪规范是：

1. 摘手套，伸右手。

2. 不便握手时，要面带歉意申明。

3. 通常应由主人、年长者、身份高者、女士先伸手，客人、年轻者、身份低者、男士先问候，待对方伸手时再握。对于身份不清的来客，作为主人的秘书应主动、热情地先伸手；来客身份较高的，秘书可不主动伸手；男秘书不要主动向女客伸手。

4.握手方法是:双方手掌轻握三五秒,用力适度,不要太用劲,也不要握而无力。握手时应双目注视对方,微笑致意;需要几人同时握手时,必须一一握手,不可交叉握手。

见面时的称呼一般用"先生"或"女士"。已婚女性可称"夫人",未婚女性称"小姐",不明婚否的,年轻女性称"小姐"为好,年长女性称"女士"为好。熟悉的客人可直呼姓名或职务如"韩总"、"周校长"等。称呼之后,应自然真诚地问候"您好!"

(二)引见和介绍

确认需要引见的,要先与被会见者联系。如需对方稍等候,可说:"您请坐,稍候片刻。"一边指示座位,一边准备报纸或画册给客人看,但不必陪他们聊天,然后回到座位上办自己的事。千万不能让客人长时间地空等着。

引导来客到其他地方时,应迅速将案头文件收妥再离开,要走在来客左前方两三步。先说"请这边走",而后自己先走,客人自然地就跟着走。遇到拐弯处先停下,指示方向,说:"请走这边。"然后再继续走。若坐电梯,当电梯门开启时,说"请乘电梯",并让客人先进去。离开时仍让客人先走,说"您先请"。房门无论是向内开向外开,原则是秘书为客人推拉。

引见介绍的礼节是:

1.站立介绍,不要背对任何一位。

2.引见介绍顺序,一般是先介绍主人或身份地位低的、或男性,即让被尊敬、被照顾的一方先知道自己见到的是谁。

3.介绍的内容主要是被介绍人的所在单位、职务和姓名,尽量简明,不做渲染。

4.礼貌地以手势帮助介绍。手臂向被介绍者微伸,手心向上、五指并拢。

将来客引见给领导后,稍事服务(如倒茶)即应微笑告辞退出。走出时,应面向室内关门。

(三)谈话的礼节

1.表情自然。谈话的表情要自然,态度和气亲切,表达得体。说话时可适当做些手势,但动作不要过大;与对方的距离要适中,既不要离得太远,也不要靠得太近。

2.内容适宜。谈话内容应当根据众人共同关心的问题随机设定。一般不要涉及疾病、死亡等不愉快的事情,不谈一些荒诞离奇、耸人听闻、黄色低俗的内容。一般不询问女性的年龄、婚否,不要直接询问对方履历、工资收入、家庭财产、衣饰价格等私人生活方面的问题。

3.彬彬有礼。谈话中要使用礼貌用语。参加别人谈话要先打招呼,别人在个别谈话时,不要凑前旁听。有人与自己主动谈话,应乐于交谈。第三者参与谈话,应表示欢迎,注意不要冷落第三者。相互交谈时,应注视对方,以示专心。总之,在谈话的诸多细节上,均要表现出彬彬有礼的风度来。

(四)宴请的礼节

1.恰当选择宴请时间。宴请应选择主客双方都方便和合适的时间。如宾客到达后的晚上或次日的中午或晚上。如是洽商工作性质的宴会,最好在双方思想感情比较接近、商谈的事情已有眉目的情况下进行。宴请还可选择有意义的时间进行,如中秋之夜、重大节日之际、双方合同签订日(或周年)等。

2.有序排定桌次席位。中式宴会席位安排可以参照下图:

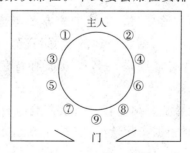

图中①为主宾座位,⑨为"买单人"(办公室主任或女主人)的座位,其他来宾和陪客应间隔开分坐两边。

3.精心制定菜谱。既然诚心宴请来客,就应有丰美的菜肴来表示主人的热情。但丰美的菜肴并不等于豪华奢侈,而应在荤素合理搭配的基础上体现出鲜明的特色,最好有几道别具一格的特色菜为重心,再配以一定量的菜肴,整个宴请也就有了很好的气氛。

4. 热情迎宾入席。宾客来临之际,主人应到宴请地点的门口迎接,并热情地握手、问候,使客人感受到温暖、喜庆、快乐的气氛。随后引导宾客宽衣、入席,并在席位前向其他客人作介绍,使客人彼此间便于交谈。如宾客接二连三到来,主人在与之握手、寒暄后,可委托他人引导来宾入席,自己在略表歉意后继续在门口迎接其他客人。

5. 创造席间气氛。通过得体的祝酒、热情的劝酒劝菜,以及对共同关心的话题的议论,或席间即兴玩笑幽默,营造出一种快乐祥和的气氛。

6. 安排余兴节目。宴请后应安排宾客到休息室品茶、吃水果、听音乐,有兴致的客人想唱歌、想跳舞,或进行其他娱乐活动,均应给予满足,这些均是一次成功宴请的组成部分。如有客人想尽早离开,也不必强留,可热情相送并表示"感谢赏光"。

(五)导游的礼节

参观游览也是接待活动中常有的一个项目,它有利于增进友谊和加深相互了解。

1. 妥善安排游览项目。项目的安排要考虑来宾的来访目的、兴趣、要求和特点,结合当地的实际情况,如景点、市容等。一般应安排本地或附近最有名气或最有特色的景点或旅游项目。

2. 主动进行导游介绍。客人参观游览时,应安排身份相当的人员陪同,同时根据实际情况,安排好解说员或导游人员,使客人感到满意。

3. 兼顾每位客人的需求。客人往往来自不同的地区和民族,有男有女,有老有少,因此,游览前要考虑到每一位客人的情况,要主动征询对旅行安排的意见。在游览中,要兼顾到每一位客人的要求,对年长者或身体不适者,应有专人照顾。

四、涉外接待应注意的问题

随着国际交往的频繁,外宾接待工作也相应增多。在外事接待方面有一些特殊的要求。

(一)要遵守外事纪律

遵守外事纪律,是对秘书人员在接待外宾工作中的首要要求。无论是哪一类组织的秘书人员,都应该维护国家主权和利益,维护民族尊严,加强组织观念,自觉遵守外事纪律,如实反映情况,严格执行请示报告制度。不允许背着组织与外国机构和人员私自交往。

(二)要有周密的计划

周密的接待计划,是搞好外宾接待的重要保证。凡接待外宾,都要制定有针对性的计划。在接待前要作好充分的思想准备、组织准备和资料准备。要把来宾的一般情况、来访目的、要求以及迎送、会见、宴请、食宿、交通、费用结算、安全保卫、新闻报道以及活动日程等,写出详尽的情况介绍和安排计划。

(三)要充分尊重外宾

尊重外宾,是接待工作中的一个原则问题。在外宾接待工作中,应特别注意遵守时间、尊重老人和妇女、尊重各国的风俗习惯。如伊斯兰教徒不吃猪肉,在斋月里日出之后、日落之前不吃不喝;某些国家如印度、印尼、马里、阿拉伯国家等,不能用左手与他人接触或用左手传递东西;天主教徒忌讳"十三"这个数字,一般不在这个日子举行宴请活动。若不注意这些风俗习惯,会使人误以为对他们不尊重,甚至可能闹出笑话。

第三节 其他礼仪活动

一、公务拜访

公务拜访是一种有明确目的的交往行为。秘书经常要陪同领导前往有关单位进行公务拜访,也常常代表机关进行拜访。在公务拜访中,良好的礼仪表现能够树立组织的良好形象,有利于实现拜访目的。

公务拜访最好是在工作时间内进行,不要占用对方的休息时间。拜访之前要通过电话与对方约定一个共同方便的时间,让被访者有所准备。约定的时间要严格遵守,不得迟到,也不得提前5分钟以上赴约。

到达对方的单位或约定地点时,首先应对接待人员说明来意,听从接待人员的安排,进入接待室要坐在下座等候。对方领导进来后应马上站起来,握手寒暄后待对方坐下后再坐下。当对方献茶时应起身或欠身说:"谢谢!"双手接过。

在谈话进行中,要避免以下几种姿势:跷起二郎腿摇晃,跨骑椅子的坐姿,双臂交叉在胸前身体向后仰靠的坐姿。在拜访过程中要留心对方的态度以及环境的变化,遇到不愉快的事要尽力克制自己,温文尔雅的拜访礼仪会有助于实现拜访目的。

在拜访目的基本实现或达到预约时间时,应先说一段有告别意义的话后起身告辞,切忌在对方说完一段话后立即起身告辞,这容易使人产生误解。如果谈话时有别的客人来到,不要立即告辞,应再坐片刻说声道谢再辞别。说出告辞应立即起身离座,并婉言谢绝主人相送,但也不要过分客套。

二、登门慰问

领导人有时要到一些特定对象的住宅进行慰问,慰问的对象可能是有重大贡献的退休功臣(如科学家、名学者、前领导人等),也有可能是弱势群体(如农民工、残疾人)的代表。探视时间一般是元旦、春节期间,或被访人的生日、端午节、重阳节等。慰问不同于深入民间调查研究,大多是表示关怀的礼节性活动。领导人的慰问由秘书部门安排、准备,秘书有时受领导人委托进行慰问。

登门慰问一般要准备适当的慰问品。慰问品要根据不同的慰问对象来选择,有多个相同类型的慰问对象,慰问品的规格应该相同。

登门慰问要先约后访,因为住宅是私人生活领地,多有不便,最好事先约好时间,以使被慰问人及其家人有所准备。时间约定后要准时或略提前几分钟赴约,如有特殊情况不能成行或不能按时赴约,应提前通知主人。

进门时要按门铃或轻敲门,如门是敞开的,也应在门口发出招呼声"×××先生在家吗?"而不要贸然闯入。进屋后,对房间里的人不管认识与否要一一打招呼,微笑、点头、问候均可。待主人招呼就座后再坐下,主人端茶点烟,要起身道谢,双手相接。如果有其他客人在场,可在旁边静坐等待。如果你在谈话,又有客人来访,你应该尽快结束谈话,以免他人久等。

慰问以表达组织的关怀为目的,谈话时间不宜过长。谈话时不要年复一年地讲相同的客套话,如"新年到来之际,我代表××××对您老人家表示亲切的慰问",而应该针对慰问对象的具体情况,说一些有针对性的具体内容的问候语,这样被慰问者才会感到组织或领导在真正关心他。为此,秘书在慰问前,应该了解慰问对象近年来的具体情况,如身体状况、有没有新作出版、是否添了孙儿等。

三、病房探视

单位职工(包括退休者)因重病或工伤住院时,机关领导、部门主管通常要代表单位前去探视,秘书常常要陪同前往,或受领导委托代表领导前去探视。在新年春节期间,如果本单位有人住在医院,领导通常要一一探视。

探视病人首先要了解医院规定,在允许的时间范围内探望,避开病人治疗与休息时间。探视前一般要与病人家属约好时间,让他们有思想准备。进病房时要敲门,让病人感到对他的尊重。

病房不是社交场所,不能嘻嘻哈哈,大声喧哗。脚步要放轻,以保持应有的安静。

探视病人谈话内容也有讲究。一般来说,首先要询问病人的治疗情况以及目前的身体状况,关心治疗进展和身体康复问题,进行必要的安慰和劝解。尽可能挨床坐下,表情自然、亲切。其次是表达组织和同事的关怀和慰问,谈一谈单位和同事的近况,转达有关人员的问候,讲述一些简单的新闻事件,让病人从孤独、愁闷情绪中解脱出来。为了保证病人的休息,谈话时间应控制在半小时以内。

探望病人可以带些礼物送给病人,如鲜花、水果、杂志、营养品均可。食品最好根据护理要求确定。

告别时应谢绝病人送行,不要忘了询问病人有何具体困难,有何事相托,并希望病人好好养病,祝愿他早日恢复健康。

四、丧事吊唁

吊唁是对死者的祭奠和对家属的慰问。机关领导参加的吊唁活动主要有两类:本单位职工去世;其他有业务往来的单位的领导人去世。

根据丧事从简的原则,现在一般人的丧事主要是追悼会和遗体告别仪式。召开追悼会时,组织应送花圈,有关领导应出席,以表示组织和领导的关心。

参加追悼会时,态度要严肃,感情要真诚,服饰要与吊唁气氛相适应,要穿深色衣服或比较素雅的衣服。

在追悼会进行时,要静心听取他人对死者的悼念之词,虚心学习死者的良好品质。要随议程,按要求,向死者鞠躬施礼、向遗体告别等。三五成群谈笑风生、施礼时东张西望、中途早退等,都很不礼貌。

对死者家属要进行安慰,劝他们节哀、保重,如果有困难要尽力帮助解决。

复习思考题

1. 何为接待工作？接待活动由哪些要素构成？
2. 接待的一般程序如何？接待过程中要注意哪些礼仪？你过去知道这些礼仪吗？
3. 涉外接待要注意哪些问题？
4. 秘书部门还有哪些经常性的礼仪工作？

案 例 分 析

虽然与哈佛齐名的斯坦福大学的创办对美国、对世界、对科学和学术事业的发展都是一件好事，但对于当时的哈佛大学来说，仍然是一件"憾事"。请分析案例中的秘书和校长在接待工作中的做法有何不妥。

哈 佛 憾 事

1884年，哈佛的校长为一次错误判断，付出了很大的代价。

一对老夫妇，女的穿着一套褪色的条纹棉布衣服，而她的丈夫则穿着布制的便宜西装，也没有事先约好，就直接去拜访哈佛的校长。

校长的秘书在片刻间就断定这两个乡下土老帽根本不可能与哈佛有业务来往。

先生轻声地说："我们要见校长。"

秘书很礼貌地说："他整天都很忙！"

女士回答说："没关系，我们可以等。"

过了几个钟头，秘书一直不理他们，希望他们知难而退，自己走开。他们却一直等在那里。

秘书终于决定通知校长："也许他们跟您讲几句话就会走开。"

校长不耐烦地同意了。

校长很有尊严而且心不甘情不愿地面对这对夫妇。

女士告诉他:"我们有一个儿子曾经在哈佛读过一年,他很喜欢哈佛,他在哈佛的生活很快乐。但是去年,他出了意外而死亡。我丈夫和我想在校园里为他留一纪念物。"

校长并没有被感动,反而觉得很可笑,粗声地说:"夫人,我们不能为每一位曾读过哈佛而后死亡的人建立雕像的。如果我们这样做,我们的校园看起来像墓园一样。"

女士说:"不是,我们不是要竖立一座雕像,我们想要捐一栋大楼给哈佛。"

校长仔细地看了一下条纹棉布衣服及粗布便宜西装,然后吐一口气说:"你们知不知道建一栋大楼要花多少钱?我们学校的建筑物超过 750 万美元。"这在当时是一个天文数字。

这时,这位女士沉默不讲话了。校长很高兴,总算可以把他们打发了。

这位女士转向她丈夫说:"只要 750 万美元就可以建一座大楼?那我们为什么不建一座大学来纪念我们的儿子?"

就这样,斯坦福夫妇离开了哈佛,到了加州,成立了斯坦福大学来纪念他们的儿子。

(材料来源:互联网 http://www.map028.com/city/city_detail.asp?newsid=24816)

第二十一章 值班和突发事件处理

第一节 值班的类型和任务

一、值班的类型

值班是一种按时间分工的工作方式。县市以上机关以及有关国计民生、社会治安等方面的重要部门,一般都设立值班室,保证任何时间都有工作人员代表领导部门处理公务。企事业单位在正常工作时间之外,也安排人员值班,以处理一些突发事件或紧急情况。

各机关、企事业单位,无论其级别高低、规模大小、人数多少,一般都建立值班制度。但由于各自情况不同,值班的组织形式和类型也多种多样。

根据值班时间的不同,值班可以分为工作时间值班和非法定工作时间值班(节假日和工余值班)。

根据值班人员身份的不同,值班可以分为领导值班、秘书人员值班、中层干部值班、机关一般工作人员值班等。

根据值班人员承担责任的不同,值班可以分为特定岗位专门性值班和机关值班室值班。专门的值班人员只负责某一项或几项特定工作,任务比较单一,如防汛抗洪值班、治安值班等。机关值班室值班人员对值班期间出现的各种事情都要作出相应的处理,或及时处理,或立即向领导汇报等,任务比较繁杂。

本章所讨论的值班工作，主要指值班室值班，它是秘书部门的日常事务性工作之一。

二、值班室的任务

这里列举的是机关值班室在非法定工作时间的任务。

（一）承办领导交办的各种事务

领导交办的事务是多方面的，如：下达各种通知；向上级报告某个问题；了解某些专门信息；为领导人出差预订旅馆和车票、机票；安排车辆接送领导或接送来宾，等等。

（二）负责工作接待和群众来访

对前来联系工作、反映情况、查询问题、参观学习的人员，值班人员应热情接待。接待之前先验看证件或介绍信，了解对方来访目的、日程安排，然后视情况作出妥善处理。一般情况下应安排好来宾的食宿，并帮助他们尽快与有关领导或部门取得联系。

来访者中除办理公务的以外，还有一些是上访群众，值班人员应按信访工作的要求予以热情接待。对他们所反映的问题，能解释清楚的，应按政策规定给以答复，一般的则应按问题性质转请有关职能部门接待处理。对于要求会见领导的，值班人员应视具体情况或婉言"挡驾"，或适时向领导汇报，做好会见的具体安排。

（三）负责收转电话和收存邮件

值班人员接到电话后，应立即做好电话记录。记录内容应包括来电单位、通话人、主要内容，必要时，可以使用录音电话机。值班人员应根据电话内容的重要程度和紧急程度，分别作出相应处理，或立即向领导汇报，或当即予以解答，或留待上班时间转告有关部门，等等。

值班期间收到的邮件应妥善保存，以免遗失或失窃，并及时转交至各收件部门或收件人手中。

（四）处理急文急事

值班人员在值班时接到的紧急公文,要按文书工作的要求立即办理。如值班期间接到突发事件的报告,一般应及时向领导报告并采取紧急措施妥善处理(详见本章第三节"突发事件的处理")。

（五）负责治安防范工作

治安防范是夜间或节假日值班的一项重要任务。对于没有安排专门治安保卫人员值班的单位,夜间和节假日值班室应有两人值班,以保证安全。值班时要进行巡逻,以便发现问题及时处理。即使有专门的治安保卫人员在班,值班室也有督促检查的责任。

第二节 值班制度和要求

一、值班制度

为做好值班工作,机关应建立各项值班工作制度,并要求值班人员严格遵守。

（一）值班室岗位责任制

值班室应建立岗位责任制,明确规定值班人员各项职责及对值班工作的具体要求。值班人员必须严格履行职责。值班室应当严禁无关人员随便闲坐、聊天和大声喧哗。值班人员遇事应负起值班责任,及时予以处理,不得借故推诿,否则,将视具体情况予以批评或惩处。

（二）交接班制

上一班值班人员把值班情况尤其是待办问题,按照值班日志的记载,一项一项地交代给下一班值班人员。对交接班制应予以足够的重视,因为稍有疏忽就会出现纰漏,轻则造成工作上的脱节,严重的甚至给机关工作造成极大损失。

（三）请示报告制

值班人员在值班过程中,应认真负责,谨慎细心。对于应当请示报告的问题,必须及时向有关领导汇报,不能图省事,擅自处理重要问题。

二、值班要求

(一)忠于职守

这是对值班人员的首要要求。值班工作比较枯燥、琐碎,值班人员如果责任心不强,往往会马虎对待,甚至于空岗。值班人员应充分认识到值班工作的重要意义,忠于职守,尽职尽责。

(二)细心谨慎

值班工作头绪较多,涉及各类问题和情况,需要值班人员细心谨慎,妥善处理每一事项。如果值班人员马虎从事、只图应付的话,就可能在工作上出现纰漏,使本机关、单位的利益遭受损失。

(三)热情接待

接待来宾或来访是值班工作中的一项重要内容,值班人员在接待各方人员时,必须做到热情诚恳,说话和气,态度大方。值班人员对待来宾的态度,直接关系到组织的形象。

(四)注意保密

值班人员要严格遵守保密纪律,不得在接待来宾时或电话中透露国家秘密或本单位的机密事项,不得擅自拆阅机密文件。值班人员不得随意在值班室留宿非本机关、本单位人员。

(五)做好值班记录

值班人员必须认真做好值班记录,包括值班日志、电话记录、接待记录。

1. 值班日志。值班日志又称值班日记,以一天或一班为单位,主要记录值班一天或一班所遇到的问题和处理情况。

值班日志是交班人员向接班人员交班的书面材料,是领导了解、检查与考核值班室工作的依据。值班日志作为值班情况的原始记录,可用来查对已经过去的事件的有关情况,有时能起重要的证据作用。

2.电话记录。电话记录是值班人员在值班期间接收与打出电话的情况所作的记录。电话是值班人员的重要办公手段,因此做好电话记录是非常重要的。电话记录的要求可参见本书第十九章"通信联络"中的有关部分。

3.接待记录。接待记录是值班人员在接待来宾来访人员时所作的记录,一般都要有编号,并依次记录来访人员姓名、单位、住址、电话、来访时间,以及接谈的主要内容、初步处理意见、接待人员的姓名等。如果人民群众来访反映问题或要求,应按信访工作要求转信访部门处理。

第三节 突发事件的处理

突发事件,是指由自然原因或人为原因引发的事先难以预料的事件。天有不测风云,人有旦夕祸福,地震、海啸等突发性自然灾害,矿难、集体中毒等突发性人为事故,都会给人民生命财产造成巨大损失,同时引发许多社会问题。迅速而妥善地处理突发事件是领导者的重要责任,秘书部门必须协助领导者处理,有时值班秘书还必须独立处理某些紧急事件。

一、突发性自然灾害的处理

(一)地震、海啸

地震灾害是群灾之首,它具有突发性和不可预测性,发生的频率也较高,并可能产生严重次生灾害。人类的科技水平至今尚不能对地震作准确的预报,因此如果突然接到"地震即将发生"的报告,一般均是不可靠的。但是对这类传言必须予以重视,由于居民对地震灾害普遍具有恐惧心理,这类传言如不及时澄清,可能会造成极大的混乱。值班人员接到群众报告有大地震预兆,不可自作主张当即"辟谣",而应记清报告人姓名、单位、职务和报告的"地震预兆"详细情况,迅速与地震部门取得联系,询问情况,并向有关领导报告。由地震部门来向群众澄清事实,解除恐慌情绪。

如果当地确实突发生地震,则抗震救灾就成了领导机关的头等大事,秘书应立即为领导指挥抗震救灾工作做好一切准备工作。

海啸是由地震引起的,因此沿海地区在地震发生后,要立即做好应付海啸的一切准备。

(二)台风、冰雹、暴雨等气象灾害

灾害发生后,值班人员要立即通知领导,并且抓紧和受灾地区取得联系,详细了解灾情;在领导意见下达后,尽快通知有关部门做好救灾准备,并且将准备情况随时报告领导。如果需要的话,通知办公室负责人做好准备,与领导一起赶赴救灾现场。

(三)重大疫情

接到疫情报告后,要迅速判定它的严重程度和紧急程度,立即与卫生防疫部门取得联系,请他们拿出措施,包括防止疫情蔓延、对公众进行防疫知识宣传。同时要在大众传媒上如实而冷静地公告疫情发展情况。

(四)重大火灾

火灾可能是自然因素引起的,也可能是责任事故或刑事案件。但接到重大火灾报告后的处置措施是相同的:值班员应立即问清发生火灾的地点、火情及扑救情况。如果是小火,报告领导即可;如果是大火,在报告领导的同时,还必须通知公安部门派人到现场,通知电信部门保证电话线路畅通,并了解是否需要向外地、外单位请求援助。

二、偶发性人为事故的处理

(一)集体食物中毒

值班人员在得到报告后,应立即向领导报告中毒的地点、人数、病情,通知卫生防疫部门和医院做好救治准备,并迅速派医护人员和救护车辆前往中毒地点采取措施；如果当地医院住不下或设施不够，应当迅速与外地医院联系求救。要在规定时间内报告有关上级领导机关和主管部门，协助医疗卫生部门联系抢救药品和运送中毒人员的交通工具。

（二）重大交通事故

值班人员接到报告后，应立即向领导报告发生事故地点和大致情况，并听取领导的处置意见，根据领导意见通知公安部门保护现场、维持秩序，并立即通知卫生部门组织医务人员进行抢救。要快速与事故涉及的有关单位取得联系。

（三）重大安全责任事故

值班人员一旦接到矿难、建筑物坍塌、仓库爆炸、有毒化学物外泄等重大责任事故报告，应立即报告主要领导，并做好为领导赶赴现场组织抢救的一切准备。发生事故后，要把组织救人放在一切行动的首位，并通知相关部门赶赴现场，保护现场，搜集证据，作为将来处理事故的第一手资料。

三、重大社会事件的处理

（一）重大刑事案件

对本地区、本单位发生的治安刑事案件，值班人员要立即通知公安部门赶赴现场，阻止事态的继续发展，迅速采取措施保护现场，并及时报告领导。对于可能引起居民恐慌的爆炸案、系列杀人案等，要尽快在本地媒体上向居民通报，告知居民已经采取的安全保护措施。

（二）突发群体性事件

发生群体性事件后，有关部门和单位应在事情发生30分钟内，向上级机关、相关部门上报事件的主要情况，包括时间、地点、事由、经过、影响范围、动态趋势、已采取的处置措施、现场指挥员的联系方式等，并根据事态发展和处置情况及时续报动态信息。

群体性事件发生的原因复杂，处理起来比较困难。最基本的要求是,秘书应立即报告领导,领导应立即到达现场处理矛盾。

由于群体性事件已经成为影响社会稳定的最为突出的因素,因此,妥善处理群体性事件已经成为各级政府和秘书部门的重要课题。为了对"群体性事件"的性质、发生原因、处理方法等有一个清晰的认识,下面转录新华社主管、瞭望周刊社主办的《环球》杂志上的一篇相关文章,希望读者认真阅读并思考"如何预防和处理群体性事件"这个全新而重要的课题。

"群体性事件"考验中国

"群体性事件"剧增的背后,是处于相对弱势地位的民众对社会不公、官员腐败等恶劣现象的不满,要减少"群体性事件"的发生,避免其所带来的巨大伤害,必须建立弱势群体的利益诉求通道和司法保障机制。

7月7日,中共组织部第一次亮相国务院新闻办新闻发布会,受到全世界媒体瞩目。

中组部副部长李景田在新闻发布会上坦言,当前中国改革和现代化建设进入关键时期,有些矛盾集中显现,并因此发生了一些"群体性事件"。李景田特别纠正了国外记者所谓"骚乱"这一说法,而代之以"群体性事件"。

"群体性事件"剧增

最近一起"群体性事件"发生在2005年6月26日。当天下午14时30分左右,在安徽省池州市区翠百路菜市场门口,22岁的当地学生刘亮与吴军兴驾驶的汽车相撞,随后遭到吴军兴和两名保镖的当众殴打。这一野蛮行径激起了公愤,三名行凶者被在场摩的司机们围住。

一桩备受社会瞩目的"群体性事件"由此发端。随着"打人者放言'打死了也就30万'"、"学生被打死"、"警察庇护打人者"、"某超市老板站在打人者一边"等传言的流行,4个小时过后,已有上万人参与其中,局面完全失控。

尽管当地政府调动了近千名警力,但聚集起来的群众的不满情绪已经无法压制,他们不仅烧毁了吴军兴的轿车,连处理此事的当地派出所都遭到围攻,警车被砸,一家据传老板牵连此事的超市也遭哄抢。

突发"群体性事件"数量迅速增长,已成为影响当前社会稳定的重要因素。而池州事件只是披露出来的众多"群体性事件"中的一起。

搜索有关媒体的公开报道,就会发现,"群体性事件"发生地点遍及大江南北。2005年发表的《社会蓝皮书》表明,从1993年到2003年间,中国"群体性事件"数量已由1万起增加到6万起,参与人数也由约73万增加到约307万。

爆炸性数字背后是社会问题和矛盾的日趋突出。在很多人眼里,中组部新闻发布会是"群体性事件"这一词汇的首度亮相。但一位不愿透露姓名的专家告诉记者,这一词汇并非新近产生,"党内文件中历来都是这么说",而且"高层对此特别重视"。据他介绍,在去年,国务院就委托专家完成了"中国转型期群体性突发事件对策研究"的报告。

社会矛盾凸显

"目前中国处在急剧的转型期,更注重发展效率和激励机制,不注重公平和公正。分配不公导致了'群体性事件'容易产生",北京大学公法研究中心主任姜明安教授如是说。

中国正处在经济高速发展的时期。2003年,中国人均GDP突破1000美元,按照国际经验,发展到这一阶段正是社会矛盾的凸显期。中组部副部长李景田也表示,"由于改革的不断深入,由于发展,有些矛盾可能会集中地显现"。

有关研究表明,"群体性事件"往往直接起源于群众利益被侵害。一份公开材料显示,在过去的土地征用中,一些地方政府占有土地利益分配的20%～30%,开发商占40%～50%,而农民作为土地使用权的主体,仅占5%～10%。政府对转让土地乐此不疲,而农民显然难以接受如此低的补偿。

中国人民大学毛寿龙教授据此认为,"群体性事件"凸显出来,是因为"中国这一阶段也是产权、利益关系不明确的阶段"。在他看来,随着社会的发展,包括土地等在内的财产"越来越值钱",但财产的产权、利益关系不明确的局面未能得到根本性改变,侵害群众利益的事情时有发生。

公安部2004年统计显示,劳资关系、农村征地、城市拆迁、企业改制重组、移民安置补偿等问题,是酿成"群体性事件"的直接原因。

四川省汉源县去年发生一起"群体性事件",当地居民力抗权力资本化,为了维护自己的家园和土地曾多方寻求途径解决,但均未能得到公正对待,最终迫不得已群起抗争。

值得注意的是,"群体性事件"矛头往往指向与群众有直接利益冲突的基层政府。2004年10月,重庆万州一名冒充公务员的男子殴打群众,当即引起公愤,以致酿成大事件。

李景田副部长表示,基层干部有的可能水平不高,有的化解矛盾能力不强,也成为引发"群体性事件"的重要原因。

公安部长周永康说,深入分析这些事件,基本上是属于人民内部矛盾,具有非对抗性,基本上属于经济利益诉求问题,没有明显的政治目的。如果有关地方部门高度重视,妥善处理,绝大多数是可以预防和处理好的,但是如果久拖不决,往往就使历史遗留下的矛盾问题与改革发展过程中出现的新矛盾、新问题交织在一起,酿成大祸。

"群体性事件"反映出社会对基层政府的不信任。姜明安教授表示,对基层政府腐败、官僚作风的民愤,是产生"群体性事件"的深层次原因。

利益诉求渠道缺失

国家行政学院教授汪玉凯表示,群体性事件多发的一大原因，就在于一些地方政府在制定公共政策时，对弱势群体考虑不周。有研究人士指出，目前中国弱势群体的规模已达1.4亿～1.8亿人，占全国总人口的11%～14%。

中国社科院农村发展研究所于建嵘研究员对转型期间工人、农民的维权行为有深入研究。他认为，中国已经进入这两大弱势群体维权抗争的社会冲突多发期。

但弱势群体在社会和政治层面处于弱势地位的现状，决定了他们很难表达出自己的利益诉求。"在涉及他们的利益的时候，往往要靠政府和大众媒体来为他们说话，他们自己的声音是很微弱的"，中央党校社会发展研究所冯书泉教授如是说。

与"群体性事件"增多相随的是上访的大量增加。2004年，国家信访局受理群众来信比2003年上升11.7%，接待群众来访批次、人次，分别比2003年上升58.4%和52.9%。漫漫上访路的背后，显示出群众维护自己利益的艰难。

"群体性事件"往往事发突然，演变迅速。当弱势群体诉求压抑已久，在极端情况下不满情绪被引发时，在信息不公开的情况下，流言推波助澜，进一步促成群众与基层政府的对抗，最终失控，产生巨大的社会危害。重庆万州、安徽池州等地"群体性事件"都起因于此。

"在利益被侵害后，个人无法找到协商机制和利益维护机制，这是'群体性事件'发生的根本性原因。"毛寿龙教授说。

毛寿龙因而建议，政府应当确立群众利益问题解决机制，"把矛盾局限在群众个人的利益范围之内，以司法制度来解决"。

清华大学社会学系孙立平教授表示，在利益主体已经多元化的今天，利益表达的问题，特别是弱势群体的利益表达问题，已经是一个无法回避的问题。建立起相应的利益表达机制，是建构和谐社会的重要环节。

政府改革与之适应

在中央党校周为民教授看来，建立这种利益诉求和维护机制,与政府正在进行的改革本身密切相关。"政府职能革命就是要把一部分功能移交给社会,发展社会的自我协调、自我管理能力"。

在他看来,和谐社会的政治理念提出,预示着政府将进一步还权于民,"对于民众的权利和利益,最有效的维护手段是创造一种机制,让民众能自主表达、自主维护、自主实现"。

国务院研究室社会司司长张大平日前也公开表示,在当前社会总体和谐的情况下,也存在一些不和谐的因素,其中突出表现在由人民内部矛盾引发的"群体性事件"。"群众和群众之间的矛盾好处理,重要的就是政府和群众之间的矛盾,因此必须进一步转变政府职能,规范政府行为,切实维护群众利益"。

全国政协常委翟泰丰则认为,在当前经济和社会矛盾的凸显期,许多群体性事件的发生都具有全局性,涉及诸多方面体制、机制的改革和完善。"中国现行处理社会矛盾的体制、机制,不能适应当前形势发展的要求",翟泰丰建议,建立国家、省、市三级社会矛盾预测、评估、化解机制,将"群体性事件"消弭于未萌期。

来自公安部的消息称,针对"群体性事件"的研究和长效机制建设已经开始。参与国务院"中国转型期群体性突发事件对策研究"课题的中国人民公安大学管理学教研室主任魏永忠表示,首先要做的是立法工作,要建立处理突发群体事件的法律法规体系。

作为维护社会公正的最后底线,司法体制成为专家瞩目的另一焦点。专家普遍认为,只有健全而独立的法制,才能维护弱势群体的利益。中国人民公安大学治安系主任郭太生对此表示,要真正解决"群体性事件",需要在坚持法治原则内,真正做到以人为本,尤其要关注弱势群体的冷暖。

(《环球》杂志特约记者 陈利华 载《环球》杂志,2005年第15期)

复习思考题

1. 机关值班有哪些类型？值班室的主要任务有哪些？
2. 值班工作有哪些制度和要求？
3. 突发性事件有哪些类型？
4. 为什么说处理"群体性事件"是政府秘书部门一个全新而重要的课题？

案 例 分 析

阅读下面的材料，想一想：在类似的突发性事件发生时，值班秘书应该做哪些事情？

"江苏响水万人出逃"事件的警示

2011年2月10日凌晨2时，有人传言，江苏响水陈家港化工园区有化工厂发生毒气外溢，面临爆炸，导致一些镇区部分不明真相的群众产生恐慌情绪，纷纷逃往县城。在逃离过程中由于拥堵，发生交通事故并导致4人死亡。

响水县人民政府新闻发言人周厚良表示，当日加入出逃大军的人涉及陈家港镇等4个乡镇的30多个行政村，超过1万人。

当地政府已于当日6时左右澄清，爆炸传言为谣言。并通过手机短信、政府网站、电台电视台等方式告知群众。目前，出逃群众都已回到家中，响水公安机关已经锁定传言第一发布者。

谣言只是引子，恐慌背后有原委……

记者了解到，恐慌来自近几年园区发生的2起事故。2007年11月27日，园区内的江苏联化科技有限公司发生爆炸，官方通报8人死亡数十人受伤；2010年11月23日，园区内的江苏大和氯碱化工有限公司发生氯气泄漏，导致处于下风向的江苏之江化工有限公司30多名员工中毒……

南京大学政府管理学院副教授笪素林表示,任何化工项目本身都存在隐患,因此在引进之初,政府就应采取相应的防范措施,消除民众恐慌;一旦发生安全事故,就应该进行严厉处罚行使好政府的监管职能,取信于民;重大危机发生后,第一时间通过各种渠道把真相公开。

响水县常务副县长许德智坦承,此次事件给县政府提出了一个新课题,在严格监管园区内化工厂安全的前提下,对老百姓进行安全知识、逃生知识普及教育,并建立一个能够让正确信息快速传达的沟通渠道。

出了这么大的事,对当地政府来说,最重要的是要汲取教训,比如要反思为什么政府的公信力这么低?为什么人们在遇到异常情况时不是拨打110求助而是选择各自逃跑?有毒有害的化工园区建在人口稠密的地区究竟合不合适?等等。而最不应该做的,就是急于撇清责任,至于寻找替罪羊,那就更不应该了。

(材料来源:新华网 2011-02-12,http://news.xinhuanet.com/local/2011-02/12/c_121070722.htm)

第二十二章 其他日常事务

第一节 印章管理

一、印章的种类

秘书部门保管的印章主要有单位公章、领导人名章以及各种专用章。

（一）单位公章

单位公章代表一个单位的正式署名,是单位权力和职能的标志,具有法定的权威性。任何单位对内对外发出的文件,一经加盖单位公章,即具有法律效力,否则将不被社会所承认。

根据使用场合不同,单位公章又有几种形式：

1. 单位一般公章,即在一般文件上加盖的公章。

2. 套印章,制作大批正式文件时嵌入印刷机器中使用的公章,其效用、样式和规格与一般印章完全相同。

3. 钢印,专门用于贴有照片的证件的公章,不用印色,直接盖于相片的骑缝处。

人们平时所说的公章,主要指单位一般公章。

（二）领导人名章

单位领导人因机关工作需要刻制的姓名章,具有领导亲笔签字的效力,属公务专用章,不同于一般私章。领导人名章主要有两种：

1. 签名章,某些特殊文件或凭证须加盖法人代表或主管领导的签名章方才有效,签名章通常为方形印。

2. 署名章,又称手章,一般按领导人手迹刻制而成,主要用于聘书、学历证书、获奖证书、公开张贴的布告等场合。

(三)专用章

根据某一特定工作的需要,为减少正式公章盖用次数而刻制的印章,如会议专用章、文件收发专用章、文件校改章、文件密封章等。财务专用章、发票专用章等也属于专用章,但不存放于秘书部门。

二、印章的刻制和颁发

印章的生成有两种情况:一种是本组织在批准后刻制,另一种就是上级主管机关颁发。

(一)印章的刻制

组织公章一律不得私自刻制。组织被正式批准成立,在公安部门登记后,才能由专门刻制厂制作印章。刻制之前应先请示上级,报批时要同时将拟定的式样、尺寸、印纹、图案、字体等内容和章程一并上报。承制单位或刻字者一律不准留样和仿制。验收合格的印章,应立即进行登记,盖好印样以备核查。

(二)印章的颁发

颁发印章的对象必须是确有实际需要的法定机关或独立法人,这一点须在刻制印章前进行严格审查。上级领导机关向所属下级机关颁发正式印章,必须正式行文。各级政府公章,一律由上级人民政府刻制颁发。下级机关领取上级颁发的印章时,必须由专人持本单位领导人签名的介绍信领取,并严格履行接印手续。

三、印章的启用和停用

(一)印章的启用

印章在启用前,需要选定启用日期,为让有关组织知晓新印模,按印章制发权限,由上级机关或代管机关向下级机关发正式启用印章通知,并附上印模。启用通知上印模应用蓝色印油,以示首次使用。启用通知发放范围,应根据印章的使用范围而定。

(二)印章的停用

印章的停用,一般是由于机构变动或者机构名称改换,也有的是因为上级有关部门通知改变印章图样,或因印章损坏而停止使用的。原公章停用,要尽快通知有关单位,宣布原章失效。通知中要说明停用原因,最好还要附上印模,并写明停用日期。

印章停止使用后,就成为废章。停用的正式印章要按照上级有关规定和领导指示,及时送交制发机关封存或者销毁,并进行登记,以备查考。

四、印章的保管

印章必须指定忠实可靠的专职或兼职秘书人员保管,未经领导人批准不得擅自委托他人代管。

印章要在办公室内使用,不得擅自拿出办公室。印章的保管必须安全可靠,所有印章都应加锁,置于牢固的柜里,以免发生意外。保管人员注意不得随便将该钥匙委托他人保管。一旦发现印章有异常现象或丢失,应该保护现场,及时报告领导,迅速查明情况,妥善处理。必要时报告保卫、公安部门协助查处。

取拿印章应注意轻取轻放,避免破损。为保持印章清晰,保管人员对所保管的印章应经常清洗,以保持印章清晰,以保证印章使用质量。

五、印章的使用

使用印章是一项严肃的工作,必须建立严格的用印制度,以防止意外事故的发生。

(一)用印审批检查制度

凡使用印章,必须经有关领导人批准,方可盖印。其权限可分级掌握,使用哪级印章,就应由哪级领导批准。例如使用企业公章,应由企业领导人签批;使用企业办公室公章,应由办公室主任签批。

任何人不得私自动用公章,包括管理印章的人员和领导自身。不得在空白介绍信和空白信纸上盖印,以防被非法利用。

文件和信件用章,可凭领导人的签发手续,按应发份数盖。

使用印章时,盖印人还应对所盖印的文书内容、手续、格式进行认真检查,尤其是对一些特殊情况的用印,更要细心检查,如果发现问题,要及时请示领导,妥善解决。

(二)用印登记制度

凡是用印,都要进行详细登记。"用印登记表"格式如下:

用印登记表

序号	用印时间	用印部门	用印事由	批准人	经办人	盖章人	备注

(三)用印注意事项

加盖印章要用力均匀,力求端正、清楚。尤其加盖钢印,应加盖在照片的脖子和衣领以下与证件交接的部位。务必使照片上不仅有钢印圆印迹,还印有字迹或图案,以防伪造或自行更换照片;也不能过上盖至脸部将影响辨认。钢印印迹尽量正置,以示权威和严肃。

使用不同的印章或加盖在不同的位置,其意义、作用是不同的:常见的落款章,加盖在文书的落款处,用来表明作者的法定性和文件的有效性。加盖的部位,按照规定是在落款处的年、月之间,应做到"骑年压月"。印章加盖之页最好存在正文,若凑巧需要印章单独加盖一页时,必须在该页的1行至4行写明"此页无正文"等字样。

第二节 信证管理

一、介绍信的管理

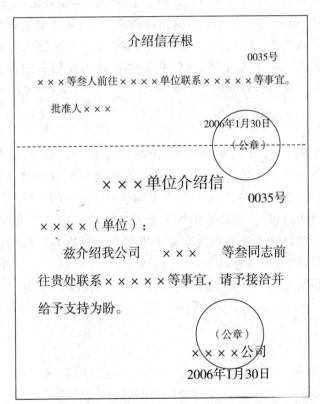

介绍信是以本单位的名义向对方单位介绍前去联系工作的人员的身份和任务的专用信函。介绍信一般有两种形式:一种是在单位信笺上写上大致固定格式的文字,签上本单位全称并盖上公章,多用于临时性的需要、给予一定说明的事项。另一种更为常见,是成批印刷的联单式介绍信,文字和形式固定,一般是姓名、人数、身份和联系事项需临时填写。使用时必须加盖单位公章,联单式介绍信通常盖两次印,一次盖在正文与存根的连接线正中,各占半颗印;另一次盖在单位署名上。

联单式介绍信应指定专人保管。开介绍信须经主管领导批准,应严格按规定内容填写,存根和正文应保持一致,并注意填写有效期。严禁发出盖有印章的空白介绍信。介绍信的存根要妥善保管,并加以归档。介绍信开出后,如因情况变化没有使用,持信人应将介绍信退回给管理人员;未及时退回的,应主动将其收回,贴在原存根处,并注明未使用的情况,以备查考。领用人若丢失介绍信,应立即报告开出介绍信的部门,以便采取弥补、挽救措施。

二、证明信的出具

证明信,是证明某一组织、团体情况或个人身份、经历,或有关事件的真实情况的专用书信。它或者以组织的名义来写,或者由组织通知特定相关个人来写。证明信的出具除了个人签字或盖章以外,还须有组织上盖章证明该人的身份及对所证明事项的评语。秘书在盖章前一定要仔细调查,确保内容的准确无误,如果证明材料不止一页,应注明"此件共×页",并将几页材料右边沿错开,加盖骑缝印。下面是骑缝印示意图。

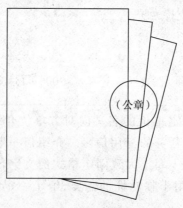

三、凭证的管理

凭证,也是人们经常使用的一种证明材料,包括工作证、出入证、汽车通行证等,一般都需要加盖印章才能生效。盖章也要经过严格的审批,不经有关领导批准,不得擅自盖章。对于已经制好的各种凭证,要按顺序编号,领用时要履行严格的签收手续,建立科学的分发和管理制度。组织所发放各项凭证,都要建立登记制度,内容包括:凭证名称、印制份数、用途、分发对象、领取人等,以备查考。对于余下的各种凭证,要妥为保管,选择保密的地点锁存,并且定期检查,一旦发现问题,应及时采取相应措施。

第三节 机关后勤保障

机关后勤保障涉及很多方面,像公费医疗、招待所、财务经费、差旅、丧葬、遗属福利等都是机关后勤保障的范围。其中有些项目国家已经制定了相关政策,机关只须照章而行,如公费医疗、财务、遗属等。这里着重讲一讲办公室日常负责的几项后勤保障工作,主要有环境管理、办公资源管理、车辆管理。

一、环境管理

(一)机关庭院的卫生和绿化

机关的大环境对于创造愉悦的工作心情,调节人的精神状态有很重要的作用。员工每天来上班,走进大门看到里面树木葱葱,花红草绿,地面整洁,能减轻精神压力,使人心里平静并产生一种愉悦的感觉,使即将投入工作的人进入一种最好的精神状态。同时,庭院环境就像人的脸面,整治得好有利于树立组织的社会形象,庭院环境还可以反映机关的工作作风。

要整治好庭院,首先要搞好卫生,制定卫生制度。卫生制度对卫生打扫要有详尽的规定,譬如每天打扫的次数、清洁标准、清扫范围、果皮箱等的清理和卫生维护等都要有明确规定。办公室主任或专门负责人员要定期对卫生情况进行检查,发现不卫生的地方要及时指出,以便马上清扫。

庭院的绿化是一项带有艺术性的工作。庭院绿化要经过精心的设计。机关庭院的空地尽可能种植草皮,以增加绿化面积。园丁要勤于修理,经常整治树枝花草。大的庭院还有假山、池塘、亭榭等,这也是庭院管理的范围。庭院设计要尽可能体现中国传统的园林艺术和美学风格。

在庭院内一般还要建车库和自行车棚,车库和车棚的地点要根据庭院的具体状况选定,一般不要建在办公楼的正面。机关办公楼的大门前要严禁停放车辆。

(二)办公室①的布置

机关办公室的布置包括办公室布局和办公室内设备的摆放。办公室布局要根据机关内各部门的工作性质进行整体安排。工作联系较密切的办公室尽可能安排在一起;对外联系较多的办公室安排在低层,便于外单位来人联系工作。

办公室内布置是指设备的排列摆放。我国机关的办公室过去都是封闭式,现在逐步采用半封闭式或敞开式办公室。这里所说的办公室布置是对封闭式办公室而言的。办公室内设备排列是有讲究的,首先要合理,这是对办公室整体的要求,所谓合理就是根据办公室的朝向、空间大小、设备多少来进行整体的有效布置。其次要方便,就是指办公室的布置有利于工作,有利于提高工作效率。再次要整齐,办公设备要排列有序,不能显得杂乱无章。

根据以上原则,办公室布置首先要从整体上进行考虑,根据办公室结构和办公室所在周边环境如光线、过道、门窗等,来决定办公桌、文件柜等的最佳摆设位置。其次要从办公室工作

---

① 此处办公室指办公用的房间,而不是指组织机构之一的秘书部门。

人员的工作性质、关系来考虑,每个人使用的办公设备放置要有利于他本人工作,但又不影响其他人工作。办公室内的布置没有规定的模式,但要遵循合理、方便、整齐三个原则。

(三)办公楼管理

办公楼管理主要有对安全保卫、消防、水电、卫生、房屋维修等的管理。

办公楼必须搞好安全保卫工作。除了机关大门口有门卫外,机关办公楼日夜都应有人值班。下班之前要检查门窗是否关紧关实。办公楼内要配置足够数量的灭火器和水龙箱等消防器材,灭火器要定期更换药水,水龙箱的消防栓要保证有水源。

机关的水电管理主要是增强安全和节约意识。办公楼内的电线线路要定期检查,要及时维修破损的线路和电器。办公楼内的水管要保持畅通,水龙头要关紧,不能让自来水随意流淌。

卫生清扫是办公楼日常管理的重点,主要指公共部位的清扫,一般可雇专人或委托物业负责,但秘书要经常检查。办公楼内一般禁止吸烟,工作人员要自觉遵守。秘书还要督促各部门办公室自觉搞好室内卫生。

办公楼和办公设备的维修也是后勤管理的一项日常工作。屋顶漏水、门窗自然老化、玻璃破碎、桌椅抽屉坏损、电话不通等都会影响机关办公,要及时派人修理、防治。

(四)机关大门、礼堂、会议室的管理

机关大门是机关的咽喉,是机关对外的窗口,任何机关都重视对机关大门的管理。

管理大门要建立门卫制度。门卫要日夜值班,检查进出大门的车辆、人员的证件,防止闲杂人员进入机关内部,保证机关安全。机关大门口还挂有机关标牌,门卫要看护好此标牌,防止被破坏或盗走。我国城镇都要求实行门前"三包"(包卫生、包绿化、包秩序),机关要安排人员做好门前"三包",为本地区的精神文明建设服务。

礼堂和会议室的管理主要在于两个方面：一是日常维护，一是审批使用。

礼堂和会议室的使用率比较低，不开会就不使用，但其日常维护工作不能少。首先要定期清扫，免使布满灰尘、蛛网。其次要经常开门、开窗透风，避免发霉。再次要注意维修，屋顶、桌椅、玻璃、照明设施、音响设备、多媒体系统等都要经常检查，发现问题马上解决，尤其是会议必须使用的设备，不能等临要用时再检查。

礼堂和会议室的使用要有审批制度，不能任何人任何单位想用就用，使用要有统筹安排，避免时间冲突。使用部门首先要向管理单位申请，管理单位根据申请和空闲情况商定使用时间和期限，经过审批以后方可使用。

二、办公资源管理

（一）采购和发放

办公资源有固定设备和消耗性用品两种。办公资源的购置要坚持两个原则：一是实际需要的原则，从机关办公需要的角度出发，逐步更新老化设备，使办公设备现代化；二是勤俭节约原则，少花钱，多办事，做到物尽其用，不添置闲置设备。

根据以上原则，机关采购办公设备和办公用品，第一，要制定计划。首先要根据本机关的实际需求，确定需要添置和更换的设备以及购置的时间；其次要根据经费预算，确定购买的种类和数量。第二，要加强采购管理，国家机关和事业单位必须执行采购公开招标制度，以防止贪图回扣而采购没有用处或伪劣的设备。第三，采购来的物品在入库前要进行质和量的验收，入库时要详细登记，经过入库登记后才能使其转化为组织的资产，防止流失。

采购来的物品要尽快发放到使用者手中。固定设备要进行严格的领用登记，填写领用登记卡，领用登记卡一式两份，双

方各执一份。登记的内容和登记卡的格式可参考下表:

领用部门		领用人	
品名规格型号	数　量	单　价	备　注
领用用途			
部门意见			
批准人签字		领用人签字	
发放人签字		领用日期	年　月　日

　　机关一般不购置过多的备用设备,但打印纸之类的消耗性用品一般会有部分库存。对库存的物品要妥善保管,防止火灾、霉变和失窃。

　　(二)调配和管理

　　办公设备要根据机关内各单位的工作性质来配备。主要固定设备有办公桌椅、文件柜、电话机、复印机、电脑、打印机、传真机。每个办公室还要配置卫生清扫工具,机关办公楼要设置开水供应点,供应机关内各单位的茶水。订阅报刊杂志也属于办公资源配置的内容,要根据机关经费预算决定每年订阅报纸、期刊的种类。

　　办公设备要实行制度化管理。首先进行财物登记,登记各部门的设备种类和现状。其次要制定设备使用制度,各部门要负责本部门设备的保养。再次要加强电话管理,电话费历来是各机关开支的大项,加强电话管理是后勤管理的难点,应定期检查并核对电话账单以控制开销。

三、车辆管理[①]

一般机关的车队,直接归机关办公室进行调度和管理,首长的小车司机也属于办公室编制。车辆管理的内容包括车辆配置、车辆的使用和调度、司机管理等。

(一)车辆配置

小汽车的配置要根据以下原则:

1. 遵循国家关于小汽车管理的有关法规,确定车辆的档次,严禁超标准用车。

2. 要根据机关规模和业务范围来确定购置的数量,不能为了享受或互相攀比而购置非必要的车辆。

3. 要根据经济状况购置,经济条件不许可的不能挪用其他项目经费或借贷购车。

购置来的汽车要进行车辆登记。首先要到当地汽车管理部门进行登记,领取号牌和行车证,到单位后要进行财产登记和汽车状况登记,建立固定资产(汽车)档案后,方可交付使用。

(二)车辆调度

车辆调度一般由机关办公室安排。除首长用车外,用车部门和人员先要到办公室申请,办公室根据车辆使用范围确定使用何种车辆并安排用车时间。

车辆调度要坚持按规章办事,调度人员一定要合理安排用车,坚决禁止公车私用。

(三)司机的管理和教育

配置车辆的目的要通过司机来实现,对司机的管理和教育是搞好车辆管理的一个重点环节。

对司机进行管理首先要进行业务管理,包括驾驶技术管理、车辆保养维修技术管理、交通法规的学习等。

其次要对司机进行职业道德教育,主要内容有:服从调度

[①] 秘书机构(办公室)管理的车辆主要指公务用小车。

安排,对任何人都要热情服务;文明行车,增强安全意识,禁止酒后开车;禁止乱用公车,不允许用公车谋私利;保守秘密,对听到的领导谈话内容不能随意传播,更不能断章取义,散布流言。

对司机进行管理最有效的方法就是实行制度化管理,制定严格的制度,根据制度进行奖惩。

汽车管理实际上还有车辆的维修、年检、报废等管理工作,这些工作与上面讲述的三项工作贯穿在一起就构成了整个车辆管理工作。

复习思考题

1. 秘书部门保管的印章有几种?各有何种作用?
2. 保管和使用印章应注意哪些事项?
3. 保管和出具介绍信应该注意哪些事项?
4. 机关后勤管理包括哪些内容?

案 例 分 析

下面的经济诉讼案件的关键涉及公司公章的管理。请根据案件情节谈谈秘书部门从中应吸取什么教训。

管好你公司公章和空白合同书

上海某品牌服装公司(中外合资企业)2002年与天津某公司(以下简称天津公司)签订了一份销售代理协议,协议约定天津公司在天津代理销售上海某品牌服装,在该协议中协议双方还就销售提成、广告宣传、其他有关费用等事项作出了明确的约定,协议有效期为一年。到2003年4月份时,上海某品牌服装公司为了配合其公司五一黄金周在天津劝业场举行的宣传活动,又与天津公司签订了一份销售代理协议,协议约定五一黄金周结束后一个月内,天津公司应将代理销售的上海服装公司的货款付清,没有销售完的服装如数退还给上海服装公司,但在 2004 年五一黄金周结束后几个月时间内,天津公司并未按协议约定将货款付给上海服装公司,上海服装公司多次派人来津催办此事都无功而返。无奈,上海服装公司只有将天津公司告上法庭,并于立案当天向法院申请诉讼财产保全,法院冻结了天津公司在银行的 20 多万元的存款,并查封了天津公司仓库中未销售完的上海品牌服装。

案件原本至此应该有一个圆满结局,但就在该案即将开庭时,上海某服装公司接到法院送达的天津公司反诉上海服装公司的反诉状一份,要求上海服装公司给付 2003 年度天津公司为其代理销售公司服装,上海公司承诺给天津公司的奖励款、装修费及广告宣传费共计 50 余万元。依据是 2004 年元月份双方公司签订的协议,其主要内容是:经过天津公司一年的努力和宣传,上海服装公司的服装品牌在天津消费群体中的知名度、认同度显著提高,为了表示对天津公司的感谢,上海服装公司以天津公司在 2003 年度销售其品牌服装的总销售额的 8% 作为对天津公司的奖励。

在开庭时,上海服装公司对天津公司拿出的 2004 年元月份签订的这份协议感到很诧异,说公司根本没有而且不可能跟天津公司签订这份有悖常理的协议,并对该协议的真假提出质疑。

后经司法鉴定,认定该协议上的公章确为上海服装公司的公章,最后该案件的结果也就可想而知,上海服装公司不但没有要回货款及服装,法院还判决上海服装公司倒给付天津公司 20 多万元的报酬;并且上海服装公司为该案还赔上了不少差旅费、诉讼费及代理费,真是赔了夫人又折兵啊!

律师点评：

该案中原告为自己的一枚公章付出了惨重的代价，事后原告一直说他们没有跟天津公司签订最后的这份奖励协议，这一定是他们自己伪造的，但上海服装公司又提供不出天津公司伪造协议的证据，而且经过司法鉴定部门的鉴定已经确认该协议上的公章是上海服装公司的公章，法院据此作出的判决没有任何错误。

本律师认为，上海公司应该通过该案汲取教训，加强公司内部的管理，特别是对公司公章的管理。根据我国法律法规的规定，有公司公章的协议、合同、承诺，该公司都要承担相应的民事、行政甚至是刑事责任，如果该公司不汲取教训，加强公司内部的管理，今后有可能还会出现更让人预料不到的严重后果！

(材料来源：永信律师网 http://www.lvsh.net/qiye_view.asp?id=143)

附 录

一、国家行政机关公文处理办法

(国务院 2000 年 8 月 28 日发布,自 2001 年 1 月 1 日起施行)

第一章 总 则

第一条 为使国家行政机关(以下简称行政机关)的公文处理工作规范化、制度化、科学化,制定本办法。

第二条 行政机关的公文(包括电报,下同),是行政机关在行政管理过程中形成的具有法定效力和规范体式的文书,是依法行政和进行公务活动的重要工具。

第三条 公文处理指公文的办理、管理、整理(立卷)、归档等一系列相互关联、衔接有序的工作。

第四条 公文处理应当坚持实事求是、精简、高效的原则,做到及时、准确、安全。

第五条 公文处理必须严格执行国家保密法律、法规和其他有关规定,确保国家秘密的安全。

第六条 各级行政机关的负责人应当高度重视公文处理工作,模范遵守本办法并加强对本机关公文处理工作的领导和检查。

第七条 各级行政机关的办公厅(室)是公文处理的管理机构,主管本机关的公文处理工作并指导下级机关的公文处理工作。

第八条 各级行政机关的办公厅(室)应当设立文秘部门或者配备专职人员负责公文处理工作。

第二章 公文种类

第九条 行政机关的公文种类主要有：

（一）命令（令）

适用于依照有关法律公布行政法规和规章，宣布施行重大强制性行政措施，嘉奖有关单位及人员。

（二）决定

适用于对重要事项或者重大行动作出安排，奖惩有关单位及人员，变更或者撤销下级机关不适当的决定事项。

（三）公告

适用于向国内外宣布重要事项或者法定事项。

（四）通告

适用于公布社会各有关方面应当遵守或者周知的事项。

（五）通知

适用于批转下级机关的公文，转发上级机关和不相隶属机关的公文，传达要求下级机关办理和需要有关单位周知或者执行的事项，任免人员。

（六）通报

适用于表彰先进，批评错误，传达重要精神或者情况。

（七）议案

适用于各级人民政府按照法律程序向同级人民代表大会或人民代表大会常务委员会提请审议事项。

（八）报告

适用于向上级机关汇报工作，反映情况，答复上级机关的询问。

（九）请示

适用于向上级机关请求指示、批准。

（十）批复

适用于答复下级机关的请示事项。

（十一）意见

适用于对重要问题提出见解和处理办法。

（十二）函

适用于不相隶属机关之间商洽工作、询问和答复问题，请求批准和答复审批事项。

（十三）会议纪要

适用于记载、传达会议情况和议定事项。

第三章 公文格式

第十条 公文一般由秘密等级和保密期限、紧急程度、发文机关标识、发文字号、签发人、标题、主送机关、正文、附件说明、成文日期、印章、附注、附件、主题词、抄送机关、印发机关和印发日期等部分组成。

（一）涉及国家秘密的公文应当标明密级和保密期限，其中，"绝密"、"机密"级公文还应当标明份数、序号。

（二）紧急公文应当根据紧急程度分别标明"特急"、"急件"。其中电报应当分别标明"特提"、"特急"、"加急"、"平急"。

（三）发文机关标识应当使用发文机关全称或者规范化简称；联合行文，主办机关排列在前。

（四）发文字号应当包括机关代字、年份、序号。联合行文，只标明主办机关发文字号。

（五）上行文应当注明签发人、会签人姓名。其中，"请示"应当在附注处注明联系人的姓名和电话。

（六）公文标题应当准确简要地概括公文的主要内容并标明公文种类，一般应当标明发文机关。公文标题中除法规、规章名称加书名号外，一般不用标点符号。

（七）主送机关指公文的主要受理机关，应当使用全称或者规范化简称、统称。

（八）公文如有附件，应当注明附件顺序和名称。

（九）公文除"会议纪要"和以电报形式发出的以外，应当加盖印章。联合上报的公文，由主办机关加盖印章；联合下发的公文，发文机关都应当加盖印章。

（十）成文日期以负责人签发的日期为准，联合行文以最后签发机关负责人签发日期为准。电报以发出日期为准。

（十一）公文如有附注（需要说明的其他事项），应当加括号标注。

（十二）公文应当标注主题词。上行文按照上级机关的要求标注主题词。

（十三）抄送机关指除主送机关外需要执行或知晓公文的其他机关，应当使用全称或者规范化简称、统称。

（十四）文字从左至右横写、横排。在民族自治地方，可以并用汉字和通用的少数民族文字（按其习惯书写、排版）。

第十一条 公文中各组成部分的标识规则，参照《国家行政机关公文格式》国家标准执行。

第十二条 公文用纸一般采用国际标准 A4 型（210mm×297mm），左侧装订。张贴的公文用纸大小，根据实际需要确定。

第四章 行文规则

第十三条 行文应当确有必要，注重效用。

第十四条 行文关系根据隶属关系和职权范围确定，一般不得越级请示和报告。

第十五条 政府各部门依据部门职权可以相互行文和向下一级政府的相关业务部门行文；除以函形式商洽工作、询问和答复问题、审批事项外，一般不得向下一级政府正式行文。

部门内设机构除办公厅（室）外不得对外正式行文。

第十六条 同级政府、同级政府各部门、上级政府部门与下一级政府可以联合行文；政府与同级党委和军队机关可以联合行文；政府部门与相应的党组织和军队机关可以联合行文；政府部门与同级人民团体和具有行政职能的事业单位也可以联合行文。

第十七条 属于部门职权范围内的事务，应当由部门自行行文或联合行文。联合行文应当明确主办部门。须经政府审批的事项,经政府同意也可以由部门行文,文中应当注明经政府同意。

第十八条 属于主管部门职权范围内的具体问题,应当直接报送主管部门处理。

第十九条 部门之间对有关问题未经协商一致,不得各自向下行文。如擅自行文,上级机关应当责令纠正或撤销。

第二十条 向下级机关或者本系统的重要行文,应当同时抄送直接上级机关。

第二十一条 "请示"应当一文一事,一般只写一个主送机关;需要同时送其他机关的,应当用抄送形式,但不得抄送其下级机关。

"报告"不得夹带请示事项。

第二十二条 除上级机关负责人直接交办的事项外,不得以机关名义向上级机关负责人报送"请示"、"意见"和"报告"。

第二十三条 受双重领导的机关向上级机关行文,应当写明主送机关和抄送机关。上级机关向受双重领导的下级机关行文,必要时应当抄送其另一上级机关。

第五章 发文办理

第二十四条 发文办理指以本机关名义制发公文的过程,包括草拟、审核、签发、复核、缮印、用印、登记、分发等过程。

第二十五条 草拟公文应当做到:

(一)符合国家法律、法规及其他有关规定。如提出新的政策、规定等,要切实可行并加以说明。

(二)情况确实,观点明确,表述准确,结构严谨,条理清楚,直述不曲,字词规范,标点正确,篇幅力求简短。

(三)公文的文种应当根据行文的目的、发文机关的职权和与主送机关的行文关系确定。

(四)拟制紧急公文,应当体现紧急的原因,并根据实际需要确定紧急程度。

（五）人名、地名、数字、引文准确。引用公文应当先引标题，后引发文字号。引用外文应当注明中文含义。日期应当写明具体的年、月、日。

（六）结构层次序数，第一层为"一"，第二层为"（一）"，第三层为"1."，第四层为"（1）"。

（七）应当使用国家法定计量单位。

（八）文内使用非规范化简称，应当先用全称并注明简称。使用国际组织外文名称或其缩写形式，应当在第一次出现时注明准确的中文译名。

（九）公文中的数字，除成文日期、部分结构层次序数和在词、词组、惯用语、缩略语、具有修辞色彩语句中作为词素的数字必须使用汉字外，应当使用阿拉伯数字。

第二十六条　拟制公文，对涉及其他部门职权范围内的事项，主办部门应当主动与有关部门协商，取得一致意见后方可行文；如有分歧，主办部门的主要负责人应当出面协调，仍不能取得一致时，主办部门可以列明各方理据，提出建设性意见，并与有关部门会签后报请上级机关协调或裁定。

第二十七条　公文送负责人签发前，应当由办公厅（室）进行审核。审核的重点是：是否确需行文，行文方式是否妥当，是否符合行文规则和拟制公文的有关要求，公文格式是否符合本办法的规定等。

第二十八条　以本机关名义制发的上行文，由主要负责人或者主持工作的负责人签发；以本机关名义制发的下行文或平行文，由主要负责人或者由主要负责人授权的其他负责人签发。

第二十九条　公文正式印制前，文秘部门应当进行复核，重点是：审批、签发手续是否完备，附件材料是否齐全，格式是否统一、规范等。

经复核需要对文稿进行实质性修改的，应按程序复审。

第六章 收文办理

第三十条 收文办理指对收到公文的办理过程,包括签收、登记、审核、拟办、批办、承办、催办等程序。

第三十一条 收到下级机关上报的需要办理的公文,文秘部门应当进行审核。审核的重点是:是否应由本机关办理;是否符合行文规则;内容是否符合国家法律、法规及其他有关规定;涉及其他部门或地区职权的事项是否已协商、会签;文种使用、公文格式是否规范。

第三十二条 经审核,对符合本办法规定的公文,文秘部门应当及时提出拟办意见送负责人批示或者交有关部门办理,需要两个以上部门办理的应当明确主办部门。紧急公文,应当明确办理时限。对不符合本办法规定的公文,经办公厅(室)负责人批准后,可以退回呈报单位并说明理由。

第三十三条 承办部门收到交办的公文后应当及时办理,不得延误、推诿。紧急公文应当按时限要求办理,确有困难的,应当及时予以说明。对不属于本单位职权范围或者不宜由本单位办理的,应当及时退回交办的文秘部门并说明理由。

第三十四条 收到上级机关下发或交办的公文,由文秘部门提出拟办意见,送负责人批示后办理。

第三十五条 公文办理中遇有涉及其他部门职权的事项,主办部门应当主动与有关部门协商;如有分歧,主办部门主要负责人要出面协调,如仍不能取得一致,可以报请上级机关协调或裁定。

第三十六条 审批公文时,对有具体请示事项的,主批人应当明确签署意见、姓名和审批日期,其他审批人圈阅视为同意。没有请示事项的,圈阅表示已阅知。

第三十七条 送负责人批示或者交有关部门办理的公文,文秘部门要负责催办,做到紧急公文跟踪催办,重要公文重点催办,一般公文定期催办。

第七章 公文归档

第三十八条 公文办理完毕后,应当根据《中华人民共和国档案法》和其他有关规定,及时整理(立卷)、归档。

个人不得保存应当归档的公文。

第三十九条 归档范围内的公文根据其相互联系、特征和保存价值等整理(立卷),要保证归档公文齐全、完整,能正确反映本机关的主要工作情况,便于保管和利用。

第四十条 联合办理的公文,原件由主办机关整理(立卷)、归档,其他机关保存复制或其他形式的公文副本。

第四十一条 本机关负责人兼任其他机关职务,在履行所兼职务职责过程中形成的公文,由其兼职机关整理(立卷)、归档。

第四十二条 归档范围内的公文应当确定保管期限,按照有关规定定期向档案部门移交。

第四十三条 拟制、修改和签批公文,书写及所用纸张和字迹材料必须符合存档要求。

第八章 公文管理

第四十四条 公文由文秘部门或专职人员统一收发、审核、用印、归档和销毁。

第四十五条 文秘部门应当建立健全本机关公文处理的有关制度。

第四十六条 上级机关的公文,除绝密级和注明不准翻印的以外,下一级机关经负责人或者办公厅(室)主任批准,可以翻印。翻印时,应当注明翻印的机关、日期、份数和印发范围。

第四十七条 公开发布行政机关公文,必须经发布机关批准。经批准公开发布的公文,同发文机关正式印发的公文具有同等效力。

第四十八条 公文复印件作为正式公文使用时,应当加盖复印机关证明章。

第四十九条 公文被撤销,视作自始不产生效力;公文被废止,视作自废止之日起不产生效力。

第五十条 不具备归档和存查价值的公文,经过鉴别并经办公厅(室)负责人批准,可以销毁。

第五十一条 销毁秘密公文应当指定场所由二人以上监销,保证不丢失、不漏销。其中,销毁绝密公文(含密码电报)应当进行登记。

第五十二条 机关合并时,全部公文应当随之合并管理。机关撤销时,需要归档的公文整理(立卷)后按有关规定移交档案部门。

工作人员调离岗位时,应当将本人暂存、借用的公文按照有关规定移交、清退。

第五十三条 密码电报的使用和管理,按照有关规定执行。

第九章 附 则

第五十四条 行政法规、规章方面的公文,依照有关规定处理。外事方面的公文,按照外交部的有关规定处理。

第五十五条 公文处理中涉及电子文件的有关规定另行制定。统一规定发布之前,各级行政机关可以制定本机关或者本地区、本系统的试行规定。

第五十六条 各级行政机关的办公厅(室)对上级机关和本机关下发公文的贯彻落实情况应当进行督促检查并建立督查制度。有关规定另行制定。

第五十七条 本办法自2001年1月1日起施行。1993年11月21日国务院办公厅发布,1994年1月1日起施行的《国家行政机关公文处理办法》同时废止。

二、中华人民共和国档案法

(1987年9月5日第六届全国人民代表大会
常务委员会第二十二次会议通过)

(根据1996年7月5日第八届全国人民代表大会常务委员会第二十次会议《关于修改〈中华人民共和国档案法〉的决定》修正)

第一章 总 则

第一条 为了加强对档案的管理和收集、整理工作,有效地保护和利用档案,为社会主义现代化建设服务,制定本法。

第二条 本法所称的档案,是指过去和现在的国家机构、社会组织以及个人从事政治、军事、经济、科学、技术、文化、宗教等活动直接形成的对国家和社会有保存价值的各种文字、图表、声像等不同形式的历史记录。

第三条 一切国家机关、武装力量、政党、社会团体、企业事业单位和公民都有保护档案的义务。

第四条 各级人民政府应当加强对档案工作的领导,把档案事业的建设列入国民经济和社会发展计划。

第五条 档案工作实行统一领导、分级管理的原则,维护档案完整与安全,便于社会各方面的利用。

第二章 档案机构及其职责

第六条 国家档案行政管理部门主管全国档案事业,对全国的档案事业实行统筹规划,组织协调,统一制度,监督和指导。

县级以上地方各级人民政府的档案行政管理部门主管本行政区域内的档案事业,并对本行政区域内机关、团体、企业事业单位和其他组织的档案工作实行监督和指导。

乡、民族乡、镇人民政府应当指定人员负责保管本机关的档案,并对所属单位的档案工作实行监督和指导。

第七条 机关、团体、企业事业单位和其他组织的档案机构或者档案工作人员,负责保管本单位的档案,并对所属机构的档案工作实行监督和指导。

第八条 中央和县级以上地方各级各类档案馆,是集中管理档案的文化事业机构,负责接收、整理、保管和提供利用各分管范围内的档案。

第九条 档案工作人员应当忠于职守,遵守纪律,具备专业知识。

在档案的收集、整理、保护和提供利用等方面成绩显著的单位或者个人,由各级人民政府给予奖励。

第三章 档案的管理

第十条 对国家规定的应当立卷归档的材料,必须按照规定,定期向本单位档案机构或者档案工作人员移交,集中管理,任何个人不得据为己有。

国家规定不得归档的材料,禁止擅自归档。

第十一条 机关、团体、企业事业单位和其他组织必须按照国家规定,定期向档案馆移交档案。

第十二条 博物馆、图书馆、纪念馆等单位保存的文物、图书资料同时是档案的,可以按照法律和行政法规的规定,由上述单位自行管理。

档案馆与上述单位应当在档案的利用方面互相协作。

第十三条 各级各类档案馆,机关、团体、企业事业单位和其他组织的档案机构,应当建立科学的管理制度,便于对档案的利用;配置必要的设施;确保档案的安全;采用先进技术,实现档案管理的现代化。

第十四条 保密档案的管理和利用,密级的变更和解密,必须按照国家有关保密的法律和行政法规的规定办理。

第十五条 鉴定档案保存价值的原则、保管期限的标准以及销毁档案的程序和办法,由国家档案行政管理部门制定。禁止擅自销毁档案。

第十六条 集体所有的和个人所有的对国家和社会具有保存价值的或者应当保密的档案,档案所有者应当妥善保管。对于保管条件恶劣或者其他原因被认为可能导致档案严重损毁和不安全的,国家档案行政管理部门有权采取代为保管等确保档案完整和安全的措施;必要时,可以收购或者征购。

前款所列档案,档案所有者可以向国家档案馆寄存或者出卖;向国家档案馆以外的任何单位或者个人出卖的,应当按照有关规定由县级以上人民政府档案行政管理部门批准。严禁倒卖牟利,严禁卖给或者赠送给外国人。

向国家捐赠档案的,档案馆应当予以奖励。

第十七条 禁止出卖属于国家所有的档案。

国有企业事业单位资产转让时,转让有关档案的具体办法由国家档案行政管理部门制定。

档案复制件的交换、转让和出卖,按照国家规定办理。

第十八条 属于国家所有的档案和本法第十六条规定的档案以及这些档案的复制件,禁止私自携运出境。

第四章 档案的利用职权和公布

第十九条 国家档案馆保管的档案,一般应当自形成之日起满30年向社会开放。经济、科学、技术、文化等类档案向社会开放的期限,可以少于30年,涉及国家安全或者重大利益以及其他到期不宜开放的档案向社会开放的期限,可以多于30年,具体期限由国家档案行政管理部门制定,报国务院批准施行。

档案馆应当定期公布开放档案的目录,并为档案的利用创造条件,简化手续,提供方便。

中华人民共和国公民和组织持有合法证明,可以利用已经开放的档案。

第二十条 机关、团体、企业事业单位和其他组织以及公民根据经济建设、国防建设、教学科研和其他各项工作的需要,可以按照有关规定,利用档案馆未开放的档案以及有关机关、团体、企业事业单位和其他组织保存的档案。

利用未开放档案的办法,由国家、档案行政管理部门和有关主管部门规定。

第二十一条 向档案馆移交、捐赠、寄存档案的单位和个人,对其档案享有优先利用权,并可对其档案中不宜向社会开放的部分提出限制利用的意见,档案馆应当维护他们的合法权益。

第二十二条 属于国家所有的档案,由国家授权的档案馆或者有关机关公布;未经档案馆或者有关机关同意,任何组织和个人无权公布。

集体所有的和个人所有的档案,档案的所有者有权公布,但必须遵守国家有关规定,不得损害国家安全和利益,不得侵犯他人的合法权益。

第二十三条 各级各类档案馆应当配备研究人员,加强对档案的研究整理,有计划地组织编辑出版档案材料,在不同范围内发行。

第五章 法律责任

第二十四条 有下列行为之一的,由县级以上人民政府档案行政管理部门、有关主管部门对直接负责的主管人员或者其他直接责任人员依法给予行政处分;构成犯罪的,依法追究刑事责任:

(一)损毁、丢失属于国家所有的档案的;

(二)擅自提供、抄录、公布、销毁属于国家所有的档案的;

(三)涂改、伪造档案的;

（四）违反本法第十六条、第十七条规定,擅自出卖或者转让档案的；

（五）倒卖档案牟利或者将档案卖给、赠送给外国人的；

（六）违反本法第十条、第十一条规定,不按规定归档或者不按期移交档案的；

（七）明知所保存的档案面临危险而不采取措施,造成档案损失的；

（八）档案工作人员玩忽职守,造成档案损失的。

在利用档案馆的档案中,有前款第一项、第二项、第三项违法行为的,由县级以上人民政府档案行政管理部门给予警告,可以并处罚款；造成损失的,责令赔偿损失。

企业事业组织或者个人有第一款第四项、第五项违法行为的由县级以上人民政府档案行政管理部门给予警告,可以并处罚款；有违法所得的,没收违法所得；并可以依照本法第十六条的规定征购所卖或者赠送的档案。

第二十五条 携运禁止出境的档案或者其复制件出境的,由海关予以没收,可以并处罚款；并将没收的档案或者其复制件移交档案行政管理部门；构成犯罪的,依法追究刑事责任。

第六章 附 则

第二十六条 本法实施办法,由国家档案行政管理部门制定,报国务院批准后施行。

第二十七条 本法自1988年1月1日起施行。

三、信访条例

(2005年1月5日国务院第七十六次常务会议通过,
2005年5月1日起施行)

第一章 总 则

第一条 为了保持各级人民政府同人民群众的密切联系,保护信访人的合法权益,维护信访秩序,制定本条例。

第二条 本条例所称信访,是指公民、法人或者其他组织采用书信、电子邮件、传真、电话、走访等形式,向各级人民政府、县级以上人民政府工作部门反映情况,提出建议、意见或者投诉请求,依法由有关行政机关处理的活动。

采用前款规定的形式反映情况,提出建议、意见或者投诉请求的公民、法人或者其他组织,称信访人。

第三条 各级人民政府、县级以上人民政府工作部门应当做好信访工作,认真处理来信、接待来访,倾听人民群众的意见、建议和要求,接受人民群众的监督,努力为人民群众服务。

各级人民政府、县级以上人民政府工作部门应当畅通信访渠道,为信访人采用本条例规定的形式反映情况,提出建议、意见或者投诉请求提供便利条件。

任何组织和个人不得打击报复信访人。

第四条 信访工作应当在各级人民政府领导下,坚持属地管理、分级负责,谁主管、谁负责,依法、及时、就地解决问题与疏导教育相结合的原则。

第五条 各级人民政府、县级以上人民政府工作部门应当科学、民主决策,依法履行职责,从源头上预防导致信访事项的矛盾和纠纷。

县级以上人民政府应当建立统一领导、部门协调、统筹兼顾、标本兼治、各负其责、齐抓共管的信访工作格局，通过联席会议、建立排查调处机制、建立信访督查工作制度等方式，及时化解矛盾和纠纷。

各级人民政府、县级以上人民政府各工作部门的负责人应当阅批重要来信、接待重要来访、听取信访工作汇报，研究解决信访工作中的突出问题。

第六条 县级以上人民政府应当设立信访工作机构。县级以上人民政府工作部门及乡、镇人民政府应当按照有利工作、方便信访人的原则，确定负责信访工作的机构（以下简称信访工作机构）或者人员，具体负责信访工作。

县级以上人民政府信访工作机构是本级人民政府负责信访工作的行政机构，履行下列职责：

（一）受理、交办、转送信访人提出的信访事项；

（二）承办上级和本级人民政府交由处理的信访事项；

（三）协调处理重要信访事项；

（四）督促检查信访事项的处理；

（五）研究、分析信访情况，开展调查研究，及时向本级人民政府提出完善政策和改进工作的建议；

（六）对本级人民政府其他工作部门和下级人民政府信访工作机构的信访工作进行指导。

第七条 各级人民政府应当建立健全信访工作责任制，对信访工作中的失职、渎职行为，严格依照有关法律、行政法规和本条例的规定，追究有关责任人员的责任，并在一定范围内予以通报。

各级人民政府应当将信访工作绩效纳入公务员考核体系。

第八条 信访人反映的情况，提出的建议、意见，对国民经济和社会发展或者对改进国家机关工作以及保护社会公共利益有贡献的，由有关行政机关或者单位给予奖励。

对在信访工作中作出优异成绩的单位或者个人,由有关行政机关给予奖励。

第二章 信访渠道

第九条 各级人民政府、县级以上人民政府工作部门应当向社会公布信访工作机构的通信地址、电子信箱、投诉电话、信访接待的时间和地点、查询信访事项处理进展及结果的方式等相关事项。

各级人民政府、县级以上人民政府工作部门应当在其信访接待场所或者网站公布与信访工作有关的法律、法规、规章,信访事项的处理程序,以及其他为信访人提供便利的相关事项。

第十条 设区的市级、县级人民政府及其工作部门,乡、镇人民政府应当建立行政机关负责人信访接待日制度,由行政机关负责人协调处理信访事项。信访人可以在公布的接待日和接待地点向有关行政机关负责人当面反映信访事项。

县级以上人民政府及其工作部门负责人或者其指定的人员,可以就信访人反映突出的问题到信访人居住地与信访人面谈沟通。

第十一条 国家信访工作机构充分利用现有政务信息网络资源,建立全国信访信息系统,为信访人在当地提出信访事项、查询信访事项办理情况提供便利。

县级以上地方人民政府应当充分利用现有政务信息网络资源,建立或者确定本行政区域的信访信息系统,并与上级人民政府、政府有关部门、下级人民政府的信访信息系统实现互联互通。

第十二条 县级以上各级人民政府的信访工作机构或者有关工作部门应当及时将信访人的投诉请求输入信访信息系统,信访人可以持行政机关出具的投诉请求受理凭证到当地人民政府的信访工作机构或者有关工作部门的接待场所查询其所提出的投诉请求的办理情况。具体实施办法和步骤由省、自治区、直辖市人民政府规定。

第十三条 设区的市、县两级人民政府可以根据信访工作的实际需要,建立政府主导、社会参与、有利于迅速解决纠纷的工作机制。

信访工作机构应当组织相关社会团体、法律援助机构、相关专业人员、社会志愿者等共同参与,运用咨询、教育、协商、调解、听证等方法,依法、及时、合理处理信访人的投诉请求。

第三章 信访事项的提出

第十四条 信访人对下列组织、人员的职务行为反映情况,提出建议、意见,或者不服下列组织、人员的职务行为,可以向有关行政机关提出信访事项:

(一)行政机关及其工作人员;

(二)法律、法规授权的具有管理公共事务职能的组织及其工作人员;

(三)提供公共服务的企业、事业单位及其工作人员;

(四)社会团体或者其他企业、事业单位中由国家行政机关任命、派出的人员;

(五)村民委员会、居民委员会及其成员。

对依法应当通过诉讼、仲裁、行政复议等法定途径解决的投诉请求,信访人应当依照有关法律、行政法规规定的程序向有关机关提出。

第十五条 信访人对各级人民代表大会以及县级以上各级人民代表大会常务委员会、人民法院、人民检察院职权范围内的信访事项,应当分别向有关的人民代表大会及其常务委员会、人民法院、人民检察院提出,并遵守本条例第十六条、第十七条、第十八条、第十九条、第二十条的规定。

第十六条 信访人采用走访形式提出信访事项,应当向依法有权处理的本级或者上一级机关提出;信访事项已经受理或者正在办理的,信访人在规定期限内向受理、办理机关的上级机关再提出同一信访事项的,该上级机关不予受理。

第十七条 信访人提出信访事项,一般应当采用书信、电子邮件、传真等书面形式;信访人提出投诉请求的,还应当载明信访人的姓名(名称)、住址和请求、事实、理由。

有关机关对采用口头形式提出的投诉请求,应当记录信访人的姓名(名称)、住址和请求、事实、理由。

第十八条 信访人采用走访形式提出信访事项的,应当到有关机关设立或者指定的接待场所提出。

多人采用走访形式提出共同的信访事项的,应当推选代表,代表人数不得超过5人。

第十九条 信访人提出信访事项,应当客观真实,对其所提供材料内容的真实性负责,不得捏造、歪曲事实,不得诬告、陷害他人。

第二十条 信访人在信访过程中应当遵守法律、法规,不得损害国家、社会、集体的利益和其他公民的合法权利,自觉维护社会公共秩序和信访秩序,不得有下列行为:

(一)在国家机关办公场所周围、公共场所非法聚集、围堵、冲击国家机关,拦截公务车辆,或者堵塞、阻断交通的;

(二)携带危险物品、管制器具的;

(三)侮辱、殴打、威胁国家机关工作人员,或者非法限制他人人身自由的;

(四)在信访接待场所滞留、滋事,或者将生活不能自理的人弃留在信访接待场所的;

(五)煽动、串联、胁迫、以财物诱使、幕后操纵他人信访或者以信访为名借机敛财的;

(六)扰乱公共秩序、妨害国家和公共安全的其他行为。

第四章 信访事项的受理

第二十一条 县级以上人民政府信访工作机构收到信访事项,应当予以登记,并区分情况,在15日内分别按下列方式处理：

（一）对本条例第十五条规定的信访事项，应当告知信访人分别向有关的人民代表大会及其常务委员会、人民法院、人民检察院提出。对已经或者依法应当通过诉讼、仲裁、行政复议等法定途径解决的，不予受理，但应当告知信访人依照有关法律、行政法规规定程序向有关机关提出。

（二）对依照法定职责属于本级人民政府或者其工作部门处理决定的信访事项，应当转送有权处理的行政机关；情况重大、紧急的，应当及时提出建议，报请本级人民政府决定。

（三）事项涉及下级行政机关或者其工作人员的，按照"属地管理、分级负责，谁主管、谁负责"的原则，直接转送有权处理的行政机关，并抄送下一级人民政府信访工作机构。

县级以上人民政府信访工作机构要定期向下一级人民政府信访工作机构通报转送情况，下级人民政府信访工作机构要定期向上一级人民政府信访工作机构报告转送信访事项的办理情况。

（四）对转送信访事项中的重要情况需要反馈办理结果的，可以直接交由有权处理的行政机关办理，要求其在指定办理期限内反馈结果，提交办结报告。

按照前款第（二）项至第（四）项规定，有关行政机关应当自收到转送、交办的信访事项之日起15日内决定是否受理并书面告知信访人，并按要求通报信访工作机构。

第二十二条 信访人按照本条例规定直接向各级人民政府信访工作机构以外的行政机关提出的信访事项，有关行政机关应当予以登记；对符合本条例第十四条第一款规定并属于本机关法定职权范围的信访事项，应当受理，不得推诿、敷衍、拖延；对不属于本机关职权范围的信访事项，应当告知信访人向有关的机关提出。

有关行政机关收到信访事项后，能够当场答复是否受理的，应当当场书面答复；不能当场答复的，应当自收到信访事项之日起 15 日内书面告知信访人。但是,信访人的姓名(名称)、住址不清的除外。

有关行政机关应当相互通报信访事项的受理情况。

第二十三条 行政机关及其工作人员不得将信访人的检举、揭发材料及有关情况透露或者转给被检举、揭发的人员或者单位。

第二十四条 涉及两个或者两个以上行政机关的信访事项,由所涉及的行政机关协商受理;受理有争议的,由其共同的上一级行政机关决定受理机关。

第二十五条 应当对信访事项作出处理的行政机关分立、合并、撤销的,由继续行使其职权的行政机关受理;职责不清的,由本级人民政府或者其指定的机关受理。

第二十六条 公民、法人或者其他组织发现可能造成社会影响的重大、紧急信访事项和信访信息时,可以就近向有关行政机关报告。地方各级人民政府接到报告后,应当立即报告上一级人民政府;必要时,通报有关主管部门。县级以上地方人民政府有关部门接到报告后,应当立即报告本级人民政府和上一级主管部门;必要时,通报有关主管部门。国务院有关部门接到报告后,应当立即报告国务院;必要时,通报有关主管部门。

行政机关对重大、紧急信访事项和信访信息不得隐瞒、谎报、缓报,或者授意他人隐瞒、谎报、缓报。

第二十七条 对于可能造成社会影响的重大、紧急信访事项和信访信息,有关行政机关应当在职责范围内依法及时采取措施,防止不良影响的产生、扩大。

第五章 信访事项的办理和督办

第二十八条 行政机关及其工作人员办理信访事项,应当恪尽职守、秉公办事,查明事实、分清责任,宣传法制、教育疏导,及时妥善处理,不得推诿、敷衍、拖延。

第二十九条 信访人反映的情况，提出的建议、意见，有利于行政机关改进工作、促进国民经济和社会发展的，有关行政机关应当认真研究论证并积极采纳。

第三十条 行政机关工作人员与信访事项或者信访人有直接利害关系的，应当回避。

第三十一条 对信访事项有权处理的行政机关办理信访事项，应当听取信访人陈述事实和理由；必要时可以要求信访人、有关组织和人员说明情况；需要进一步核实有关情况的，可以向其他组织和人员调查。

对重大、复杂、疑难的信访事项，可以举行听证。听证应当公开举行，通过质询、辩论、评议、合议等方式，查明事实，分清责任。听证范围、主持人、参加人、程序等由省、自治区、直辖市人民政府规定。

第三十二条 对信访事项有权处理的行政机关经调查核实，应当依照有关法律、法规、规章及其他有关规定，分别作出以下处理，并书面答复信访人：

（一）请求事实清楚，符合法律、法规、规章或者其他有关规定的，予以支持；

（二）请求事由合理但缺乏法律依据的，应当对信访人做好解释工作；

（三）请求缺乏事实根据或者不符合法律、法规、规章或者其他有关规定的，不予支持。

有权处理的行政机关依照前款第（一）项规定作出支持信访请求意见的，应当督促有关机关或者单位执行。

第三十三条 信访事项应当自受理之日起60日内办结；情况复杂的，经本行政机关负责人批准，可以适当延长办理期限，但延长期限不得超过30日，并告知信访人延期理由。法律、行政法规另有规定的，从其规定。

第三十四条 信访人对行政机关作出的信访事项处理意见不服的，可以自收到书面答复之日起30日内请求原办理行政机关的上一级行政机关复查。收到复查请求的行政机关应当自收到复查请求之日起 30 日内提出复查意见,并予以书面答复。

第三十五条 信访人对复查意见不服的,可以自收到书面答复之日起 30 日内向复查机关的上一级行政机关请求复核。收到复核请求的行政机关应当自收到复核请求之日起 30 日内提出复核意见。

复核机关可以按照本条例第三十一条第二款的规定举行听证,经过听证的复核意见可以依法向社会公示。听证所需时间不计算在前款规定的期限内。

信访人对复核意见不服,仍然以同一事实和理由提出投诉请求的,各级人民政府信访工作机构和其他行政机关不再受理。

第三十六条 县级以上人民政府信访工作机构发现有关行政机关有下列情形之一的,应当及时督办,并提出改进建议:

(一)无正当理由未按规定的办理期限办结信访事项的;
(二)未按规定反馈信访事项办理结果的;
(三)未按规定程序办理信访事项的;
(四)办理信访事项推诿、敷衍、拖延的;
(五)不执行信访处理意见的;
(六)其他需要督办的情形。

收到改进建议的行政机关应当在 30 日内书面反馈情况,未采纳改进建议的,应当说明理由。

第三十七条 县级以上人民政府信访工作机构对于信访人反映的有关政策性问题,应当及时向本级人民政府报告,并提出完善政策、解决问题的建议。

第三十八条 县级以上人民政府信访工作机构对在信访工作中推诿、敷衍、拖延、弄虚作假造成严重后果的行政机关工作人员,可以向有关行政机关提出给予行政处分的建议。

第三十九条 县级以上人民政府信访工作机构应当就以

下事项向本级人民政府定期提交信访情况分析报告：

（一）受理信访事项的数据统计、信访事项涉及领域以及被投诉较多的机关；

（二）转送、督办情况以及各部门采纳改进建议的情况；

（三）提出的政策性建议及其被采纳情况。

第六章 法律责任

第四十条 因下列情形之一导致信访事项发生，造成严重后果的，对直接负责的主管人员和其他直接责任人员，依照有关法律、行政法规的规定给予行政处分；构成犯罪的，依法追究刑事责任：

（一）超越或者滥用职权，侵害信访人合法权益的；

（二）行政机关应当作为而不作为，侵害信访人合法权益的；

（三）适用法律、法规错误或者违反法定程序，侵害信访人合法权益的；

（四）拒不执行有权处理的行政机关作出的支持信访请求意见的。

第四十一条 县级以上人民政府信访工作机构对收到的信访事项应当登记、转送、交办而未按规定登记、转送、交办，或者应当履行督办职责而未履行的，由其上级行政机关责令改正；造成严重后果的，对直接负责的主管人员和其他直接责任人员依法给予行政处分。

第四十二条 负有受理信访事项职责的行政机关在受理信访事项过程中违反本条例的规定，有下列情形之一的，由其上级行政机关责令改正；造成严重后果的，对直接负责的主管人员和其他直接责任人员依法给予行政处分：

（一）对收到的信访事项不按规定登记的；

（二）对属于其法定职权范围的信访事项不予受理的；

（三）行政机关未在规定期限内书面告知信访人是否受理

信访事项的。

第四十三条　对信访事项有权处理的行政机关在办理信访事项过程中,有下列行为之一的,由其上级行政机关责令改正;造成严重后果的,对直接负责的主管人员和其他直接责任人员依法给予行政处分:

（一）推诿、敷衍、拖延信访事项办理或者未在法定期限内办结信访事项的;

（二）对事实清楚,符合法律、法规、规章或者其他有关规定的投诉请求未予支持的。

第四十四条　行政机关工作人员违反本条例规定,将信访人的检举、揭发材料或者有关情况透露、转给被检举、揭发的人员或者单位的,依法给予行政处分。

行政机关工作人员在处理信访事项过程中,作风粗暴,激化矛盾并造成严重后果的,依法给予行政处分。

第四十五条　行政机关及其工作人员违反本条例第二十六条规定,对可能造成社会影响的重大、紧急信访事项和信访信息,隐瞒、谎报、缓报,或者授意他人隐瞒、谎报、缓报,造成严重后果的,对直接负责的主管人员和其他直接责任人员依法给予行政处分;构成犯罪的,依法追究刑事责任。

第四十六条　打击报复信访人,构成犯罪的,依法追究刑事责任;尚不构成犯罪的,依法给予行政处分或者纪律处分。

第四十七条　违反本条例第十八条、第二十条规定的,有关国家机关工作人员应当对信访人进行劝阻、批评或者教育。

经劝阻、批评和教育无效的,由公安机关予以警告、训诫或者制止;违反集会游行示威的法律、行政法规,或者构成违反治安管理行为的,由公安机关依法采取必要的现场处置措施、给予治安管理处罚;构成犯罪的,依法追究刑事责任。

第四十八条　信访人捏造歪曲事实、诬告陷害他人,构成犯罪的,依法追究刑事责任;尚不构成犯罪的,由公安机关依法给予治安管理处罚。

第七章 附 则

第四十九条 社会团体、企业事业单位的信访工作参照本条例执行。

第五十条 对外国人、无国籍人、外国组织信访事项的处理,参照本条例执行。

第五十一条 本条例自 2005 年 5 月 1 日起施行。1995 年 10 月 28 日国务院发布的《信访条例》同时废止。

四、中华人民共和国保守国家秘密法

(1988年9月5日第七届全国人民代表大会常务委员会第三次会议通过,2010年4月29日第十一届全国人民代表大会常务委员会第十四次会议修订)

第一章 总 则

第一条 为了保守国家秘密,维护国家安全和利益,保障改革开放和社会主义建设事业的顺利进行,制定本法。

第二条 国家秘密是关系国家安全和利益,依照法定程序确定,在一定时间内只限一定范围的人员知悉的事项。

第三条 国家秘密受法律保护。

一切国家机关、武装力量、政党、社会团体、企业事业单位和公民都有保守国家秘密的义务。

任何危害国家秘密安全的行为,都必须受到法律追究。

第四条 保守国家秘密的工作(以下简称保密工作),实行积极防范、突出重点、依法管理的方针,既确保国家秘密安全,又便利信息资源合理利用。

法律、行政法规规定公开的事项,应当依法公开。

第五条 国家保密行政管理部门主管全国的保密工作。县级以上地方各级保密行政管理部门主管本行政区域的保密工作。

第六条 国家机关和涉及国家秘密的单位(以下简称机关、单位)管理本机关和本单位的保密工作。

中央国家机关在其职权范围内,管理或者指导本系统的保密工作。

第七条 机关、单位应当实行保密工作责任制,健全保密管理制度,完善保密防护措施,开展保密宣传教育,加强保密检查。

第八条 国家对在保守、保护国家秘密以及改进保密技术、措施等方面成绩显著的单位或者个人给予奖励。

第二章 国家秘密的范围和密级

第九条 下列涉及国家安全和利益的事项,泄露后可能损害国家在政治、经济、国防、外交等领域的安全和利益的,应当确定为国家秘密:

(一)国家事务重大决策中的秘密事项;

(二)国防建设和武装力量活动中的秘密事项;

(三)外交和外事活动中的秘密事项以及对外承担保密义务的秘密事项;

(四)国民经济和社会发展中的秘密事项;

(五)科学技术中的秘密事项;

(六)维护国家安全活动和追查刑事犯罪中的秘密事项;

(七)经国家保密行政管理部门确定的其他秘密事项。

政党的秘密事项中符合前款规定的,属于国家秘密。

第十条 国家秘密的密级分为绝密、机密、秘密三级。

绝密级国家秘密是最重要的国家秘密,泄露会使国家安全和利益遭受特别严重的损害;机密级国家秘密是重要的国家秘密,泄露会使国家安全和利益遭受严重的损害;秘密级国家秘密是一般的国家秘密,泄露会使国家安全和利益遭受损害。

第十一条 国家秘密及其密级的具体范围,由国家保密行政管理部门分别会同外交、公安、国家安全和其他中央有关机关规定。

军事方面的国家秘密及其密级的具体范围,由中央军事委员会规定。

国家秘密及其密级的具体范围的规定,应当在有关范围内公布,并根据情况变化及时调整。

第十二条 机关、单位负责人及其指定的人员为定密责任人,负责本机关、本单位的国家秘密确定、变更和解除工作。

机关、单位确定、变更和解除本机关、本单位的国家秘密,应当由承办人提出具体意见,经定密责任人审核批准。

第十三条 确定国家秘密的密级,应当遵守定密权限。

中央国家机关、省级机关及其授权的机关、单位可以确定绝密级、机密级和秘密级国家秘密;设区的市、自治州一级的机关及其授权的机关、单位可以确定机密级和秘密级国家秘密。具体的定密权限、授权范围由国家保密行政管理部门规定。

机关、单位执行上级确定的国家秘密事项,需要定密的,根据所执行的国家秘密事项的密级确定。下级机关、单位认为本机关、本单位产生的有关定密事项属于上级机关、单位的定密权限,应当先行采取保密措施,并立即报请上级机关、单位确定;没有上级机关、单位的,应当立即提请有相应定密权限的业务主管部门或者保密行政管理部门确定。

公安、国家安全机关在其工作范围内按照规定的权限确定国家秘密的密级。

第十四条 机关、单位对所产生的国家秘密事项,应当按照国家秘密及其密级的具体范围的规定确定密级,同时确定保密期限和知悉范围。

第十五条 国家秘密的保密期限,应当根据事项的性质和特点,按照维护国家安全和利益的需要,限定在必要的期限内;不能确定期限的,应当确定解密的条件。

国家秘密的保密期限,除另有规定外,绝密级不超过30年,机密级不超过20年,秘密级不超过10年。

机关、单位应当根据工作需要,确定具体的保密期限、解密时间或者解密条件。

机关、单位对在决定和处理有关事项工作过程中确定需要保密的事项,根据工作需要决定公开的,正式公布时即视为解密。

第十六条 国家秘密的知悉范围,应当根据工作需要限定在最小范围。

国家秘密的知悉范围能够限定到具体人员的,限定到具体人员;不能限定到具体人员的,限定到机关、单位,由机关、单位限定到具体人员。

国家秘密的知悉范围以外的人员,因工作需要知悉国家秘密的,应当经过机关、单位负责人批准。

第十七条 机关、单位对承载国家秘密的纸介质、光介质、电磁介质等载体(以下简称国家秘密载体)以及属于国家秘密的设备、产品,应当做出国家秘密标志。

不属于国家秘密的,不应当做出国家秘密标志。

第十八条 国家秘密的密级、保密期限和知悉范围,应当根据情况变化及时变更。国家秘密的密级、保密期限和知悉范围的变更,由原定密机关、单位决定,也可以由其上级机关决定。

国家秘密的密级、保密期限和知悉范围变更的,应当及时书面通知知悉范围内的机关、单位或者人员。

第十九条 国家秘密的保密期限已满的,自行解密。

机关、单位应当定期审核所确定的国家秘密。对在保密期限内因保密事项范围调整不再作为国家秘密事项,或者公开后不会损害国家安全和利益,不需要继续保密的,应当及时解密;对需要延长保密期限的,应当在原保密期限届满前重新确定保密期限。提前解密或者延长保密期限的,由原定密机关、单位决定,也可以由其上级机关决定。

第二十条 机关、单位对是否属于国家秘密或者属于何种密级不明确或者有争议的,由国家保密行政管理部门或者省、自治区、直辖市保密行政管理部门确定。

第三章 保密制度

第二十一条 国家秘密载体的制作、收发、传递、使用、复制、保存、维修和销毁,应当符合国家保密规定。

绝密级国家秘密载体应当在符合国家保密标准的设施、设备中保存,并指定专人管理;未经原定密机关、单位或者其上级机关批准,不得复制和摘抄;收发、传递和外出携带,应当指定人员负责,并采取必要的安全措施。

第二十二条 属于国家秘密的设备、产品的研制、生产、运输、使用、保存、维修和销毁,应当符合国家保密规定。

第二十三条 存储、处理国家秘密的计算机信息系统(以下简称涉密信息系统)按照涉密程度实行分级保护。

涉密信息系统应当按照国家保密标准配备保密设施、设备。保密设施、设备应当与涉密信息系统同步规划,同步建设,同步运行。

涉密信息系统应当按照规定,经检查合格后,方可投入使用。

第二十四条 机关、单位应当加强对涉密信息系统的管理,任何组织和个人不得有下列行为:

(一)将涉密计算机、涉密存储设备接入互联网及其他公共信息网络;

(二)在未采取防护措施的情况下,在涉密信息系统与互联网及其他公共信息网络之间进行信息交换;

(三)使用非涉密计算机、非涉密存储设备存储、处理国家秘密信息;

(四)擅自卸载、修改涉密信息系统的安全技术程序、管理程序;

(五)将未经安全技术处理的退出使用的涉密计算机、涉密存储设备赠送、出售、丢弃或者改作其他用途。

第二十五条 机关、单位应当加强对国家秘密载体的管

理,任何组织和个人不得有下列行为:

(一)非法获取、持有国家秘密载体;

(二)买卖、转送或者私自销毁国家秘密载体;

(三)通过普通邮政、快递等无保密措施的渠道传递国家秘密载体;

(四)邮寄、托运国家秘密载体出境;

(五)未经有关主管部门批准,携带、传递国家秘密载体出境。

第二十六条 禁止非法复制、记录、存储国家秘密。

禁止在互联网及其他公共信息网络或者未采取保密措施的有线和无线通信中传递国家秘密。

禁止在私人交往和通信中涉及国家秘密。

第二十七条 报刊、图书、音像制品、电子出版物的编辑、出版、印制、发行,广播节目、电视节目、电影的制作和播放,互联网、移动通信网等公共信息网络及其他传媒的信息编辑、发布,应当遵守有关保密规定。

第二十八条 互联网及其他公共信息网络运营商、服务商应当配合公安机关、国家安全机关、检察机关对泄密案件进行调查;发现利用互联网及其他公共信息网络发布的信息涉及泄露国家秘密的,应当立即停止传输,保存有关记录,向公安机关、国家安全机关或者保密行政管理部门报告;应当根据公安机关、国家安全机关或者保密行政管理部门的要求,删除涉及泄露国家秘密的信息。

第二十九条 机关、单位公开发布信息以及对涉及国家秘密的工程、货物、服务进行采购时,应当遵守保密规定。

第三十条 机关、单位对外交往与合作中需要提供国家秘密事项,或者任用、聘用的境外人员因工作需要知悉国家秘密的,应当报国务院有关主管部门或者省、自治区、直辖市人民政府有关主管部门批准,并与对方签订保密协议。

第三十一条 举办会议或者其他活动涉及国家秘密的,主办单位应当采取保密措施,并对参加人员进行保密教育,提出具体保密要求。

第三十二条　机关、单位应当将涉及绝密级或者较多机密级、秘密级国家秘密的机构确定为保密要害部门,将集中制作、存放、保管国家秘密载体的专门场所确定为保密要害部位,按照国家保密规定和标准配备、使用必要的技术防护设施、设备。

第三十三条　军事禁区和属于国家秘密不对外开放的其他场所、部位,应当采取保密措施,未经有关部门批准,不得擅自决定对外开放或者扩大开放范围。

第三十四条　从事国家秘密载体制作、复制、维修、销毁,涉密信息系统集成,或者武器装备科研生产等涉及国家秘密业务的企业事业单位,应当经过保密审查,具体办法由国务院规定。

机关、单位委托企业事业单位从事前款规定的业务,应当与其签订保密协议,提出保密要求,采取保密措施。

第三十五条　在涉密岗位工作的人员(以下简称涉密人员),按照涉密程度分为核心涉密人员、重要涉密人员和一般涉密人员,实行分类管理。

任用、聘用涉密人员应当按照有关规定进行审查。

涉密人员应当具有良好的政治素质和品行,具有胜任涉密岗位所要求的工作能力。

涉密人员的合法权益受法律保护。

第三十六条　涉密人员上岗应当经过保密教育培训,掌握保密知识技能,签订保密承诺书,严格遵守保密规章制度,不得以任何方式泄露国家秘密。

第三十七条　涉密人员出境应当经有关部门批准,有关机关认为涉密人员出境将对国家安全造成危害或者对国家利益造成重大损失的,不得批准出境。

第三十八条　涉密人员离岗离职实行脱密期管理。涉密人员在脱密期内,应当按照规定履行保密义务,不得违反规定就业,不得以任何方式泄露国家秘密。

第三十九条 机关、单位应当建立健全涉密人员管理制度,明确涉密人员的权利、岗位责任和要求,对涉密人员履行职责情况开展经常性的监督检查。

第四十条 国家工作人员或者其他公民发现国家秘密已经泄露或者可能泄露时,应当立即采取补救措施并及时报告有关机关、单位。机关、单位接到报告后,应当立即作出处理,并及时向保密行政管理部门报告。

第四章 监督管理

第四十一条 国家保密行政管理部门依照法律、行政法规的规定,制定保密规章和国家保密标准。

第四十二条 保密行政管理部门依法组织开展保密宣传教育、保密检查、保密技术防护和泄密案件查处工作,对机关、单位的保密工作进行指导和监督。

第四十三条 保密行政管理部门发现国家秘密确定、变更或者解除不当的,应当及时通知有关机关、单位予以纠正。

第四十四条 保密行政管理部门对机关、单位遵守保密制度的情况进行检查,有关机关、单位应当配合。保密行政管理部门发现机关、单位存在泄密隐患的,应当要求其采取措施,限期整改;对存在泄密隐患的设施、设备、场所,应当责令停止使用;对严重违反保密规定的涉密人员,应当建议有关机关、单位给予处分并调离涉密岗位;发现涉嫌泄露国家秘密的,应当督促、指导有关机关、单位进行调查处理。涉嫌犯罪的,移送司法机关处理。

第四十五条 保密行政管理部门对保密检查中发现的非法获取、持有的国家秘密载体,应当予以收缴。

第四十六条 办理涉嫌泄露国家秘密案件的机关,需要对有关事项是否属于国家秘密以及属于何种密级进行鉴定的,由国家保密行政管理部门或者省、自治区、直辖市保密行政管理部门鉴定。

第四十七条 机关、单位对违反保密规定的人员不依法给予处分的,保密行政管理部门应当建议纠正,对拒不纠正的,提请其上一级机关或者监察机关对该机关、单位负有责任的领导人员和直接责任人员依法予以处理。

第五章 法律责任

第四十八条 违反本法规定,有下列行为之一的,依法给予处分;构成犯罪的,依法追究刑事责任:

(一)非法获取、持有国家秘密载体的;

(二)买卖、转送或者私自销毁国家秘密载体的;

(三)通过普通邮政、快递等无保密措施的渠道传递国家秘密载体的;

(四)邮寄、托运国家秘密载体出境,或者未经有关主管部门批准,携带、传递国家秘密载体出境的;

(五)非法复制、记录、存储国家秘密的;

(六)在私人交往和通信中涉及国家秘密的;

(七)在互联网及其他公共信息网络或者未采取保密措施的有线和无线通信中传递国家秘密的;

(八)将涉密计算机、涉密存储设备接入互联网及其他公共信息网络的;

(九)在未采取防护措施的情况下,在涉密信息系统与互联网及其他公共信息网络之间进行信息交换的;

(十)使用非涉密计算机、非涉密存储设备存储、处理国家秘密信息的;

(十一)擅自卸载、修改涉密信息系统的安全技术程序、管理程序的;

(十二)将未经安全技术处理的退出使用的涉密计算机、涉密存储设备赠送、出售、丢弃或者改作其他用途的。

有前款行为尚不构成犯罪,且不适用处分的人员,由保密行政管理部门督促其所在机关、单位予以处理。

第四十九条 机关、单位违反本法规定,发生重大泄密案件的,由有关机关、单位依法对直接负责的主管人员和其他直接责任人员给予处分;不适用处分的人员,由保密行政管理部门督促其主管部门予以处理。

机关、单位违反本法规定,对应当定密的事项不定密,或者对不应当定密的事项定密,造成严重后果的,由有关机关、单位依法对直接负责的主管人员和其他直接责任人员给予处分。

第五十条 互联网及其他公共信息网络运营商、服务商违反本法第二十八条规定的,由公安机关或者国家安全机关、信息产业主管部门按照各自职责分工依法予以处罚。

第五十一条 保密行政管理部门的工作人员在履行保密管理职责中滥用职权、玩忽职守、徇私舞弊的,依法给予处分;构成犯罪的,依法追究刑事责任。

第六章 附 则

第五十二条 中央军事委员会根据本法制定中国人民解放军保密条例。

第五十三条 本法自 2010 年 10 月 1 日起施行。

五、常用校对符号一览表

(根据国家技术监督局 GB/T 14706-1993 国家标准绘制)

符号名称	用 法 示 例	校正后正确文本
改　正	按国家标准会址的图画　绘制	按国家标准绘制的图画
删　除	提高出版物物质质量	提高出版物质量
保　留	进行了认真的讨论	进行了认真的讨论
增　补	草拟、签发、复核　审核	草拟、审核、签发、复核
对　调	发展经济的原因	经济发展的原因
转　移	为了文稿保证文件不出差错，要重视的校对工作。	为了保证文件不出差错，要重视文稿的校对工作。
接　排	……应当经过批准任命的机关批准； 国务院有关主管部门应……	……应当经过批准任命的机关批准；国务院有关主管部门应……

续上表

另起段	……应当使用国家法定计量单位。文内使用非规范化简称……	……应当使用国家法定计量单位。 　　文内使用非规范化简称……
左右移	司马迁说过：人固有一死，或重于泰山，或轻于鸿毛。	司马迁说过：人固有一死，或重于泰山，或轻于鸿毛。
排齐	经复核需要对文稿进行实质性修改的，应按程序复审。	经复核需要对文稿进行实质性修改的，应按程序复审。
代替	唯一的原因，唯一的结果，唯一的措施。 ○=惟	惟一的原因，惟一的结果，惟一的措施。
加空	一、校对程序 　　为了保证文件不出差错，要重视校对工作。	一、校对程序 　　为了保证文件不出差错，要重视校对工作。
减空	为了保证文件不出差错，要重视文稿的校对工作。	为了保证文件不出差错，要重视文稿的校对工作。
说明	1. 调查的方法　五楷 　　常用的调查方法有开调查会、现场观察……	1. 调查的方法 　　常用的调查方法有开调查会、现场观察……

主要参考文献

李欣等：《中国现代秘书工作基础》，北京：高等教育出版社1989年版。

王千弓等：《秘书学与秘书工作》，北京：光明日报出版社1984年版。

常崇宜主编：《秘书学概论》，北京：线装书局2000年版。

董继超主编：《秘书实务》，北京：线装书局2000年版。

任群主编：《中国秘书学》，重庆出版社1999年版。

陈合宜：《秘书学》，广州：暨南大学出版社2001年版。

邱惠德、黄大勇：《商务秘书工作案例》，重庆：西南师范大学出版社1994年版。

安忻：《秘书工作概论与实务》，北京：中国档案出版社2000年版。

陆瑜芳主编：《办公室实务》，上海：复旦大学出版社2003年版。

任玉忠：《办公室工作实务》，北京：蓝天出版社2005年版。

张丽巩主编：《商务秘书实务》，北京：中国人民大学出版社2004年版。

陈兆祦等：《档案管理学基础》，北京：中国人民大学出版社2005年版。

金正昆：《社交礼仪教程》，北京：中国人民大学出版社2005年版。

松世勤：《文书学》，北京：首都师范大学出版社2006年版。

张克非:《公共关系学》,北京:高等教育出版社2007年版。

陈玉斌主编:《这样的秘书最受欢迎》,北京:中国经济出版社2005年版。

杨树森、张树文:《中国秘书史》,合肥:安徽大学出版社2006年版。

杨树森:《秘书学概论教程》,合肥:安徽大学出版社2008年版。

杨树森主编:《秘书实务》,北京:高等教育出版社2011年版。

2006年版后记

安徽师范大学1983年开办秘书专业，1996年被确定为本省高等教育自学考试秘书专业主考学校。为适应全日制教学和自学考试需要，1997年4月由杨树森、袁立庠主编，安徽大学出版社出版了一本《秘书实务》教材，参加编写的还有舒咏平、黎泽潮、张树文、刘海霞，均为安徽师大文学院秘书专业任课教师。

该书出版时曾在秘书教学界产生广泛影响，并一度被许多学校选定为教材，但该书出版至今已近十年，这期间我国秘书工作发生了很大变化，原书许多内容已经显得陈旧。例如，1996年我们做"秘书工作内容"的调查时，一般单位还没有建立自己的互联网站（或网页），而2004年下半年我们再次做该项调查时，"网站管理"已经成为秘书部门一项重头工作；再如，当年信访工作所根据的"信访条例"，已经在2005年作了重大修订，今天信访工作的内容、意义和法定程序与当年相比都有很大不同。

笔者在《论我国当前秘书工作的内容》（《秘书》2006年第2期）一文中论证：秘书工作内容是随着社会发展而变化的，作为秘书工作实践经验的理论概括、并反过来指导秘书工作实践的秘书学理论，必须坚持解放思想、实事求是、与时俱进，一旦某项工作已经普遍进入秘书部门的工作范畴，秘书学中有关秘书工作内容的理论就应该作出相应调整。在另一篇论文《我国高校秘书专业存在的问题及对策》(《秘书之友》2006年第3期)中明确提出：作为应用型学科的秘书学教材，其修订周期不宜超过五年。这就是九年前出版的《秘书实务》已不宜继续使用，必须重新编写的原因。虽然我们早就认识到这一点，但是由于种种原因，直到2005年8月《秘书学概论》定稿后，《秘书实务》作为与其配套的主要教材的重新编写出版才被真正提上日程。

此次重新编写，对原书内容作了很大增删和整合，其中"参谋咨询"、"议案、建议、提案工作"、"文字工作"、"网站管理"、"随从工作"等五章是新增的，其余各章内容也作了较大更新和调整，基本上是重写。由于原编写人员大多已不在文学院工作，原主编之一、文学院副院长袁立庠先生已另任要职，因公务繁忙也未参加本次重写。因此以上工作大多由笔者独立完成，仅"网站管理"一章的初稿由安徽师范大学信息中心主任程文海先生撰拟。虽然如此，本书仍然包含有袁立庠先生和其他原参编老师的许多劳动。

笔者1969～1977年有过八年秘书工作实际经历，1987年至今又有近二十年秘书学教学经验。1982年初我本科毕业后留校担任中文系1981级辅导员，我带的学生毕业后有很多人从事秘书工作，有长期任中央政治局常委秘书的，有任省委办公厅副主任、市政府秘书长、市委政策研究室主任的，有任大型国有钢铁公司办公室主任、省属重点大学办公室主任的；我的1977级同学中也有多人长期从事秘书工作,并担任较高级的秘书职务。这些学生和同学长期以来与我保持着比较密切的联系,不断向我提供有关秘书工作发展变化的信息,其中许多非常有价值的切身感受是从图书报刊上根本看不到的。八年秘书工作经验、近二十年秘书教学经验、众多当秘书的同学和学生向我提供的宝贵经验,成了我研究秘书学的三笔财富。多年来我因痴迷于逻辑学的研究和教学而无暇对秘书学作系统的研究,直到去年着手撰写《秘书学概论》和这次重新编写《秘书实务》,我才真正感受到这些财富的巨大价值。

2005年10月在郑州参加第五届中国秘书科学论坛时,我曾经向许多秘书学界前辈和同仁汇报《秘书实务》的写作进展情况,得到他们的热情鼓励。李欣老师还在会议期间将我引见给我国著名秘书学家、上海《秘书》杂志前副主编刘耀国先生。刘老师不但关心本书的写作,最近还抽出许多宝贵时间审阅了全部书稿,并提出了许多富有真知灼见的意见和建议,笔者已根据刘老师的意见对书稿进行了多处认真修改。刘老师为本书写的情辞恳切的"序言",更为本书增色不少。刘老师与我素昧平生,能投入这么多时间为本书把关作序,表现出他对秘书学研究后来人(本人虽比刘老师小不了几岁,但在秘书学研究上还只能算新手)的亲切关怀和热情鼓励,令我深受感动。在此谨对刘耀国老师的支持鼓励和他为本书付出的辛勤劳动表示诚挚的谢意。

"秘书学概论"和"秘书实务"是秘书专业最重要的两门专业基础课,两门课程互为补充,缺一不可。在撰写《秘书学概论》和重新编写《秘书实务》过程中,我深深感觉到两门课程的明显差别。"概论"侧重于基本理论的探讨,因此《秘书学概论》一书中包含有笔者大量独立研究的成果(其中许多观点已经撰写成单篇论文在秘书学期刊发表);而"实务"侧重于实际工作能力训练和经验总结,因此对前人和他人根据工作实践总结出来的行之有效的经验和做法,就应该给予充分的尊重并广泛地加以吸收,没有必要标新立异。鉴于此,本书虽然也包含有作者(以及程文海先生)一些独立研究成果,但总体上看仍然是"编"的成分大于"著"的成分。在这里向本书参考文献的作者以及其他秘书学界的专家,向为本书提供大量素材、长期坚守在秘书工作第一线的我的同学、学生和其他朋友表示衷心的感谢。

热诚欢迎秘书学界同仁、使用本教材的老师和同学们以及广大读者对本书不足之处提出批评。来信请寄:E-mail:yangshusen2005@126.com。作者承诺来信必复。

杨 树 森

2006 年 3 月

2012年再版说明

根据我历来的理念，作为应用型学科的秘书学教材修订周期不宜超过五年。所以，在《秘书实务》出版五年之际，对本书作了一次修订。修订的主要内容有：

一、原版"首创了以'政务性工作'、'业务性工作'、'事务性工作'为三大板块建构秘书实务知识体系的新体例……这是本书的一大亮点，既对新世纪秘书专业教材的编写进行了新的探索，又有益于秘书工作内容分类理论研究的深入"（刘耀国先生语），本版保留这一体例。考虑到三大板块的名称不够明确（尤其是"政务性工作"容易让读者误解），本次再版改为"领导决策服务"、"秘书常规业务"、"机关日常事务"。

二、对部分章节的内容作了较大的补充和更改。例如，"调查研究"一章对目前使用最多的问卷调查做了重点介绍并通过"案例分析"增加了训练内容；"档案工作"一章为适应电子化办公方式的普及给文档管理带来的影响而增加了"电子文档的处理"一节；"保密工作"一章则因《中华人民共和国保守国家秘密法》在2010年作了较大的修订而作了很多修改。

三、更新了正文和"案例分析"中的许多具体案例，淘汰了时间比较早的案例,尽量采用最新的案例。现在书中许多案例是最近几年来新发生的事实,例如2011年2月发生的"江苏响水万人出逃"这一典型事件,已经作为"突发事件处理"的案例被本书采用。

欢迎读者对修订后的《秘书实务》继续提出批评和建议,以便将来进一步修改和完善。

作　者
2011年12月